A VIDA E A MÚSICA DE IGGY POP:
# OPEN UP AND BLEED

A VIDA E A MÚSICA DE IGGY POP:

# OPEN UP AND BLEED

PAUL TRYNKA

TRADUÇÃO: CACO ISHAK

# A VIDA E A MÚSICA DE IGGY POP: OPEN UP AND BLEED

**TÍTULO ORIGINAL:**
Iggy Pop: Open up and bleed

**COPIDESQUE:**
Tássia Carvalho

**REVISÃO:**
Isabela Talarico

**CAPA:**
Pedro Inoue

**PROJETO GRÁFICO E DIAGRAMAÇÃO:**
Natalli Tami

**MAGEM DE CAPA:**
Mats Bäcker
www.matsbacker.se

**IMAGEM DE 4ª CAPA:**
Christopher Morris/VII/Corbis/Latinstock

**DIREÇÃO EXECUTIVA:**
Betty Fromer

**DIREÇÃO EDITORIAL:**
Adriano Fromer Piazzi

**EDITORIAL:**
Daniel Lameira
Katharina Cotrim
Mateus Duque Erthal
Bárbara Prince
Júlia Mendonça
Andréa Bergamaschi

**COMUNICAÇÃO:**
Luciana Fracchetta
Felipe Bellaparte
Pedro Henrique Barradas
Lucas Ferrer Alves
Renata Assis

**COMERCIAL:**
Orlando Rafael Prado
Fernando Quinteiro
Lidiana Pessoa
Roberta Saraiva
Ligia Carla de Oliveira
Eduardo Cabelo
Stephanie Antunes

**FINANCEIRO:**
Roberta Martins
Rafael Martins
Rogério Zanqueta
Sandro Hannes

**LOGÍSTICA:**
Johnson Tazoe
Sergio Lima
William dos Santos

COPYRIGHT © PAUL TRYNKA, 2007
WWW.TRYNKA.COM
COPYRIGHT © EDITORA ALEPH, 2015

(EDIÇÃO EM LÍNGUA PORTUGUESA PARA O BRASIL)
TODOS OS DIREITOS RESERVADOS.
PROIBIDA A REPRODUÇÃO, NO TODO OU EM PARTE,
ATRAVÉS DE QUAISQUER MEIOS.

EDITORA ALEPH
Rua Lisboa, 314
05413-000 – São Paulo – sp – Brasil
Tel.: [55 11] 3743-3202
www.editoraaleph.com.br

**DADOS INTERNACIONAIS DE CATALOGAÇÃO NA PUBLICAÇÃO (CIP)**
**(CÂMARA BRASILEIRA DO LIVRO, SP, BRASIL)**

Trynka, Paul
   A vida e a música de Iggy Pop: Open up and bleed / Paul Trynka ; tradução de Caco Ishak. - - São Paulo : Aleph, 2015.
   536 p.

Bibliografia
ISBN 978-85-7657-277-0
Título original: Iggy Pop: Open up and bleed

1. Pop, Iggy, 1947- 2. Músicos de punk rock - Estados Unidos – Biografia I. Título II. Ishak, Caco

CDD 782.42166092

ÍNDICES PARA CATÁLOGO SISTEMÁTICO:
1. . Músicos de punk rock - Estados Unidos – Biografia

*Para Lucy e Curtis,*
*meus tapetes chineses.*

# SUMÁRIO

{ **PRÓLOGO:**
EU NUNCA PENSEI QUE FOSSE CHEGAR A ESSE PONTO 09

1. O MAIS PROMISSOR 21
2. A NOITE DA IGUANA 52
3. OS DUM DUM BOYS 85
4. OH MY, BOO HOO 115
5. FUN HOUSE
   PARTE I: EU TÔ DE BOA 144
6. FUN HOUSE
   PARTE II: ESTA PROPRIEDADE ESTÁ CONDENADA 163
7. STREET-WALKING CHEETAH 185
8. SHE CREATURES OF HOLLYWOOD HILLS 202
9. CHUTANDO CACHORRO MORTO 218
10. KILL CITY 254
11. THE PASSENGER 281
12. HERE COMES MY CHINESE RUG 310
13. DESAPARECIDO EM AÇÃO 324
14. A LONGA, LONGA ESTRADA 352
15. A NOITE DOS ZUMBIS 375
16. HIDEAWAY 385
17. UNDEFEATED 413
18. A CASA DOS RÉPTEIS 445

Notas e Fontes — 460
Discografia — 500
Leitura Complementar — 513
Agradecimentos — 515

# PRÓLOGO

## *EU NUNCA PENSEI QUE FOSSE CHEGAR A ESSE PONTO*

**NÃO ERA NADA MAGNÍFICO**, mas definitivamente era guerra. Scott Asheton se encolheu todo atrás de um dos pratos da bateria, o qual lhe oferecia um pouco de proteção contra a chuva de objetos que se aproximava. De onde estava, no fundo do palco, via com clareza os projéteis cruzando a iluminação dos holofotes (garrafas de uísque, garrafas de Stroh, garrafas pretas e pesadas de champanhe, copos, moedas e cigarros acessos) e, da posição privilegiada, com sua vista aguçada, Scott ainda vislumbrou os eventuais sacos de maconha atirados ao palco e apontou-os a John Cole, seu tutor, que os jogava dentro do bumbo de Scott a fim de guardá-los em segurança. Lançou um olhar a Iggy, vocalista e outrora parceiro de drogas, irritando-se ainda mais ao perceber que toda vez que o cantor provocava a plateia, desencadeando um novo rompante de fúria, ele se posicionava bem em frente à bateria, atraindo outros tantos petardos na direção de Scott, que, entretanto, não culpava Iggy. O vocalista era só um pouco mais problemático do que Scott em si.

Cada um dos membros dos Stooges se encontrava imerso em seu próprio mundinho enquanto todos se matavam para terminar o maldito set daquela noite friorenta de 9 de fevereiro de 1974 no Michigan Palace, o antigo e deprimente cinema da década de 1920 no centro de Detroit. O pianista Scott Thurston, embora uma aquisição recente, já aprendera a respeitar os companheiros de banda pela bravura insana e pelo que considerava ser o fio lastimável da esperança caipira que ainda mantinham, uma esperança que acabou compartilhando: a de que talvez conseguissem dar um tapa em seu número musical e tirar algum proveito do "que quer que estivesse rolando". Mas isso era... degradante, concluiu. Observando Iggy se lançar no meio da multidão para provocá-la mais uma vez, sentiu um misto de admiração e pena. O cara era obstinado, não havia como negar. Obstinado por qualquer coisa, de fato, menos pelo sucesso.

James Williamson, o guitarrista convencido e durão que via os Stooges tão somente como seu bilhete ao sucesso, o brutamontes sensível ridicularizado por quase todos os Stooges e seu pequeno culto de seguidores como "Skull", focado em manter-se no tom certo e tirar riffs magníficos, ousados da guitarra, fitou Iggy com algo próximo ao desprezo no olhar. Vestindo uma fantasia *sci-fi* bizarra confeccionada pelo estilista de Hollywood Bill Whitten, James parecia deslumbrante se observado dos fundos do salão, embora, mais de perto, desse para ver a fantasia suja e puída. Mais ou menos um mês antes, até mesmo James vinha impulsionando a banda adiante, motivado a compor e a ensaiar material novo, ainda que sem a menor perspectiva de que uma gravadora lançasse aquilo algum dia. Agora, porém, já começava a se desesperar. O vocalista era um fracasso, assim como ele próprio também o era. Os Stooges já tinham trepado até cansar em orgias maravilhosas, tudo bem, mas mesmo sua obstinação pelo sucesso definhava. Em outros tempos, até gostaria daquele psicodrama todo, mas a situação já estava insuportável. Iggy já havia feito James se vender e, agora, não conseguia nem mais exercer o próprio papel direito.

## PRÓLOGO
### EU NUNCA PENSEI QUE FOSSE CHEGAR A ESSE PONTO

Não obstante, James ainda sentia uma pontada de empatia por saber de tudo pelo que seu ex-amigo tinha passado.

Ron Asheton se sentia esgotado. Tinha sobrevivido às mais dolorosas humilhações, demitido da posição de guitarrista dos Stooges, rebaixado ao baixo, afastando-se do irmão e do vocalista, agarrando-se à esperança de que a banda cofundada por ele seria capaz de cumprir seu destino e se tornar os Stones americanos. No entanto, livre das drogas que anestesiavam quase todos os companheiros de banda, ele sabia, de forma muito clara, que aquela turnê seria como chutar cachorro morto; um cachorro em fase de decomposição tão avançada que já era quase poeira. Até então, tinha sobrevivido à base de um humor autodepreciativo, entretendo todos ao redor com o cinismo de sua cara de pau em observações sobre o estado de desespero em que se encontravam o vocalista e a banda. Tinha traçado algumas garotas, e até chegara a se divertir, mas agora a diversão havia acabado.

E ainda havia Iggy. O indestrutível, que aspirava qualquer tipo de droga que colocassem diante de seu nariz, que fora jogado inconsciente no palco pelo diretor de turnês várias vezes nos meses anteriores, que tinha sido nocauteado por motoqueiros alguns dias antes e ainda assim os desafiara a uma revanche no Michigan Palace. Que ora aparentava estar tão maltratado física e mentalmente, por ele próprio e por aqueles ao seu redor, que, por vezes, tanto sua energia quanto sua beleza pareciam estar se esvaindo. A essa altura, pelo menos um de seus confidentes mais próximos já concluíra que ele devia ter sofrido um colapso mental que acabou avariando permanentemente seu sistema nervoso. O rosto estava inchado, com sulcos profundos ao redor dos hipnóticos olhos azuis, que já tinham seduzido várias das garotas mais desejadas dos Estados Unidos. Naquela noite, decidido a emputecer os motoqueiros da plateia, os quais juravam que ele era gay, vestia algo como um collant preto, incrementado com uma saia transparente improvisada a partir de um xale em volta dos quadris.

Apesar daquela roupa ridícula, ele lhes dizia, ou talvez por causa dela, as namoradas da gangue ainda queriam trepar com ele. E, no caso de a mensagem não ter sido clara o suficiente, anunciou da forma mais lasciva possível o título da música seguinte: "Cock in My Pocket". Mesmo assim, enquanto dançava pelo palco, leve, balético, havia uma energia xamânica eletrizando a multidão, metade embasbacada, metade desdenhosa, ou talvez todos apenas chapados de Quaaludes, a droga *du jour* no Palace. De maneira impiedosa, a guitarra psicótica e agressiva de James continuava impelindo Iggy adiante, enquanto o próprio se entregava de corpo e alma em músicas como "Gimme Danger" ou "I Got Nothing", músicas sobre a sensação de ser amaldiçoado, músicas que o compeliam a continuar escrevendo mesmo sem o menor interesse por parte de nenhuma gravadora em lançá-las. Agora, todos na plateia, amigos e inimigos, também pareciam saber que ele era maldito. Ao dizer, em tom de gracejo, "não tô nem aí se vocês jogarem todo o gelo do mundo, eu tô ganhando dez mil por esse show, baby, então vão se foder", todos os presentes sabiam que se tratava de uma bravata forçada, vazia. E se Iggy não soubesse disso, Jim Osterberg, o homem responsável pela criação desse alter ego descontrolado, sabia.

Mais cedo, naquela mesma noite, durante uma conversa com Jim, Michael Tipton, que estava planejando registrar a apresentação com um gravador de rolo, pescou que aquele seria o último show dos Stooges, ocasião perfeita para que Iggy se divertisse um pouco, tirando onda com o público e com sua própria angústia. Muitos fãs e opositores em igual número só davam as caras nos shows dos Stooges para ver qual roupa ridícula Iggy estaria usando daquela vez e curtir de boa as provocações ou uma eventual situação de maior hostilidade entre o público e a banda; naquela noite, porém, tudo não passava de um circo sem o menor sentido e jamais testemunhado antes por nenhum dos presentes. "Eu *sou* o melhor!", gritava Iggy à plateia nos últimos momentos do show, enquanto atiravam uma saraivada de ovos contra o palco, até que um, por fim, acertou-lhe o rosto. Enquanto os ovos voavam na direção de Iggy, Ron se mantinha atento às bitucas acesas, temendo que uma delas ateasse fogo em seus cabelos. Quando uma moeda pesada surgiu em meio às luzes e lhe acertou em cheio o couro cabeludo, Ron levou a mão aonde doía e os dedos voltaram manchados de sangue.

Todos os que eram próximos dos Stooges compartilhavam a sensação de que aquele circo não poderia mais continuar por muito tempo. Natalie Schlossman, outrora organizadora do fã-clube da banda, tinha tomado conta deles por quase quatro anos, servindo de babá para Iggy quando ele surtava, não raro escondendo as roupas dele na vã esperança de que, sem elas, o vocalista não sairia pelos corredores do hotel atrás de drogas. Àquela altura, Natalie já tinha presenciado os membros da banda em toda e qualquer situação sexual possível: James num banheiro encharcado de sangue com duas garotas, Iggy no quarto com três garotas, Scottie Thurston e Ron num hotel com uma só garota, vinte pessoas numa orgia no quarto de Iggy, e por aí vai. Ela, porém, encarava a situação da melhor maneira possível, com certa preocupação maternal até, cozinhando para eles e lavando as indumentárias cada vez mais encardidas e fedorentas. Qualquer que fosse o estado patético em que encontrasse Iggy, Natalie sabia que, no palco, ele iria mergulhar em si mesmo na esperança de achar algo de puro e honesto. Agora, no entanto, encontrava-se incomodada com a aura fétida e malevolente em torno da banda, pela qual culpava principalmente James Williamson. Quanto antes aquilo acabasse, melhor seria para todos os envolvidos.

A caminho de Tipton, Iggy sugeriu que tocassem "Louie Louie". James Williamson logo abriu uma carranca diante da possibilidade do clássico lugar-comum garageiro, mas acabou dando um tapa nos riffs brutalmente simples de três acordes, e a banda foi atrás. Quando Iggy passou a berrar e gritou "Eu nunca pensei que chegaria a esse ponto", a intensidade do inferno insano dos Stooges aumentou e Iggy disparou um "Vão se foder" ao público antes de começar a cantar uma versão obscena da música com a qual fizera sua estreia, ainda como Jim Osterberg, o baterista-cantor, quase dez anos antes. Agora, a mesma música que marcara o início de sua carreira parecia ser a mais adequada para o fim. Ainda em 1965, algumas debutantes tinham inocentemente jogado os doces favoritos do vocalista no palco durante um verão idílico, o qual ele passou na companhia dos mais ricos e cultos barões industriais de Michigan. Agora, parecia que as ambições culturais da plateia se limitavam a assistir a terríveis acidentes de carro. Hino besta de Detroit com linguagem chula de colegial, parodiando de forma lamentável a canção original de Richard Berry, a versão acabou rebaixando "Louie Louie" ao nível intelectual do público. "She got a rag on, I move above"[1], cantou com uma voz crua, ainda que pronunciando as palavras com clareza, e olhou de soslaio em direção ao público de modo a se certificar de que identificariam a referência à menstruação: "It won't be long before I take it off... I feel a rose down in her hair, her ass is black and her tits are bare"[2].

Dessa vez, quando James Williamson partiu para um solo agudo e violento de guitarra, Iggy resistiu à tentação de saltar no meio do público. Faltavam apenas alguns minutos para acabar. O turbilhão de notas se transformou numa versão alucinada, ensurdecedora e bombástica do riff marginal antes que o guitarrista se acalmasse, retomando os acordes comparativamente contidos e quebrados da música, e Iggy cantarolasse com suavidade os últimos versos. Então, de repente, estava tudo acabado, com Scottie rufando os tambores da bateria enquanto Iggy proclamava: "Bem, vocês não acertaram nada de novo, então boa sorte da próxima vez", para depois sumir pelos bastidores. Só que não haveria uma próxima vez.

Esse show deplorável, engraçado e patético não chegou a ser um ponto especialmente negativo nos derradeiros dias da amaldiçoada história dos Stooges. Eles já tinham encarado humilhações piores, deixando o palco mortos de vergonha e cansaço. Dessa vez, pelo menos, haviam conseguido terminar o show. O espírito de luta do vocalista, porém, estava enfim des-

---

1 "Ela fica me provocando, eu pulo em cima." [N. de T.]

2 "Não vai demorar até que eu tire isso... Eu sinto uma rosa escorrendo pelos seus cabelos, ela tem o cu preto e tá com as tetas de fora." [N. de T.]

truído. Por todo aquele tempo, Iggy havia se mantido fiel a sua música, convencido de que poderia mudar o mundo, e agora tudo se transformava em merda. Na manhã seguinte, telefonou para os companheiros de banda e disse que não aguentava mais.

Se ao menos soubesse o que estava por vir, talvez se agarrasse aos demais Stooges para que lhe fizessem companhia, pois a verdade era que o fundo do poço ainda não havia chegado. Existia uma distância infinitamente maior a cair, uma queda a um submundo de Hollywood cujos habitantes se amontoariam sobre ele feito abutres ávidos por sua respectiva quota de carniça, persuadindo-o a repetir o ritual de sacrifício e automutilação, ou o adotando como um troféu depravado com o qual andavam para cima e para baixo, pagando de pombinhos, antes de zoarem publicamente o estado patético de Iggy. Além disso, o vocalista parecia ter enfim abandonado sua ardente ambição, dizendo às poucas pessoas ainda dispostas a ouvi-lo que tinham lançado um feitiço sobre ele e sobre os Stooges. E que não havia maneira alguma de escapar.

Após isso, seguiria uma existência confusa e semidesperta, o confinamento numa instituição para doentes mentais e o abrigo numa garagem abandonada, compartilhada com um garoto de programa de Hollywood. E, então, a cadeia. Era o ostracismo que tantas pessoas julgavam ser o destino merecido do vocalista. Enquanto vários de seus amigos deram cabo das vidas confusas e angustiadas que levavam por meio de overdoses de heroína, ou simplesmente do alcoolismo, o destino de Iggy parecia ser o mesmo de algum totem amaldiçoado, um motivo de chacota, um objeto de estudo em fracassos abjetos.

No entanto, mesmo estando o vocalista maldito abaixo do alcance dos radares de todos, o boato sobre o fim estúpido e heroico dos Stooges já começava a se espalhar. Para alguns, aquela última pose em pé sobre as mãos do público fora uma espécie de rendenção contemporânea da mitologia ocidental, o heroísmo inabalável e empoeirado de cinco pistoleiros a caminho da condenação, um tanto cientes do destino que os aguardava. Para outros, os paralelos eram quase bíblicos, pois logo um jornalista inglês, John the Baptist, um João Batista todinho só para Iggy, estaria num avião de Los Angeles a Paris levando uma gravação do show no Michigan Palace, uma relíquia religiosa que não tardaria a passar de fiel em fiel. Toda vez que um jovem fã de música analisava o encarte de *Metallic KO*, disco baseado nas gravações de Michael Tipton com fotos em preto e branco de Iggy deitado feito Cristo numa deposição homoerótica da Cruz, chegava à conclusão de que aquela música incorporava uma mensagem vital. Ela era o antídoto havia muito esperado para um mundo sem graça de pompas progressivas e exageradas, do aconchego complacente do country-rock, da música pré-fabricada e controlada por produtores sem rosto e músicos de estúdio. Os Stooges de Iggy, ao contrário, eram genuínos: heroicos, malditos e idiotas demais para perceberem isso. Seu frontman se tornou um símbolo: de animalismo, tédio, energia e letargia, e de uma devoção à sua música que quase lhe custara a vida, e talvez ainda pudesse custar.

E, então, os jovens fãs que escutavam o disco embarcavam em suas próprias buscas. Brian James, guitarrista de uma banda chamada Bastard, partiu "à procura do meu próprio Iggy", uma jornada que levaria à formação de dois grupos cruciais: os London SS, de cujas cinzas nasceriam o Clash e o Generation X, e o Damned, os quais posteriormente fariam o chamado à ação de um novo movimento que ficaria conhecido como punk. Ian Curtis, um aspirante a vocalista de Manchester, também compraria o disco, botando-o para tocar para os amigos da banda Warsaw, mais tarde rebatizada de Joy Division. O baixista do Joy Division, Peter Hook, foi um dos muitos que se entusiasmaram, afirmando que *Metallic KO* era "um *show* de verdade, um registro ao vivo de verdade", o único álbum ao vivo que refletia o clima dos shows caóticos de sua própria banda em rápida ascensão, no qual tudo encontrava equilíbrio "no fio da navalha". Outros moleques ingleses, como John Lydon e Glen Matlock, também

## PRÓLOGO
### EU NUNCA PENSEI QUE FOSSE CHEGAR A ESSE PONTO

estavam de ouvidos ligados, e adotariam as músicas dos Stooges em sua própria banda, os Sex Pistols. Durante uma de suas primeiras visitas a New York, Joe Strummer botaria o disco para tocar várias e várias vezes enquanto passava a noite com uma nova amante, imergindo-se no volume e na intensidade do som. Mesmo décadas depois, moleques como Anthony Kiedis ou Jack White escutariam o álbum e resolveriam seguir o mesmo esquema musical dos Stooges. Nem todas as pessoas que ouviram *Metallic KO*, ou os discos antecessores, formaram uma banda. Mas um número suficiente delas o fez, garantindo que, dali a poucos anos, o invencível vocalista estivesse novamente em ascensão, reverenciado por um novo público. Outra reviravolta incrível numa vida e numa carreira que haveriam de sempre subverter as expectativas, tanto em seus altos quanto em seus baixos.

Em 1976, Iggy Pop já tinha recuperado sua aura de invencibilidade, e emergiu do limbo para saudar uma nova e ansiosa geração de fãs. Todavia, no momento em que esses fãs deparavam com o autoaclamado "Forgotten Boy", admirados com o fato de Iggy Pop ter sobrevivido incólume, mal sabiam que havia outra surpresa guardada para eles. Don Was, o famoso produtor dos Rolling Stones, de Bob Dylan e de outros, que tinha visto os Stooges na juventude e ajudou a arquitetar a retomada da carreira de Iggy na década de 1990, define melhor do que ninguém:

– Quando eu conheci o cara, não deu pra acreditar em como ele era. Eu acho que não contradizia nada do que eu já imaginava sobre ele. Eu fiquei simplesmente chocado com o fato de que um cara que se dispunha a se cortar todo com cacos de vidro também fosse tão articulado. O que não significava que ele fosse esperto demais pra não ter feito essas coisas, nem que todas essas histórias não fossem verdade. Mas foi um choque total.

A surpresa de Don tinha fundamento, pois ele não estava apenas conhecendo Iggy Pop, mas também Jim Osterberg, o rapaz ambicioso, encantador e carismático de Ann Arbor, que havia criado o lendário animal do rock'n'roll. A maioria dos que foram arrebatados pela intensidade chapante de um encontro cara a cara com esse sujeito compartilha da mesma impressão. A voz de Jim é calorosa, penetrante, remonta à de Jimmy Stewart, podendo-se dizer o mesmo quanto a seu charme natural: ele parece o mais perfeito ícone americano, entusiasmado, vivaz, afiado e brincalhão. Impressionantemente ágil, faz do corpo uma morada graciosa, como um gato. A conversa varia de Bertolt Brecht à mitologia grega, da arte avant-garde ao Tai Chi, passando pela diferença entre os ideais apolíneo e dionisíaco. Jim crava as lupas azuis claras no interlocutor, encarando-o bem no fundo dos olhos quase que desconcertantemente absorto, embora às vezes olhe para o lado de um jeito meio tímido, até infantil, ou escancare um sorriso largo e sedutor ao terminar de contar uma anedota angustiante. A voz é melodiosa e elegante; ouve atentamente as perguntas, rindo da natureza ridícula de sua própria vida, descrevendo de forma espirituosa as mais variadas e absurdas situações em que já tinha se colocado, parodiando as vozes autodestrutivas que ouvia na cabeça. Para alguém celebrado como talvez o artista mais comprometido e enérgico a pisar num palco, mostra-se um tanto autodepreciativo de forma surpreendente e constante. Embora nunca, nem por um único momento, sugira que o compromisso para com a música seja outra coisa senão absoluto e inabalável.

Depois que o cara se despede de Jim Osterberg, é provável que fique com a cabeça girando, bem possível que de tanto amor e adoração, e quase certamente com profundo respeito e plena sensação de empatia. Astros do rock, eventuais membros do público, senhores de respeito, magnatas da mídia, milhares e milhares de pessoas, todos vão falar do encontro com essa criatura obstinada, talentosa, indomável, um homem que chegou ao cúmulo da depravação e, ainda assim, ressurgiu das cinzas com uma nobreza indiscutível. Todos vão compartilhar a mesma admiração e apreço pelas contradições e ironias de sua vida incrível. Mesmo assim, não serão capazes de compreender em toda sua plenitude os altos e baixos de tamanha experiência, pois os extremos vão simplesmente além da compreensão da maioria das pessoas.

Vários músicos, sem dúvida alguma, foram vítimas de semelhantes zombaria e impetuosidade; inúmeros outros demonstraram uma capacidade similar de autodestruição e abuso de drogas; e não mais do que uns poucos foram elevados à condição de heróis, décadas mais tarde, por novas legiões de discípulos. No entanto, nenhuma outra figura parece se comunicar como Iggy Pop o faz, com geração após geração de músicos num nível assim tão íntimo e pessoal, nem inspirar tendência após tendência a permear o mainstream. Assim como Brian James, do Damned, teve sua cópia de *Fun House* na mais alta estima no início de 1970, Kurt Cobain botaria *Raw Power* para tocar até o disco furar, quase duas décadas depois, confidenciando a seu diário que se tratava de seu álbum favorito, chegando até a compor uma música para seu herói. Ainda mais tarde, já num novo século, Iggy finalmente marcaria presença em festivais ao lado de outros célebres fãs, como os White Stripes ou os Red Hot Chili Peppers, pulando, girando e gritando diante de dezenas de milhares de jovens na casa dos vinte e poucos anos. Enquanto isso, os músicos para quem abrira shows durante todos esses anos, os quais não lhe dispensavam mais do que meras lâmpadas ou o desmereciam publicamente como só mais um fracassado, continuam com os holofotes todos para si, tocando para plateias cada vez menores de fãs cada vez mais velhos.

Todas as características de Iggy Pop que, no passado, rendiam-lhe uma boa dose de revolta ou incompreensão (sua aparência, a quebra das barreiras entre artista e público, a simplicidade eloquente de sua melodia ou a anomia truculenta de suas letras) tornaram-se elementos fundamentais do rock e da música alternativa dos dias de hoje. Trata-se de uma reviravolta quase sem paralelo histórico, ainda que não seja um mero conto de fadas. Não se levarmos em consideração as devastações físicas e mentais, os desastres e as rejeições, que se prolongaram por década após década, mesmo quando, ao que parecia, Iggy Pop já se encontrava alegre, reabilitado e reconciliado com seu criador, Jim Osterberg.

Hoje, a lenda e a música de Iggy Pop são celebradas. No entanto, por trás delas, há uma infinidade de histórias confusas e de mistérios. Como pôde um músico ser tão reverenciado e tão insultado a um só tempo? E como pôde um homem ser tão inteligente e tão estúpido?

# UM

## O MAIS PROMISSOR

**ERA UMA BELA VIAGEM** até Silver Lake, um resort mais ao leste do Lago Michigan, onde os moleques do colegial com a sorte de ter os próprios carros se encontravam para tagarelar na praia durante o verão. Era 1965, e Jim Osterberg tinha acabado de entrar no clubinho dos motorizados. Para tanto, como de costume, teve de se submeter a todos os protocolos para que seus pais aprovassem a ideia: carteira de motorista e até mesmo aulas de direção. Lynn Klavitter, sua namorada durante o décimo segundo ano escolar, ficou impressionada por Jim conseguir juntar dinheiro suficiente para comprar um Chevy station wagon 1957, mas nem tanto por sua habilidade ao volante ao longo dos 322 quilômetros de viagem até o resort. Quanto mais ela lhe pedia que diminuísse a velocidade, com toda calma do mundo, tentando evitar uma discussão, mais o namorado, compassivo e fanfarrão que só ele, embora cada vez mais teimoso, enfiava o pé no acelerador, garantindo que tudo estava sob controle.

Já no trecho final da Highway 31, quase chegando a Silver Lake, Lynn começou a perder a paciência quando Jim acelerou o bom e velho e relutante Chevy alvirrubro até os 145 quilômetros por hora. De repente, estavam gritando um com o outro e, tão repentinamente quanto, a traseira do Chevy começou a patinhar até que Jim perdeu o controle do automóvel. Quando o novato ao volante tentou recobrar a direção, o carro saiu da estrada, capotou uma vez, depois outra, e mais uma terceira, parando de ponta-cabeça entre dois arbustos no acostamento, o interior só farpas e poeira.

Quando o Chevy vergou, o teto ameaçando partir, os dois adolescentes saíram pelas janelas e se encararam. O carro tinha sofrido perda total, mas, afora uns arranhões nos galhos das árvores e alguns hematomas causados pelo impacto contra o volante, os dois se encontravam inacreditavelmente inteiros. Tudo estava quieto. Com toda a calma do mundo, Jim pegou a placa do carro, caída no chão, deu sua mão a Lynn e os dois caminharam colina acima até o resort, onde se deitariam na praia para pegar um sol.

Somente por volta de dois ou três dias após o ocorrido é que Osterberg contaria ao amigo mais próximo, Jim McLaughlin, o quanto se sentia sortudo por estar vivo. "Lá vem, mais uma das lorotas do Osterberg", pensou McLaughlin, e tratou de esquecer a história. Alguns anos depois, Iggy Stooge mencionou a um jornalista como era notável por ter sobrevivido a um acidente que deveria ter sido fatal, o que provava que estava destinado a deixar sua marca no mundo. Mesmo que a ideia de um rockstar indestrutível parecesse ridícula, como tantas outras de suas alegações, haveria de render uma boa manchete.

Eram os anos otimistas do pós-guerra nos Estados Unidos, quando tudo parecia ser possível. Uma época e um lugar em que um garoto esperto, criado num ambiente onde transbordavam intelectuais e sábios cientistas, motivado por pais inteligentes, trabalhadores e ambiciosos, talvez pudesse fazer tudo que desejasse. Podia tornar-se amigo de algumas das figuras mais poderosas do mundo industrial e testemunhar em primeira mão uma pequena cena artística cheia de pessoas que, mais tarde, se tornariam astros. Cercado por esse ambiente, o tipo certo de garoto (com força de vontade, inteligência e um charme especial) poderia vir a ser o presidente dos Estados Unidos. E era esse o futuro que os colegas e professores em Ann Arbor tinham predito a Jim Osterberg, o político engraçado e bem-vestido da turma, um garoto com uma habilidade invejável de fazer contatos entre os ricos e poderosos.

O trailer-park Coachville Gardens, localizado na Carpenter Road, logo na saída de Ann Arbor, ficava oficialmente no vilarejo de Ypsilanti, no estado do Michigan. Muito embora tenha ganhado algumas das inevitáveis lojas de grandes redes em expansão, ainda hoje Ypsilanti é um lugar quieto onde não acontece muita coisa. Há uma infinidade de casas de madeira mais isoladas, nas quais se pode viver sem perturbação, observando os grous-americanos e os esquilos no verão ou passeando com os cachorros por longas e reflexivas caminhadas sobre a neve virginal do inverno. É um lindo cenário, embora também paire nele um certo ar claustrofóbico, como na maioria dos vilarejos no interior. Não é nada difícil deparar com personagens um tanto estranhos que passam toda a madrugada na frente da TV a cabo, assombram salas de bate-papo na internet ou se entopem de drogas pesadas para passar o tédio.

Ainda que hoje em dia Ypsilanti se autodenomine uma cidade, é obscurecida por sua cidade vizinha, bem maior, Ann Arbor, que desde 1837 tem sua identidade definida pela presença da Universidade de Michigan, celebrada por sua diversidade curricular e valores liberais, e que, junto à presença da General Motors e da Ford em Detroit, atrai um fluxo constante de novos moradores à cidade, estimulando as prósperas indústrias farmacêuticas, de engenharia e eletrônicos.

Por influência da universidade, Ann Arbor passou a ser considerada uma cidade "chique". Os habitantes tomavam expresso, formavam coletivos de arte e faziam aulas de dança. As pessoas de Ypsilanti, ao contrário, eram frequentemente consideradas caipiras do Meio-Oeste. As duas cidades, porém, não chegavam a ser rivais: vários acadêmicos destilavam sua sabedoria intelectual na universidade e depois voltavam para as respectivas casas de campo, espalhadas por toda a bela zona rural de Ypsi, embora a divisão fosse perceptível a qualquer um que cruzasse os limites da cidade: o abismo entre os que se valiam de seu intelecto para ganhar a vida e aqueles que recebiam seu contracheque semanal pelo trabalho braçal em alguma fazenda ou fábrica; entre pessoas cultas e os broncos rurais. Foi justo em meio a essa divisão que Jim Osterberg e Iggy Pop cresceram.

Como um rockstar, Iggy Pop constantemente citava sua criação num trailer-park, o seio de uma família da classe operária por excelência. Como estudante, porém, Jim Osterberg era considerado o mais promissor de todos os colegas, o menino de classe média com as maiores chances de se tornar bem-sucedido. Outros garotos admiravam, ainda que alguns invejassem, suas roupas finas, a casa de seus pais nas colinas de Ann Arbor (uma área elegante habitada por acadêmicos, arquitetos e os mais importantes chefes da indústria da nação) e sua autoconfiança, ao que parecia, inabalável.

No fim da década de 1940, Ann Arbor, a exemplo de quase todo o estado de Michigan, vinha passando por um boom econômico. O dinheiro ainda jorrava dos contratos com as Forças Armadas, enquanto gigantes da indústria, como a Ford e a General Motors, se preparavam para uma enorme expansão, tendo em vista atender à demanda de um milhão de ex-soldados prontos para gastar os subsídios ganhos do governo. No oeste do estado, ao longo de todo o caminho até Detroit e a enorme fábrica da Ford às margens do rio Rouge, novas instalações brotavam em paisagens antes verdes e serenas, batizadas com nomes ressonantes de origem nativo-americana. Prédios de vários andares se multiplicavam pelo campus da Universidade de Michigan e, embora se construíssem alojamentos por toda a cidade, ainda eram em número insuficiente. Em 1948, um pequeno

# UM
## O MAIS PROMISSOR

grupo de empresários liderados por Perry Brown, que gerenciava uma loja de máquinas na cidade, e os irmãos Gingras (Irv, Leo e George) inauguraram um pequeno trailer-park na Carpenter Road, o qual batizaram de Coachville Gardens, tendo como público-alvo os trabalhadores da fábrica da Ford e da companhia telefônica local. Entre as primeiras pessoas a se mudar, no outono de 1949, estavam James Newell Osterberg, a esposa Louella e o filho James Newell Junior, ainda bebê, nascido prematuro no Hospital Osteoplástico de Muskegon em 21 de abril de 1947. A pequena e nada convencional família se tornaria conhecida em Coachville Gardens.

– Era um trailer muito pequeno, com uma mãe muito forte e um pai bastante alto e magricela – conta Brad Jones, que vivia perto da família. – Parecia coisa desses filmes cult. O trailer era muito pequeno mesmo, de verdade, e o pai dele era um cara meio parecido com o Ichabod Crane, bem alto e magro mesmo, e a mãe parecia um tijolo, quadradona, mas quer saber? Eles combinavam bem. De algum jeito, aquilo funcionava.

A lembrança mais antiga de Jim Osterberg é a de estar sentado no colo de Louella, enquanto brincavam:

– Ela ficava recitando algum tipo de música em dinamarquês, aí, na última palavra, quase me deixava cair no chão e me pegava de volta. Por mim, eu não saía mais de lá, ficava repetindo aquilo uma vez atrás da outra.

Jim Junior cresceu com a presença calorosa e amorosa da mãe e dos equipamentos de beisebol do pai ("Ele tinha jogado em alguma liga semiprofissional de beisebol; possuía um taco enorme, a luva, e tudo mais").

James Newell Osterberg, o pai, maior influência na vida do filho que carregava seu nome, nasceu em 28 de março de 1921; era de ascendência irlandesa e inglesa, mas passara a juventude num orfanato em Michigan, solitário e rejeitado, até que duas irmãs judias e solteironas, chamadas Esther e Ida Osterberg, entraram no orfanato e decidiram que o menino James era a criança que mais precisava de um lar. Elas lhe deram amor e carinho, e pagaram toda sua educação antes de morrerem numa rápida sucessão de acontecimentos: a primeira, de tristeza por causa da linda casa da família demolida para dar lugar a uma rodovia; a outra, de tristeza pela morte da irmã adorada. James valorizava a chance recebida já tarde na vida e se esforçava na escola. Ótimo jogador de beisebol, dali a pouco jogaria em ligas pequenas e faria um teste para os Brooklyn Dodgers, embora nunca tenha conseguido o contrato que lhe concederia o status de atleta profissional. Como muitos de sua geração, a educação de James Osterberg fora interrompida pela guerra, mas seu evidente potencial acadêmico o levou a ser treinado como operador de rádio na Força Aérea (nos últimos anos de vida, ainda se recordaria das missões na Alemanha e diria ao filho que tomasse cuidado com o lugar). Depois da guerra, James Senior chegou a considerar a possibilidade de estudar odontologia e osteoplastia, antes de se formar como professor de Inglês e se mudar para Ypsilanti a fim de ocupar uma vaga na escola de Packard Road, a quatro minutos de Coachville.

Na opinião da maioria daqueles que o conheciam, James Osterberg Senior era considerado um professor reservado, até severo, que corrigia as provas dos alunos sem piedade. Além de ensinar Inglês, ajudava nas equipes desportivas. Por ser um professor novo, costumava receber os alunos de menor talento acadêmico e, por isso, suas aulas de Inglês enfatizavam o desenvolvimento das técnicas do discurso em público. Muitos de seus ex-alunos se lembram de se sentir intimidados por ele nos tempos de escola, muito embora, já crescidos, viessem a admirar a tenacidade e a dedicação de James; uma ex-aluna, Mary Booth, o descreveu como "o professor de quem os alunos mais tinham medo, mas também o preferido". Por volta de 1958, Osterberg conseguiu um emprego melhor na Fordson High, no distrito de Dearborn, uma área na periferia de Detroit dominada por uma gigantesca fábrica da Ford. O salário melhor significava que a família poderia se mudar do trailer Spirit para um New Moon todo futurista, quase saído de *Os Jetsons*. Em Fordson, Osterberg era respeitado como um professor comprometido, dedicado e justo, que, de quando em quando, até soltava algumas tiradas de humor seco. O "Senhor O." era um idealista, o que, às vezes, tornava a vida um tanto mais difícil, principalmente quando tentou sem sucesso formar um sindicato de professores. De acordo com Jim Junior, apenas um amigo o apoiou e o projeto acabou abandonado.

Nem todos os alunos do senhor Osterberg se lembram de suas aulas, mas aqueles que as recordam conservam enorme respeito por sua dedicação e perseverança. Patricia Carson Celusta se sentiu motivada pelo exemplo do mestre a seguir carreira como professora e lhe dá os créditos por ter conseguido transformá-la de uma garota tímida numa oradora confiante. "Ele fazia você pensar além de você mesmo", relembra com carinho, dizendo que a figura inspiradora do professor ajudou a formar "verdades que ajudaram a todos nós". Já aposentada após uma longa carreira como professora de Inglês e oratória, Patricia Celusta aponta James Osterberg como "a verdadeira definição do que é ser um professor", e ainda guarda com carinho o velho livro com o qual os alunos acompanhavam as aulas. O Senhor O. incutiu confiança e o poder do discurso na mente de seus pupilos bem-sucedidos, encorajando-os de igual modo a compreender questões sociais e literárias mais amplas. São muitos os outros ex-alunos que concordam com a descrição de Patricia quanto a ele ser um professor comprometido, capaz e justo. Osterberg Junior também concorda. Mas eram os anos 1950, e Jim Senior era um homem com uma mentalidade militar, e tamanho rigor intelectual exigia uma sólida base disciplinar, o que significava dizer que, algumas vezes, acabava se valendo do cinto ou do taco de golfe para "educar" o filho.

Ainda que Jim Junior viesse a desapontar o pai em incontáveis ocasiões nos anos seguintes e confrontá-lo com certa frequência, muitas vezes de forma violenta, pode-se dizer que o cinto e o taco de golfe funcionaram. Assim como o pai, Jim era uma pessoa obstinada, embora, em seu caso, tal obstinação fosse envolta em certo charme e excentricidade, o que deixava transparecer a influência da mãe amorosa e fácil de lidar.

Em Coachville Gardens, o senhor Osterberg era considerado uma presença intimidadora, muito embora algumas pessoas especulassem que toda aquela severidade provinha da necessidade, em função de seu trabalho. De acordo com o vizinho Brad Jones, "ele só era severo se você deixasse". A atitude durona de James Senior, sem a menor tolerância para coisas sem sentido ("trailers fazem sentido" foi como justificou a residência da família), refletia-se no modo de se vestir e no corte de cabelo militar. Mas também levava Jim Junior em idílicos passeios de carro pelo interior. Quando Frank Sinatra começava a tocar no rádio, James Osterberg Senior cantava junto com o crooner. Mais de cinquenta anos depois, o filho ainda se lembra dos passeios no Cadillac de Osterberg, ouvindo o pai cantar "Young at Heart", sonhando em se tornar ele próprio um cantor.

Louella Osterberg, antes Kristensen, era uma mulher carinhosa de ascendência dinamarquesa, sueca e norueguesa, que mimava os dois homens da casa e que acabou virando uma figura amada no oeste de Ypsilanti, embora trabalhasse num escritório da Bendix, uma das maiores empregadoras industriais em Ann Arbor. Nos anos seguintes, testemunharia discussões cada vez mais competitivas entre pai e filho, mas haveria de sempre permanecer totalmente neutra. De alguma forma, apesar de toda a agressividade masculina no minúsculo trailer, parecia haver poucas dúvidas quanto ao fato de aquela ser uma família feliz e cheia de amor, mesmo que nada convencional.

Para muitas pessoas em Coachville Gardens, o trailer-park representava uma arcádia americana, onde garotos vestindo jardineiras jeans brincavam felizes rolando pelos gramados, sonhando com a Sputnik e o Super-Homem. Pais podiam deixar os filhos brincando pelo parque, seguros de que outros conhecidos da comunidade tomariam conta deles. É provável que tenha sido essa atmosfera familiar, além da escassez de casas em Ann Arbor, o que a priori atraiu os Osterbergs ao trailer-park; uma vez lá, porém, permaneceram até o outono de 1982, tornando-se uns dos habitantes mais antigos de Coachville. Havia fazendas por todos os lados, e o prédio mais próximo era uma escola de apenas uma sala, construída em pedra, do outro lado da Carpenter Road. A sede da fazenda dos

Leveretts representava o principal ponto de encontro dos garotos da área, que podiam ganhar algum dinheiro trabalhando na barraca de verduras de Chuck e Dorothy ou colhendo milho para os dois no verão. Para James Osterberg Senior, a presença do campo de golfe Pat's Par Three, bem ao lado do trailer-park, era um grande atrativo. Atrás do trailer-park, uma pequena trilha levava às linhas ferroviárias. O jovem James podia ouvir o som melancólico dos trens de carga passando durante a noite e, durante o dia, podia se aventurar até lá para observar de perto a algazarra dos comboios seguindo de Nova York a Chicago.

Quase todos os dias, os garotos do trailer-park jogavam beisebol ou futebol americano perto dos trilhos. Desde os dois anos de idade, mais ou menos, Jim sempre era convidado para quase todas as festinhas de aniversário, ainda que passasse bem mais tempo em seu trailer do que as outras crianças. Apesar de não ser esnobe, o pai era cuidadoso quanto às companhias do filho. Preocupava-se, em especial, que o garoto frequentasse a casa dos Bishops, que eram "diferentes". Tempos depois, Jim os descreveria como "verdadeiros caipiras"; mas os Bishops eram queridos, divertidos até, e um foco natural à atenção de Jim. Quando Jim Junior acabou desenvolvendo uma fascinação pela precoce Diane Bishop, porém, Jim Senior pareceu adquirir uma onisciência sobrenatural, sempre dando as caras para afastar o filho da menina. James Senior, por outro lado, já não sentia esse tipo de preocupação quanto a Duane Brown e Sharon Ralph, filhas de pessoas que tinham ajudado a formar a comunidade, e ambas se lembram das brincadeiras no parque, muito embora Sharon se recorde de que "Jim não saía pra brincar tanto quanto as outras crianças, mas sempre ia para as festas. A mãe dele era popular, eu gostava de ir à casa deles; ela sempre era tão gentil, calma e agradável, sabe?!". O senhor Osterberg, por sua vez, assustava as crianças.

– Não sei por quê – conta Duane Brown. – Ele era um homem bem alto e magro com um corte escovinha, e eu não gostava muito de ficar perto dele, não. Ele nunca fez nada pra gente, mas parecia ser bem bruto.

No ambiente familiar de Coachville Gardens, onde mães donas de casa criavam famílias enormes, os Osterbergs, com dois assalariados e um filho único, não eram nada comuns. Ao narrar suas memórias mais antigas, Jim se lembra principalmente de imagens solitárias: dormindo ou descansando numa prateleira na cozinha do trailer de cinco metros e meio de comprimento, assistindo a *Howdy Doody* numa minúscula televisão em preto e branco, ou observando o pai conversar com um amigo do exército no quintal, um autêntico cowboy com direito a botas e uma Stetson: "Eu nunca tinha visto ninguém daquele jeito, então eu gostei mesmo dele". Como filho único com recorrentes ataques de asma, era mimado pelos pais, que chegaram até a remover o banco traseiro do Cadillac e construir uma grande plataforma no lugar, onde Jim, com quatro anos, podia ficar andando ou deitado em seu bercinho enquanto dirigiam pela zona rural, apreciando a paisagem durante o precioso tempo em família nas tardes de domingo. Mais tarde do dia, embora às vezes se juntasse a Sharon e Duane para uma caminhada pelo campo ou até os trilhos do trem, Jim também costumava sair perambulando por aí sozinho, ou, o que ocorria com maior frequência, ficava em casa, ou na casa de sua babá, a senhora Light, sonhando com ficção científica, imaginando ser o Super-Homem ou o Atomic Brain. Ao longo desse e dos anos subsequentes, as crises de asma o fizeram perder longos e frequentes períodos de aula e, assim, vivia num mundinho imaginário, o qual, em sua própria cabeça, separava-o dos colegas de escola. Quando estava medicado com os remédios para asma, esse mundinho imaginário parecia muito mais vívido.

– Era efedrina. O povo agora tá tudo surtando com pseudoefedrina, que é o ingrediente básico do speed. Eu tomava efedrina de verdade, muito melhor. Me fazia sentir... ótimo. Faz tudo ficar com um quê de poesia. E eu sinto dizer, mas acho que isso estimulou a minha criatividade.

Talvez tenha sido a atenção que ganhava dos pais, talvez os frequentes pugilismo verbal e esgrima intelectual com o pai, ou tão somente o resultado do hábito de ficar comparando sua inteligência com a dos

# UM
## O MAIS PROMISSOR

outros, mas era óbvio, desde os dias da pré-escola, que Jim Osterberg se achava especial. Alguns dos outros garotos e professores compartilhavam a mesma opinião. Pequeno em tamanho, Jim Junior era cheio de energia, com um sorriso encantador, ligeiramente tímido. Desengonçado por natureza, um tipo de patetice fofa, lembrava um boneco gigante, com corpo esquálido, cabeça redonda, enormes olhos azuis e cílios exagerados. O charme brincalhão parecia se adequar perfeitamente a sua aparência. Essa fofura toda lhe permitia se safar de muita coisa; em especial, impedia que o menino, de uma família com mais educação, com um vocabulário maior e autoconfiança inerente, fosse considerado um pulha pelos colegas. Em vez disso, era um líder. Embora para algumas crianças o primeiro dia de escola seja uma experiência traumática, Jim Osterberg, com sua turma de amigos de Coachville, não teve problema algum.

Por quase um século, a Carpenter não passava de uma simples escola fundamental funcionando numa casa vitoriana de apenas um cômodo, localizada bem em frente à área que viria a se tornar Coachville Gardens; Jim e os amigos foram os primeiros a estudar numa escola bem maior e de alvenaria, totalmente nova, com várias janelas, perto do Central Boulevard, a qual recebeu os primeiros alunos em 1952. A turma de amigos de Jim logo incluiria Sharon, Duane, Kay Dellar, Sandra Sell, Joan Hogan, Sylvia Shippey, Steve Briggs e Jim Rutherford, bem como Brad Jones, que se mudara de San Diego em 1956. Todos consideravam Jim engraçado, cheio de energia, esperto e o líder da turma, como conta Brown:

– Ele sempre sabia se safar, livrava a cara de todo mundo. Uma vez, na quarta série, ele aprendeu uma nova palavra, e essa palavra era "foda". Ele me sugeriu que eu usasse a palavra quando falasse com a professora, eu não lembro qual foi o significado que ele me deu, e isso acabou causando muita dor de cabeça com a senhorita Connors.

O jovem Osterberg despertava com frequência a ira da professora da quarta série, Rachel Schreiber, que às vezes lhe batia com a régua nos nós dos dedos; mas, a despeito disso, a evidente inteligência e o vocabulário impressionante de Jim garantiram que fosse tratatado com certa indulgência e ternura pelo corpo docente.

Na quarta série, Jim Osterberg já sabia como se fazer notado pelas pessoas. O menino dos olhos azuis era constantemente descrito como "fofo" e considerado precoce pelos professores, embora sua vontade de se provar a qualquer custo o gostosão (a maior ambição dele, se é que se pode usar um termo assim nessa idade) não obstruísse seu charme natural. Comportava-se, segundo Brown, como um "galanteador. Era cheio dos contatos. Ele entendia o que funcionava socialmente pra conquistar as pessoas".

– Mesmo bem novinho, ele já era uma figura – conta Brad Jones. – Sempre engraçado, sempre eclético. Mas bem torturável. A gente costumava segurar ele no chão e fazer cócegas até que ele se mijasse todo. Sabe, essas coisas que os garotos da quinta, sexta série fazem.

Em sala, Jim demonstrava um interesse especial pelas histórias sobre a colonização fronteiriça da América, as quais estimulavam suas fantasias de ser "o Daniel Boone e o Jim Bowie. Jim Bowie, alto como um carvalho; posso fazer qualquer coisa, preciso sair por aí, viver no limite".

Era fácil fazer amigos e encantar o povo na Carpenter, com as turmas de vinte ou até menos alunos, crianças que viviam todas perto umas das outras. A Carpenter era o centro social da zona oeste de Ypsilanti. Para as crianças, os principais lugares onde passavam o tempo fora do horário de aula eram a própria escola ou a fazenda da família Leverett; para os pais, a escola representava um ótimo lugar para conhecer os vizinhos, nos bailes e em outras festas aconchegantes e familiares; Louella Osterberg, figura cativa em tais eventos, ajudava nas barracas de bolo e nas vendas dos bazares da escola, o que não era uma tarefa nada fácil, já que, segundo as lembranças dos outros pais, era a única mãe com emprego em período integral.

Já o centro de seu próprio e minúsculo mundinho desde os seis anos de idade, Jim Osterberg entrou num novo e maior círculo social depois que o pai aceitou um emprego como professor e monitor no acampamento Varsity, uma colônia de férias de verão para crianças de classe média organizada por Irvin "Wiz" Wisniewski no lago Cordley, perto de Pinckney, em Michigan. Mas esses garotos de classe média que conheceram o jovem Jim e seu pai "Ichabod Crane" fora do habitat natural dos dois se recordam de uma criatura bem diferente do garoto confiante da Carpenter.

— Os monitores pegavam a gente em casa — lembra Mike Royston, que começou a frequentar o acampamento em 1954 —, e o Jimmy vinha com o pai dele. Eu me lembro de ele ser um garoto excessivamente tímido, a imagem que me vem à cabeça é de Jim todo de chamego pro lado do pai dentro do carro quando ele levava ou trazia a gente do acampamento. Ele era um menino bem pequeno e com aqueles olhões azuis enormes. Vivia te analisando, mas de um jeito tímido, furtivo. Dava umas olhadas meio de canto de olho. Não mantinha contato visual por muito tempo. E o pai era por demais taciturno. Você já viu o filme *Rebeldia indomável*[3]? Bem, se você se lembra do cara que não tinha olhos, só usava óculos escuros, esse era o pai do Jim. Ele não falava muito, só meio que narrava o trânsito. Eu não me lembro de ter visto esse cara sorrindo, nunca.

Nos anos seguintes, Jim Junior resmungaria com frequência sobre o pai aos novos e privilegiados colegas; as queixas eram tão veementes que a maior parte deles pensava ser exagero. Em seus anos felizes na Carpenter, porém, tinha se destacado como um garoto inteligente, carismático e falante. Wiz Wisniewski visitava a família quase todas as tardes de domingo, quando passavam horas agradáveis no campo de golfe Pat's Par Three e, às vezes, conversava mais tempo com o filho do que com o pai:

— O senhor Osterberg era um cavalheiro reservado, mas gostava de jogar golfe, e eu tinha uma relação muito boa tanto com o pai quanto com o filho. O pequeno Jim estava só aprendendo, um garoto ativo que jogava

---

3 *Cool hand Luke*, no original, dirigido por Stuart Rosenberg (1967). [N. de T.]

com a mão esquerda, e todos nós gostávamos da companhia uns dos outros. Eu ainda me lembro desses fins de tarde.

Para a maioria dos estudantes americanos, a transição do ensino fundamental para o médio é um rito de passagem importante. Incontáveis filmes, livros, músicas e poemas já narraram as ilusões despedaçadas, os traumas psicológicos ou os triunfos há muito esperados ao longo dos anos tão decisivos do início da adolescência, os quais muitos afirmam definir a vida adulta. Jim Osterberg passou por essa transição com uma facilidade invejável. A bem da verdade, deixaria o ensino fundamental celebrado pelos colegas como uma pessoa que viria a realizar grandes feitos. A despeito disso, já adulto, Osterberg se denominaria um outsider, excluído pelo fato de ter sido criado num trailer-park. As humilhações mesquinhas sofridas nas mãos dos colegas de classe média, ao que parece, haviam deixado marcas que perdurariam por décadas; nos anos seguintes, tal crença, a ideia de ser eternamente um excluído, o motivaria. Para os antigos amigos da Carpenter, porém, que viram Jim se formando no ensino fundamental para logo começar a andar com "os garotos metidos", essa crença parecia no mínimo irônica, e, no máximo, totalmente ridícula.

Duane Brown ainda se recorda da competitividade de Jim:

– Ele estava sempre querendo provar que era melhor que a gente em tudo. E ele era ótimo nisso. – Ninguém no pequeno grupo de amigos ficava ressentido com a necessidade de Jim de provar-se o mais inteligente no começo. – Aí, a gente entrou no ensino médio, e eu comecei a pensar: "Ele se acha bom demais pra gente", e eu nem sei por quê – conta Brown. – Ele só parecia meio teimoso, sei lá, feito uma criança que só cresceu no tamanho. Talvez fosse o fato de não querer que nenhuma das pessoas com quem ele tava se enturmando (na escola Tappan) soubesse que ele conhecia alguém da gente lá do trailer-park, isso poderia estragar o disfarce dele. Mas ele não manteve mais nenhuma ligação com a gente depois que passou do ensino fundamental pro médio.

## UM
### O MAIS PROMISSOR

Sharon Ralph também desaprovou as atitudes de Jim quando o amigo passou a frequentar um novo círculo social com a mudança para a Tappan em 1960:

– Eu não sei por que ele sentia vergonha de ser do trailer-park, só que, quando a gente chegou à Tappan e depois à Ann Arbor High, havia uns garotos metidos, e ele quis ser dessa turma. E não é que acabou conseguindo mesmo andar com os tais garotos metidos?

A Tappan Junior High fica na Stadium Boulevard, perto do Estádio Michigan, numa parte verde e arborizada da cidade conhecida como Ann Arbor Hills. É uma construção imponente, espaçosa, que deve ter sido levemente intimidadora para qualquer criança, em especial para uma que pegava o ônibus na Washtenaw Avenue vindo de um trailer-park fora da cidade. A presença da Universidade de Michigan assegurava que a Tappan e a escola de ensino médio mais próxima, a Ann Arbor High, fossem dois pilares da boa educação no sistema educacional americano. Muitos pais trabalhavam como acadêmicos ou administradores na universidade, e muitas das professoras eram mulheres excepcionalmente bem-educadas, que trabalhavam nas escolas enquanto os maridos estudavam em busca de títulos acadêmicos de mais peso.

– Não havia uma pressão das famílias (da Tappan) quanto a dinheiro – lembra a contemporânea de Jim, Mim Streiff –, mas muita pressão quanto a conquistas educacionais; esse era o maior foco.

Ainda assim, não havia como se esquivar do cheiro da bufunfa na Tappan, graças à presença da panelinha dos mais ricos de Ann Arbor Hills, onde arquitetos, administradores, professores universitários e diretores de empresas tinham escolhido morar. E ainda mais importante: a nova casa de toda uma nova geração na direção da Ford, os quais deliberadamente incorporaram as tradições liberais e sofisticadas de Ann Arbor. Os "meninos prodígios" da Ford eram um grupo de dez ex-oficiais das Forças Aéreas Americanas, liderados pelo Coronel Charles "Tex" Thornton, dentre os quais estavam dois futuros presidentes da Ford: Robert McNamara e Arjay Miller. Ambos tinham escolhido viver no ambiente intelectual e acadêmico de Ann Arbor, um lugar de que Miller, mais tarde um celebrado decano do Instituto de Estudos Empresariais de Stanford, ainda se lembra com carinho.

— Uma ótima cidade estudantil, muito encantadora, muito íntegra. A universidade era o centro de tudo; a cidade, afastada o bastante de Detroit para ter sua própria identidade e cultura, embora o acesso fosse tranquilo a quem quisesse assistir a uma sinfonia ou a uma ópera. Eu realmente gostava de morar lá.

A presença de dois dos mais importantes líderes da indústria norte-americana nas apresentações da Tappan Junior High e em outros eventos acrescentava um certo frisson sedutor de poder e dinheiro à atmosfera, o que definitivamente já atraía Jim Osterberg aos doze anos, que não tardaria a chegar direto à fonte.

Para muitos garotos que estudavam na Tappan, a atmosfera abastada e cosmopolita da escola era intimidadora. Assim como muitos dos alunos. Rick Miller (sem parentesco com Arjay), apesar de ser um moleque carismático, um "Senhor Suave", quase sempre com um charuto e ídolo de muitos meninos e meninas, também gostava de fazer pouco dos garotos, e um dos que pegou para santo foi justo Jim Osterberg.

— A gente costumava ter aula de natação na Tappan, e o cara tinha que ficar pelado lá, por algum motivo besta – conta Denny Olmsted, amigo tanto de Rick quanto de Jim. – O Jim tinha um pau grande, e o Rick pegou o pau do Jim e saiu puxando ele pelo vestiário. A gente ficou zoando o Jim por causa disso. Ele ficou com bastante vergonha.

Para muitos garotos, o pau prodigioso de Jim era uma fonte de inveja, assim como o fato de ter chegado à puberdade antes deles, mas o bullying de Rick acabou transformando isso num motivo de vergonha. Por um tempo, pelo menos.

George Livingston, outro garoto popular, morava numa casa im-

# UM
## O MAIS PROMISSOR

pressionante, projetada pelo pai arquiteto, em Ann Arbor Hills. Livingston e seu amigo John Mann eram experts em depenar Chryslers e, juntos, chegaram a ganhar um prêmio nacional por detectarem as falhas nos Plymouths.

– George gostava de contar vantagem, e geralmente dizia as coisas sem pensar, o que podia acabar ferindo os sentimentos dos outros – conta John Mann, que se lembra de Livingston ridicularizando a residência da família Osterberg em pelo menos uma ocasião. – Fazer graça da espinha na cara de alguém ou do trailer era só o jeito do George.

A maioria dos garotos tinha aprendido a simplesmente rir e seguir em frente; o insulto, porém, marcou Jim Osterberg.

Para o futuro Iggy Pop, Rick Miller e George Livingston se tornariam símbolos da crueldade dos garotos americanos brancos de classe média, apesar do fato de que, para a maioria dos colegas, o próprio Jim constituía a personificação dos privilégios de ser um garoto americano branco de classe média. Tal impressão era simbolizada por sua amizade com Kenny Miller, filho de Arjay Miller e afilhado de Robert McNamara. Até mesmo para os moradores sofisticados e acadêmicos de Ann Arbor Hills, os Miller eram considerados pessoas de muita classe. E, conforme se viu, Jim Osterberg detinha um talento especial para fazer amigos entre gente classuda.

Sempre havia algo rolando na casa dos Miller, em Devonshire, no coração de Ann Arbor Hills. As aulas de dança eram o que de fato mais impressionava os vizinhos: um professor particular ensinava foxtrote e valsa para Kenny e os colegas num espaçoso estúdio nos fundos da casa; os garotos vestiam-se em trajes formais para as aulas, as garotas usavam saias e até mesmo luvas. No Natal, um coro profissional entretinha os convidados; obras de arte de bom gosto adornavam as paredes, enquanto a casa em si (toda de tijolinhos vermelhos com acabamento em madeira vermelha e sacadas com vista para além de seu humilde bosque) representava um belíssimo e subestimado exemplo da arquitetura contemporânea. A TV em cores na sala de estar era a primeira que a maioria dos convidados dos Miller já vira, mas os Miller nunca pareciam se gabar do fato. Motoristas particulares levavam os garotos a jogos de golfe, futebol americano ou para comer um hot dog com Coca-Cola no Howard Johnson Hotel, na Washtenaw Avenue. Certa vez, a caminho de casa, um dos amigos de Kenny derramou milk-shake no assento traseiro do Lincoln. Ninguém da família esboçou a menor reação e, no dia seguinte, o motorista apareceu para pegar os garotos num carro novinho em folha.

Mesmo que a empregada dos Miller, Martha, fosse quem passava mais tempo com os garotos, a mãe de Kenny, Frances, mostrava-se sempre interessada pelas amizades do filho. Arjay também parecia uma pessoa amigável, o que não deixava de ser impressionante, tratando-se de um homem que carregava o pesado fardo de mudar o rumo de uma companhia que se encontrava numa situação financeira terrível. Arjay foi controller da empresa durante um período em que ocorreram desastres infames, como o lançamento do malsucedido Edsel. Muitos executivos seniores da Ford que moravam em Ann Arbor sucumbiram ao alcoolismo ou ao estresse nessa época, mas Arjay abriu seu caminho por entre a selva da Ford negociando com toda a calma do mundo até chegar à presidência da companhia depois que seu amigo, o menino prodígio Robert McNamara, foi chamado por John Kennedy para ocupar o posto de Secretário de Defesa e, mais tarde, supervisionar o lançamento mais lucrativo da Ford, o Mustang. No curso da sua ocupada vida, Miller chegou a conhecer Jim Osterberg bem o suficiente para se lembrar dele até hoje, ainda que tenha declinado da forma mais educada possível o convite para discorrer sobre as atividades do garoto em sua casa.

Pouco tempo após ter chegado à Tappan, Kenny Miller (um garoto modesto, amigável e bem desengonçado) se tornara muito amigo de Jim Osterberg, a ponto, segundo alguns, de ter uma quedinha por ele. Logo no início da amizade, Kenny pediu a sua mãe, Frances, que convidasse

# UM
## O MAIS PROMISSOR

Jim para brincar em casa; Frances trocou as bolas e acabou convidando o vizinho de Jim na lista de chamada em ordem alfabética, Denny Olmsted, que se lembra de quando Kenny abriu a porta e disse: "Eu não quero brincar com você; eu quero brincar com o Jim, eu gosto mais do Jim do que de você!", antes de sair choramingando aos berros com sua mãe enquanto Olmsted, todo cabisbaixo, ia embora arrastando os pés.

Kenny Miller e Jim Osterberg eram o núcleo de um grupinho de garotos, junto de Livingston e John Mann, que passavam longas tardes jogando golfe no Pat's Par Three. Outro bom exemplo da habilidade de Jim em fazer contatos com as pessoas mais influentes de Ann Arbor foi sua namorada na oitava série, Sally Larcom; o pai de Sally era o administrador municipal, e a mãe, professora na Eastern Michigan University. Ambos ficaram encantados com Jim Osterberg.

— Ele definitivamente era um dos aprovados. Aqueles com quem eles gostavam que eu saísse.

Muito embora Jim não fosse o estereótipo de um garoto de fraternidade (muito esperto e muito engraçado para isso), era todo engomadinho, corte de cabelo curtinho, sempre bem-vestido com uma camisa polo e calças de linho. Esbelto, possuía um corpo bem definido, o que compensava o fato de ser mais baixo do que a média, e definitivamente era um intelectual. Também se destacava pela autoconfiança, adorando opinar em tudo, sempre pronto para travar uma conversa com os adultos, mas nunca sem uma boa dose de humor. Durante o tempo que passavam juntos, Sally e Jim geralmente aproveitavam para jogar golfe; se havia uma coisa em Jim que irritava Sally era o fato de sempre estar opinando, "quase autoritário". Também se tornou conhecido por sua obsessão por status, constantemente inventando listas a fim de classificar os meninos e meninas da classe. Jim era bonitinho, sexy até, com um ligeiro toque de angústia que o tornava ainda mais atraente. A angústia parecia vir do fato de que, embora fosse popular, não era nem de longe tão popular quanto um jogador de futebol americano ou as rainhas do baile em sua classe. Sally, porém, não via nele indício algum de complexo de inferioridade, conforme aponta:

— Era mais um complexo de superioridade, algo que apenas não se encaixava com a realidade da vida dele. Eu não falo isso como uma crítica; é mais no sentido de que isso o estimulava.

Cindy Payne, que namorou Osterberg alguns anos depois de Sally, tem recordações quase idênticas do charme de Jim, da facilidade com que impressionava o pai dela (um médico) e da mesma angústia que parecia subordinar sua ambição, assim como a notável "autoconfiança. Ele era uma pessoa incrível; realmente fazia de tudo pra conseguir o que queria".

Ao fim do primeiro ano na Tappan, Osterberg já era bem conhecido e sua exuberância natural parecia em expansão. Com certeza, os colegas de classe se lembram dele como alguém engraçado, analítico, sempre pronto para desafiar o pensamento predominante. Vários dos professores se encantavam com Jim; o vocabulário impressionante e o uso da língua fizeram com que ele caísse nas graças de sua professora de inglês, senhora Powrie, e havia suspeitas de que fosse o queridinho dela. Vários de seus contemporâneos se lembram de ouvi-lo usando expressões que nunca tinham escutado antes ("homens do clero" ou "hoi polloi") e só hoje se dão conta de que ele as usava de forma correta. A habilidade memorável de pescar palavras no vento o ajudou a entrar na equipe de debates da escola, lar da maioria dos mais brilhantes garotos de Ann Arbor, embora o talento no golfe e na natação evitasse que fosse considerado um nerd. E o que mais se destacava em Jim, nas palavras de John Mann:

— O sarcasmo dele era ótimo. Eu me lembro bem de olhar pra ele e ter de pensar, o que foi que ele disse? E aí você se dava conta de que ele estava sendo sarcástico. A maior parte dos alunos da sétima, oitava série não estava preparada. Ele estava alguns passos a nossa frente naquela época.

Mesmo com toda a presença de espírito e o charme de Jim Osterberg, garotos como George Livingston e Rick Miller surtiram certo efeito sobre ele; ainda que confiasse em suas próprias habilidades, Jim

# UM
## O MAIS PROMISSOR

parecia excessivamente envergonhado de sua origem. A maioria de seus conhecidos se impressionava mais com a frequência com que mencionava o trailer-park do que com as condições de vida em si; havia outro grande trailer-park na Packard Street com sua própria cota da classe média, e o status de James Osterberg Senior como professor de uma instituição do ensino médio era de extrema respeitabilidade numa cidade que valorizava de fato a educação.

Não obstante, Jim Junior parecia envergonhar-se de suas origens o suficiente para inventar, como provavelmente fazem muitos estudantes, uma ascendência mais notável. Um dos alunos da Tappan, Don Collier, recorda-se de uma ocasião em que Osterberg falava sobre "seu bairro, a área dos mais ricos: Ann Arbor Hills". Collier ficou bem impressionado, sentimento que perdurou até certa tarde, alguns anos depois, quando ofereceu uma carona a Jim depois da aula. No entanto, assim que Collier ameaçou fazer a curva em direção a Ann Arbor Hills, Osterberg lhe pediu que seguisse pela Carpenter Road e, depois, rumo ao trailer-park em Coachville. Jim pareceu indiferente quanto à mudança dramática de suas condições de vida. Talvez tivesse se esquecido da mentira impulsiva que havia contado sobre o lugar onde morava, três ou quatro anos antes.

Já em 1961, quando Jim chegou à nona série, a maioria dos que estudaram com ele no ensino fundamental bem poderia considerá-lo um outsider ou um idiota, na acepção mais ridícula do termo. Em vez disso, era amplamente considerado uma figura impressionante, que sem dúvida pertencia ao ilustre grupo das pessoas com classe. Num ambiente assim tão certinho, ele era o mais certinho de todos, sempre bem-vestidinho, com mocassins, calça social, camisas de botão e um belo suéter. Um visual aspirado por muitos na Tappan, o qual Osterberg dominava com perfeição, levando vários a crer nessa pose de tenho-herança-sou-de-família-tradicional. Em vez de ser ridicularizado por pertencer ao trailer-park, era mais provável que Jim tirasse os colegas do sério com sua total dissimulação e sua autoconfiança.

— Jim Osterberg? — dispara a colega Dana Whipple. — Eu nunca conheci ninguém com tanta merda na cabeça, só treta fina, altíssima qualidade. Ele aprendeu desde cedo que era só estar um passo à frente dos outros idiotas pra impressioná-los.

Osterberg, evidentemente, invejava os colegas de classe média e não parecia lhe ocorrer que, por trás das aparências, eles também tinham lá seus problemas. Conforme conversas com vários dos garotos que frequentaram a escola, um bom número dessas fachadas psicológicas foi erguido a fim de esconder a falta de dinheiro, problemas com álcool e a ansiedade da ciência quanto à fragilidade do status que suas famílias lutaram tanto para conseguir.

Aos catorze anos, Jim Osterberg possuía um instinto quase sobrenatural sobre o que era preciso fazer para impressionar os colegas. Suas habilidades foram muito bem demonstradas na campanha para vice-presidente de classe na nona série. A plataforma política de Jim era corajosa, visto que, num ambiente profundamente republicano, tinha escolhido ir contra Jack Kennedy e apoiar a sindicalização; independentemente dos desentendimentos com o pai, ambos compartilhavam a mesma posição política liberal. Denny Olmsted também era uma figura popular na turma, decidido a se candidatar a presidente de classe, embora tenha ficado impressionado com a sofisticação política de Osterberg:

— O Jim queria ter concorrido para presidente, mas era realista. Ele me disse que, embora ninguém ganhasse do Bill Wood, um cara popular que estava concorrendo à presidência, ele conseguiria ganhar como vice. E Jim estava certo.

Olmsted, com sua campanha liderada por Brad Jones, era um forte concorrente. Mas Osterberg sabia exatamente o que o público da Tappan queria:

— Eu preparei um discurso — conta Olmsted —, e, no final, já saindo do pódio, fiz um gesto com as sobrancelhas, uma coisa engraçada que eu tinha visto em um comercial. E aquilo simplesmente enfureceu o Jim. Ele me chamou de lado e disse: "Você tinha acabado com o Bill, fez um discurso melhor, tinha uma apresentação melhor, e teve que fazer aquele negócio idiota com as sobrancelhas que vai te fazer perder a eleição!".

Os instintos de Osterberg foram certeiros; ele conseguiu a vaga de vice-presidente, um grande feito, considerando-se que sua plataforma era baseada em restringir "as grandes empresas do mal", enquanto Olmsted perdeu para Wood. A essa altura, Jim já convencera vários dos colegas de seu pleno potencial de que se tornaria um futuro presidente dos Estados Unidos.

Foi mais ou menos na nona série que o interesse musical de Jim surgiu. Como muitos dos garotos de sua época, ficou obcecado com Sandy Nelson e os Ventures, e, em 1962, formou o Megaton Two, uma dupla musical em que tocava bateria ao lado de um amigo do coro, Jim McLaughlin, garoto doce e despretensioso, um bom guitarrista e, por um tempo, o melhor amigo de Osterberg, substituindo Kenny Miller, que tinha ido estudar numa escola particular. Como veremos mais adiante, a música vinha se tornando a principal paixão da vida privada de Osterberg, embora na Tappan não parecesse passar de um interesse secundário. Hoje em dia, seu talento para a política, e não suas ambições musicais, é que faz parte das lembranças da maioria dos colegas; dezenas deles ainda se recordam do apoio de Jim a John Kennedy e de sua previsão quanto a chegar à Casa Branca até os 45 anos ("Ele seria muito melhor do que o que temos hoje", diz o ex-colega Dan Kett, rindo).

Em 1962, durante o último ano na Tappan Junior High, Jim Osterberg foi eleito o garoto "Mais Promissor" pelos colegas de classe. Assinou dezenas de anuários dos colegas, geralmente com alguma piada. A inscrição no anuário de Ted Fosdick, porém, era séria: "Do 43º presidente dos Estados Unidos, Jim Osterberg".

Quando Jim e os colegas enfim chegaram à décima série e se mudaram para a Ann Arbor High, logo mais adiante, descendo a rua, ele já era uma figura bem conhecida na nova e imensa escola cujo impressionante terreno corria paralelo a toda a extensão do Michigan Stadium, bem em frente. Por conta do babyboom, a Ann Arbor High (mais recentemente rebatizada de Ann Arbor Pioneer) estava quase transbordando de tão lotada, com mais de oitocentos alunos no primeiro ano, e, mesmo em meio a essa imensa multidão, Jim era reconhecido por quase todos. Um grupo bastante seleto, a essa altura, já sabia que um certo interesse pela música vinha fazendo par à obsessão de Jim pela política. O rock'n'roll se tornaria o novo veículo para as ambições dele, embora qualquer um dos alunos com quem chegou a esbarrar pelos corredores impecavelmente limpos e lustrosos da escola (mais uma construção elegante, *moderne*, tão tecnológica que dispunha até de seu próprio planetário) ainda o tomasse por um pilar do establishment. "Careta", como o descreveu um aluno mais novo de Ann Arbor High, Ron Asheton.

Já no primeiro ano na escola, Osterberg assegurou um lugar disputado como um dos participantes do programa estadual American Legion's Boys. Curso intensivo de verão administrado na Michigan State University, em Lansing, o programa selecionou cinco ou seis alunos das instituições mais competitivas de Michigan, todos escolhidos por "suas qualidades excepcionais de liderança, personalidade, estudo, lealdade e serviços prestados às escolas e à comunidade". Muitas delas tinham treinado intensivamente os candidatos para o evento, baseando-se na estrutura política do estado; a cada estudante era designado um determinado dormitório, que exercia o papel de uma cidade, e todos seus habitantes concorriam a cargos públicos. Mike Wall era um dos companheiros de Jim vindo da Ann Arbor High e concorreu a tenente-governador; Wall conseguiu aguentar por duas ou três rodadas de debates, enquanto a campanha de Jim simplesmente continuou rolando.

– Ele analisou a situação – conta Wall –, e me disse: "Ei, já sei o que eu vou fazer. Eu vou concorrer a governador do estado de Michigan!".

Disputando com garotos que entraram no páreo com uma chapa bem organizada por trás e manifestos cuidadosamente redigidos, Osterberg derrotava os oponentes com uma facilidade tal que era quase vergonhoso. Exibia habilidades formidáveis como orador, embora seu progresso no sistema exigisse talentos um tanto mais complexos.

– Ele tinha que ser esperto e sofisticado de verdade – continua Wall. – Em qualquer convenção política, existem diferentes coalizões, caras que vão te apoiar e votar em você. Ele era muito astuto, muito sagaz, e tinha as ferramentas pra tirar proveito da situação.

Numa das conferências do Boy's State em Little Rock, havia apenas um ano, um jovem garoto do Arkansas chamado Bill Clinton tinha dado seu primeiro passo em direção à fama política, tornando-se o candidato do estado na conferência da Boy's Nation em Washington DC. Osterberg parecia destinado a trilhar um caminho semelhante, ganhando cada rodada e, enfim, a indicação de seu partido para competir pela vaga principal.

– Foi uma conquista incrível – garante Wall. – Ele foi aos poucos conquistando o seu espaço. Acabou não ganhando pra governador, a vaga foi pra outra chapa, e mesmo assim foi impressionante. Mas será que esse era o Jim? Claro que não. Era basicamente um "Fodam-se vocês, eu tô me divertindo aqui. Porque eu não sou como todos vocês e vocês vão votar em mim do mesmo jeito".

Talvez essa sensação de que tinha assegurado seu lugar entre os alunos mais ricos da escola tornou mais fácil lhes virar as costas, pois, nos dois últimos anos na escola, o garoto "mais promissor" não parecia ser mais tão dependente da aprovação dos colegas, e o esnobismo de seu primeiro ano na instituição pareceu sumir. Ricky Hodges era um dos poucos alunos negros da Ann Arbor High. Em seu primeiro dia de aula, ficou assustado com toda aquela ostentação:

– Naquela época, a escola tinha dois estacionamentos: um para os estudantes e outro para os professores. Se o cara entrasse no estacionamento dos alunos, pensaria até que era o dos professores porque eram os alunos que tinham os melhores carros!

Hodges presumiu que Osterberg (ou "Ox", como o chamava) fosse um dos garotos mais abastados, mais "chiques", e acabou se surpreendendo ao descobrir que, numa escola onde não havia interação alguma entre as comunidades de estudantes brancos e negros, Jim sempre chegava junto para bater um papo com ele.

– E isso não era nada comum. Nadinha mesmo.

Pela primeira vez, surgiram sinais do destemor físico de Jim, saindo em defesa dos outros. Em seu primeiro ano na Ann Arbor High, houve um concurso de talentos no espaçoso auditório da escola, forrado com painéis de madeira. Uma garota cantava *a capella* quando um aluno mais velho começou a provocá-la:

– Dizendo alguma coisa sobre a música ser idiota, brega – conta Ron Ideson, que estava sentado ao lado de Osterberg. – O Jim se virou pra trás e socou o cara chato com toda a força dele, umas três ou quatro vezes, gritando de raiva: "Cala a boca!". O Jim não se importava com a própria segurança; ele estava só defendendo a artista no palco, e eu duvido que ele a conhecesse pessoalmente.

Os ex-alunos da Tappan notaram uma mudança na conduta de Jim, uma vez que ele já não tentava deliberadamente se encaixar no establishment. Chegou a se candidatar mais uma única vez ao quadro estudantil em 1965, dessa vez para presidente. Seu programa listava todas as suas conquistas: participação nas aulas de natação, membro dos times de corrida e golfe, participante dos programas de matemática, inglês e história, o papel de destaque no time de debates da Ann Arbor High e a participação numa recente assembleia da State Model United Nations. Naquelas eleições, no entanto, também apresentou uma atividade nova: tocar bateria numa "banda de rock profissional" chamada The Iguanas, versão expandida do Megaton Two. Talvez pelo fato de estar concorrendo a um cargo maior, ou pelo fato de na atual escola já não ser visto como alguém do "mainstream", como acontecia na Tappan, naquele ano seus talentos políticos se mostraram insuficientes para a missão, e ele perdeu as eleições para David Rea, um garoto alto, bonito, jogador de futebol americano, estudante laureado, OMDC: O Maioral do Campus.

Numa época de influências conflitantes, pressão dos pais quanto aos estudos, sedução exercida pela política e empolgação em torno dos Beatles, cujo surgimento em 1963 chamou bastante a atenção de Jim, o desejo de vencer na vida era cada vez mais óbvio, embora ainda sem foco algum. Jannie Densmore, sua namorada na época, tem "algumas recordações vagas sobre a vida familiar dele não ser lá muito boa":

— Ele queria abraçar o mundo com as pernas; eu me lembro da devoção que ele tinha pela própria música e também por coisas de política, ser um líder. Sempre pensei que ele fosse fazer alguma coisa grande quando crescesse, em vez de só crescer, casar e morrer em Ann Arbor.

Durante os meses em que namorou Jim, antes de juntar-se à mãe e seu novo marido em Nova Orleans, Jannie não foi convidada para ir ao trailer. O mesmo aconteceu com as outras duas ou três namoradas que o garoto teve durante o ensino médio. Por alguma razão, antes de se conhecerem, Jim ficava nervoso só de pensar em chamar Jannie para sair, então recrutou Clarence "Rusty" Eldridge para ajudá-lo. Os dois fizeram uma visita ao bar da casa da família Eldridge antes do primeiro encontro de Jim com Jannie. Lembra Rusty:

— A gente pegou uma garrafa vazia de Miracle Whip, colocou um pouquinho de bebida de cada garrafa que tinha no bar, completou com suco de laranja, aí a gente foi até a casa da Jannie e acabou ficando é muito chapado.

Em uma bela noite, após dizer aos pais que iria ao boliche Colonial Lane com os amigos, Jim teve um *tête-à-tête* romântico na casa de Jannie. Atacou o bar da casa da menina e acabou sendo pego no flagra pela mãe dela, que voltou antes do previsto. Osterberg, já meio bêbado, e a namorada fugiram para o boliche, onde se encontraram com seu álibi, Jim McLaughlin.

– Ele tava completamente bêbado, e adorando tudo. Sorrindo, dando gargalhadas, tava lá no seu próprio mundinho. Ela nem olhava pra ele, muito menos pra mim; tava com tanta raiva que mal conseguia ficar quieta na cadeira.

Tanto na presença de Jannie quanto na de Jim McLaughlin, Jim Osterberg parecia manter certo controle; ambos conheciam bem sua incrível capacidade de se comportar de maneiras diferentes na frente de cada pessoa. Talvez fosse mero instinto e, cativante como só ele, não tivesse outro objetivo além de simplesmente entreter. Num ambiente onde os "pleiba" ficavam tirando sarro dos maconheiros no chuveiro ou algum "jagunço" perseguia os moleques cabeludos (por vezes, de acordo com o ex-aluno da Ann Arbor High, Scott Morgan, chegando a cortar seus cabelos à força), Jim Osterberg era visto cada vez mais pelos corredores como "Hyacinth", alter ego desenvolvido num poema que tinha escrito, em que se imaginava como uma flor.

– Tu te matava de tanto rir – conta o ex-colega de classe, Jimmy Wade. – Ele saía andando com os braços abertos e ficava te olhando como se fosse uma flor, se curvava um pouco e balançava os braços como se uma leve brisa estivesse passando. Não tinha como não rir!

Lynn Klavitter concorda:

– Era muito doido! Mas ele era assim mesmo!

Já em 1965, o cabelo de Jim, então com dezoito anos, estava um pouco mais longo, caindo sobre a testa. Não longo o suficiente para que o rotulassem de *greaser* ou *rocker*, mas o suficiente para que não o encarassem mais apenas como aquele garoto aspirante a político.

Felizmente, a excentricidade de Hyacinth era complementada pela distinta posição de Jim Osterberg na hierarquia escolar, e seu papel no comitê organizador do show de talentos da festa de formatura significava dizer que seu alter ego faria as vezes como mestre de cerimônias do evento em março de 1965. Ricky Hodges (que Jim descreve como "um cara negro

# UM
## O MAIS PROMISSOR

muito engraçado, tipo um Chris Rock local") era o coapresentador, embora alegue que seu papel era apenas o do careta. Depois de alguns ensaios na casa de Ricky e no trailer de "Ox", Hyacinth e Hodges abriram o show. Ricky improvisou um regador e jogou água imaginária sobre o amigo, que, aos poucos, foi desabrochando para a vida. Hodges e Hyacinth conseguiram deixar os 2 mil estudantes presentes no auditório fascinados com as piadas e improvisações; o humor de Hodges era rápido e inteligente, enquanto Hyacinth, por sua vez, simplesmente surreal, não parava quieto, rindo o tempo todo, saltitando pelo palco. Hoje em dia, soa um tanto afetado, claro, e Jim Osterberg se mantém ligeiramente na defensiva quanto a seu alter ego pioneiro ("Nessa época, eu nem sabia o que era um gay!"), mas se tratou de uma performance hilária, corajosa, e que fez a audiência se dobrar de tanto rir.

Um garoto mais novo, que logo se tornaria um dos vocalistas mais populares de Ann Arbor, adorou a performance, e também as músicas que Jim tocou com o grupo, os Iguanas, devidamente creditados no cartaz; entretanto, o que o impressionou mesmo foram as loucuras de Hyacinth. Conta Scott Morgan:

– Ninguém tava esperando uma coisa daquela. O Hyacinth era tão carismático. Era como se fosse uma prévia do que ele viria a ser depois.

Três anos depois, Morgan veria a primeira apresentação pública de Jim Osterberg como Iggy Stooge no Detroit Grande Ballroom. Então, lembrando-se de de Hyacinth, ele perceberia que já tinha visto tudo aquilo antes.

Quatro décadas depois do tal show de talentos, a classe de 1965 vai avançando um tanto hesitante por entre os assentos do enorme auditório da Ann Arbor High. A área se encontra em semiescuridão graças a uma restauração do sistema elétrico deixada para o feriado, mas, ainda assim, é possível vislumbrar um impressionante espaço para performances artísticas, muito bem projetado, deixando muitos teatros e espaços culturais das ditas províncias no chinelo. Na noite anterior, os antigos colegas de classe de Jim Osterberg tinham se reunido no boliche Colonial Lanes por ocasião da reunião dos quarenta anos de formatura; nesta noite, haverá uma recepção formal. Muito de vez em quando, é possível notar flashes de antigas rivalidades escolares, a curiosa menção aos "metidinhos da Tappan", porém, em geral, trata-se de um evento caloroso e amigável, recheado de histórias sobre casamentos felizes entre namoradinhos desde os tempos de escola, ou sobre aposentadorias precoces, ou sobre carreiras bem-sucedidas, fosse na academia, na engenharia ou no direito.

A maior parte dos colegas de classe de Jim sorri à menção do nome dele e se lembra das ideias políticas ou do humor pateta do menino; talvez dois ou três se recordem dele como uma criatura excêntrica, sem rumo, cuja música nem se comparava à do roqueiro favorito de Detroit, Bob Seger. Muitas das mulheres se voluntariam espontaneamente para narrar recordações sobre o humor cativante e os olhos azuis penetrantes de Jim, sustentando que suas alegações quanto a ser um excluído, ou ser um idiota, não passavam de "treta", como coloca uma ex-colega, Deborah Ward:

– Fala sério, ele não era nenhum Eminem.

Mim Streiff é uma mulher elegante, entusiástica, que em seu último ano na Ann Arbor High namorou Sam Swisher, um dos garotos mais altos, mais ricos e mais classudos do ano de Jim. Ela compartilha as memórias calorosas que a maioria dos colegas tem de Jim, um garoto "superinteligente, nascido pro alto escalão", que afirmava ainda se tornar um dia presidente dos Estados Unidos. Enquanto andamos pelos corredores escuros, com piso de ladrilho, adornado por impecáveis mosaicos e sinalizações art-déco, Mim sorri antes de começar a dissecar de forma forense as conquistas de Jim, quase brutalmente:

– Eu acho que o Jim já tentou *de tudo*. Ele não era o melhor no golfe; nem era bem um atleta. Ele não era o melhor na natação. Ele era bom, mas não era o melhor do clube de debates. Ele não era o cara mais popular

# UM
## O MAIS PROMISSOR

e nem namorava as garotas mais populares. Mas, ainda assim, queria ser o cara mais popular de todos. Ele não desistia... mas nunca chegou ao topo de nada.

Havia um garoto em Ann Arbor que, ainda em 1965, não tinha dúvida alguma quanto a sua natureza brutal; um garoto que nutria uma crença ferrenha em si mesmo e um desejo enorme de ser bem-sucedido, e esse garoto era Jim Osterberg, que vinha subindo na vida com a maior sutileza, mas sempre só até o segundo lugar. Mesmo assim, sabia se tratar de alguém especial. Haveria de alcançar o primeiro lugar em alguma coisa. Só precisava descobrir no quê.

# DOIS

## A NOITE DA IGUANA

**O MAIS RESPEITADO GURU** da cena de blues e jazz de Chicago não esperava que aquela noite fria de inverno acabasse se mostrando tamanho suplício. Campeão de vendas da black music, patrono de jovens em rápida ascensão na cena do blues, como Magic Sam e Junior Wells, além de dono da loja de discos mais legal de Chicago, Bob Koester costumava julgar que até o mais intratável dos músicos o trataria com certo carinho, ou pelo menos respeito. Naquela noite, porém, um dos mais interessantes e inteligentes músicos que já conhecera estava disposto a torturar seus ouvidos, e Bob logo descobriria o quanto era capaz de suportar.

Desde o momento em que conheceu Iggy Osterberg, Koester ficou encantado com a inteligência e o entusiasmo do jovem baterista. Ele se animou tanto com o aspirante a baterista de blues que acabou o contratando para um show com a Big Walter Horton, que faria um pocket show no requintado Unitarian Temple, em Oak's Park, projetado por Frank Lloyd Wright, seguido de uma conversa com Koester sobre blues a uma plateia de admiradores classe média. Iggy já dispunha de uma boa

**DOIS**
*A NOITE DA IGUANA*

bagagem musical, e o talento e a inteligência dele haviam maravilhado alguns dos bluesmen mais durões de Chicago. Naquela noite fria, porém, no apartamento de Koester, no térreo do número 530 da North Wabash, em 1966, esse charme todo desaparecera, deixando, em seu lugar, tão somente a malevolência.

Tudo começou quando Iggy perguntou a Koester, que o abrigava em casa por mais ou menos uma semana, se alguns de seus amigos poderiam visitá-lo. Tais amigos eram o que Koester gostava de chamar de "caras psicodélicos", mas tinham um quê de paz e amor nas vibes que levavam ao lugar. Dos cinco, Vivian Shevitz até que era aceitável, mas, no momento, tinha ido atrás do amigo Sam Lay, hospitalizado após atirar nos próprios testículos por acidente. Os irmãos Asheton, Ron e Scott, formavam uma dupla nojenta; a gracinha preferida de Ron nos encontros era simular um interrogatório da Gestapo, ocasião em que enfiava uma lanterna na cara de Koester e dizia, com sotaque alemão e um sorriso de escárnio estampado na cara: "Temoss maneirrass de fasser vossê falarr". Scott era um cara bonito, com um porte físico mais imponente, certo ar contemplativo que lembrava Elvis Presley quando jovem, e parecia gostar de jogar frisbee com os preciosos discos de 78 rotações de Koester. O quarto cara psicodélico, Scott Richardson, um vocalista sósia de Mick Jagger, afirmava gostar de Howlin' Wolf, embora fosse de igual modo indiferente ao status de guru do blues ostentado por Koester. Juntava-se aos outros nas provocações, estapelando-se uns aos outros, andando pelo apartamento aos berros, tirando sarro de Koester ou rindo de Iggy (ou Ego, como Koester passou a chamá-lo), enquanto o baterista dançava pelado com o pinto dobrado dentro das pernas gritando: "Eu sou menina! Eu sou menina!".

A essa altura, a dor de cabeça que ensaiava desde o início da noite já era tal que o crânio de Koester parecia prestes a explodir a qualquer momento, e os jovens sob seus cuidados ainda faziam o favor de aumentar a pressão. Levando as mãos à cabeça, pediu um copo d'água a Iggy. Uma vez na vida, afinal, o jovem lhe pareceu solidário e saiu correndo até o banheiro com um copo na mão. Voltou e entregou-o a Koester, que chegou a molhar os lábios antes que o calor de revirar o estômago o alertasse. Aquele merdinha estava tentando fazê-lo beber mijo! Enfurecido, Koester atirou o copo em Iggy, que levantou a mão para se proteger bem na hora em que o copo se espatifou, cortando seu dedo e espalhando cacos por todo o apartamento. Possesso de raiva, Koester berrou aos jovens sacanas que fossem embora, botando todos porta afora, onde congelaram de frio na noite de Chicago.

Enquanto perambulavam pelo Loop, centro comercial de Chicago, em busca de um cinema aberto no meio da madrugada, Iggy parecia estranhamente despreocupado. Com os dentes batendo de frio, confidenciou a Ron Asheton que tinha abandonado a ambição de se tornar baterista de blues. Queria formar uma banda. E queria que Ron e Scott se juntassem a ele. Uma pulga atrás da orelha lhe dizia que seriam capazes de fazer algo diferente.

Foi a bateria que puxou James Osterberg para longe da política. Ao aprender os primeiros compassos na banda marcial da escola, acabou entrando na orquestra propriamente dita, e, bem por volta da época em que os primeiros raios do rock'n'roll iluminaram Michigan, matriculou-se num curso de verão e levou seu tarol da banda marcial junto. Numa bela manhã, os alunos da sétima e da oitava séries foram chamados nos dormitórios para que se dirigissem à área comum, e Jim tomou para si a tarefa de liderá-los, organizando todos em três filas feito um percussionista de Hamelin:

— O Jim estava tocando muito, muito bem mesmo, e os rapazes se organizaram na hora em três filas e saíram marchando — conta Danny Olmsted. — Ele estava sem camisa e parecia saudável, em boa forma, com o cabelo escovinha, como todos lá. Aquilo pareceu uma ótima ideia, e todo mundo só fez segui-lo em formação e fomos marchando pelo caminho.

## DOIS
### A NOITE DA IGUANA

Isso se tornou um ritual repetido por vários dias consecutivos. Quaisquer que fossem suas ambições ao imitar John F. Kennedy e o respectivo dom de falar em público, o instinto mais básico, mais primitivo acabou levando Jim Osterberg a se tornar um líder.

Ao longo dos meses subsequentes, todos os que visitavam o trailer da família Osterberg, a exemplo de Brad Jones, reparavam que Jim tinha adquirido um drum pad (modestos círculos de papel colados em pedaços de compensado) para praticar, mas foi só em 1961 que Osterberg, já com quinze anos, teve seu primeiro flerte com o rock'n'roll ao conhecer um garoto que, segundo ele, "não era exatamente popular, nem nada, pra ser sincero, mas (um cara) legal", chamado Jim McLaughlin, na banda marcial da escola. O pai de McLaughlin consertava rádios, como um Leo Fender local, e sua casa em Hermitage, próxima à Tappan, estava sempre cheia de microfones e equipamentos de amplificação. Foi lá que Osterberg ouviu falar de Duane Eddy, Ray Charles e Chuck Berry. "E aí eu fiquei, tipo, Jesus amado, essa porra é séria".

McLaughlin se tornou o amigo mais próximo de Osterberg, e os dois passavam longas horas no trailer em Ypsilanti – McLaughlin trabalhando em riffs de boogie blues em sua guitarra enquanto Osterberg o acompanhava na bateria, em seu humilde kit de três peças. Sujeito inteligente e despretensioso, que atualmente trabalha em exposições comerciais, até hoje McLaughlin se impressiona com o fato de o amigo de infância ser tão "destemido" e autoconfiante. Também se sentia intimidado com a rivalidade feroz entre os homens da família Osterberg:

– Era a relação mais incrivelmente antagônica do mundo. Eles ficavam trocando farpas o tempo todo, disputando pra ver quem era o maioral, o mais mordaz dos dois. Eles viajavam pra jogar golfe na Carolina do Norte, jogavam o dia inteiro e aí começava a guerra. Era um paradoxo impressionante, porque o cara tinha herdado do pai o interesse pela literatura, e obviamente pelo golfe e outros esportes também.

McLaughlin estava um tanto nervoso quanto à primeira apresentação da dupla de rock'n'roll, mas seu companheiro o acabou convencendo a participar do show de talentos da Tappan, em março de 1962, onde tocaram duas músicas: "Let There Be Drums", de Sandy Nelson, e, depois, um blues próprio de doze compassos com um monte de riffs tirados das músicas de Duane Eddy e Chuck Berry. Apresentados como Megaton Two pelo amigo Brad Jones, subiram ao palco, sendo a versão para o solo de bateria de Nelson bastante aplaudida. Na segunda música, "o povo ficou tudo doido".

– Saíram dançando pelos corredores, com os professores correndo atrás e mandando todo mundo se sentar – conta McLaughlin. Depois do show, um dos atletas da escola foi até o baterista e o parabenizou, todo bronco: "Ei, Osterberg, isso foi legal, sua banda é joia demais", coisa do tipo. E as garotas até que gostaram da gente um pouquinho. E foi assim que tudo começou.

Por mais casual que tenha sido, o comentário do atleta pleiba, primeira exaltação ao trabalho da banda, somado à sutil aprovação das garotas da Tappan, lançaria uma carreira promissora, na qual a reação das futuras plateias passaria do êxtase à violência. Somente após dois anos as ambições musicais de Jim assumiram o lugar de seu status como político estudantil, mas havia uma boa razão para a mudança. Como político, Osterberg se apoiava em sua capacidade oratória, em sua facilidade em interpretar a plateia e em sua total audácia. Cada uma dessas habilidades foi vital em sua carreira musical, a qual também exigiu trabalho duro e contínuo; mas a música se tornaria um passatempo que ele de fato amava, e não algo que fazia para impressionar os outros.

Desse dia em diante, passou a ensaiar incessantemente com McLaughlin depois da aula, e, quando a dupla se mudou para a Ann Arbor High, o trabalho se intensificou ainda mais com a entrada do saxofonista Sam Swisher, filho de um corretor de imóveis de Ann Arbor que vivia na mesma rua da família McLaughlin. Em 1964, o baixista Don Swickerath e o guitarrista Nick Kolokithas, que haviam conhecido McLaughlin por intermédio de um professor de violão local, Bob Richter, seriam os próximos reforços. Osterberg batizou a banda de Iguanas, alegando se tratar do animal "mais legal" de todos e, nos dois anos seguintes, à medida que tocavam em escolas da cidade e nas festas das fraternidades da Universidade de Michigan: as músicas do repertório mudavam de modo a se adequarem à vibe musical de Michigan; "rocks universitários" conduzidos pelo sax, como "Wild Weekend" e "Walk, Don't Run", além de canções dos Beatles, Rolling Stones e Kinks, enquanto suas camisas listradas à la surf-bands deram lugar a ternos sharkskin.

McLaughlin e Swickerath eram visitas constantes no trailer de Osterberg, ao contrário das namoradas de Jim, Jannie Densmore e Lynn Klavitter, que nunca chegaram a conhecer a casa ou os pais dele. Do ponto de vista de Swickerath, Osterberg "levava uma vida solitária":

— Na hora de acordar pra escola, os pais meio que só sacudiam o pé dele dizendo: "Jim, acorda", e ele só acordava mesmo se quisesse, aí preparava o café da manhã e ia sozinho pra escola, porque os pais já tinham saído pro trabalho.

Algo que hoje é a coisa mais normal do mundo, mas na época, claro, não era nada convencional. Todavia, a criação de Osterberg, aliada a sua condição de filho único, sem dúvida alguma contribuiu para essa sua veia independente e até mesmo solitária. Uma personalidade que, mesmo em meio à inocência daqueles tempos, era claramente influenciada pelo advento do rock'n'roll e das drogas. Foi mais para o fim de seu período na Ann Arbor High que Lynn Klavitter percebeu que "ele tava tomando doses altíssimas da medicação pra asma".

— Eu me lembro de um lugar aonde a gente foi com os Iguanas, tipo um resort, e lá ele descoloriu o cabelo, e eu sabia que alguma coisa nele tava mudando. Ele vinha fazendo umas coisas meio extravagantes que não costumava fazer antes.

Durante esses anos, o lugar preferido de Jim mudou do campo de golfe para a Discount Records, em Ann Arbor. O gerente da loja de discos, Jeep Holland, um homem conhecido na cena local por explorar jovens músicos em início de carreira, levou o grupo de soul Rationals a fazer sucesso e montou uma agência de talentos muito bem-sucedida, valendo-se da cabine de um telefone público como escritório, enquanto espantava outros usuários em potencial com seu olhar de psicopata estricnado. Holland gostou do jovem Osterberg, embora os Iguanas fossem rivais de seus protegidos, e acabou contratando-o para trabalhar depois da escola na loja onde cuidava da entrada e da saída dos discos de 45 rotações dos selos Stax e Volt.

– Mas ele estava sempre atrasado, nunca chegava na hora. Aí, eu percebi que tantas garotas iam lá falar com ele que ele nem conseguia trabalhar. Então, o jeito foi botar ele pra cuidar do estoque no porão.

Expert em soul e R&B, sobre os quais dava aulas a todas as bandas que empresariava, Holland ridicularizava a banda de Iggy por gostar dos Beatles, e, ao longo do ano, desenvolveu o hábito de gritar "Alerta de Iguana!" sempre que Jim saía do porão.

Foi durante essas horas depois da aula, trabalhando na Discount, que Jim notou dois garotos, também alunos da Ann Arbor High, matando tempo do lado de fora da loja, na Liberty Street. Ron Asheton era um astro do rock *wannabe* com um corte de cabelo igual ao de Brian Jones, que conhecia Jim do coro da escola; Scott Asheton, o irmão mais novo e mais alto de Ron, era um jovem e carismático malaco com certo ar obscuro, irritado. A dupla tinha se mudado para Ann Arbor com a irmã Kathy e a mãe, Ann, logo após a morte do pai em 31 de dezembro de 1963. Até hoje, Iggy ainda se lembra de Scott como uma pessoa "magnética, tipo uma mistura do Sonny Liston mais jovem com o Elvis Presley". Vários anos após o primeiro encontro dos dois, Iggy celebraria a ocasião na música "The Dum Dum Boys", rememorando o jeito que "eles costumavam

**DOIS**
*A NOITE DA IGUANA*

olhar pro chão"[4]. Nos meses seguintes, porém, suas conversas se limitariam a um "oi" quase sussurrado pelos corredores da Ann Arbor High.

Foi com a já então típica arrogância de um Osterberg que o líder dos Iguanas se descreveu como "baterista profissional" nos panfletos de sua malsucedida campanha para presidente de classe em 1965; sua mania de grandeza agora alcançara um novo patamar. Literalmente: no concurso de talentos daquela primavera, resolveu ofuscar os companheiros dos Iguanas ao aparecer no topo de uma ridícula plataforma que elevava sua bateria a mais de dois metros do chão. (Colega de escola e fã, Dale Withers, uma das estudantes mais altas da escola, sugeriu a possibilidade de um caso clássico do "complexo de Napoleão".) Em julho de 1965, porém, depois que Osterberg, Swisher e McLaughlin se formaram, a tal alegação exagerada quanto a ser "profissional" se tornou verdade quando a banda conseguiu uma residência no Club Ponytail, em Harbor Springs, naquele que muitos deles lembrariam como o verão mais idílico de suas vidas.

Elegante resort perto da baía de Little Traverse no Lago Michigan, o Harbor Springs era cheio de lindas e enormes mansões vitorianas, onde os mais ricos magnatas industriais do Meio-Oeste, muitos dos quais tinham filhas que ficavam fora a noite toda festejando, residiam ou passavam o verão. Vislumbrando a oportunidade, o empresário local Jim Douglas inaugurou uma boate para adolescentes chamada Club Ponytail numa mansão vitoriana que, reza a lenda, servia de base aos contrabandistas de uísque em Detroit durante os anos da Lei Seca. Os Iguanas seriam a isca para essas debutantes da alta sociedade, e logo ficou evidente que a maior atração era Jim Osterberg. Às margens de uma estrada de pista dupla, com sua enorme placa de madeira retratando a figura de uma garota com rabo de cavalo e narizinho empinado, as duas pistas de dança do Club Ponytail rapidamente se tornariam o lugar mais quente da cidade.

---
4 "... they used to stare at the ground", no original. [N. de T.]

Apresentando-se cinco noites por semana, os Iguanas tocavam um repertório que incluía várias músicas dos Beatles ("I Feel Fine", "Eight Days a Week", "Slow Down", entre outras), mais "Tell Me", dos Rolling Stones, "Mona", de Bo Diddley, e, várias vezes por noite, o hit esmagador daquele verão, "Satisfaction", cantada na maioria das vezes por McLaughlin ou Kolokithas. A essa altura, Jim Osterberg já tinha decidido que o saxofone de Sam Swisher era supérfluo, e o filho do corretor de imóveis foi relegado a surrar o tamborim (invariavelmente fora do ritmo) e a tomar conta do dinheiro da banda. Jim achava que ele só estava na banda pelo dinheiro. De acordo com a namorada de Sam Swisher, Mim Streiff, Sam deu um jeito de compensar a humilhação sofrida ao exercer o controle financeiro sobre o dinheiro da banda, adiantando aos colegas a grana da semana seguinte sob uma lucrativa taxa de 20%. Isso, naturalmente, acabou provocando ainda mais ressentimentos no baterista, que se irrita até hoje com a mera menção ao nome de Sam.

Cada vez mais afiados em decorrência da rotina de duas-apresentações-por-noite, cinco-noites-por-semana, os Iguanas se tornaram um grupinho durão, com vozes já *funky* e roucas de tanto uso. Cub Koda, mais tarde líder da Brownsville Station, viu vários shows dos Iguanas naquele verão e os descreve como "uma bandinha suja de rock'n'roll, sensacional". Jim era um bom baterista, jogava-se no ritmo e massacrava o prato de condução, cheio de rebites em busca de um som ainda mais sujo.

– E, bicho, você tinha que ver aqueles rebites dançando – diz Koda, que também se impressionou com as versões dos Iguanas para "Wild Weekend" e "Louie Louie".

Osterberg adorava paródias, escrevendo as próprias letras, obscenas, que as bandas de Detroit adoravam trocar entre si. Uma teen band de Michigan, os Fugitives alegavam ter introduzido a palavra "fuck" no clássico garageiro "Louie Louie", de Richard Berry, ainda em 1963, mas, após advertências calamitosas de Douglas, McLaughlin passou a se policiar no sentido de ficar por perto da caixa do microfone, sempre a postos para baixar o volume e proteger os vulneráveis adolescentes de letras como "Girl, I'd like to lay you again"[5] e "Her ass is black and her tits are bare"[6].

McLaughlin gostava de Osterberg e o respeitava, mas estava convencido de que aquela obscenidade toda nunca conquistaria o público. Geralmente, o baterista se deixava levar tanto que nem chegava a notar que os vocais esgoelados não eram sequer inteligíveis. E isso tampouco incomodava a plateia de "aborrecentes", cujo êxtase o encorajava a arriscar outra breve gracinha, cantando o jingle de uma marca de cereais carregados de açúcar bem popular na época, a Sugar Crisp. Quando o baterista começava a imitar o ursinho maluco do comercial de TV cantando "Can't get enough of that Sugar Crisp"[7], os companheiros de banda de Jim sempre se chocavam ao ver que o contingente feminino no resort tinha levado caixas do composto açucarado à boate, jogando os cereais no palco como se o oferecessem a um macaquinho fofo e travesso no zoológico.

Em meados daquele verão, McLaughlin, Swickerath e Kolokithas já haviam notado que, aos fins de semana, quando voltavam a Ann Arbor para os braços de suas famílias e namoradas, Jim sempre ficava no chalé da banda em Harbor Springs, onde, a essa altura, já tinham lhe dado o próprio quarto na vã tentativa de fazê-lo parar de acumular barras mofadas de amendoim e restos podres de maçã atrás do sofá da sala. Na maior parte do tempo, Osterberg ficava entocado no chalé, ouvindo dois discos sem parar: *Bringing It All Back Home*, de Bob Dylan, e *Now*, dos Rolling Stones.

— Não teve um dia sequer em que eu não fiquei escutando esses discos por horas.

Afora isso, os companheiros de banda não faziam a menor ideia do que mais Jim aprontava em tais finais de semana, até que, numa bela tarde de um dia de semana, ele os convidou para ir a uma imponente mansão com vista para a baía. Conduzidos a uma ampla sala de jantar, Swickerath

---

5 "Garota, quero me deitar contigo de novo." [N. de T.]
6 "Seu cu é preto e suas tetas 'tão pra fora." [N. de T.]
7 "Não consigo enjoar de Sugar Crisp." [N. de T.]

e Kolokithas se deslumbraram com a recepção de um empresário dos mais distintos, apresentado a eles por Osterberg como "senhor Reynolds, dono da Reynolds Aluminum Company". O amigo magnata da indústria bateu um papo com os Iguanas reunidos, contando-lhes que a filha era fã da banda, antes de dar a cada um deles um cinzel e pedir que gravassem os nomes em uma enorme mesa de alumínio que ocupava a maior parte da sala. Não demorou a se tornar evidente que Jim também andava com as filhas da família dona da marca de chicletes Wrigley e, em alguns finais de semana, tinha direcionado todo seu charme a Chuck Bowbeer, dono da Depot House, um bar café artístico num vagão de trem, conseguindo persuadi-lo a permitir que Osterberg apresentasse a leitura de seus poemas lá. Nunca souberam dizer se Jim convidava outras garotas além de Lynn Klavitter para o chalé, mas McLaughlin, que em certa época chegou a dividir a cama com Jim na minúscula habitação, resolveu não mais dormir com ele após notar algumas manchas novas no lençol da cama.

— Foi mal — disse-lhe Osterberg em seu típico tom grosseiro de voz quando McLaughlin se achou no direito de reclamar. — Era isso ou a paternidade.

Jim também dava um jeito de enfeitiçar os músicos que visitavam a cidade. Quando a famosa banda de garotas Shangri-Las chegou por lá com penteados bouffant, quase todos os Iguanas gelaram só de pensar em ser banda de apoio de tamanhas lendas.

— Eu fiquei aterrorizado — conta McLaughlin —, mas o Jim disse: "Isso vai ser ótimo; foda-se o lado prático da coisa, cara, a gente vai tocar com as Shangri-Las".

Depois de uma hora de ensaio durante a tarde com o "guitarrista principal barra empresário barra roadie seboso" da banda, subiram ao palco, com McLaughlin balbuciando:

— Como é mesmo aquela lá do "candy" não sei o quê? Quais são os acordes? Isso vai ser um desastre! — Mas... — O Jim foi perfeito. Ele confiava de verdade no próprio taco, sabia que ninguém ia perceber nada se ele errasse alguma coisa. E nem percebiam mesmo.

McLaughlin e a banda não foram muito com a cara das backing vocals morenas das Shangri-Las, mas suspeitavam que rolava algo entre Jim e a loira. O menino parecia ter um dom para se entrosar com qualquer banda com quem tocasse, fosse Bobby Goldsboro ("Ele tava tão nervoso que tremia todo. Mas, no palco, relaxou totalmente") ou os Four Tops – embora, segundo Nick Kolokithas, Osterberg tivesse passado horas e mais horas ensinando o papagaio de Nick, Zorba, o Grego, a dizer pérolas como "foda-se a Sally" e "negão", termos que o pássaro aprendeu bem a tempo da visita dos Four Tops ao chalé dos Iguanas. Kolokithas admirava a habilidade de Osterberg na bateria, mas não era lá muito fã do hábito de Jim relacionar-se de modo mais intenso com animais, e muito menos gostava quando ele passava os dedos pelas barras da gaiola de Zorba para fazer barulho, despertando o pássaro da soneca.

Como de costume, entretanto, a natureza se vingou. Num belo e fatídico dia, Kolokithas ouviu grasnidos sobrenaturais vindo da sala, saiu correndo para investigar e deu de cara com Osterberg e Zorba se pegando, o bico do pássaro firmemente enganchado no dedo de Jim enquanto o baterista pulava pela sala, tentando se livrar do papagaio. Zorba, por fim, voou para longe, feliz de ter dado o troco. Nick nunca chegou a descobrir quem tinha aberto a gaiola de Zorba. Sejamos sinceros: eram muitos os suspeitos.

Regozijando-se com a adoração dos jovens da cidade, todos os Iguanas se sentiam celebridades, sendo parados com frequência para dar autógrafos. As autoridades, porém, passaram a notá-los de igual modo. Havia queixas por parte do Conselho de Igrejas de Harbor Springs sobre a letra obscena de "Louie Louie". Quando os Kingsmen, que tinham desenvolvido um interesse paternal pelos jovens músicos, tocaram no Ponytail, mencionaram o quanto haviam gostado de sair correndo pelas ruas da cidade só de cuecas, o que plantou uma sementinha na cabeça de Osterberg; a banda não tardou a protestar contra o regime opressor de Jim Douglas, que os obrigava a tocar de pijamas. Osterberg convenceu

Swickerath a darem uma volta pela cidade a bordo da moto de Don, à noite, de pijamas; mas, quando Jim apareceu vestindo só um sobretudo, tornou-se evidente que dormia como veio ao mundo. Depois de uma breve volta pela Main Street, durante a qual Osterberg aproveitou para tomar um banho de lua, obviamente pelado, sob o idílico luar de Michigan, os dois regressaram depressa ao chalé, na direção oposta ao Ponytail.

Já no fim do verão, as condições impostas por Jim Douglas quanto ao pagamento e aos benefícios enfim começaram a irritar a banda. Muito embora tirassem certa satisfação por meio de insubordinações menores (Don Swickerath encontrara uma passagem secreta embaixo do Ponytail, o que lhe permitia roubar sorvete bem debaixo do nariz do dono do clube), todos ficaram aliviados quando o contrato chegou ao fim e puderam partir rumo ao Depot House, de Chuck Bowbeer, onde se apresentaram mais algumas vezes. O proprietário foi arrebatado tanto pelo baterista quanto pelo resto da banda e ficou se gabando de suas conexões com a Columbia e outros selos. Encorajados pelas boas novas e por um número crescente de fãs, agendaram um horário nos estúdios da United, em Detroit, para gravar o cover de "Mona", de Bo Diddley. O lado B do single acabou provocando algumas das primeiras discussões entre a banda. Jim queria colocar a própria canção, "Again and Again", com uma levada mais melancólica, quase gótica, e vocais esgoelados à la Dylan ("I walk through a field of bleak death"[8]), acompanhados da guitarra soturna de Kolokithas, mas o resto da banda preferiu a mais convencional de todas, "I Don't Know Why", chupada dos Beatles por Nick.

— A gente não entendia o que o Jim tava tentando fazer — admite McLaughlin. — Ele queria fazer umas coisas mais parecidas com o Dylan, mas a gente só gostava das músicas dele nas versões dos Byrds.

Os Iguanas voltaram a Ann Arbor em setembro, com vários shows importantes agendados e, para a maioria dos integrantes, um iminente retorno às aulas na faculdade. Swickerath e Kolokithas já frequentavam a

---

8 "Ando pelos campos de uma morte desoladora" [N. de T.]

DOIS
A NOITE DA IGUANA

Eastern Michigan University, em Ypsilanti; Jim Osterberg tinha assegurado uma vaga para estudar antropologia na prestigiada Universidade de Michigan, disposta em prédios vitorianos deslumbrantes no coração de Ann Arbor. Michigan possuía uma política de admissão generosa em relação aos alunos locais que alcançassem uma média de B+ e, assim, se qualificassem para o Programa de Assistência à Educação Superior de Michigan, o qual concedia bolsas para as despesas com livros e mensalidades. Nunca houve a menor sombra de dúvida entre os colegas de Jim de que o destino dele era entrar na universidade; nas palavras de McLaughlin:

— Ele até podia ser desvairado, mas conseguia ficar quieto quando precisava. Por exemplo, você consegue imaginar quanta disciplina não é necessária pra se escrever poesia?

Nos dias de glória do início de 1965, os Iguanas chegaram a ser uma das bandas mais legais dos arredores de Ann Arbor. Mas, à medida que o verão acabava, dando passagem ao outono, seu som em acordes maiores, altamente influenciado pela Invasão Britânica, vinha soando repetitivo e ultrapassado. O clima musical de Michigan mudava depressa. Bandas locais como Johnny & The Hurricanes, que tinham emplacado hits instrumentais no fim dos anos 1950, já soavam bregas nos discos, embora fossem um tanto mais resistentes no palco; outros artistas de Detroit, a exemplo de Billy Lee, conseguiam se manter na cena negra de soul do local; Billy Lee havia até mesmo gravado um single de R&B para a gravadora gospel Carrie, antes de formar uma banda chamada Rivieras e, mais tarde, escolher um novo nome, Mitch Ryder, tirado de uma lista telefônica.

Outros empreendedores locais, por sua vez, optaram por criar seus próprios talentos. Jeep Holland vinha apadrinhando o aluno da Ann Arbor High Scott Morgan, dos Rationals, banda que faria grande sucesso com o single "Respect" em 1966, atraindo a atenção da futura primeira-dama do soul de Detroit, Aretha Franklin. Simultaneamente, Dave Leone e Ed "Punch"

Andrews tinham inaugurado um clube pioneiro em Harper Woods, chamado Hideout, só para apresentar os Fugitives, um rock'n'roll de macho feito pelos arrogantes, embora insanamente talentosos, irmãos Quackenbush, que conseguiam reunir multidões de setecentas pessoas, duas vezes por semana. Outros aspirantes a produtor, a exemplo de Pete Andrews, organizavam eventos como o Mothers Teenage Nightclub, no Ann Arbor Armoury, atraindo verdadeiras multidões de greasers e garotos de fraternidades.

Enquanto a cena musical de Michigan explodia, um show crucial eletrizou muitos de seus principais movimentadores. Em 24 de outubro, Dylan, que recentemente tornara-se adepto da guitarra elétrica, tocou no Detroit's Cobo Hall, quando acabara de chegar de uma turnê europeia em que fora chamado de "Judas", ao que acabou respondendo com as músicas mais pesadas e raivosas já feitas por ele até hoje. O público de Detroit estava tão pouco preparado para o ataque elétrico de Dylan quanto a moçada inglesa de cardigãs, e, assim que subiu ao palco para tocar seu set, ostentando um terno de flanela de quatro botões, botas à la Beatles e uma Stratocaster preta, o mundo veio abaixo. Osterberg estava na plateia com Jim McLaughlin e viu quando Dylan entrou no palco de costas para a banda. Ao serem chamados, um a um, pelo guitarrista Robbie Robertson, a banda deslanchou e Dylan deu um pulo, virando-se no ar.

– Igualzinho naquelas bandas greaser clássicas de colégio – lembra Osterberg, com certo carinho. – Eu conhecia aquele movimento das bandas greaser lá de Ann Arbor, uns caras de topete, mal-encarados, que lideravam umas bandas bem estilosas.

O visual maneiro de Dylan fez com que Osterberg se identificasse ainda mais com o ídolo, mas, mesmo enquanto tocava "Like a Rolling Stone" e "Subterranean Sick Blues", gritos de "seu vendido!" irrompiam da multidão. Osterberg ficou fascinado; tanto a música quanto a atitude de Dylan estavam muito à frente do público, e ele aparentemente não dava a mínima para a reação negativa.

– Aquilo teve um efeito enorme sobre o Jim – conta McLaughlin.

## DOIS
### A NOITE DA IGUANA

— Ele ficou abalado de verdade. Não só pela música, mas pelo jeito que a plateia vaiava. E por ver como o Dylan parecia não se intimidar nem um pouco com nada daquilo.

Uma das bandas de Ann Arbor se gabava de sua afinidade com esse novo e controverso movimento musical. Os Prime Movers, formados naquele verão, eram liderados por Michael e Dan Erlewine, ao lado do pianista Bob Sheff. Michael Erlewine era ambicioso e autoconfiante, um intelectual autoproclamado ("Eu era muito forçado, meio babaca") que já tinha pegado a estrada com Dylan em meados dos anos 1960, um erudito beat que já havia experimentado maconha e ácido; o guitarrista Dan era um músico muito habilidoso ("uma máquina de tocar guitarra", segundo os Iguanas), amigo da Butterfield Blues Band, de Chicago, formada pelos músicos que acompanharam Dylan durante suas incursões iniciais pela música eletrificada. Sheff era um músico intrigante, eclético, a síntese perfeita da nova atmosfera artística que desabrochava em Ann Arbor. Nascido em San Antonio, no Texas, havia ganhado um prêmio para compositores estudantis da BMI que lhe rendera uma bolsa de estudos na Juilliard, mas acabou rejeitando a chatice opressora do ambiente acadêmico e pegou um ônibus de volta a Ann Arbor. Intelectual, gay, profundo conhecedor do delta e texas blues, já tinha se apresentado, e em alguns casos estreado, com John Cage, La Monte Young e Yoko Ono, e logo se tornou um membro importante da Once Group, um coletivo de arte multimídia avant-garde, liderado pelo professor de arquitetura Joe Wehrer, ao lado do arquiteto Harold Borkin, do cineasta George Manupelli, do pintor Milton Cohen e dos compositores Robert Ashley e Gordon Mumma.

Com suas conversas sobre os beats, arte de vanguarda, hegelianismo e um set de blues purista que incluía músicas de Little Walter e Junior Wells, os Prime Movers se viam como pesos-pesados intelectuais quando comparados a bandas da Invasão Britânica como os Iguanas. "Nem dávamos muita bola pra eles", declara Michael Erlewine. E faziam questão de que o baterista dos Iguanas soubesse disso sempre que se esbarravam na loja de discos Discount, ou em clubes como o Mothers; assim como Jeep Holland, adoravam provocar Osterberg, chamando-o de "Iguana" ou, no diminutivo, "Iggy".

– No começo, era pra sacanear com ele, esse papo de Iguana – conta Erlewine. – Aí, a gente ficou amigo e o nome Iggy acabou pegando.

Em novembro de 1965, quando o primeiro baterista dos Prime Movers, Spider Wynn, deixou a banda, Michael Erlewine não teve maiores dificuldades em convencer Osterberg a sair dos Iguanas e se juntar a sua pioneira banda. Jim ainda tocou numa grande festa aos calouros da Universidade de Michigan com os Iguanas antes de informar a McLaughlin e aos demais que estava saindo. Muito embora tenha sido o melhor amigo de Osterberg em outros tempos, McLaughlin não ficou nada surpreso:

– Era difícil conhecer o Jim. Ele era bem fechado. Durante todos aqueles anos, acho que as nossas conversas se limitaram à música e à banda. Não me deu muita justificativa sobre por que tava saindo da banda, mas eu nem fiquei chocado. Eu sabia que ele tava ficando entediado e frustrado com o nosso som, nossa abordagem mais convencional.

Nos Iguanas, Jim definitivamente tinha sido o líder. Nos Prime Movers, era "só um seguidor", nas palavras de Michael Erlewine. Mas seu primeiro ano na banda seria crucial por duas razões. A primeira: aprenderia a noção de comprometimento. E a segunda: ganharia um nome.

Os Iguanas haviam sido um grupo mais intimista, aconchegante, com acordes maiores e ressonantes carregados de otimismo. Por volta do fim de 1965, porém, sua música era praticamente arcaica; a atitude cínica, boêmia dos Prime Movers estava em sintonia com o espírito da época, já que a música se tornava cada vez mais pesada e influenciada pelas drogas. A atitude envolvia bem mais do que mera música, e o círculo social dos Prime Movers incluía intelectuais com uma sagacidade de pensamento invejável, como David "Panther" White, recém-chegado

## DOIS
*A NOITE DA IGUANA*

de Shaker Heights, em Cleveland, naquele outono, e Lynn Goldsmith, que mais tarde se tornaria uma fotógrafa famosa. Panther era um comediante por natureza, com um humor desenfreado e perverso ao estilo de Lenny Bruce. Fazia filmes de arte premiados e, em breve, ao lado do amigo Jesse Crawford, se envolveria com o Partido dos Panteras Brancas e a operação MC5. Ron Asheton, velho conhecido de Jim dos tempos da escola, também havia começado a andar com os Prime Movers, chegando a fazer um teste para tocar baixo na banda, posição em que permaneceu por alguns shows antes de ser rebaixado a roadie e faz-tudo. Ron e os demais percebiam que Iggy "estava competindo com o Panther em todos os aspectos", mas Panther geralmente acabava superando o novo baterista dos Prime Movers, como quando disse a Dan Erlewine que tinha conseguido uma erva especialmente boa e lhe entregou um cachimbo. Panther, Ron e o resto da banda ficaram só observando Dan tragar profundamente e, logo em seguida, ter um ataque.

– Era DMT, a porra de uma droga horrível, igual a uma viagem de ácido, mas que durava tipo cinco segundos – conta Ron. – O Panther não era de ficar aturando merda de ninguém.

Coube a Panther garantir que a alcunha Iggy pegasse. O baterista não reclamava de ser zoado pelo nome da antiga banda, brega demais; já tinha passado por coisas piores. Ron Asheton, com sua cara de moleque, cheia de espinhas, recebeu o apelido de Javalina, espécie de javali anão do Texas, animal do qual, segundo os naturalistas, é possível sentir o cheiro bem antes de avistá-lo.

Três meses depois de ter saído do colégio, Jim Osterberg, então com dezoito anos, parecia pronto para descartar de vez a imagem de menino comportado de fraternidade. E, conquanto na escola fizesse um grande esforço para se adequar e impressionar os colegas com seu intelecto, sua presença nas aulas da faculdade era das mais inconstantes e, ao que parecia, relegada à biblioteca e às cafeterias. Lynn Goldsmith chegou a esbarrar com Iggy na fila de matrícula da Universidade de Michigan; a atração erótica entre eles foi instantânea e combinaram um rendez-vous para mais tarde, naquele mesmo dia, mas nenhum dos dois apareceu. Quando se viram de novo, ambos admitiram ter amarelado porque ainda eram virgens.

– O Iggy era bonitinho. As garotas gostam dos caras bonitinhos, simples assim – diz Goldsmith. Ela recorda-se, porém, de que Panther, por sua vez, era naturalmente diferente... – O Iggy se esforçava pra ser diferente. Ele ia pra um café no campus e ficava lá sentado, enfiando o dedo no nariz e comendo meleca. Mas só se as pessoas estivessem olhando. Bom, era o que eu percebia.

Quando as pessoas se lembram do Jim dessa época, o adjetivo "tímido" sempre lhes vem à cabeça. Janet Withers nutria uma quedinha por "Ostie" desde que haviam sido apresentados pela irmã de Janet, Dale, na escola, quando passou a frequentar o campus e a Discount na esperança de ver aquela criatura tão esquiva. Mantinha um diário em que narrava os encontros, descrevendo como "Ostie" a olhava de cima a baixo enquanto conversavam e depois desviava o olhar, um verdadeiro *coquette*.

– Ele tinha mais ou menos a mesma altura que eu (1,75 m), um corpo magro, mas definido, cabelo preto (com um corte) mais comprido, tipo os Beatles, olhos azuis muito, muito grandes e bonitos, e um nariz longo e reto – confidenciou ao diário. – Sua boca é naturalmente atraente e nas proporções certas. E ele é musculoso, claro, e homem! É o cara perfeito pra mim.

A paixão de Janet nunca foi consumada. Mas, até aí, nenhuma tinha sido.

– O Jim ficava fazendo tipinho, o tempo todo só flertando, todo "vem cá", mas era tudo fachada – conta Dan Erlewine, que chegou a dividir um apartamento de um quarto com o baterista em 1966. – Não que isso seja um defeito, é só uma pessoa tímida mesmo.

O fato de dividirem um quarto permitiu a Dan conhecer a personalidade de Iggy um pouco mais a fundo do que gostaria, em especial porque Barbara Oliver, alguns anos mais velha do que Iggy e quem supostamente saía com o irmão de Dan, Mike, mostrou-se uma visita constante. Enquanto Dan tentava, em vão, dormir, ele ouvia Iggy provocando a garota: "Você pode olhar, mas sem tocar". Isso se tornou-se um ritual corriqueiro. Jim levava garotas para o quarto e as provocava com sua "coisa".

— Eu nunca faria uma coisa dessas com ele lá no apartamento — diz Erlewine —, mas ele fazia quando eu estava lá.

Ambos os irmãos Erlewine concordavam que a "coisa" muito bem dotada de Osterberg era parte crucial de sua autoimagem. Não foi surpresa para ninguém, portanto, quando Iggy anunciou que tinha resolvido cantar em "I'm a Man".

Seduzir (ou atormentar) a namorada de Michael enfatizava a relação de Édipo de Jim com a figura paterna de Erlewine. Tempos depois, ele viria a desmerecer os Prime Movers, chamando-os de boêmios afetados; mas, durante o ano de 1966, a influência de Erlewine foi crucial.

— [O Iggy] era uma esponja, ele absorvia ideias — diz Scott Richardson, na época vocalista dos Chosen Few. — Já o Michael era um cara muito mandão, mas também muito influente.

Bob Sheff teve a chance de observar Iggy bem de perto, tanto nos Prime Movers quanto nos Stooges, e sentia que Michael Erlewine "não era bem um mentor, mas acabou formando o Iggy".

— A experiência [nos Prime Movers] foi importante pro Iggy no aspecto emocional. O Michael gostava de situações carregadas de emoção e colocava muito disso nas músicas. O Iggy é do mesmo jeito.

Um tipo intelectual, exaltante, por vezes irritante até os dias de hoje (às vezes, chega a ser difícil extrair dele opiniões sobre outras pessoas, já que está sempre tão interessado em si mesmo), Michael Erlewine se sentia brutalmente comprometido com sua música. Não que fosse um compromisso egoísta; só estava determinado a trazer o público para mais perto. Por vezes, literalmente. Em certa ocasião, numa madrugada no Clint's Club, durante um show dos Prime Movers, deixou o público em tamanho êxtase que, após a última música, foi guiando a banda e mais ou menos vinte moleques pelas ruas de Ann Arbor, gritando palavras de ordem e encorajando-os a apreciar a beleza nos objetos cotidianos em volta. Ficaram todos acordados até as seis da manhã, compartilhando a espiritualidade daquele amanhecer, antes de seguirem a um restaurante grego 24 horas em busca de um sustento mais material.

– Foi uma experiência incrível – recorda Sheff. – Uma experiência carismática.

Eram poucos os outros artistas que assumiriam tamanho risco, mas o compromisso de Michael em estimular e desafiar a plateia foi uma lição crucial. E uma na qual o pupilo acabaria superando o mestre.

Havia certos aspectos, porém, em que Iggy já estava bem à frente de seu mentor, uma vez que, assim como nos Iguanas, uma parte substancial do público comparecia aos shows por causa do baterista. Kathy Asheton, irmã de Ron e Scott, era uma dessas pessoas.

– Eu juntei umas amigas e a gente formou um fã-clube, nosso papel era ser tipo aquelas fãs enlouquecidas, aos berros. Eu era muito a fim dele. Teve uma época em que a gente andava pela rua de mãos dadas, uma coisa muito inocente, ou apenas se sentava na cama dele... Pra mim, aquilo tudo parecia muito sofisticado.

Joan Boyle era outra fã dos Prime Movers que, a despeito do que Jim fazia pra enojar as pessoas ("dizendo coisas repulsivas, colocando a língua pra fora"), o via como um garoto doce, compassivo e "sensível".

– Definitivamente. Foi ele quem me ajudou a engatar o namoro com o meu marido (Dan Erlewine), dando-me conselhos de como conquistá-lo.

A atração que Iggy exercia sobre as mulheres inspirou sua coluna de conselhos amorosos na newsletter dos Prime Movers, que, de outro modo, seria excessivamente séria; era como ver uma coelhinha da Playboy no meio de um panfleto de propaganda stalinista. Na coluna, ele esbanjava sabedoria, dando conselhos para adolescentes apaixonadas.

*Querido Iggy,
Eu queria saber se você acha que uma garota deve beijar o garoto no primeiro encontro.
Com amor,
Veronica.*

*Veronica,
Depende de onde você beijar.
Com amor,
Iggy.*

Feliz em tirar proveito da atração exercida sobre o sexo oposto, Iggy, não obstante, exibia uma inesperada modéstia, o que aumentava ainda mais seu charme. Dale Whiters frequentava a Universidade de Michigan com Jim e frequentemente o via entrando de barraca em barraca da praça de alimentação universitária semissubterrânea, o Michigan Union Grill.

— O Jim ia parando em tudo quanto era mesa ou barraca, pedindo humildemente com aqueles olhos caídos, eu lembro das palavras exatas, "por favor, por favor, por favor venha ao nosso show".

Para Dale, essa humildade toda já era estranha demais entre homens em geral, que dirá entre aspirantes a rockstar. E era ainda mais sedutor numa pessoa extravagante por natureza. Iggy se lembra de como sua atitude para com a plateia se diferenciava da apresentada pelos companheiros de banda:

— Eu me lembro de uma vez com os Prime Movers, durante um intervalo, a gente tava tocando num bar, e os irmãos (Erlewine) não paravam de falar no quanto duas garotas na primeira fileira eram feias, gordas. Eu só fiz dizer: "Vocês dois 'tão doidos? São duas fãs! Eu não dou a mínima pra aparência delas. Isso é uma coisa preciosa, são duas pessoas prestando atenção no que vocês 'tão fazendo!", sabe?

Esse pacto de fidelidade com o público era um traço que, mesmo de forma não muito convencional, perduraria por toda a vida de Jim

Osterberg, muito embora parecesse ridículo a alguns de seus conhecidos, dentre os quais Pete Andrews, que sempre agendava os shows dos Prime Movers no Mothers Teenage Nightclub. Ele considerava Iggy um baterista "muito bom, excelente", mas se assustava com o comportamento bizarro dele, em especial numa noite em que, dando uma checada no palco no início de um show, notou uma cabine telefônica feita de papelão e nada mais. Então, viu o baterista vestido em algo que parecia uma fantasia de super-herói, saindo daquela coisa ridícula para depois escalar uma corda até a varanda onde o resto da banda se encontrava e alcançar a bateria a tempo de engatar a introdução.

— A gente ficou tipo, nooossa... — lembra Andrews.

Depois de sair da Universidade de Michigan no segundo semestre do curso de antropologia, alegando aprender muito mais sendo autodidata e pesquisando na biblioteca da universidade, Jim se mudou do apartamento que dividia com Dan Erlewine atrás da loja de guitarras de Herb David para um quarto do outro lado de Blakely Court e, por fim, para um apartamento no porão de uma mansão vitoriana em ruínas, o qual dividia com Scott Richardson. Lynn Klavitter, sua namorada de escola, mudara-se para a Califórnia, mas foi procurá-lo quando voltou a Ann Arbor no verão de 1966. Ficou chocada com a transformação do garoto que havia conhecido no verão anterior:

— Eu tenho certeza de que ele estava completamente drogado, enrolado num cobertor; o lugar era um desastre total.

Lauri Ingber, que participara do comitê da campanha eleitoral de Jim no colégio, também o viu mais ou menos na mesma época e, até hoje, mostra-se convicta quanto ao fato de que o outrora menino certinho da escola estava usando heroína. Seu visual desgrenhado, porém, tinha mais a ver com pobreza, mesmo, do que com maconha, a droga *du jour* que ele só fumava quando lhe "forçavam", já que piorava sua asma. Vivia com o pouco que recebia dos Prime Movers e da Discount, além de sempre ganhar uma coisa ou outra que os pais não queriam mais.

**DOIS**
*A NOITE DA IGUANA*

— A gente era pobre e passava fome na metade da porra do dia — conta Scott Richardson. — A gente pendurava as nossas roupas nos canos d'água, uns jornais no chão, a gente vivia que nem o Kurt Cobain debaixo da autoestrada. Mas eu me lembro de a gente ficar deitado à noite toda conversando sobre um monte de coisa. Era uma época de empolgação total. Era aquele período doloroso da vida, quando a gente é jovem e ainda não sabe muito bem quem é, com todas aquelas influências ao redor.

Por um curto período de tempo, Jeep Holland assumiu o controle dos Prime Movers. Sua mania de controlar tudo e todos, porém, era exagerada, e a banda começou a ficar com raiva de sua insistência para tocarem de terno. A megalomania de Jeep, no entanto, acabou sendo uma bênção divina em tempos de crise: a perspectiva nada agradável do serviço militar na Guerra do Vietnã. Cartas agourentas passaram a surgir nos batentes das casas de muitos dos músicos de Ann Arbor em 1966, quando Iggy, que tinha desistido da faculdade e, portanto, perdido sua dispensa de estudante, estava apto a ser convocado, bem como seu amigo Ron Asheton. Felizmente, Jeep encarou a ameaça militar como uma afronta pessoal a seu império musical e preparou, inspirado por sua audácia, um contra-ataque brilhante e assustador quanto à atenção dispensada aos pormenores.

O princípio básico, explicou Holland aos apreensivos músicos de Ann Arbor, fundamentava-se na psicologia. Mentes criativas e vulneráveis como as deles eram por natureza incompatíveis com o rigor de uma campanha militar e a claustrofobia da vida nas trincheiras. A tática de Jeep consistia em acentuar as encantadoras fraquezas de personalidade de seus protegidos, e até mesmo intensificá-las, geralmente com a ajuda de sua droga favorita, a metanfetamina, até que o Estado se sentisse compelido a encarar os inocentes rapazes como psicopatas enlouquecidos.

Jeep acompanhou suas cobaias de perto por uma semana antes do fatídico dia de exames no Ann Arbor Armoury (e que cara de pau do exército, subvertendo uma casa de rock'n'roll em nome de uma patacoada dessas!) e seu fervor evangelizador ajudou a fazer com que todos os temores dos moleques sumissem. Um exemplo que gostava de citar era o de Glenn Quackenbush, tecladista na banda greaser Fugitives e, depois, na Scott Richard Case, ou SRC.

– Como a maioria dos tecladistas, o Glenn se achava melhor do que o resto do mundo, e não gostava muito de gente – explicou. Ao longo dos anos, não obstante, Glenn acabou incorporando as sutilezas básicas do comportamento humano. E tudo o que Jeep precisou fazer foi removê-las. – Pra tirar todas aquelas coisinhas que a gente desenvolve pra conseguir lidar com outras pessoas. – Jeep se gaba, todo orgulhoso, de que, quando entrou na fila do Armoury... – As filas dos dois lados tinham um espaço vago de quatro pessoas, porque ninguém queria ficar perto dele, as pessoas já tinham sacado que alguma coisa muito errada tava rolando.

A performance de Iggy Osterberg foi um pouco mais barroca, embora satisfatória. Após completarem um questionário, os garotos precisavam ficar só com a roupa de baixo à espera do exame médico. Osterberg foi para a fila, conforme orientado, mas manteve as mãos dentro da cueca, "segurando o pau", e acabou advertido pelo corpo militar encarregado de manter a ordem. "Ninguém vai pegar no meu pau!", disse Osterberg num berro, ao que os militares o tranquilizaram na maior gentileza: "Não se preocupe, filho. Ninguém vai tocar em você". Enfim, dois militares parrudos o agarraram e tentaram puxar as mãos dele dos genitais.

– Mas o Jim era baterista, tinha braços de aço! – diz Holland, rindo. – Suspenderam ele do chão, mas não conseguiram fazer com que tirasse as mãos do pau! Não levou nem meia hora pra ele dar o fora de lá.

Holland calcula que tenha salvado 21 músicos do serviço, incluindo quase todos os futuros Stooges, os Rationals e os futuros membros do SRC. Muitos dos contemporâneos de Jim não tiveram a mesma sorte. Dois de seus amigos mais próximos, Ricky Hodges e Dennis Dieckmann, foram recrutados, mas sobreviveram ao tempo de serviço. Muitos outros colegas de Ann Arbor High acabaram feridos ou mortos em conflito no sudeste asiático.

## DOIS
### A NOITE DA IGUANA

Liberados do serviço militar, os Prime Movers puderam se dedicar à missão de converter as massas a seu próprio estigma de um autêntico blues. Imbuídos de um espírito evangelizador, ou masoquista, levavam a música ao coração do minúsculo gueto negro de Ann Arbor, numa esquina da Ann Street, como banda residente do Clint's Club, tocando uma vez por semana durante mais de um ano. Os clientes os toleravam e reconheciam o esforço dos rapazes, e qualquer tiração de sarro tendia a ser levada na esportiva. Não raro, ao final da apresentação havia um silêncio profundo até que alguma engraçadinha gritasse "bora carimbar esses figuras" ("fazendo referência às doenças venéreas, claro", diz Erlewine)[9]. Às vezes, em casas voltadas para menores de 18, como a Mothers, enfrentavam incompreensão semelhante por parte do público, embora, para uns poucos, fossem a banda mais legal do pedaço; o guitarrista dos Chosen Few e futuro Stooge James Williamson descreve os Prime Movers como "a melhor banda em que Iggy já tocou".

– O que eles estavam fazendo era meio esotérico – diz Dale Whiters, que, ao lado da irmã Janet e seu futuro marido, Larry, era um dos maiores fãs da banda. – Mas a gente achava mesmo que eles iam acabar chegando no topo das paradas, tipo os Rolling Stones.

Os membros da banda eram músicos formidáveis. Geralmente, colocavam músicas gospel no set; o teclado hábil e inventivo de Sheff antecipou o som dos Doors um ano antes, enquanto Dan Erlewine foi um dos primeiros músicos nos Estados Unidos a usar uma Gibson Les Paul a fim de alcançar um som mais arenoso e distorcido de um autêntico blues. Iggy se tornava um baterista impressionante e se esforçava bastante nas músicas em que cantava, "Mystery Train" e "I'm a Man":

---

9 No original: "Let's give these guys the clap." ("Meaning gonorrhoea, of course", says Erlewine). Trocadilho entre duas acepções de "clap": "palmas" ("bora dar uma salva de palmas pra esses caras") e "gonorreia" (gíria). Optou-se por mesclar uma gíria oriunda dos anos 1960, "figurinha carimbada", pessoa distinta, rara, e uma gíria mais atual, "carimbar", transmitir uma DST. [N. de T.]

— Eu me lembro quando ele cantava aquela música "I'm a Tricycle" — conta Bill Kirchen, que depois se tornou um reverenciado cantor de músicas mais "de raiz". — Ele cantava direitinho, exatamente como o Muddy Waters, soletrando as letras "T-R-I-C-Y-C-L-E"; eu ficava impressionado.

Não obstante tamanha traquinagem, Iggy agia de forma contida no palco, se comparado a seu comportamento nos tempos de Iguanas.

— Na verdade, eles eram bem tímidos no palco — relembra Dale Withers. — Não faziam muitas gracinhas ou extravagâncias. Mas existia um certo misticismo em torno deles.

A amizade dos irmãos Erlewine com a Butterfield Blues Band, que revitalizara a cena americana de blues no ano anterior com o álbum de estreia, dava-lhes uma conexão direta com a fonte do blues de Chicago: a cozinha original do grupo, formada pelo baterista Sam Lay e o baixista Jerome Arnold, músicos cativos da banda de Howlin' Wolf, embora tenham deixado a formação fixa diante da possibilidade de ganhar mais dinheiro. Sam acabou por se tornar o melhor baterista de blues de sua geração, participando de incontáveis sessões com Muddy Waters, Junior Wells e outros. Foi ainda o inventor do "double shuffle", variação matreira de um compasso básico do blues que Lay tinha apimentado, inspirado no som dos tamborins usados em coros gospel. Era um compasso manhoso e, quando Iggy enfim dominou a técnica após horas de ensaio, acompanhado por Ron Asheton no baixo, encheu-se de orgulho.

Mas, apesar de avanços como esse, o ambiente musical que um dia parecera tão libertador agora já soava limitado. Muito embora ainda fosse considerado um novato pelos companheiros de banda, Iggy se sentia pronto para seguir em frente. No outono de 1966, vislumbrou a oportunidade de dar mais um passo rumo à conquista de suas ambições quando Vivian Shevitz, subgerente da Discount e baixista da banda de R&B Charging Rhinoceros of Soul, tornou-se amiga do ex-baixista do Butterfield Blues Band, Sam Lay. Ele reconheceu no ato a chance única de aprender os macetes rítmicos do blues com um de seus maiores mestres.

## DOIS
### A NOITE DA IGUANA

Iggy decidiu comunicar a decisão de deixar os Prime Movers a Dan Erlewine em vez de Michael; uma jogada sutil, segundo Ron Asheton, que explica que "o Dan Erlewine era pro Michael o mesmo que o Goering era pro Hitler; o que é bem engraçado porque os dois eram judeus!". (Infelizmente, para a analogia de Ron, os dois eram católicos-romanos.) Dan diz que a despedida foi regada a lágrimas:

— Ele tava com medo de contar pro meu irmão, porque o Michael coloca obstáculos em tudo e ia acabar rolando uma briga. Fora que ele deu a notícia bem em cima da hora, foi tipo "tô saindo da banda amanhã", e eu fiquei pensando: "Não tô acreditando". E foi isso.

No dia seguinte, o jovem baterista se espremeu no MGB vermelho de Vivian com suas amigas e fãs de blues, Barbara Kramer e Charlotte Wolter, para uma viagem de aproximadamente 320 quilômetros até Chicago. Dirigiram pelo South Side procurando por Sam, antes de desistirem e seguirem ao Curley's Club no West Side.

O Curley's, na Madison and Homan, era um típico bar do West Side, valorizado pelos pratos gourmet e pela apresentação de alguns dos mais jovens bluesmen de Chicago, os quais geralmente subiam ao palco às três da manhã e, então, ficavam observando membros da plateia seguirem direto ao trabalho, já com os respectivos almoços em mãos, às sete e quinze. Havia rumores de que o clube era controlado pela máfia, e Otis Rush, que teve seus próprios arranca-rabos com a máfia, era, contra sua vontade, testemunha constante de tiroteios e esfaqueamentos.

— Não era culpa do clube — diz Sam Lay —, mas eu chamo aquela área de Wild Side em vez de West Side, porque é isso que era. Infestada de puta e ladrão.

— A atmosfera ali era pesada — concorda Barbara Kramer —, mas felizmente a gente era muito jovem e idiota pra ficar assustado.

Charlotte Wolter achava que Iggy parecia mais "um inocente de olhos arregalados" no meio daquela viagem toda, "como todas nós".

Os adolescentes fãs de blues chegaram ao clube esperando que a clientela habitual se sentisse honrada com o interesse. Em vez disso, foram recebidos com certa suspeita e olhares curiosos, mas, por sorte, o único freguês que esboçou alguma reação violenta resolveu implicar com as três garotas, não com Iggy, e, por isso, foi jogado para fora por alguns frequentadores mais solidários. Só quando Sam Lay chegou, alto, educado e vestindo um smoking para o show, e os levou de forma segura ao camarim, o quarteto de Ann Arbor conseguiu relaxar. Demonstrando-se bastante incentivador, Sam ouviu com a maior complacência enquanto lhe contavam o quão animados estavam para escutar o blues em sua casa espiritual, Chicago. Os quatro voltaram na noite seguinte para ver Sam de novo, após dividirem um quarto num hotel caindo aos pedaços perto do lago, e, nesse momento, Iggy já havia convencido o baterista de sua missão e conseguido seu apoio.

– Mesmo o conhecendo pouco, eu sabia que podia confiar nele – diz Lay.

Após fazer algumas ligações, Sam descobriu que Big Walter Horton, que tocara gaita em sua banda, estava precisando de um baterista, e convidou Iggy para dormir em sua casa.

O apartamento de apenas um quarto de Sam e Elizabeth Lay, em Flores, já estava lotado; o filho de seis anos, Bobby, dormia no sofá da sala. O baterista aspirante dormiria no chão da cozinha. Era o hóspede perfeito; amontoou os parcos pertences num canto para não desarrumar o apartamento, passava a maior parte do tempo fora e se mostrou dos mais gentis com os vizinhos, os quais, de certa forma, ficaram curiosos com a presença daquela nova figura na rua.

No fim de 1966, os poucos bluesmen ainda existentes em Chicago já se encontravam um tanto menos ameaçados pelo risco de extinção graças a indivíduos como o gaitista Paul Butterfield, que abriram lugares novos, com melhores salários, direcionados ao público branco – por exemplo, o Big John na Wells Street, no West Side – e também a figurões

## DOIS
### A NOITE DA IGUANA

da indústria fonográfica, como Bob Koester e Sam Charters, que tinham apresentado os velhos e novos artistas do blues ao público branco. Walter Horton e outros bluesmen acabaram descobrindo que tocar para brancos quase duplicava os ganhos. E melhor ainda: contratar músicos brancos diminuía os custos, já que, com certeza, eles cobrariam menos. Horton nem se incomodou em testar o jovem baterista; em vez disso, já a caminho da apresentação, Horton tocou um riff em sua gaita e pediu a Iggy que batucasse um acompanhamento. Segundo Iggy, Horton resolveu motivar o novo empregado, apontando-lhe uma faca e perguntando-lhe se tinha *certeza* de que conseguiria acompanhá-lo. Sem se deixar abalar, Iggy disparou de volta:

– Velho, eu posso fazer qualquer coisa que você fizer, então vê se me deixa.

Ao longo das semanas seguintes, Iggy tocou em mais algumas apresentações com Horton, J.B. Hutto (antes um músico de acompanhamento desconhecido, lançado no álbum de Charter) e James Cotton, gaitista amigável e gente boa, que chegou a tocar com Howlin' Wolf quando garoto e que vinha desfrutando um modesto revival da carreira graças ao novo público branco de Chicago. Por intermédio de Vivian Shevitz, Iggy encontrou em Bob Koester um solidário patrono, que vinha apadrinhando os novos bluesmen do West Side, influenciados pelo soul, como Buddy Guy e Magic Sam, por meio de seu selo, Delmark. Koester já mostrara muitos fãs de blues ao redor da cidade, incluindo Michael e Dan Erlewine; figura das mais respeitadas, ele educou toda uma nova geração de futuros chefes de gravadoras, de igual modo ajudando incontáveis músicos, em particular Big Joe Williams, genioso representante do delta blues, que acabou dando um jeitinho de conseguir a chave do porão da loja de discos de Koester, a Record Mart. Williams tocava kazoo, gaita e um violão de nove cordas, prendendo placas de metal ou latas de cerveja no amplificador de modo a acrescentar um efeito distorcido e dissonante a seus lamentos estranhos, misteriosos, com um quê de africanidade. Vez ou outra, quando a jornada até seu apartamento no terceiro andar no prédio da Record Mart parecia penosa demais, Williams dormia no porão mesmo. Às vezes, Koester, os empregados e os clientes ficavam trancados do lado de fora até que Williams despertasse dos sonhos e tivesse a bondade de abrir a porta.

O porão da Record Mart se transformou num ponto de pouso onde vários empregados e entusiastas do blues, dentre os quais Iggy, pernoitavam. A empolgação do baterista e sua conduta honesta fizeram com que Iggy caísse nas graças do chefão do selo, que o ajudou a tocar com J.B. Hutto e, às vezes, comprava-lhe o almoço no café da esquina da Record Mart. Foi justo em tal café que Koester apresentou o egresso da Wayne State University, John Sinclair, ao até então desconhecido baterista. Iggy andava "meio esfarrapado, um moleque magricela do rock", e Sinclair se impressionou tanto com o músico de olhos claros que se lembrou de seu nome.

– Ele nem era insolente ou atrevido. Era interessante até. – Nos dias de hoje, porém, Koester nutre uma opinião bastante diferente de seu jovem pupilo. – Ele era um egoísta. Certa vez, ficou falando do Mitch Ryder e disse que, se o disco dele chegasse ao Top5, ele entraria na banda. Mais tarde, eu confundi as bolas, sabe, e acabei chamando-o de Ego, o que me pareceu mais apropriado.

Koester se recorda de Iggy hospedado em seu apartamento por dois períodos distintos, entre os quais tinha dormido na rua em Loop, centro comercial de Chicago. A área era movimentada e bem desenvolvida, com trilhos elevados de trem e um paredão de luxuosos edifícios às margens do rio Chicago, em contraste com a tubulação de água e esgoto, mais fiação elétrica, que abasteciam a frenética metrópole. Foi lá que o baterista deu cerca de vinte passos antes de se sentar no cais. Ficou pensando em quando tocara com J.B. Hutto num clube na 64th Street, suando a camisa para não perder o compasso, enquanto riffs simples, ainda que profundos, jorravam feito mel dos dedos de J.B., como se nem pensasse no que fazia. Iggy fumou um verdadeiro charuto de maconha, filado de alguém, e pela primeira vez tragou fundo e prendeu, contemplando o rio. Aí, chegou à conclusão de que seu destino não era ser um músico de blues. Nessa simplicidade, porém, residia todo um "conceito".

Uma ideia cuja gestação ainda duraria um ano inteiro até culminar num manifesto musical. Sabia, porém, que seu tempo em Chicago chegara ao fim, então ligou para Vivian Shevitz e Ron Asheton pedindo que eles o buscassem. Nesse meio-tempo, ficou na casa de Bob Koester.

Levaria um bom tempo até que Bob Koester superasse a experiência de ter Iggy, Ron e Scott Asheton, além de Vivian Shevitz, como hóspedes. Vivian nem foi problema; partiu logo após a primeira noite, preocupada com Sam Lay. Pouco tempo antes, Sam tinha ido armado a um clube em Chicago depois de saber que um gaitista recém-saído da prisão planejava esfaquear seu companheiro de banda, James Cotton, a quem acusava de sair com sua mulher enquanto estava preso. Pronto para proteger o amigo, Sam se sentou a uma mesa com sua Colt automática no bolso e a pistola acabou disparando por acidente uma bala de calibre .45 que trespassou seu saco escrotal.

— A Vivian ficou tão descontrolada com o Sam no hospital — conta Scott Richardson — que nem prestou a menor atenção em nada do que tava rolando. — E o que "tava rolando", propriamente, era o engodo de Bob Koester. — Ele meio que só ficava zanzando por lá, e isso acabou irritando todo mundo — explica Richardson. — Foi puro sadismo punk, só isso.

Koester atribui a tensão ao fato de ter pedido aos "caras psicodélicos" que não usassem drogas em seu apartamento. Iggy chega a insinuar certo abuso sexual por parte de Koester, e culpa Scott Richardson pelo ocorrido. Ron Asheton admite na maior alegria que todos eles estavam meio paranoicos com a crença ("ridícula", diz Koester) de que Koester fosse gay. E, sem dúvida alguma, Jim Osterberg também tentava provar aos novos amigos que era tão durão quanto eles.

— A gente ficava provocando ele — lembra Ron. — Era maldade, mas a gente não passava de uns moleques.

— A gente era tipo os "druguis" de *Laranja mecânica* — explica Scott Richardson. — Tava nem aí pra ninguém.

Até que chegou a pairar certa tranquilidade numa única noite, quando os cinco ficaram escutando os discos e as fitas raros de Koester e, depois, entocaram-se no quarto em meio aos travesseiros. O clima, todavia, não tardou a pesar logo na segunda noite, com o quarteto de Ann Arbor entornando vinho Bali Hi, "e ficamos embebedando ele também", diz Ron. "E provocando."

Os irmãos Asheton, Scott e Iggy, então, resolveram pregar uma peça em Koester, infernizando a vida do coitado, fosse andando pelado pela casa, no caso de Iggy, lutando ou jogando-se uns em cima dos outros pelo chão, para depois se levantarem de novo num pulo enquanto o confuso chefão do selo Delmark tentava entender o que diabos estava acontecendo, ou simplesmente enfiando um abajur na cara dele a fim de lhe turvar a vista.

— Eles ficavam lá fazendo tudo quanto era tipo de striptease pelos quais eu não tinha o menor interesse; eu já tinha dito que não queria drogas no meu apartamento, estava com uma infecção viral e me sentindo uma merda... Foi um pesadelo horrível.

Quando Koester, inflamado de raiva por quase ter tomado um copo de mijo, botou todos os hóspedes para fora, a experiência acabou criando laços estranhos e catárticos entre os futuros Stooges. Os quatro relembram o fato como ligeiramente vergonhoso, embora, ainda assim, com certo carinho.

— Foi aí que tudo começou — conta Ron. — Foi quando o Iggy disse: "A gente devia era formar uma banda, e fazer alguma coisa nova".

# TRÊS

## OS DUM DUM BOYS

**É SÁBADO,** 5 de julho de 1969, um dia claro e ameno em Pottawatamie Beach, e, ao fim da música de abertura dos Stooges, a brilhantemente insana "1969", Iggy Stooge fixa os olhos no público do festival Saugatuck e anuncia:

— Eu gostaria de dedicar o set de hoje ao Brian Jones, o finado Stone. Mas, enfim, morrer deve ser melhor do que tocar aqui, mesmo.

Enquanto se matam de tocar, talvez um quarto do público (egresso do ensino médio, alguns pseudointelectuais, desajustados de toda sorte) se encontre extasiado, com o resto indiferente ou ativamente hostil. Um dos fãs, Cub Koda, da banda Brownsville Station, está ao lado do palco, admirando a espetacular jam improvisada que fecha a performance de vinte minutos para um público já esgotado. Enquanto os gritos incontroláveis da multidão estouram nas torres de PA, Dave Alexander agarra seu baixo Mosrite pelo braço e o enfia na brecha entre dois cubos Marshall, simulando um coito. Ron Asheton, com óculos de aviador e jaqueta de couro, joga sua Fender Stratocaster no chão do palco; ela chora e uiva enquanto ele esmaga a alavanca com o pé. O baterista Rock Action martela um ritmo selvagem de Bo Diddley nos tom-tons antes de repentinamente perder o compasso e, num ataque de frustração infantil, começar a chutar o kit.

Iggy Stooge, por sua vez, apenas se contorce no chão, no que parece ser algum tipo de transe xamânico, ou mesmo um ataque de asma, com sangue escorrendo do lábio inferior, no ponto onde ele mesmo se bateu com o microfone.

Koda acompanha, extasiado, o momento em que Iggy se debruça e começa a vomitar no meio do palco, quando de repente sente alguém se esticando às suas costas, tentando obter uma visão melhor. Olha para trás e vê que é Muddy Waters, o grande patriarca do blues de Chicago, atração principal dali a algumas horas.

Por alguns segundos, Muddy assiste a tudo, fascinado e provavelmente um tanto horrorizado. Então, sacode a cabeça, aponta para o palco e berra, sobressaindo à gritaria do público:

– Eu não gostei disso, não. Esses meninos têm que aprender a tocar!
– Ô, Muddy! – Cub retruca, rindo. – É *assim* que eles tocam!

Para toda uma geração de moleques, incluindo Jim Osterberg, 1967 foi um ano decisivo. Foi justo naquele extraordinário verão que ele perdeu a virgindade, tomou ácido pela primeira vez e saiu de casa para todo o sempre. Houve, no entanto, um rito de passagem ainda mais crucial. Durante tal período, essa figura ambiciosa e solitária passou a integrar uma banda das mais heterogêneas formada por dois irmãos, o que interferiu no rumo das vidas deles e, em contrapartida, alterou irreversivelmente o curso da vida de Jim, e até mesmo o molde de sua própria personalidade. Bem ou mal, os Stooges foram produto de Jim Osterberg, e só poderiam ter existido em Ann Arbor, pois nenhuma outra cidade era tão inteligente e tão burra. Eles haviam vindo de um lugar onde a alta arte se encontrava com a brutalidade marginal, onde o intelectual conhecia o desequilibrado, choque muito bem-ilustrado pelo momento em que Jim Osterberg se uniu aos irmãos Asheton; o momento em que o Menino Mais Promissor foi, como ele próprio se orgulha em dizer, "corrompido!".

Há quem tenha visto os Stooges de perto e sugira que os companheiros de banda de Iggy eram programados pelo líder:

– Eles eram uns patetas nas mãos dele. Um bando de adolescente cheira-cola, não que eu esteja querendo difamar ninguém – nas palavras de John Sinclair.

Outros sustentam que os irmãos Asheton exerciam uma influência de igual modo profunda sobre seu líder, que incorporou os valores e a personalidade casca-grossa deles. Alguns companheiros de música, por exemplo, Scott Richardson, afirmam que "pras pessoas que sacavam *de verdade* a banda, Ron Asheton era a força criativa por trás da coisa toda". Aluno da Ann Arbor High, Bill Cheatham, que viria a ser um Dum Dum Boy por mérito próprio, descreve como Jim Osterberg "sentia-se excluído. [Mas] Ronnie, Scotty e eu, nós éramos excluídos". E, sem dúvida, muito da alienação, do tédio e do humor gonzo que permeiam a personalidade de Iggy Pop eram provenientes dos companheiros Stooges, Scott Asheton e Ronald F. Asheton Junior.

Ann Asheton tinha levado os dois filhos e a filha de Davenport, em Iowa, para Ann Arbor em dezembro de 1963, imediatamente após a morte de seu marido Ronald; a vida era uma luta diária, já que a pensão era escassa demais para suprir as necessidades da família, forçando Ann a aceitar um emprego no Ann Arbor Ramada Inn, além de ter de cuidar de três adolescentes inteligentes, embora geniosos.

Ron Asheton Junior acreditava, como Jim Osterberg, que estava predestinado a alcançar algo significativo em sua vida, uma crença reforçada pelo encontro com John Kennedy, em 1960, quando o candidato democrata se encontrava em campanha em Davenport Iowa. Vestido com o uniforme de escoteiro mirim, o jovem Ronald foi empurrado em meio a um surto na multidão e acabou com a cara na virilha do futuro presidente. Quando um agente do Serviço Secreto tentou puxá-lo pelo lenço de sua farda, Kennedy interveio de modo a salvar o infeliz escoteiro de ser estrangulado, ordenando ao agente que "deixasse a criança em paz"; os dedos de Ronald ainda resvalaram nos dedos do carismático candidato enquanto era arrastado para longe, totalmente fascinado. John F. Kennedy se juntou ao panteão dos heróis do showbiz de Rony, ao lado de Adolf Hitler e Os Três Patetas. Ao tão seleto bando, logo se uniram os Beatles e os Stones, o que inspirou Ron a cair fora do ensino médio, junto com seu colega de classe Dave Alexander, e viajar até Londres na esperança de ver John Lennon ou Mick Jagger passeando pela Carnaby Street. Conformou-se com a alternativa mais do que satisfatória de ver o Who no auge de sua fase mod superviolenta, levando na volta para casa uma lasca de uma Rickenbacker espatifada como souvenir. Pete Townshend, do Who, se tornaria uma de suas inspirações, muito embora tivesse começado no baixo. Após ser expulso da Prime Movers, Ron se juntou à pretensiosa banda de R&B com um leve sabor inglês de Scott Richardson, os Chosen Few, e não tardou a desfrutar a honra de tocar as primeiríssimas notas escutadas no Grande Ballroom de Detroit, num evento ao vivo de rock'n'roll: sua introdução de baixo para "Everybody Needs Somebody", dos Stones, deu o pontapé inicial no set dos Chosen Few no show que abriram para a então banda em ascensão MC5, em outubro de 1966.

Scott Asheton também foi um Dum Dum Boy fundamental, aspirante a baterista que, a certa altura, chegou a tocar com Ron, Dave Alexander e Bill Cheatham numa banda de garagem chamada Dirty Shames. Quando garoto, passara incontáveis horas com o pai discutindo planos sobre corridas de karts e montagem de hot rods V8, até que seu mundo desmoronou por inteiro com a morte prematura do pai. Após o fato, tornou-se uma criança arredia, sendo expulso de casa pela mãe, e passou a matar tempo com os amigos malacos na esquina da State com a Liberty, cuspindo nos transeuntes. A alta estatura de Scott, sua pinta de Brando – um cara durão, mas maneiro – somado ao senso de humor perversamente cínico dos Asheton, encantaram Jim Osterberg.

Iggy e os irmãos Asheton regressaram de Chicago no exato momento em que uma revolução psicodélica invadia Ann Arbor. O enorme contingente estudantil, a atmosfera cosmopolita e a administração democrata contribuíram para um ethos liberal que implicou o fato de suas sanções por posse de drogas serem mais leves do que na vizinha Detroit e, em pouco tempo, a cidade possuía seu próprio mini-Haight-Ashbury sob a forma de um amontoado de headshops nas redondezas da Liberty com a State, nos limites do campus universitário.

Jim, Ron e Scott Asheton haviam decidido formar uma banda juntos; embora, até então, não tivessem decidido quem tocaria o quê – no início, o plano era que Scott Asheton, o mais fisicamente atraente dos três, cantasse, e Iggy continuasse na bateria. E, como não havia perspectiva imediata alguma de fazer dinheiro com a música, precisavam de uma fonte de renda. Felizmente, a embrionária subcultura hippie de Ann Arbor se tornaria a saída perfeita, uma vez que puderam estabelecer seu próprio e modesto nicho na rede de fornecimento de drogas, comprando pés de maconha e secando-os para passar adiante os camarões. Jim tinha se mudado de volta ao trailer da família em seu retorno de Chicago, e ele e Ron descobriram que a lavanderia comunitária e a área de serviço de Coachville eram os locais perfeitos para a secagem das folhas e flores. Não raro, infelizmente, acabavam chapados com o próprio estoque e deixavam os pés secando por tanto tempo que começavam a cozinhar, empesteando o prédio com o cheiro característico de fumo queimado. Batendo em retirada ao trailer, alegavam ignorância quando James Osterberg sentia o cheiro no ar e perguntava o que andavam aprontando.

Jim Osterberg ainda se encontrava por demais dependente do amparo financeiro dos pais, em especial quando compras dispendiosas se faziam necessárias às experiências musicais do trio. No início de 1967, Jim estava de olho num órgão Farfisa e embarcou em uma campanha para convencer James e Louella a financiarem a compra. A mãe acabou cedendo sob a condição de Jim cortar o cabelo; travaram-se acirradas negociações acerca do que constituía um corte de cabelo suficientemente curto, que girava em torno da altura do colarinho. Negociações concluídas, Jim optou por um estilo curto na nuca com uma longa franja. O resultado foi tão bizarro que, segundo Ron, Jim acabou atraindo a atenção da polícia de Ann Arbor.

– Ele tava usando umas calças brancas e largas, vindo aqui pra casa da minha mãe pra ensaiar, e os policiais o pararam porque acharam que ele fosse um paciente foragido de algum hospício. Daí dá pra tirar o quanto a aparência dele era estranha, com aquele corte de cabelo curtinho e aqueles olhos grandes.

Era uma viagem de quarenta minutos de ônibus desde Coachville à casa dos Ashetons em Lake e, de acordo com Jim, mesmo quando chegava lá, com Ann já no trabalho, quase sempre era uma longa espera até que os irmãos despertassem da soneca matinal ou da letargia de maconha e o deixassem entrar.

Ao longo desses primeiros meses, Ron, Scott e Jim convocaram o amigo dos Ashetons, Dave Alexander, "uma criança mimada e uma coisinha selvagem", segundo Scott, para ajudá-los nos experimentos musicais. Quando a sempre tolerante Ann Asheton passou a refrear os ensaios incessantes em sua casa, o quarteto se mudou para a residência dos Alexander; Dave ficou encarregado de fornecer as garrafas do uísque de malte Colt 45 a Ron, Scott e Jim durante a elaboração de uma ópera rock embrionária. A priori, chegaram a discutir sobre um line-up com Jim e Scott em duas baterias; após a compra da Farfisa, Jim foi transferido ao órgão, enquanto Ron alimentava o baixo com um pedal fuzz e um wah wah, e Scotty tocava bateria num épico instrumental de 45 minutos, o qual batizaram de "The Razor's Edge".

Era o verão de 1967 quando o pequeno grupo se mudou para sua primeira residência comunitária, um edifício vitoriano em Forest Court,

## TRÊS
### OS DUM DUM BOYS

no coração do campus. Estava sendo sublocado por um grupo de estudantes da Universidade de Michigan, os quais ingenuamente pensaram que o sério Jim Osterberg e os companheiros fossem uma perspectiva melhor do que os outros candidatos, "um bando de liberais".

– Mas ai do dia em que aqueles caras da fraternidade deixaram a gente entrar – entusiasma-se Ron –, porque a gente destruiu totalmente o prédio.

Foi em Forest Court que o estilo de vida inconfundível da banda se desenvolveu, resumido por Kathy Asheton como "insano, porcalhão, uns solteiros dementes, fanfarrões". Jim Osterberg era frequentemente identificado pela figura encantadora de olhos arregalados, embora a banda toda, de igual modo, muitas vezes pudesse ser vista afundada no sofá, chapada na frente da TV até o amanhecer, rindo de filmes de terror ou de reprises de comédias. Aos poucos, desenvolveram, como homens das cavernas, sua própria língua. No início, após Jim esvaziar o porão, os três trabalharam na criação de suas canções embrionárias, mas, depois de incessantes reclamações dos vizinhos sobre o barulho, acabaram encontrando outras formas de passar o tempo. Às vezes, feito uma tribo de saqueadores, invadiam as casas das famílias ou dos vizinhos e saqueavam tudo que fosse comestível do lugar. Festas de fraternidades por todo o campus eram outros locais dos mais proveitosos para saque e pilhagem; os quatro eram capazes de encher os estômagos e desaparecer com os braços carregados de bebida antes que os anfitriões se dessem conta do que estava acontecendo. Apesar de toda a miséria de seu alojamento, o grupo se vangloriava de um certo glamour.

– Eles foram pioneiros, legais, especiais – conta Kathy Asheton. – Eles recebiam bastante atenção, pegavam as meninas, eram os caras maneiros, as pessoas queriam ficar perto deles.

Tanto Ron quanto Jim perderam a virgindade durante aquele período psicodélico. Ambos eram essencialmente moços bem-criados do Centro-Oeste e vinham procrastinando o momento fatídico, até que uma amiga da banda, Mary Reefer, mais velha e experiente, encantou-se com o charme dos olhos arregalados de Jim. Embarcou numa campanha para seduzi-lo e, no fim das contas, conseguiu obter resultados tão memoráveis que o jovem Osterberg foi pedalando sua bicicleta de volta à casa da banda numa espécie de transe, totalmente arrebatado. Tão arrebatado, na verdade, que pedalou direto até um carro, saltou sobre o capô e, por fim, caiu de pé. Chegou carregando a bicicleta mutilada com um sorriso beatífico escancarado no rosto.

Ao término da estada em Forest Court, o ácido tinha se tornado a nova obsessão da banda. Os quatro encontraram um mentor mais velho no uso da droga na pessoa de Ron Richardson, um tipo intelectual boa pinta, ligeiramente nervoso, que lecionava no distrito de Sumpter, em Ypsilanti, e havia sido o empresário dos Chosen Few. Pouco a pouco, ele foi persuadido a assumir a banda de Ron e Jim. Ron exultava duas qualificações vitais: era dono de uma velha van, adquirida de uma empresa de manutenção de máquinas de lavar roupa, a Plymouth Washer Service, além de estar envolvido nos testes de LSD da Universidade de Michigan, e localizou um estoque do composto então legal por meio de um conhecido da escola de medicina. Richardson levava tão a sério o ritual de iniciação dos alunos ao ácido que os obrigava a concluir uma rigorosa lista de leitura antes que tomassem sua primeira viagem. Não tardou para que as experiências psicodélicas coletivas se tornassem vitais ao vínculo fraternal da banda. Ron, Scott e Jim foram os primeiros; então, mais tarde, a introdução de Dave Alexander na banda foi formalizada por uma viagem com Jim, durante a qual tiveram flashes do livro *O vento nos salgueiros*[10] e se deram conta de que Dave era Rattie e Jim era Toad.

Viagens regulares de ácido passaram a ser um elemento básico na dieta cultural da banda, que abrangia ainda os livros de Dave Alexander sobre ocultismo e os discos *Freak Out*, do Mothers of Invention, *Are You*

---

10 No original, *The Wind in the Willows*. Clássico da literatura infantil escrito em 1908 pelo britânico Kenneth Grahame. [N. do T.]

## TRÊS
### OS DUM DUM BOYS

*Experienced?*, de Jimi Hendrix, *Tauhid*, de Pharoah Sanders, e *Gris Gris*, de Dr. John, além da constante trilha de fundo da TV por toda a madrugada, incluindo o programa favorito de Ron, *Os Três Patetas*. Ron nutria total devoção ao trio de comédia a quem fora ver na Feira Estadual de Illinois quando criança, e seu próprio humor, fosse seco, gonzo ou negro, conferia o tom da atmosfera na casa da banda. Ron reivindica ter sido quem, naquele verão, declarou:

— A gente é que nem os Três Patetas, só que psicodélicos. Bora se chamar os Psychedelic Stooges!

Por todo o resto de Ann Arbor, corria um burburinho incitado pela curiosidade acerca do que Jim Osterberg e Ron Asheton andavam maquinando; o papel desempenhado por Jim nos Iguanas e no Prime Movers serviu para que recebesse certo destaque na comunidade musical, e o prolongado período de gestação do novo projeto se tornou o assunto em voga.

— Eu topei com o Jim no meio do verão e perguntei o que ele andava aprontando. Ele só fez dizer: "Ensaiando!" — conta o ex-colega de banda, Jim McLaughlin. — Ele já vinha praticando havia seis meses, o que não deixava de ser hilário porque eu não consigo me lembrar dele ensaiando com a gente por mais de quinze minutos!

Outras bandas da cena, como os Rationals e a SRC (um supergrupo local formado pela junção do vocalista dos Chosen Few, Scott Richardson, com os Fugitives, banda greaser de sucesso), estavam intrigadas, bem como algumas figuras locais, incluindo Jeep Holland, que àquela altura empresariava tanto os Rationals quanto a SRC, e a mais badalada das novas parcerias da cena local, os MC5 e John Sinclair. Banda mais enérgica e porrada a despontar em Detroit, os MC5 tinham se tocado de que precisavam pegar carona na revolução hippie que tomava conta dos Estados Unidos, e se uniram a Sinclair, guru psicodélico de Detroit, em agosto de 1967. Juntos, visavam revolucionar Detroit e o resto do país com um manifesto baseado no rock'n'roll nas alturas, muita chapação e foder no meio da rua.

Os Psychedelic Stooges gozavam de uma conexão privilegiada com os MC5 por meio da irmã de Ron e Scott, Kathy Asheton, que despertou a atenção do guitarrista dos MC5, Fred "Sonic" Smith; Wayne Kramer, líder dos MC5, conhecia Jim dos tempos do Prime Movers e, em certo momento, chegou a considerar a possibilidade de aliciá-lo à própria banda. Portanto, quando os Psychedelic Stooges decidiram revelar os resultados de suas experiências musicais, nada mais natural que Sinclair e os '5 fossem convidados. Conforme 1967 se desenrolava, ficou decidido que o Dia de Todos os Santos, que marcava o início do inverno e período em que os espíritos perambulavam sobre a terra, seria uma data bem promissora. O burburinho se espalhou pela cidade com várias semanas de antecedência.

O local escolhido para a primeira aparição pública dos Psychedelic Stooges foi a casa de Ron Richardson na State Street, um atalho para escapar do centro de Ann Arbor. Richardson ficou responsável por gerenciar a lista de convidados, enquanto à sua esposa Nausika coube a tarefa de ajudar na escolha do figurino de Jim. Após baterem boca acerca de uma camisola vitoriana num brechó de Ann Arbor, Nausika deu o braço a torcer sobre a magnitude das necessidades de Jim; passou vários dias cortando folhas de alumínio em tirinhas e colando-as a uma touca de natação para fazer uma peruca prateada para Jim. Influenciado pelo compositor americano avant-garde Harry Partch, especialista em instrumentos caseiros bizarros, Jim passou muito de seu tempo chapado, revirando o depósito de lixo nos fundos da casa de Ron atrás de tranqueiras promissoras. Scott Asheton se preparou para sua primeira apresentação pública nas baquetas decorando a bateria improvisada, a qual fora montada a partir de latas de óleo resgatadas do lixo. Ornou seu "kit" com símbolos que traduziam a metáfora perfeita para a mistura entre cultura popular e alta arte dos Stooges. Em cores berrantes, pintou o *om*, o Olho de Hórus e outros símbolos espirituais dos livros de Dave Alexander sobre misticismo oriental, depois escreveu palavras como "merda" e "boceta" com tinta ultravioleta, apenas visível sob luz negra.

## TRÊS
### OS DUM DUM BOYS

A trigésima primeira noite de outubro foi bem movimentada no calendário hippie, e muitos dos que participaram da festa estavam a caminho ou chegando de outra celebração. Bill Kirchen, da banda psicodélica Seventh Seal e depois da Commander Cody, talvez seja quem melhor resuma o ambiente quando ressalta que "o DMT era a droga dominante, especialmente naquela noite".

– De todas as drogas que eu já tomei, essa definitivamente era a que mais fazia o cara se preocupar de ter feito algo irreversível ao cérebro. Tinha que ter alguém segurando o cachimbo pra você e encostar a cabeça em alguma coisa pra não cair depois que fumasse; era bem sinistro.

Dezenas de pessoas entravam e saíam da festa de estreia da banda; quase toda a gente bonita de Ann Arbor estava presente, incluindo John Sinclair e seus amigos Michael McLatchy e Jimmy Silver; o amigo de Panther, Jesse Crawford, e Rob Tyner dos MC5. A sala foi enfeitada com tapetes, o cheiro de maconha estava fortemente suspenso no ar e a barulheira, quando começou, foi casual. Sentado de pernas cruzadas no chão, Iggy tocava uma guitarra havaiana com todas as cordas afinadas em Mi. Ron tocou o baixo se valendo de uma série de pedais de efeitos, enquanto Scott sustentou um compasso básico de Bo Diddley. O papel de Dave Alexander se limitou a girar os botões dos amplificadores ou a esmagar o amplificador Kustom de Ron contra a respectiva caixa, fazendo distorções reverberantes ecoarem pela sala e por toda a vizinhança, uma vez que o volume em que tocavam era, todos concordam, simplesmente estarrecedor:

– Eram composições instrumentais longas, e escutar aquilo deve ter sido um linchamento – Iggy relembra com certa ternura.

Bill Kirchen não se comoveu com o espetáculo ("Eu pensei: isto nunca vai vingar"), mas aqueles a quem a banda precisava impressionar, John Sinclair e equipe, pareciam convencidos.

– Eu adorei, porque era meio lunático, mas num contexto rock'n'roll. Pegaram aquela parada europeia avant-garde, esterilizada, e traduziram pra uma coisa que os moleques davam conta de ouvir – lembra Sinclair, que ficou abalado, literal e metaforicamente, com os níveis ensurdecedores do som na sala de Ron Richardson, e impressionado com a variedade de drogas circulando pela minúscula plateia.

Um dos amigos de Sinclair tinha levado uma sacolinha de compras com quase cem baseados, tudo embrulhado de forma ordenada e repassado livremente entre os presentes na festa; todos os que se encontravam amontoados na cozinha se chumbavam com gás Freon, enchendo balões e depois inalando o conteúdo, ou se chapavam com pílulas de nitrato de amila. A mistura desnorteante de produtos farmacêuticos foi intensificada pela virulência do ataque sonoro. O pano de fundo rítmico de Ron e Scott, cedo ou tarde, acabou vacilando à medida que o amplificador sobrecarregado de Ron continuou estourando os fusíveis, enquanto Iggy deixava a guitarra havaiana de lado para tirar sons estranhos de outros tantos instrumentos improvisados, incluindo um aspirador de pó e um Osterizer: um liquidificador Waring cheio de água pela metade, no qual inseria um microfone a fim de produzir um ruído branco ondulante, como uma cachoeira ou um teremim, o instrumento etéreo e arrepiante, típico das ficções científicas, que se tornou conhecido depois do álbum *Good Vibrations*, dos Beach Boys.

Quando enfim o amplificador de Ron entregou os pontos depois que o último fusível estourou, boa parte do público já tinha dado no pé; alguns deles, como Sinclair, num estado psicótico:

– Eu tava noiado de tão chapado, convencido de que dava pra escutar aquela barulheira toda da delegacia de polícia a três quilômetros rua abaixo.

Em vez disso, ficou a cargo de Brother J.C. Crawford (mais tarde conhecido por sua introdução descolada, quase uma pregação imbuída da mais pura porra-louquice, no álbum *Kick Out the Jams*, dos MC5) fechar a performance ao anunciar: "Essa é uma noite mágica, a primeira noite do Ano Novo Zenta". Apesar de sua saída precoce, John Sinclair ficou de cara com a banda. O carisma de Iggy e até mesmo a aptidão para a dança do ex-baterista causaram uma forte impressão no visionário hippie mais notável de Detroit, ainda que o guru dos MC5 tivesse ido embora convicto de que os Psychedelic Stooges precisavam de "uma camada um pouco mais grossa de isolante entre eles e o resto do mundo". A observação se referia ao som, embora pudesse valer de igual modo aos egos sensíveis da banda.

Insana, barulhenta e movida a drogas, a performance de estreia dos Psychedelic Stooges foi, conforme já era esperado, relembrada como memorável, e a resposta, positiva o suficiente para que a banda começasse a planejar o próximo show. Aquele, porém, não era o tipo de música ao qual os Stooges seriam posteriormente associados. Àquela altura, a cena alternativa de artes de Ann Arbor já estava bem-estabelecida, e o Once Group (um coletivo desregrado de músicos, artistas e cinéfilos avant-garde) havia superado as expectativas da Universidade de Michigan e começava a atrair intelectuais com ideias afins de todos os cantos dos Estados Unidos. A experimentação lunática e a instrumentação improvisada dos Stooges se encaixavam perfeitamente nesse nicho artístico e intelectual. Aos olhos da maioria, Jim Osterberg, antes de ser um roqueiro, era um intelectual. Russ Gibb, um professor do ensino médio motivado por Sinclair a abrir o Grande Ballroom, local onde tanto os MC5 quanto os Stooges se criaram nos primeiros anos de vida, foi apresentado a Osterberg por Rob Tyner e os MC5 naquele outono, e logo se impressionou com aquela jovialidade intensa e fervorosa.

– Os MC5 eram moleques da classe trabalhadora dos subúrbios industriais de Detroit. O pai do Iggy era professor numa bela escola de segundo grau, e ele veio de Ann Arbor, de uma classe social bem mais privilegiada.

Gibb constituiu uma conexão crucial, um dos principais agentes da dinâmica cena roqueira de Michigan. Era igualmente capaz de obter o que desejava de revolucionários chapados como John Sinclair ou de caretas como seu gerente bancário, e, a exemplo de várias pessoas com a habilidade de seduzir os demais com o charme, admirava a aptidão de um outro manipulador de primeira.

— Ele era um sujeito encantador. O Iggy se sujeitava aos caprichos dos [MC]5, submetia-se a eles. Mas, de trouxa, não tinha nada.

Segundo Gibb, apesar de tratar quase sempre com o empresário dos Psychedelic Stooges, Ron Richardson, nunca pairaram dúvidas quanto ao fato de ser Iggy quem comandava a festa, e havia uma oferta em aberto para que os Stooges tocassem no Grande sempre que se sentissem dispostos a tanto.

Muito embora Ron Richardson fosse uma figura sábia e intelectual, era também um sujeito bastante desprendido. Batizado de "Professor Doidão" pela avó de Ron Asheton, estava sempre remendando alguma geringonça e tentando consertar coisas que simplesmente não tinham mais conserto. Sabia como ninguém enfiar algum conhecimento na cabeça de garotos supostamente difíceis de se lidar numa área pobre de Ypsilanti, mas ser o "monitor de acampamento" dos Psychedelic Stooges era um desafio bem mais árduo. Depois que Ron, Nausika e a banda se mudaram para Toad Hall, uma casa de campo em Vreeland Road, nos arredores de Ypsilanti, Richardson tentou em vão apaziguar as reclamações incessantes dos vizinhos sobre o barulho, grudando caixas de ovos nas paredes. Para Ron, parecia que a banda toda esperava viver do salário do professor, muito embora Jim recebesse algum trocado servindo mesas no restaurante Virginian, enquanto Ron Asheton trabalhava num headshop local, a Pigmentos da Imaginação, onde podia passar a maior parte do tempo chapado, mero espectador benevolente enquanto os clientes saqueavam a loja. Não tardou para que a paciência de Richardson se exaurisse. Num belo dia, quando a comida do casal Ron e Nausika sumiu da geladeira, ele decidiu cortar o sistema de aquecimento até que o perpetrador se apresentasse, mas acabou se sujeitando a um motim agravado assim que Iggy tomou para si o microfone e liderou os demais num coro de "A gente odeia o Professor Doidão".

— Eles estavam me sugando até a última gota — concluiu o professor —, e eu já estava começando a surtar.

TRÊS
OS DUM DUM BOYS

O confronto, no entanto, teve de fato uma profunda implicação musical, pois Jim Osterberg proclamaria mais tarde que o coro fortemente reverberado pela banda foi a primeira vez em que os Stooges dominaram a fundo um groove musical intenso, intimidador. Essa nova descoberta se combinou com a influência do vocalista dos Doors, Jim Morrison, que tinha maravilhado Jim ao zanzar cambaleando de bêbado antes de um show na Universidade de Michigan, em 20 de outubro de 1967, urrando feito um gorila e "emputecendo os garotos de fraternidade", conta Jim. O modo bufão como Morrison provocava a plateia convenceu Jim de que ele também poderia ser um vocalista, motivando sua iniciativa de se colocar à frente de um line-up mais convencional, com Ron transferido à guitarra e Dave Alexander tocando baixo.

Apesar de toda sua truculência, Jim Osterberg era esperto o suficiente para já ter identificado um sucessor ao Professor Doidão na pessoa de Jimmy Silver. Amigo íntimo de John Sinclair, Jimmy vinha de uma talentosa família de intelectuais judeus (seu pai servira no governo Johnson como Subsecretário Adjunto de Saúde) e fora a Ann Arbor para estudar na Escola de Saúde Pública da Universidade de Michigan. Jimmy já tinha sido abordado por Ron Richardson no sentido de ajudá-lo com seus pupilos encrenqueiros, ocasião em que recusou a proposta. O vocalista da banda, no entanto, sabia ser bem mais persuasivo.

– Ele me levou no papo direitinho, dizendo que eu faria parte da sua grandiosa missão.

A primeira incumbência de Silver foi informar a seu predecessor que os serviços dele já não eram mais necessários, além de convencê-lo a deixar que os Psychedelic Stooges continuassem utilizando a van da Plymouth Washer Service. Feliz por se ver livre de tamanho fardo, o professor prontamente concordou.

Inteligente, vigoroso e carismático, Jimmy Silver, auxiliado pela esposa Susan, mostrou-se a pessoa ideal para conduzir os Psychedelic Stooges. Era uma figura paternal que conseguia impor algum grau de organização, além de ser capaz de intermediar as relações sempre complexas da banda com seus "irmãos mais velhos", os MC5, e convencer os quase sempre relutantes produtores locais a agendar seus tutelados. Ministrava inclusive as necessidades nutricionais do grupo, melhorando a saúde de todos com uma dieta macrobiótica que ele e Susan tinham pesquisado. Ainda assim, era um trabalho pesado.

– Era tipo pastorear gatos – relembra. – Eles eram completamente imaturos em quase todos os sentidos. Aí, enchiam a cara e tomavam umas drogas, passando ainda mais dos limites.

Jim era tanto um líder quanto um discípulo dos colegas de banda. Aprendia com os companheiros Stooges e, frequentemente, a exemplo do episódio com Bob Koester, punha-se a sobrepujá-los de modo a ratificar sua posição na gangue. Daí a total aptidão para ser, como Jimmy Silver bem observa, "uma criança voluntariosa e destrutiva". Em circunstâncias mais tranquilas, porém, em particular durante as eventuais semanas em que Jimmy e Susan o submetiam a uma desintoxicação de drogas e álcool e o nutriam com base numa dieta macrobiótica para livrá-lo da asma, ele demonstrava o mesmo insight extraordinário demonstrado na escola.

– Num daqueles dias em que a gente estava cuidando dele, eu percebi o quanto sua cabeça era analítica, brilhante. Ele era capaz de identificar o que despertava o interesse das pessoas, e o que as levaria a querer fazer qualquer coisa de que ele precisasse ou mesmo que quisesse.

Alguns meses depois, Silver se deu conta de que, em certos aspectos, era ele quem estava sendo controlado; percebeu que Jim era capaz de tirar um tempo a fim de cultivar a relação entre os dois, com o intuito de estreitar os laços com Silver, "ou fazer com que eu sentisse estar estreitando os laços com ele". Ainda assim, Jim fazia isso de um modo tão aberto e sincero que jamais pareceu calculado ou manipulativo. Apenas em retrospecto foi que Silver notou o quanto Jim soube lidar com a situação objetivando convencê-lo a empresariar os Psychedelic Stooges ao oferecer-lhe a chance de fazer parte de algo maior do que ele próprio; intuitivamente, deduziu qual era a força motriz da vida de Silver.

A partir do início de 1968, Jimmy e Susan passaram a morar com os Psychedelic Stooges, mudando-se com a banda para o que viria a ser a lendária Fun House, uma grande casa de campo de madeira na 2666 Packard, um pouco mais afastada de Ann Arbor, em direção a Ypsilanti, um achado de Ann Asheton. A casa de campo foi anunciada para aluguel a preço de banana, pois estava prestes a ser demolida para ceder lugar à construção de uma rodovia (nos anos seguintes, o proprietário, Farmer Baylis, apareceria por lá e, pesaroso, faria uma vistoria no imóvel cada vez mais decrépito). A casa se tornaria a sede do império dos Stooges, sendo batizada de Stooge Hall, ou Fun House. O nome era dos mais apropriados, e os rapazes e as moças da região mal podiam esperar para visitar o local, muito embora as garotas em particular tivessem de enfrentar a possibilidade de serem perseguidas pela casa de campo, num total escuribreu, ao som de Harry Partch, uma técnica satânica de privação sensorial que, nos dias de hoje, sem dúvida alguma, seria qualificada como um tratamento cruel e desumano.

Naqueles primeiros meses, os Psychedelic Stooges trabalharam espasmodicamente, às vezes ensaiando meia hora durante a tarde num volume estarrecedor. Jimmy Silver, presente em todas as sessões, notou que o grupo possuía uma sofisticação musical surpreendente, demonstrada pelos brilhantes pastiches dos rivais em Ann Arbor.

– Eles eram capazes de imitar perfeitamente o estilo de bandas como Bob Seger, os Rationals, Ted Nugent, mas soavam ainda melhores do que elas ao tocarem no próprio estilo!

Silver julgou que esse material excedente talvez rendesse um bom lucro extra, e tentou persuadi-los a preparar uma demo das músicas para que outras bandas as gravassem, sugestão rejeitada pelo grupo. Em vez disso, Jim e Ron se concentraram em desenvolver uma sonoridade que não remetesse a estilo algum, algo que existisse apenas num nível totalmente sem mediações e subconsciente, livre das restrições de uma estrutura convencional: a junção perfeita entre o highbrow e o gonzo. Jim se valeu de todas as influências avant-garde apresentadas por Bob Sheff, enquanto Ron e Scott se valeram da mais sincera e demente agressividade roqueira. Ainda que tal interação se apresentasse um tanto mais complexa, pois, como Jim bem destaca, "o Ron tem uma certa elegância como instrumentista e compositor a qual me falta". Muito embora nos anos vindouros surgissem disputas sobre quem tinha criado o que nos Stooges, com Iggy Pop reivindicando para si o mérito de ter composto toda e qualquer nota das músicas, parece claro que a maioria das primeiras canções se originou a partir das ideias e riffs de Ron. O estilo de Asheton na guitarra era simples, com seu minimalismo sagaz e sua pegada intensa fortemente influenciados pelos arroubos guitarrísticos ultraviolentos desencadeados por Pete Townshend e testemunhados por Ron no show do Who, ainda em Londres. Esculpir canções a partir de um caos criativo, porém, era um processo dos mais lentos. Conforme Jimmy Silver relembra, a banda apresentava tanta estamina musical que até mesmo ensaiar por mais de quarenta e cinco minutos se tornava extenuante, "e eles eram fisicamente incapazes de tocar por mais de quinze minutos, vinte no máximo".

Embora a banda costume citar a abertura para o Blood Sweat & Tears no Grande Ballroom, em 3 de março de 1968, como o primeiro show profissional, sua estreia de fato foi em 20 de janeiro, substituindo os Amboy Dukes num evento cuja atração principal era a nova banda de Scott Richardson, Scott Richard Case. A molecada hippie e os cabeçudos presentes naquele início de noite não faziam a menor ideia da pancadaria que estavam prestes a levar.

Para as primeiras datas agendadas no Grande, Jim Osterberg enfim deixou a guitarra havaiana em casa e fez sua estreia como frontman. O próprio Jim considera aquelas primeiras performances um tanto ingênuas, fortemente derivadas de seus heróis Mick Jagger e Jim Morrison: "Jim Morrison e Mick Jagger eram esses caras que eu queria ser. Na real, era tão óbvio que o povo devia ter me chamado de Mick Morrison!". Jim Morrison, porém, jamais subiu num palco vestido com uma camisola branca vitoriana e uma peruca prateada caseira, de maquiagem branca no rosto e com um aspirador de pó a reboque. De fato, os Psychedelic Stooges pareciam tão burlescos que, nos quarenta e cinco minutos de carro até o local do show, segundo Ron Asheton, vários roceiros tentaram jogá-los para fora da pista, e um segurança do Grande, por sua vez, analisou Iggy dos pés à cabeça, todo enfeitado com os adereços de alumínio, e perguntou: "O que é *isso*? Algum tipo de homem mecânico?".

Uma vez na casa de espetáculos, o proprietário Russ Gibb ficou intrigado com a indumentária do vocalista ("Ele parecia mais o homem de lata do *Mágico de Oz*"), e escutou pacientemente enquanto Jim Osterberg explicava as dificuldades práticas de se amplificar "o Osterizer", o qual Russ julgou ser algum tipo de vaso sanitário. Entusiástico e liberal, sempre pronto a endossar qualquer coisa pela qual "os moleques" porventura se interessassem, Russ saiu de seu escritório para assistir ao set de abertura da banda. Achou sensacional. Baseado num rock altamente enérgico na mesma linha do Who, de Hendrix ou, a bem da verdade, dos MC5, aquilo era ainda mais improvisado. Iggy cantava contra o aspirador de pó, vocalizando versos que então eram arrebatados por Ron e Dave em riffs longos e repetitivos, enquanto Scott Asheton martelava uma batida tribal influenciada por Bo Diddley em latões de óleo de 55 galões, reforçados por um conjunto de timbales e alguns pratos ferrados.

Os "cabeçudos", a exemplo de John Sinclair, e até mesmo os "cobiçosos", como Sinclair afetuosamente se referia a Russ Gibb, estavam em transe.

— Xamanística é a palavra para descrever a performance do Iggy — conta Sinclair. — As pessoas costumam citar o Jim Morrison como xamanístico, mas aquilo lá ia muito além.

Os MC5, boa parte deles na plateia, consideraram a apresentação "simplesmente estupenda", conta Becky Tyner, namorada e mais tarde esposa do vocalista dos MC5, Rob Tyner. Os "moleques", no entanto, não pareciam estar assim tão convencidos. Ao longo dos primeiros meses que se seguiram, Iggy se acostumou à sensação de ver o público paralisado de horror, com uma única reação discernível: dando risadas ou indo embora. Russ teve o prazer de conhecer um dos primeiros pagantes a se retirar, uma jovem garota que foi direto a seu escritório ainda naquela noite para perguntar-lhe o que diabos ele tinha na cabeça ao agendar alguém tão "estranho!".

– Ele era um pouquinho alternativo demais pr'aqueles garotos suburbanos – explica. – Eu acho que o mais perto daquilo que aquela menina já tinha chegado era um filme da Doris Day.

Fatidicamente, enquanto a multidão se encontrava estarrecida, um repórter local, Steve Silverman, apontou os Stooges como a coisa mais empolgante já vista no Grande, e desprezou a pretensiosa Scott Richard Case, cujo setlist era baseado em covers, sem maiores elogios. Os Stooges, conforme Silverman os definiu na primeira resenha publicada sobre a banda, "tocaram música eletrônica, que se valeu tanto de feedback controlado, wah wah, slide guitar e baixo grave, quanto de vocalizações improvisadas, quase 'scat', e urros neoprimitivos".

Ao longo das semanas seguintes, os Stooges retornaram ao Grande várias e várias vezes, abrindo para bandas como Blood Sweat & Tears, Sly Stone e Junior Wells. Com maior frequência, porém, compartilharam o palco com os MC5, que já atraíam multidões de oitocentas pessoas ao antigo Victorian Ballroom, e se tornaram os heróis do que chamavam "nossa banda-irmã mais nova". O fervor messiânico que John Sinclair construiu em torno da organização dos MC5, com os quais Jimmy Silver e seus incumbidos eram informalmente aliados, era infeccioso, em particular aos músicos que, nas palavras de Silver, "se viram astros da noite pro dia", e que também estavam, na maior parte do tempo, chapados de maconha ou ácido.

## TRÊS
### OS DUM DUM BOYS

O ácido, porém, podia ser uma vagabunda tanto cruel quanto benevolente, e não há exemplo que ilustre melhor esses altos e baixos do que o ocorrido em 21 de abril de 1968, o dia que marcou o vigésimo primeiro ano de Jim Osterberg no planeta; o dia que ensejou uma viagem beatificante ao guitarrista dos Stooges e uma bad trip devastadora ao vocalista da banda.

Ron Asheton se recorda de tal dia pela tarde ensolarada e ventilada em que ficou a empinar pipa com uma bela garota, ambos consideravelmente chapados de ácido e encontrando rostos nas nuvens. Naquela tarde, perdeu a virgindade e, enquanto ele e a amada se curtiam em sua chapação psicodélica de volta a Fun House, escutavam o novo disco dos Byrds, *The Notorious Byrd Brothers*. A esquisitice agradável de músicas como "Goin' Back" ou "Dolphin Smile" se encaixava perfeitamente naquela tarde impecável e tão incólume que Ron decidiu nunca mais tomar ácido de novo, por saber que viagem alguma se compararia àquela.

Mas nem toda canção naquele disco dos Byrds tinha um toque assim tão especial: uma das faixas de menor sucesso era "Tribal Gathering", composição lastimável de pura indulgência hippie num compasso 5/4, fortemente influenciada por "Take Five", de Dave Brubeck. A música corre em linhas sinuosas, vagamente, até que, de uma hora para outra, os músicos aparentemente se entediam, mudando o ritmo e o clima para tocar um riff de duas notas, mais simplório e cru, com oito compassos. Tal fragmento de uma faixa de outro modo digna de esquecimento se alojaria na memória psicodélica de Ron.

A noite parecia tão promissora quanto a tarde, uma vez que a banda tocaria de novo no Grande, abrindo para a James Gang, num evento que originalmente contava com o Cream. Como em todas as apresentações da banda até então, o quarteto planejara um set completamente diferente para a ocasião, e Jim Osterberg havia filado uma carona para chegar mais cedo ao local naquela semana, a fim de levar um tanque de armazenamento de óleo com um metro e meio de altura – que coube a

Jimmy Silver "tocar" e colocar na frente do palco. Para celebrar o evento, Iggy decidiu tomar duas doses do LSD Orange Sunshine, um autêntico Owsley Stanley. Quando a banda deu o pontapé inicial em seu set, porém, teve a infeliz constatação de que, em vez do todo-poderoso estrondo que esperavam, um contratempo com a fonte de alimentação de energia acabou reduzindo a potência dos amplificadores Marshall a um sussurro patético e minguado.

– Foi tipo o equivalente sonoro de uma disfunção erétil – conta o vocalista, dando de ombros.

Com o show já empacado desde o número de abertura, a banda resolveu interromper o set até que conseguissem fazer os amplificadores funcionarem a todo vapor. Cada vez mais impaciente, a multidão passou a entoar o coro: "Queremos Cream! Queremos Cream!".

Decidido a confrontar o público, Iggy escalou até o topo do enorme tanque de armazenamento de óleo e fez uma pose, como uma estátua renascentista num ponderoso plinto, "só pra servir de para-raios pra tanto ódio", à medida que o coro da multidão se tornava cada vez mais ensurdecedor e agressivo. Finalmente, os amplificadores Marshall estalaram de volta à vida e a banda retomou o show.

– Mas nem foi um set assim tão bom – conta Iggy, que, apesar da bravata inicial, achou a hostilidade da multidão por demais perturbadora, principalmente no estado alucinante em que ele se encontrava.

Desgostoso com a vida, retornou a Ann Arbor para pernoitar com Dave Alexander e os pais dele, embora nem mesmo o regalo de aniversário, um x-burger com uma vela no topo, tenha sido capaz de apagar a sensação de fracasso.

– E, se algum dia eu cheguei a pensar em desistir, aquele teria sido o momento ideal. Eu não tava nada animado.

Esse seria precisamente o ponto em que um hippie mais sensível desistiria. Jim Osterberg, porém, não era um hippie sensível, mas o Garoto Mais Promissor, e estava disposto a enfrentar tamanho ódio.

TRÊS
*OS DUM DUM BOYS*

Mas como confrontar tamanho ódio?

Jim Osterberg conta que sua reação veio ao se tornar "mais atrevido. Aí, eles teriam como me taxar de O Cara Que Você Ama Odiar".

Jimmy Silver diz que Jim Osterberg construiu um tipo de armadura psíquica:

– Ele tinha que fazer isso, sabe. Porque não eram poucos os que o odiavam. Além do mais, havia a possibilidade de o atacarem fisicamente.

Cub Koda, amigo músico e fã da banda, notou que "a rejeição do público àquela performance de arte pop eclodiu uma certa torpeza dentro dele, fez com que ele começasse a provocar fisicamente o público a reagir, de um jeito ou de outro".

Kathy Asheton, amiga e posteriormente amante de Iggy, destaca:

– Jim conhecia a malícia das pessoas. E é difícil não desenvolver alguma atitude depois de um tempo. Ele não foi atrás de um choque de valores, simplesmente aconteceu de forma natural.

Esse novo homem, impudente, desprezível, indestrutível, conflituoso, era Iggy Stooge.

A ideia de um alter ego que assume uma vida própria remonta aos tempos mais antigos, e foi formalizada na ficção gótica do século 19, alcançando nova popularidade na América pós-guerra na qual cresceu Jim Osterberg, o menino que sonhava em ser o Atomic Brain. Para um artista de vinte anos em confronto com um público hostil, ser capaz de invocar um alter ego super-humano poderia significar sua sobrevivência. Como bem sabemos a partir de incontáveis filmes de terror meia-boca, porém, alter egos podem fugir do controle.

Ao longo dos anos seguintes, a maioria das pessoas mais próximas a Jim Osterberg passou a respeitar Iggy Pop, como mais tarde o próprio se rebatizaria. Gostavam de dividir o palco com Iggy ou sair para comer com Jim (e pobre de quem porventura trocasse as bolas). Haviam aprendido a perdoar certos comportamentos de Iggy que seriam simplesmente imperdoáveis caso tivessem partido de seu criador. No fim das contas, Jim Osterberg criou o que vários consideram o maior frontman do rock'n'roll a jamais pôr os pés num palco. A criação desse Iggy, porém, acabaria por se tornar o foco de toda a atenção dispensada aos Stooges e, em última instância, a moral por trás dos filmes de terror trash não teve como ser ignorada. Conforme Ron Asheton coloca, "por um bom tempo, foi só um papel: emoções sinceras, salutares até, que o transformaram no Iggy. Aí, fugiu do controle. A ponto d'ele não poder mais separar a atuação da vida real".

Quando Iggy, outrora um termo pejorativo, tornou-se seu nome artístico oficial, ficou claro que o super-herói precisava de uma fantasia. A inspiração surgiu, de acordo com Jim, enquanto se dedicava a uma pesquisa pessoal na biblioteca da Universidade de Michigan, a qual, vez ou outra, ainda frequentava:

– Eu tava vendo um livro sobre antiguidades egípcias. E (notei que) os Faraós nunca vestiam camisa. E então, eu pensei, caramba, tem jogo aí.

Com razão, para um observador casual qualquer, a ideia de que um Roqueiro Selvagem de Michigan tenha encontrado inspiração para seu figurino num tomo sobre antropologia tribal pode parecer um tanto ridícula. Mas era autêntica, como o roadie dos Psychedelic Stooges, Roy Seeger, atesta:

– A gente sempre se reunia pra fumar uns enquanto o Jim ficava falando sobre antropologia e como os povos antigos eram. Ele era fascinado pelos hábitos da raça humana ainda lá nos primórdios, quando a gente era mais próximo do reino animal e da natureza. E ele definitivamente usou isso na música.

Era evidente que o visual desnudo da cintura para cima durante as apresentações vinha bem a calhar ao espírito primal dos Psychodelic Stooges, mas Jim resolveu optar por algo ainda mais espetacular da cintura para baixo, inspirado sobretudo no extravagante figurino dos MC5. No início de 1968, os Stooges costumavam pernoitar com certa assiduidade nos escritórios da banda-irmã mais velha e do Artist Workshop, com vista para a John C. Lodge Freeway, em Detroit, e, não raro, davam uma de "babá" das esposas e namoradas dos MC5, as quais viviam com medo de algumas figuras locais barras-pesadas que já tinham invadido o prédio antes. Becky Tyner e Chris Hovnanina, respectivas companheiras de Rob Tyner e Wayne Kramer, haviam se tornado figurinistas de mão cheia trabalhando para os '5, e Becky se voluntariou para criar a calça a ser usada por Jim no palco a partir de um PVC barato, parecido com couro. Ela foi feita sob medida, na base da tentativa e erro, de modo a se ajustar ao "corpo maravilhoso" de Jim, nas palavras de Becky. O consequente modelo de cós baixo pelo qual optaram era "muito, muito baixo, com a cintura bem na altura da linha dos pentelhos. E muito, muito apertado".

Figurinos específicos para o palco pareciam perfeitamente apropriados num momento em que os Psychedelic Stooges vinham expandindo seus horizontes ao sair mais do Grande Ballroom rumo aos pequenos clubes espalhados pelas cidadezinhas rurais e industriais de Michigan. Um desses clubes, o Mothers, fora inaugurado em Romeo durante o verão de 1968 por Luke Engel e, belo dia, de passagem por Ann Arbor, Luke resolveu visitar Jeep Holland, que àquela altura administrava sua agência, a A2 (leia-se "A-squared"[11]), já de um escritório e não mais de uma cabine telefônica. Apesar de não nutrir grandes esperanças quanto aos Psychedelic Stooges após assistir a um dos primeiros "ensaios" da banda, Jeep vinha dando uma força no agendamento dos shows, e Jimmy Silver calhou de estar no escritório justo naquele dia. Após quase uma hora de conversa fiada, Engel foi convencido pela lábia de Silver a escalar os Psychedelic Stooges para abrir o show da Jagged Edge em 11 de agosto de 1968.

Na noite em questão, após a chegada da banda ao Mothers no Station Wagon do roadie Roy Seeger, Engel bateu um papo agradável com um "sujeito baixinho de calças cavadas", fala mansa, compenetrado,

---

[11] Apelido de Ann Arbor. Literalmente, "A ao quadrado". [N. de T.]

e, quando a banda começou a tocar, ficou surpreso ao ver o jovem, que presumira ser um roadie, assumindo o microfone e abrindo uma carranca logo depois, já que não saía som algum do sistema PA. Contrariado, o vocalista jogou o microfone no chão e, em seguida, ficou observando o roadie da Jagged Edge entrar no palco e solucionar o problema, apenas ligando o amplificador, para então retornar aos bastidores. Ligeiramente constrangido, Iggy retomou a apresentação, dançando de um jeito "demente" antes de confrontar o público apático.

– Ele pulou do palco e começou a chegar nas garotas já encoxando, tipo um cachorro grandalhão teria feito – conta Engel, que se recorda com certo deleite de como os jovens roceiros locais ficaram sem reação, com os instintos de sobrevivência desesperadamente desnorteados. A multidão paralisou diante do "sujeito baixinho aparentemente psicótico".

A essa altura, Iggy já havia tirado a camisa e, então, de repente, deu um giro que se tornou sua marca registrada, arqueando-se de costas no que parecia ser uma contorção impossível. Já no limite de um ângulo fechado, a calça de PVC, esticada para bem além do tolerável, rompeu-se. E eis que o pênis de Iggy fez a primeira de várias aparições públicas.

– O clube ficou uma confusão só, todo mundo meio preocupado, perplexo – conta Engel –, e os dois xerifes de folga que faziam a segurança do local saíram apressados atrás de mim enquanto eu corria atrás do Jimmy Silver pra que ele tirasse a banda do palco!

Em questão de minutos, o clube se encheu de policiais, todos alertados, acredita Engel, pelo proprietário de um clube concorrente, e o já então pelado Iggy fugiu pela porta dos fundos, acompanhado pelo roadie Roy Seeger. Enquanto as forças policiais local e estadual vasculhavam o recinto, Jimmy Silver localizou o oficial superior e, valendo-se de seu considerável poder de persuasão, negociou um acordo a fim de garantir que seus protegidos não fossem espancados pelos agentes da lei, os quais juravam estar procurando algum tipo de stripper homossexual pervertido. Acordo estabelecido, Iggy foi convencido a sair de seu esconderijo na traseira do Station Wagon de Seeger e levado sob custódia policial.

Como nem a banda e nem o empresário tinham dinheiro suficiente para pagar a fiança do infeliz vocalista, Jimmy Silver foi forçado a lançar mão da intervenção de James Osterberg. O senhor Osterberg chegou na manhã seguinte para pagar a fiança do filho. Com diligência louvável, o caso foi examinado no outro dia de manhã pelo Juiz Shocke, que estipulou a fiança em 41 dólares, mais 9 de custas processuais. O pai pagou a quantia e, surpreendentemente bem-humorado quanto à estripulia, aceitou o convite de Jim Junior para uma rodada de golf no Pat's Par Three.

O notório show tornou-se tema de uma das primeiras matérias sobre a banda na imprensa, saindo na capa do *Observer*, de Romeo. Infelizmente, não teve grande valor de divulgação, já que o jornal descreveu James Osterberg como um "dançarino e entertainer", dando a entender que os policiais tinham conseguido fechar algum tipo de casa lasciva de striptease homossexual. A infâmia conquistada por Luke Engel após promover tamanho espetáculo levou o proprietário do clube a fechar as portas no dia seguinte, e o aspirante a produtor acabou deixando a cidade logo depois.

Em decorrência de – tanto mais do que apesar de – tais espetáculos, os Psychedelic Stooges começaram a atrair um grande número de fãs, em sua maioria, segundo Jim, "moleques ainda na escola que ou eram metidos a durões ou queriam ser. Além de uns poucos mais musicalmente informados". Esses grupos sintetizavam a polaridade do encanto dos Psychedelic Stooges, uma vez que a música era brutal e anti-intelectual, e o espetáculo, em si, teatral e provocativo. Dave Marsh, posteriormente um celebrado articulista da *Creem*, e um dos maiores incentivadores dos Stooges, assistiu à apresentação no campus da Universidade de Michigan em Dearborn, onde um "casal com aparência comportada de fraternidade se levantou e foi confrontado pelo vocalista: ele passa a fazer um discurso repetitivo, bombardeando-os, caindo de pau em cima dos dois, o que acabou se convertendo em uma música chamada 'Goodbye Bozos'". Foi um confronto emocionante, "profundamente teatral" e antecipou uma peça controversa, *Dionysus 1969*, mais tarde filmada por Brian De Palma, que se valeu de experimentações com semelhantes psicodramas, conflitos e nudez. No entanto, os Stooges não pareciam estar atuando, e os brutais riffs monotônicos só aumentavam a sensação de perigo. Quando a situação, por conta de alguns poucos músicos locais que de fato apreciavam o som da banda, não descambava para um caos total, a semicompetência dos Psychedelic Stooges era parte intrínseca de seu encanto. Canções embrionárias, como, por exemplo, "Asthma Attack", possuíam riffs memoráveis, mas sem finais trabalhados, e costumavam desandar do nada. A multidão podia simplesmente ser agraciada com o espetáculo de Iggy e Scott Asheton travando uma discussão acerca de determinada levada bem no meio da música, situação que culminava com Iggy assumindo as baquetas e mostrando a um Scott carrancudo como tocar, ou podia acabar indignada ao ver Iggy apenas se deitar de costas enquanto mais uma música era interrompida, entoando uma versão *a capella* de "Shadow of Your Smile".

Cub Koda, da Brownsville Station, dividiu vários cartazes com os Stooges, e relembra com certo deleite:

– Muitas das bandas, tipo a Ted Nugent ou a Frost, que se achavam superiores, não gostavam de dividir a programação com os Stooges. Com a gente, era: "Maravilha, são os Stooges, o que será que vai rolar dessa vez?". Afinal, eles eram capazes de tocar por vinte minutos de maneira brilhante e, aí, de repente, desandava a maionese. Tudo aquilo que rola na gravação do *Metallic KO*, mesmo sendo uma banda diferente, mostra como aquelas apresentações eram, saca, eles realmente podiam perder a toada no meio da música. E como tinham um líder que não era líder coisa nenhuma, que tava mais pra um líder do caos, a banda simplesmente ficava lá parada, de cabeça baixa, sem ter o que fazer, esperando a próxima orientação.

## TRÊS
### OS DUM DUM BOYS

Apesar de todo o caos, apesar de todo o escárnio, os Stooges, quatro zés-ninguém do Centro-Oeste com egos enormes, estavam seguros quanto à garantia do espetáculo. Tinham lançado sua sorte ao vento, diziam, e esperariam para ver onde isso iria dar, exilados contra um mundo que consideravam raso e banal. Jim Osterberg, o político da escola, talvez fosse o único Stooge capaz de sobreviver nesse mundo lá fora. Mas, de acordo com seu confidente, Jimmy Silver, tal reingresso exigiria em troca que "colocasse uma máscara com a qual ele já não se importava mais. Ele já tinha tomado a decisão de tocar aquele tipo de música. Era a essência dele. Era o que o motivava. Era o que o instigava". E era um caminho sem volta.

Hoje em dia, com a cena de Detroit no fim dos anos 1960 já reverenciada como um dos berços do rock de garagem pauleira, torna-se fácil esquecer o evangelismo hippie que embalou os primórdios dos Stooges. Talvez, o lembrete mais eficaz seja John Sinclair, um sumo sacerdote da cena artística de Detroit naquela época, e hoje um tiozão rechonchudo, DJ em Nova Orleans.

O auge da fama de Sinclair ocorreu ao ser adotado como "cause célèbre" por John Lennon quando as autoridades lhe imputaram "dez por dois": dez anos de prisão por conta de dois baseados. Sinclair foi vitimizado por ter fundado o Partido dos Panteras Brancas, cujas façanhas almejadas incluíam a explosão de um prédio da CIA em Detroit. Grisalho, com uma voz rouca, descolada, e linguagem carregada de gírias dos anos 1970 bem ao estilo de Dr. John, atualmente Sinclair se parece mais com o cruzamento entre um Papai Noel sem seu costumeiro traje e um dos hippies indolentes do desenho de Gilbert Shelton, o Gato do Fat Freddy. Durante o dia, trabalha em seu programa de velharias na rádio pública de Nova Orleans; em casa, escuta até tarde da noite antigos vinis de Albert Ayler ou Charley Patton.

É um contador de histórias simpático, esperto e empolgante, mas, à medida que nossas conversas se estendem por vários e arrastados almoços com porções generosas de peixe-gato e quiabo em Nova Orleans, cada vez mais se evidencia por que os Estados Unidos jamais sucumbiram à revolução. Apesar de todo seu encanto, Sinclair é um sujeito absorto em si mesmo e desligado do mundo; transborda ideias, mas está sempre reclamando da falta de dinheiro.

Sinclair foi uma influência crucial para o jovem Jim Osterberg, colocando-o em contato com a gravadora Elektra, ensinando-lhe tudo sobre free jazz e ajudando os Stooges a conseguir sua pilha de amplificadores Marshall. Mas também fez parte da trajetória dos Stooges de um jeito ainda mais crucial. Ao incentivar suas experimentações art rock, inconscientemente arquitetou a rejeição à banda por parte das plateias alheias e xucras de Michigan. Assim, o que começou como um experimento hippie, otimista e avant-garde acabaria se tornando, de modo geral, algo um tanto mais sombrio e, em última instância, conflituoso. Tamanho choque surtiria um efeito profundo e penoso sobre Iggy e os Stooges. Mas também propiciaria o advento de um baita som.

# QUATRO
## OH MY, BOO HOO

— **FOI NUM DOMINGO,** 22 de setembro, que escutei os Stooges pela primeira vez. Eu sei que foi nesse fim de semana porque é o aniversário de casamento dos meus pais. Eu parei na porta e entrei num momento de mesmerização. E como assim, né? Não é todo dia na vida que se passa por um momento desses. Alguns filmes, algumas passagens de livros como O *apanhador no campo de centeio*. A pessoa fica toda uma vida à espera de momentos assim. Bem, eu fico. E esse foi um deles.

Sujeito sedutor, incansável em seus galanteios e dotado de um senso de humor mordaz, Danny Fields às vezes é pintado como o brother de Jim Osterberg e, quase sempre, como quem descobriu Iggy Pop. O homem que enfim apresentou os Stooges a Nova York e, em última análise, ao público por todo o mundo; o inconformista, ferrenho defensor de uma música revolucionária que ninguém mais foi capaz de compreender, e que seria recompensado pelas contribuições cruciais com ingratidão, intermináveis ligações logo cedo da manhã e enormes contas de cartão de crédito.

Embora, primordialmente, seus maiores protegidos tenham lhe causado problemas e nada mais, o visionário que os ajudou a gravar os discos mais radicais da banda reconta a história com graça e espirituosidade. E muito sexo, drogas e mantras revolucionários.

    Em meados da década de 1960, era compulsório a qualquer gravadora contratar um "maluco beleza corporativo", um hippie por dentro do que vinha rolando entre a molecada e que pudesse ajudar o selo a ganhar dinheiro com isso. O fundador da Elektra Records, Jac Holzman, que nutria um enorme interesse pelo processo de gravação do som, já estabelecera o nome de seu selo lançando figurinhas como Phil Ochs e repaginando a música europeia, mas acabou descobrindo um veio de ouro ao trombar com Danny Fields, que, por sua vez, havia feito nome em grande estilo no ano de 1967 ao insistir que "Light My Fire" fosse o primeiro single dos Doors. Infelizmente, para a carreira de Fields junto ao selo, esse nome seria, com toda razão, jogado na lama por seu envolvimento com os Stooges e os conflitos com a diretoria da Elektra.

    Foi o entusiasmo messiânico de John Sinclair que ensejou o vínculo dos MC5 e dos Stooges com a Elektra. Após uns anos de intimidação por parte da polícia e demais rednecks, Sinclair e os MC5 se mudaram de Detroit rumo ao enclave boêmio muito menos repressivo de Ann Arbor, onde fixaram base nos números 1510 e 1520 da Hill Street, por volta de maio de 1968. Junto de David, o irmão de John que empresariava o Up, e Jimmy Silver, fundaram a Trans Love Energies, uma cooperativa nada formal de agenciamento. Sinclair soltava intermináveis releases e manifestos a partir de sua espaçosa sede vitoriana e, por fim, acabou conquistando o interesse dos DJs e compositores Dennis Frawley e Bob Rudnick, os quais apresentavam o programa Kocaine Karma na pioneira estação de rádio independente WFMU, em Nova Jersey. Quando Sinclair deixou uma cópia do single "Looking at You/Borderline", dos MC5, no verão de 1968, os dois o tocavam sem parar. Uma das primeiras pessoas a prestar atenção na música foi outra cabeça e também apresentador da WFMU: Danny

Fields, da Elektra. Entusiasmado pelo single e pelas polêmicas radicais de Sinclair, Fields viajou até Detroit para ver os MC5 no Grande, em 21 de setembro de 1968. Achou a banda "impressionante... bastante comercial" e concordou em assiná-la com a Elektra, convencido de que o feito se mostraria uma imensa mina de ouro.

Foi apenas quando Fields já estava em Detroit que Sinclair e Wayne Kramer mencionaram sua "banda-irmã mais nova", os Psychedelic Stooges.

– Os Stooges não eram o tipo de coisa sobre o que daria pra enviar um kit promocional – diz Sinclair. – Mandar uma fita demo seria como mandar pra eles um aspirador de pó, não dava pra alguém entender o que eram os Stooges sem ver um show deles.

Os Stooges tocaram num evento junto com todos os agenciados da Trans Love, o Up e os MC5, na tarde seguinte, no Union Ballroom da universidade.

– Foram vinte minutos de um troço brilhante – conta Sinclair. – E assim que o Danny viu o Ig, ele entendeu. Ele foi arrebatado.

– Eu não conhecia as músicas deles, não tinha como distinguir nenhuma introdução ou acorde, nem nada disso – conta Fields. – Era tudo bem improvisado. Eu adorei o som. Era como se Beethoven finalmente tivesse dado as caras de novo, ou Wagner. Tão sólido e tão moderno, e tão nada a ver com blues. Quanto tempo levou pra eu perceber que aquilo era especial? Cinco segundos.

De imediato após a apresentação, Fields foi até o camarim, abarrotado de cadeiras empilhadas, e proclamou: "Você é um astro!" a Jim Osterberg. A reação do vocalista foi pensar que Fields "só queria me pegar". (Fields era visível e muito assumidamente gay.) A reação de Ron Asheton, por sua vez, foi pensar: "Quem é esse cuzão?".

Apenas depois de Fields conversar com Jimmy Silver a banda se deu conta de que aquele intruso era o diretor de promoção da Elektra e representava a grande chance na carreira dos Stooges. O mal-entendido, porém, foi decisivo, pois ajudou a plantar a ideia de que o vocalista, e não a música em si, motivava aquela empolgação toda de Fields. Tal suposição, insiste Fields, é uma falácia: "Foi da música que eu gostei, mais do que do carisma ou da pessoa dele". Não obstante, as relações entre a Elektra e os Stooges viriam posteriormente a depender do relacionamento entre Danny Fields, Jim Osterberg e Iggy Pop. E, conforme Iggy Pop era atraído ao meio social extravagante de Danny, os Ashetons, cada vez mais ressentidos, eram deixados de lado.

Fields tinha ido a Ann Arbor com o propósito específico de assinar com os MC5, e discutira o valor do adiantamento com Sinclair na noite de sábado. Na segunda, Fields ligou para Holzman e lhe disse que não apenas os MC5 eram tudo o que ele esperava, como também havia outra banda com a qual desejava assinar. De acordo com Fields, Holzman retrucou:

— Vê aí se você consegue assinar com a banda maior por vinte mil dólares e com a menor por cinco.

Silver e seus protegidos não ficaram nada chateados por receberem uma proposta dessas tão cedo em suas carreiras.

— Minhas expectativas eram tão fantasiosas que nem me pareceu assim tão fora da realidade. Os meninos até se sentiram meio cidadãos de segunda classe quanto ao valor do adiantamento, mas, no fim das contas, assumiram uma postura de "vamos mostrar do que somos capazes".

Muito embora Sinclair tenha anunciado na revista *5th Estate* que ambas as bandas haviam assinado com a Elektra na quinta-feira, não houve sinal algum da papelada até que o fundador da gravadora, Jac Holzman, e o vice-presidente, Bill Harvey, vissem as duas bandas com os próprios olhos no fim de semana seguinte no Fifth Dimension, um club descolado, construído no que costumava ser um salão de boliche. De acordo com o próprio Jim, na semana que antecedeu a apresentação, ele ficou tão ansioso por causa do teste de audição que acabou de cama com asma, inspirando os Stooges a compor duas canções "especialmente pr'aquele show": "I'm Sick" e "Asthma Attack".

## QUATRO
### OH MY, BOO HOO

— A gente tocou essas duas músicas, eu (simplesmente) subi baqueado no palco, e assinamos o contrato — conta Jim. — Eles só fizeram pensar: "Bem, eles são malucos, as pessoas querem coisas malucas, e talvez esse cara tenha algum tipo de carisma ou coisa que o valha, então bora assinar logo com ele".

De acordo com Fields, Holzman e Harvey ficaram "completamente estupefatos com os Stooges. Os MC5, eles até conseguiam digerir porque tinham uma pegada rock'n'roll mais convencional, tradicional".

O próprio Holzman de pronto admite que assinou com os Stooges por puro capricho de seu diretor de promoção.

— O Danny ficou de cara com os Stooges, e eu simplesmente concordei. Sempre gostei de coisas estranhas, mas interessantes, e eles certamente se encaixam nisso. Mas não, os Stooges não estavam nos planos da Elektra a priori.

Holzman, um homem inteligente, embora relativamente despretensioso, era admiravelmente jovem e descolado para chefe de uma gravadora; vestia calças casuais e suéteres com gola polo, mas nunca tratou os artistas com condescendência, comportando-se como se estivesse "enturmado com a molecada", fardo que deixava para os malucos beleza da empresa, como Danny. O acordo da Elektra com a banda foi fechado em 4 de outubro de 1968. No contrato, foram denominados apenas como "os Stooges", muito embora o apêndice "Psychedelic" tenha permanecido no material de divulgação da banda por mais ou menos um mês.

— Eu acho que o Jac Holzman disse pra gente que a rapaziada não ia mais achar a palavra assim tão descolada! – diz Jimmy Silver, rindo.

O contrato com a Elektra impulsionou um turbilhão de atividades para a equipe dos MC5; gravaram o disco de estreia em shows ao vivo no Grande nos dias 30 e 31, e, no início de novembro, Sinclair anunciou a fundação do Partido dos Panteras Brancas, contrapartida branca aos Panteras Negras de Huey Newton. Enquanto isso, segundo Jimmy Silver, seus próprios protegidos acabaram procedendo de modo mais impassível:

— Eles eram bem relaxados. Passavam tempo demais pensando em outras coisas e conversando entre si. No que diz respeito ao que poderiam estar fazendo pra aperfeiçoar a capacidade de apresentar o que queriam apresentar, eu sentia que eles eram, não vou usar a palavra preguiçosos... eu sentia que eles se autoludibriavam.

Silver manteve uma agenda leve de shows, preocupado com a possibilidade de acabarem esgotados, enquanto os ensaios eram sempre limitados a apenas vinte minutos por noite, invariavelmente conduzidos num volume estarrecedor. O foco, em vez disso, centrou-se em construir uma mentalidade para a banda, estabelecendo um vocabulário compartilhado de palavras "na moda" e desenvolvendo o "O-Mind", mais bem descrito como a vibe coletiva da banda (ou letargia narcótica) e logo uma gíria dos Stooges para tudo quanto fosse plausível. Jimmy e Susan Silver, por mais tolerantes e centrados que fossem, de vez em quando achavam o O-Mind por demais importuno.

— O povo que trabalha nos hospitais pode contar melhor sobre a lua cheia, período em que rola tudo quanto é tipo de coisa das mais malucas. E eu meio que me identifiquei com isso. Não demorou pra que eu notasse que, em toda e qualquer lua cheia, eles ficavam doidos pelo que chamavam de "o hat-trick: narcos, 'tutas e 'guaça"; ou seja: drogas, garotas e álcool. E era cíclico, feito as marés; ficavam atrás de dinheiro pra poder torrar com fumo e tudo mais. Isso meio que me deixava maluco. No fim das contas, acabou me deixando *totalmente* maluco... eram quatro patetas adoráveis.

Quase sempre, Jim Osterberg se mostrava completamente lúcido e argumentava sobre como o ritmo lento das atividades era algo favorável ou, ao menos, o máximo que seus camaradas podiam suportar, e como pressioná-los para além disso talvez fizesse tudo entrar em colapso. Jim, porém, podia ser tão indolente e irracional quanto seus pares, e seu consumo de maconha, em particular, exacerbava tanto sua asma que, às vezes, tornava-se a principal preocupação de Jimmy e Susan; eles o alimentavam

## QUATRO
### OH MY, BOO HOO

com uma dieta macrobiótica, medicando-o com chá de raiz de flor de lótus, e deixavam Danny Fields a par da situação, protelando as sessões de gravação do disco até que o vocalista recuperasse a saúde.

Com o primeiro e modesto cheque de adiantamento depositado, a vida se tornou comparativamente confortável na Fun House. Os respectivos alojamentos estavam então bem organizados, com Jim enclausurado no sótão; Jimmy, Susan e a recém-nascida Rachel (vulgo Bunchie) num apartamento independente no andar superior; e Scott num quarto logo ao lado. Ron e Dave moravam no primeiro andar, oportunamente perto da sala de TV comunitária, a qual era decorada com pôsteres de Malcolm X, Eldridge Cleaver, Brian Jones, Elvis Presley e Adolf Hitler, além de um cartaz da antiga banda de Ron, a Chosen Few.

No outono, um novo residente se apropriou do porão da Fun House: John Adams, amigo de Jimmy Silver dos tempos da Universidade de Illinois. Adams provinha de uma família abastada de Chicago que tinha prosperado no ramo das estradas de ferro; era fã de Damon Runyon, gabava-se de ser exímio no bilhar e nutria toda uma fascinação pelo submundo.

— É como o (Joseph) Conrad disse em *O coração das trevas*, o fascínio da abominação, e o John tava nessa pilha — conta Jimmy Silver.

Silver descobriu que Adams havia alimentado um vício em heroína desde a faculdade, mas acabou largando a droga. Seu amigo era "tremendamente inteligente, tremendamente leal e doido pra pegar no pesado", então a banda lhe ofereceu um refúgio e um emprego como roadie. Uma vez efetivado na banda, deixou crescer os cabelos ruivos e ouriçados, que pulavam sobre as orelhas, o que lhe rendeu o apelido de Flaps.

— Ele tinha mais apelidos do que qualquer outra pessoa que eu já conheci — observa Bill Cheatham, que se juntou à banda como roadie logo depois. — A gente também chamava ele de Gângster Hippie, Nickels, Amendoim, a Esfinge, Goldie e The Fellow.

A essa altura, Jim também já havia ganhado mais um apelido: Scott,

Ron e Don o tinham batizado de "Pop" (nenhum dos companheiros dos Stooges jamais o chamou de Iggy, a não ser para se referir a suas performances ao vivo). O nome surgiu após Jim raspar as sobrancelhas, o que o levou a ser comparado a uma figura de Ann Arbor chamada Jim Popp, cujos cabelos e pelos do corpo tinham caído. Em assuntos profissionais, porém, o codinome de Jim costumava ser Iggy Stooge.

Em comparação com seus protegidos, Fields se encontrava freneticamente ocupado, supervisionando os meandros das gravações dos MC5 e ainda assuntando o nome de um produtor para o primeiro álbum dos Stooges. Não demorou para que Jim pensasse em John Cale, que acabara de contribuir com uma formidável sequência de arranjos ao disco *The Marble Index*, de sua companheira no Velvet Underground, Nico. Valendo-se de toda sua intimidade com o ensurdecedor rock'n'roll avant-garde, ele parecia a escolha perfeita; assim, Fields telefonou para ele e o convidou para os shows de gravação dos MC5 no Grande. Alguns dias depois, Cale estava em Detroit, assistindo a ambas as bandas.

– Eu *detestei* os MC5! – enfatiza, hoje, com seu sotaque galês carregado. – Do fundo do meu coração! Não porque eles fizessem um rock'n'roll convencional, mas por causa da virulência. Era como um reagrupamento de tropas em Nuremberg! Era como se, puta merda, a porra dos nazistas estivessem vivos e passando bem. – O show de abertura foi um caso à parte. – Lá estava aquele tampinha no meio do palco, com um tremendo senso de humor, e ele era delicado de verdade, mas agressivo, uma autoparódia de um jeito meio pra cima!

A confiança de Fields no sentido de que Cale "sacaria o espírito da coisa" acabou por se justificar. No entanto, apesar de o alto e imperativo nova-iorquino por opção ter "sacado" o som da banda, o estilo de vida dos Stooges foi um choque. Em visita a Ann Arbor a fim de discutir o projeto, deu uma voltinha pela Fun House e abriu a geladeira para deparar com "dezenas de garrafas de Budweiser. E nada de comida. Eu perguntei: 'O que caralhos vocês comem?'. O Iggy respondeu: 'Qualquer coisa, saca'".

## QUATRO
### OH MY, BOO HOO

Cale ficou de cara com a atitude protoindolente da banda; a turma de Ann Arbor se impressionou de igual modo com seu comportamento intelectual e o fato de vestir cuecas tanguinhas pretas e beber vinho, hábitos que pareciam encarnar sua sofisticação urbana.

– Ele era uma pessoa imponente, intelectualmente intensa, mas também um doido de pedra – conta Silver. – Era casado com (a designer) Betsey Johnson, mas não parava de correr atrás das meninas, gostava de drogas e álcool, mas era capaz de pegar ou recusar, não parecia fazer a menor diferença.

Como um bom "doido de pedra", Cale pôde identificar um semelhante no jovem vocalista, particularmente quando pegou a guitarra havaiana usada na festa de estreia dos Stooges na noite de Halloween e percebeu que todas as seis cordas estavam afinadas na mesma nota, uma técnica que os Velvets tinham experimentado numa de suas primeiras músicas, "The Ostrich". Informado pelo dono do instrumento que o tocava chapado, plugando-o a um enorme paredão de amplificadores Marshall, o Lorde Negro da cena avant-garde de Nova York pensou: "Isso deve ter sido horrendo!". Ao mesmo tempo, chegou a uma conclusão: "Cara, isso é música em estado bruto. Vamos nessa!".

O entusiasmo de John Cale e Danny Fields pelos Stooges ajudaria a torná-los os queridinhos da sociedade descolada de Nova York e, algumas semanas após a visita de Cale a Ann Arbor, a banda viajou para lá, onde Danny Fields os apresentou a toda uma cornucópia de prazeres da cidade. Embarcaram em todas as baladas de Fields: a Factory, de Andy Warhol, a boate The Scene, de Steve Paul, e Max's Kansas City, o antro de vários dos acólitos de Warhol e, ao que parecia, de praticamente qualquer pessoa com sensibilidade artística apurada e predileções sexuais exóticas. Segundo Danny, no entanto, Iggy quase nem precisou de maiores apresentações:

– Ele já nasceu sofisticado e seguro de si. Já era um astro antes de se tornar um. Ele era o Iggy. Àquela altura, já era famoso nos bastidores do Max's.

Iggy perambulou com a maior naturalidade pelos vários grupinhos do Max's, dentre os quais o mais crucial eram os Drellas, alcunha da panelinha de Warhol. As Miseries eram "todas aquelas mulheres esquálidas de preto, que sempre pareciam infelizes", conta Fields; os Bananas eram os exilados cubanos gays.

– Os Phoebes eram os secundários – continua Danny. – Eu me considerava um Phoebe.

E havia ainda as figuras inevitavelmente intrigantes de gênero e orientação sexual indeterminados do elenco do Teatro do Ridículo, de John Vaccaro e Charles Ludlam. Não que Ron e Scoot tenham ficado impressionados; diz Ron:

– Como a gente era um bando de inocentes do Centro-Oeste, nunca chegou a ficar deslumbrado com aquela merda toda, cara, parecia que era o maior barato ser algum tipo de traste ou desvalido, então o Iggy, o Scott e eu ficávamos sempre, tipo, foda-se isso.

A The Scene, boate administrada por Steve Paul, amigo perspicaz, assustadoramente esperto de Danny Fields, sempre vestido de azul, era o outro lugar mais badalado da cidade, e foi lá que Jim conheceu Nico, a dama de gelo germânica, cujo recente disco havia recebido críticas elogiosas, embora vendido pouco. Em pouco tempo, conta John Cale, "a Nico ficou apaixonada pelo Iggy. Pelas razões de Jim Morrison. Pra variar". Os dois, por mais discrepantes que fossem suas respectivas experiências de vida, estavam fascinados um pelo outro, ainda que os companheiros dos Stooges de Jim rissem entre os dentes sempre que viam o casal.

– O Jim parecia mais uma anã negra do lado dela! – diz Jimmy Silver, rindo.

Os dois, após algumas poucas noites, tornaram-se o casal estrela no Max's, onde Iggy era o foco da atenção de todos, meninos e meninas. Leee "Black" Childers, um dos que compunham o grupo de Warhol, estava conversando com Jaime Andrews, ator que acabou trabalhando na MainMan, quando os dois avistaram Nico ao lado de Iggy, com a mão enfiada nas

QUATRO
OH MY, BOO HOO

calças dele. "Será que eu posso fazer isso também?", Andrews perguntou a Childers antes de abordar o casal. Nico tirou a mão; Andrews colocou a dele. Iggy ficou lá parado, desfrutando tamanha atenção.

Nico ficou tão apaixonada pelo jovem vocalista que tomou a iniciativa de lhe dizer: "Eu querro sair desa cidade, eu querro ir parra Detroit". Poucas semanas depois, viajou à capital do automóvel, e os dois amantes passaram duas semanas entocados no sótão da Fun House.

– Foi totalmente bizarro – conta Jimmy Silver. – Aquele ser régio, extraordinário, que de algum jeito não parecia real, morando no sótão.

Nico por fim conseguiu conquistar os Stooges, até então um tanto desconcertados com a presença de uma estrangeira desestabilizando o clube do bolinha, ao cozinhar amavelmente verduras ao molho curry e deixar abertas garrafas de vinho de 25 dólares para que eles bebericassem. Apesar das suspeitas quanto aos reais objetivos de uma europeia tão afetada, a banda acabou dando o braço a torcer. Jim também admite, todo prosa, que "ela não tinha o menor problema em me corromper", muito embora, por aqueles tempos ainda inocentes, a corrupção consistisse em beber vinho europeu e aprender a comer uma boceta. Nos últimos dias de sua estada, à Nico se juntou François de Menil, herdeira da dinastia petrolífera e colecionadora de arte do Texas, que levou uma pequena equipe de produção a fim de rodar um clipe promocional para a música de Nico, "Evening of Light", filmado nas plantações de milho atrás da Fun House. O curta de três minutos, segundo de Menil, foi rodado de forma independente, não era um vídeo promocional financiado pela gravadora, e parecia mais o cruzamento entre uma película de arte europeia e algum filme de terror de baixo orçamento. Nele, Nico interpreta uma dama de gelo taciturna numa paisagem fria de Michigan, salpicada de manequins desmembrados; Iggy revisita seu visual de rosto pintado de branco inspirado nos mímicos, enquanto o roadie John Adams, bigodudo, fica perambulando com uma cruz em chamas de maneira apocalíptica. Alguns dias depois, Nico se foi, deixando um lindo xale indiano para Jimmy e Susan Silver em agradecimento à hospitalidade do casal, e, por fim, acabou retornando à Europa. Jim voltou a sua solteirice desregrada de antes. No entanto, mais ou menos nessa época, descobriu-se que Jim estava prestes a se tornar pai, pois engravidara Paulette Benson, amiga de Sigrid Dobat, que, por sua vez, namorava o guitarrista dos MC5, Fred Smith. O filho de Jim, batizado de Eric Benson, nasceu em 26 de fevereiro de 1969. Por razões talvez óbvias, Paulette decidiu criar o filho sem a ajuda de Jim; mudou-se para a Califórnia, e Jim acabaria tendo pouco contato com a criança ao longo da década seguinte.

Durante a primavera de 1969, os Stooges trabalharam no sentido de desenvolver um número suficiente de músicas para o disco de estreia. John Cale tinha concordado em produzir a banda desde que "gravassem o disco e deixassem de lado o que faziam no palco". Por tal motivo, afora amostras tentadoras, nenhum registro de fato das primeiras apresentações dos Stooges subsiste, e canções mais antigas e improvisadas como "I'm Sick", "Asthma Attack", "Goodbye Bozos" e "Dance of Romance" foram abandonadas ou retrabalhadas. Em três meses de sessões de ensaios de vinte minutos, esboços de músicas foram esculpidos, trecho por trecho, a partir da matéria-prima daqueles primeiros riffs.

A faixa de destaque foi burilada a partir do fragmento de um riff dos Byrds que Ron escutara pela primeira vez em sua última viagem de ácido, em abril. Haveria de se tornar a mais perfeita ilustração da máxima "talento se empresta, genialidade se rouba", uma vez que a simplória linha de guitarra de duas notas dos Byrds foi totalmente chupada para virar a base de "1969". No entanto, enquanto qualquer outra banda, incluindo os Byrds, sentiria a necessidade de enfeitar algo tão simples, os Stooges revelaram sua beleza primitiva ao simplesmente deixá-la sem maiores adornos. A canção acabou se mostrando memorável tanto pelo que ficou de fora quanto pelo que entrou; no que o protocolo teria sugerido uma incrementada na estrutura básica de dois acordes da música, ou mais harmonia ao lançar mão de um terceiro acorde, os Stooges apenas se repetiram: "Another year for me and you. Another year with nothing to do"[12]. O beco musical sem saída, preso em dois acordes, expressa perfeitamente o tédio e a claustrofobia da alienação impassível da faixa.

"I Wanna Be Your Dog" foi esculpida de outro riff que Ron vinha treinando em seu quarto; Jim visualizou no ato: "Mas que maravilha". Tratava-se de outro tema dos mais simples, semelhante a um riff padrão do blues usado em "Eastern Market", do disco *Detroit*, de Yusuf Lateef, quase furado de tanto que os Stooges o escutavam, mas contraposto a um bordão musical que o transforma em algo elementar, inexorável e muito mais malevolente. Jim mais tarde afirmaria que a letra, no fundo, era romântica e exprimia o desejo básico de deitar a cabeça no colo de uma garota, embora os sobretons sadomasoquistas da música acabassem entregando, sem sombra de dúvidas, a influência de "Venus in Furs", do Velvet Underground. "No Fun", que a banda já tocava ao vivo no início da primavera, apresentava por base uma mudança simples de acordes, parecida com o clássico garageiro "96 Tears", da Question Mark & The Mysterians; no caso, porém, foi despojada do sétimo acorde para ficar mais, nas palavras de Danny Fields, "não blues". A lúgubre "Dance of Romance", por sua vez, o que hoje seria considerado um "riff stoner" clássico, ganhou uma introdução lírica, romântica, uma desculpa para Jim satisfazer seu desejo de cantar as palavras "I Love You". Foi intitulada de "Ann", em parte como homenagem à sempre tolerante e maternal Ann Asheton, muito embora circulasse o boato na Hill Street, segundo o Ministro da Cultura dos Panteras Brancas, Hiawatha Bailey, de que fora inspirada em Anne Opie Wehrer, a carismática prima--dona de sangue azul da cena avant-garde de Ann Arbor.

— Ela era coxa, tinha amputado uma das pernas por causa de um câncer, e, sempre que o Jim a via abandonada no meio do público, baixava

---

12 "Mais outro ano pra mim e pra você. Mais outro ano sem nada pra fazer" [N. de T.]

nele aquela personalidade descontrolada e ele a carregava, ternamente, até onde fosse preciso.

Enquanto os Stooges trabalhavam com o que, para eles, era um zelo irrestrito, notícias preocupantes chegaram de Nova York. No fim de janeiro, Danny Fields propagava mexericos no escritório da gravadora sobre o vice-presidente da empresa, Bill Harvey, desde sempre um antagonista de Fields.

— Ele era um bom diretor de arte, mas o oposto do tipo de pessoa que me cativa nesse mundinho de meu Deus.

Harvey escutou Fields especulando que a iminente cerimônia de casamento da filha de Bill só seria realizada porque havia uma espingarda apontada para o noivo, "e me deu um murro em cheio na cabeça!", conta Fields. "Fazia tempo que ele tava esperando pela oportunidade (de me pôr na rua)". E assim o fez.

Com Fields fora da empresa e um novo emprego na Atlantic Records, seus principais contratados acabaram sem ninguém que advogasse por suas causas na Elektra. Em seguida, em 13 de fevereiro, Sinclair publicou um anúncio no jornal *Argus*, de Ann Arbor, declarando "foda-se a Hudsons", em protesto à loja de discos em Detroit que havia tirado das prateleiras o álbum *Kick out the Jams*, dos MC5, por conta da menção por parte de J.C. Crawford do palavrão "motherfucker". Holzman decretou que os '5 estavam desprestigiando o nome do selo, e cancelou o contrato com eles. A rusga, a curto prazo, acabou beneficiando os Stooges, uma vez que Jimmy Silver imaginou que Holzman pudesse se intimidar diante da possibilidade de perder outra banda importante, e resolveu pressionar por um adiantamento maior.

— O Jon Landau (escritor e futuro produtor dos MC5) estava em Ann Arbor pra ver os MC5 e me colocou em contato com um advogado fantástico chamado Alan Bomser, cujo apelido era Bomser the Momzer (Bomser, o Sacana), de tão durão que ele era.

Silver e Bomser foram ao encontro de Holzman em Nova York e,

QUATRO
OH MY, BOO HOO

quando o chefão da Elektra começou a bufar sobre sua "responsabilidade para com os acionistas", Bomser pediu a Silver que saísse da sala.

– Cinco minutos depois, o Bomser me chama de volta lá pra dentro e diz que o Jac tinha concordado com o valor que a gente havia pedido, 25 mil dólares. Eu não faço a menor ideia de como ele o convenceu a isso. Talvez o Alan tivesse uma fotografia do Jac trepando com um orictéropo!

Os vários detratores dos Stooges não se surpreenderiam nem um pouco ao saber que a primeira sessão de gravação do disco da banda começou no Dia da Mentira, na Hit Factory em Nova York, à uma hora da tarde. O estúdio ficava na Times Square, nos altos de um peep show, de acordo com Jim. Houve conflito desde o primeiro momento, quando um engenheiro de som disse à banda que os amplificadores Marshall eram potentes demais e que o proprietário da Hit Factory, Jerry Ragovoy, sempre gravava os músicos de soul com amplificadores menores. A tática de negociação de Iggy foi ter um acesso de raiva, conforme recorda:

– Eu respirei fundo e disse: "Eu tô cagando pra quem a porra desse Jerry Ragovoy é, tu não saca nada *disso!*". E essa sempre foi minha atitude: fica longe, sai pra lá. E aí, a gente montou todo o paredão.

Ron Asheton lembra que a banda entrou em greve e ficou sentada num canto fumando haxixe até John Cale sugerir que diminuíssem a potência dos amplificadores do volume máximo ao nível nove, de modo a registrar a execução sem muito vazamento. Mas ainda havia problemas.

– Era muito difícil sincronizar o ritmo – relembra Jim. – Na frente do público, o ritmo rolava porque a gente ficava nervoso. Na real, a gente ficava tudo se cagando nas nossas calcinhas coletivas. Mas sem o público lá, a chapação dominava geral.

Por fim, Iggy e Cale se deram conta de que, se o vocalista dançasse no estúdio enquanto as faixas de fundo rolassem, a banda seria capaz de sair um pouco do estado de torpor provocado pela maconha.

Os Stooges tinham chegado com "1969", "No Fun", "I Wanna Be Your Dog" e "Ann" já prontas, e, percebendo que só isso não seria suficiente, trabalharam em "We Will Fall", quase um hino fúnebre baseado num cântico do guru indiano Swami Ramdas, cuja biografia fora emprestada a Dave Alexander por Jimmy Silver. Além disso, gravaram ainda uma jam improvisada, uma reunião caótica de guitarras wah wah e gemidos sem sentido, que ficaria trancafiada nos cofres da Elektra por vários anos, e é praticamente uma versão de "Asthma Attack". Cada uma das canções contou com um surto demorado e, juntas, as seis passavam bem mais de meia hora, o bastante para um vinil, julgaram os Stooges. Holzman, porém, não foi da mesma opinião após escutar as primeiras mixagens e perguntou se não havia mais músicas.

– Eu disse que sim, a gente tem mais – conta Ron, e a banda retornou ao Chelsea Hotel e compôs "Little Doll", "Not Right" e "Real Cool Time". – Em uma hora – segundo Ron. – Eram os tempos áureos dos Stooges, em que eu podia simplesmente me sentar e criar aquela merda toda – diz Ron. Em todos os casos, as letras foram escritas com base nas gírias dos Stooges. – Little doll, real cool time, eram todas expressões que a gente usava no cotidiano.

"Real Cool Time" e "Not Right" reciclam os acordes básicos de "I Wanna Be Your Dog" de forma arrebatadora; "Little Doll" era um plágio descarado de uma linha de baixo que aparece na metade de "Upper and Lower Egypt", de Pharaoh Sanders, ex-saxofonista de Coltrane e novo pioneiro do jazz que, por coincidência, compartilhava o interesse pela antiga antropologia egípcia com o vocalista dos Stooges.

De acordo com Cale, as sessões de gravação na Hit Factory foram frenéticas demais para que Nico pudesse fazer visitas demoradas, embora Jim guarde a lembrança dela "sentada na sala de controle, com um semblante bem austero, tricotando, enquanto (o Cale) permanecia sentado lá com uma capa preta da Transilvânia. Criava toda uma atmosfera". Muito embora Cale fosse, sem dúvida, a presença dominante nas sessões, o produtor de primeira viagem se encontrava, na verdade, ligeiramente nervoso.

– Eu ainda era pinto no comando de uma sessão de estúdio e foi difícil mesmo. Eu me peguei simplesmente querendo fazer parte da banda.

Jimmy Silver se lembra de Cale como alguém comprometido, comunicativo e cheio de sugestões:

— O Jim descrevia o som que tinha na cabeça, e o Cale dizia: "Isso é um instrumento cubano chamado güiro, tem uma loja de instrumentos musicais 24 horas aqui perto, você quer que eu mande comprar um desses?". Aí, sacavam qual era o raciocínio dos Stooges e ficavam tipo "vixe, isso é complicado demais; deixa quieto".

Não obstante, Cale conseguiu gravar a "pancada sonora monossilábica" dos Stooges acrescentando sua própria sensibilidade um tanto mais culta, europeia. Quando tentou manipular a mixagem de modo a acrescentar um quê mais "artístico" à la Kurt Weill na voz de Iggy, porém, houve um certo atrito.

— Eu estava tentando caracterizar o vocal do Iggy, torná-lo um pouco mais perverso — confessa Cale. — Resolvi fazer alguns ajustes na mesa de mixagem e, pro desespero do Jim, não desisti da ideia, e ele ficou lá sentado ouvindo seus vocais se tornando cada vez mais e mais fracos.

Para um novato no estúdio, Jim se mostrou bem seguro quanto ao que tinha em mente; hoje em dia, na verdade, sustenta que, após uma briga feia, acabou remixando o disco por conta própria, sem Cale, auxiliado pelo chefão da Elektra, Jac Holzman. Cale se recorda não apenas de ter abandonado sua abordagem, mas também de que o engenheiro Lewis Merenstein ajudou a negociar um acordo quanto à mixagem. Atualmente, Holzman não se lembra de mixagem alguma, e Lewis Merenstein (um celebrado produtor por méritos próprios, responsável pelo disco *Astral Weeks*, de Van Morrison) concorda com Cale:

— É como o John disse. Eu tenho certeza de que, sem o John, esse disco nunca teria saído.

Não obstante, Iggy mais tarde afirmaria que "John Cale teve pouco ou nada a ver com o som. Ele nem devia estar presente lá", opinião caracterizada por Danny Fields como "torpe".

Assim sendo, Cale demonstrou um comprometimento louvável para com seus protegidos, os quais estouraram os cinco dias de prazo na Hit Factory e tiveram de se transferir para os estúdios da Mastertone na 42nd Street. Richard Bosworth e sua banda Jennifer's Friends estavam agendados na Mastertone e foram obrigados a esperar sentados até que a tal sessão terminasse.

– O John Cale se recusou a ceder o estúdio! Ele tinha uma presença bem intimidadora, e ninguém ousava discutir com ele. Mas acabou rolando um confronto tremendo, uma briga de soco, já que o John não admitia que o tempo de gravação deles fosse reduzido. – Uma das primeiras pessoas fora dos Stooges a ter o privilégio de escutar o disco de estreia da banda, a reação de Bosworth antecipou o que viria a ser a resposta da maioria do público norte-americano. – Aquilo parecia *completamente* de outro mundo. De um estranho perturbador, cru, com vocais berrantes. Era muito, muito diferente de tudo o que eu já tinha escutado antes, e eu lembro de ter pensado: "Isso não vai colar".

O subsequente desmerecimento de Iggy em relação a Cale acabou sendo um exemplo clássico de seu sentimentalismo edipiano, uma necessidade de se provar superior a seus mentores. Em vários aspectos, porém, os Stooges, incluindo Jim, não eram tão experientes quanto posteriormente se pretenderiam. Joel Brodsky foi incumbido por Bill Harvey de fazer a foto para a capa do disco no início de maio. Quando a banda chegou a seu estúdio na 27th Street, ele os achou por demais calados e apáticos. Mas ouvira falar que o vocalista, Iggy, era dotado de um "bom porte físico" e perguntou se ele não gostaria de dar um pulo na frente da câmara. "Beleza, sem bronca", foi a resposta. Brodsky enfim capturou uma imagem de Iggy saltando no ar sem fazer a menor ideia de como aterrissaria, enquanto Ron e Scott faziam uma careta, já prevendo a queda iminente: que acabou sendo, inevitavelmente, de cara no chão. Brodsky saiu correndo com o vocalista até a unidade de emergência do hospital St. Vincent, onde Iggy levou cinco pontos no queixo. Os pontos

QUATRO
OH MY, BOO HOO

foram apagados na capa definitiva do álbum, a qual remetia diretamente ao encarte da Elektra para o LP de estreia dos Doors.

Com as gravações encerradas e a data de lançamento agendada para o fim do verão, a banda retornou a Ann Arbor encorajada pelo apoio dos admiradores em Nova York, dentre os quais estavam Josephine Mori e Natalie Schlossman (que não tardaria a ser conhecida como Natalie Stoogeling), da assessoria de imprensa da Elektra, e Steve Harris, vice-presidente encarregado da promoção e marketing na gravadora. No verão daquele ano, os Stooges se tornaram figurinhas batidas no circuito de festivais, e multidões fora de Detroit tiveram a oportunidade de vê-los pela primeira vez. Em 23 de maio, Ben Edmonds, um fã dos MC5 que ouvira falar dos Stooges por meio de Danny Fields, convenceu o diretório estudantil de Delaware, em Ohio, a agendar um show dos Stooges na Grey Chapel, uma grande casa de shows universitária com capacidade para 2,5 mil pessoas. Os Stooges subiram no enorme palco para deparar com cerca de dez gatos pingados em todo o auditório.

– Foi uma apresentação mágica – conta Ben Edmonds. – Os três Stooges simplesmente ficaram na deles lá naquele palco imenso enquanto dava pra ver o Iggy perscrutando todo aquele espaço e decidindo o que fazer.

Vestindo jeans rasgados, com um corte de cabelo de pajem e sem camisa, Iggy se pôs a dançar, e a pequena plateia, que não sacava o som da banda, permaneceu parada no lugar.

– Eu não sacava nadinha do som deles e não fui capaz de distinguir nenhuma música a não ser uma que dizia "no fun, my babe" – conta Edmonds –, mas fiquei completamente hipnotizado com o Iggy. Eu nunca tinha visto ninguém se mexer daquele jeito antes.

O vocalista parecia arrebatado pela elementaridade do som, de uma maneira tal que, a certa altura, catou os pedaços de uma baqueta quebrada e começou a arranhar seu peito quase que irrefletidamente.

– Pelo que parecia, ele aumentava a pressão a cada estocada – recorda-se Edmonds –, porque umas linhas vermelhas logo ficaram visíveis, de onde depois umas gotas de sangue passaram a escorrer tronco abaixo. Eu fiquei besta, sem palavras.

Após o show, Edmonds viu quando o vocalista vestiu uma camiseta branca e o sangue começou a vazar pelo tecido.

– Ver aquilo me deixou com ainda mais náuseas do que o ato em si – conta Edmonds. – Isso não foi nada em comparação ao mal que ele se autoinfligiria tempos depois, mas acabou sendo a primeira vez em que ele fez uma coisa dessas.

Uma das presentes na plateia, de igual modo chocada com o espetáculo, foi falar com Jim após a apresentação. Seu nome era Wendy Robin Weisberg. Com dezenove anos de idade e ex-namorada de Panther White, provinha de um rico subúrbio de Cleveland, em Ohio, e tinha conhecido Jim por meio de Panther durante o único semestre que cursou na Universidade de Michigan. Jim já ficara de quatro pela garota esguia e de longos cabelos escuros desde que haviam sido apresentados. Agora que ele era um músico profissional, com um contrato de gravação, ela parecia ainda mais intrigada, e vê-lo sangrando no palco tinha lhe provocado um misto de atordoamento e excitação. Não demorou e logo Jim determinou que Wendy "era virgem. Eu tinha que possuir ela de qualquer jeito".

O que se sucedeu, segundo Jimmy e Susan Silver, sintetizou a obsessão de Jim por sempre conseguir o que queria:

– Não havia lógica nenhuma naquilo. Lembra que a gente tá falando de um cara que mais tarde quase se matou de tanta droga e dependência química, e não de alguém que costuma fazer boas escolhas na vida. – Jimmy e Susan acompanharam Jim numa visita a Wendy e aos pais dela. – Eles tinham uma casa bem bonita num subúrbio chique e, por alguma razão, eu lembro que o pai dela era amigo do Jayne Mansfield.

O pai de Wendy, Louis, havia tocado saxofone na big band de Ted Lewis quando mais moço, e trabalhara na American Meat Company antes de construir uma cadeia de quinze lojas de departamento da Giant Tiger por todo o estado de Cleveland. A exemplo de Jim, Louis era um

# QUATRO
## OH MY, BOO HOO

entusiasta do golfe e, a princípio, ele e sua esposa Jeannette se impressionaram bastante com a intensidade e os elogios dispensados ao vocalista, até que se tornou evidente que as intenções de Jim para com a filha do casal eram cada vez mais sérias. Dentro de poucas semanas, Jim estava obcecado por Wendy e, naquele verão, queria levá-la para tomar sol na praia de Silver Lake, em Michigan, a cidade-resort aonde costumava levar Lynn Klavitter; inevitavelmente, ele se tornou o alvo das chacotas dos Stooges.

– Todo mundo só fazia rir daquela situação toda, e ela ficava lá, fazendo bico. Ela era uma coisinha linda de se ver, mas eu acho que eles todos eram um pouco demais pra ela – conta Laura Seeger, que na época vivia com o roadie Roy Seeger.

– A piada que rolava era que ela não queria se entregar – conta Kathy Asheton. – Ele só ia se casar com ela pra que pudesse levar a menina pra cama, e aí acabou tomando uma bela pisa do pessoal.

Jimmy Silver até tentou aconselhar o protegido.

– Eu não via sentido nenhum naquilo, ele e eu conversamos sobre isso e, como sempre, era só mais uma coisa que ele simplesmente queria fazer. – Também tentou aconselhar Wendy. – Acho que eu disse assim: "Você tem alguma noção de onde tá se metendo, indo morar num sótão?".

Wendy, no entanto, também estava inclinada a se casar, principalmente, julgavam os Silvers, de modo a se rebelar contra sua ascendência judaica conservadora. Em última análise, organizar o casamento de Jim acabou por se tornar mais uma das muitas responsabilidades de Jimmy Silver, e assim o empresário dos Stooges entrou em contato com a Igreja da Vida Universal, que anunciava ministérios por correspondência na contracapa da revista *Rolling Stone*. Devidamente ordenado, Jimmy oficializou o casamento do feliz casal, com Susan proporcionando um banquete macrobiótico no gramado da Fun House, em 12 de julho de 1969. Os Stooges e os MC5 compareceram à cerimônia, bem como o novo produtor dos MC5, Jon Landau, e o senhor e a senhora Osterberg. Os Weisbergs ficaram em casa. Russ Gibb telefonou para a Fun House e colocou a chamada no ar em seu programa de rádio. O padrinho de Jim era Ron Asheton, que, demonstrando empatia louvável para com a ascendência judaica de Wendy, preferiu deixar no armário o uniforme da SS que normalmente vestia em ocasiões festivas, optando por um uniforme de oficial da Luftwaffe ("eles eram soldados, e não políticos") e a respectiva espada Cruz de Cavaleiro com folhas de carvalho e botas de montaria.

A cerimônia foi um evento de extrema felicidade para todos os envolvidos, exceto para os MC5, que repugnaram o fato de não haver hambúrgueres ou um bom bife no menu estritamente macrobiótico.

– É claro que todo mundo acabou ficando bêbado pra valer – conta Ron. – Eu me lembro de ter comido uma garota, aí depois eu voltei lá pra fora com o meu uniforme e apaguei com ela na varanda da frente. Foi uma festa histórica.

Kathy Asheton acabou conquistando alguém um tanto mais surpreendente, conforme conta:

– Eu resolvi aparecer com um vestidinho. Eu nunca usava vestidos. E foi justo no dia do casamento dele que o Jim considerou ser a melhor ocasião pra dar em cima de mim. O que eu julguei não ser lá um bom sinal.

Bill Cheatham compareceu acompanhado de Dave Alexander.

– O Dave olhou pros tênis novos do Jim e disse: "Eu aposto que esses tênis aí vão durar mais que esse casamento".

Por apenas algumas poucas semanas, Jim permaneceu no sótão com Wendy, que deu um jeito no apartamento desleixado de Jim, decorando-o com requintados móveis de vime da loja do pai. Os Stooges, entrementes, zombavam dela sem parar, em especial depois que criaram a teoria de que ela só comia batatas.

– Ela era uma garota bonita, mas todos eles se referiam a ela como a Mulher Batata e falavam que ela se parecia com uma batata – conta Silver.

Enquanto isso, segundo Ron, Dave e Scotty invadiam o quarto do casal na ausência dele para surrupiar comida, conquistando a infeliz antipatia de Wendy.

## QUATRO
### OH MY, BOO HOO

— Foi aí que o Iggy se deu conta de que seria ela ou os meninos, e resolveu começar a sair com a gente de novo, pra ver se ela ficava de saco cheio e acabava logo tudo com ele.

Os Ashetons recordam que a estabilidade de Wendy não chegou a durar nem um mês; quando se tornou patente que o casamento era um fracasso, Louis Weisberg teria, segundo consta, pressionado pela anulação do matrimônio de modo que Jim Osterberg não gozasse de nenhum direito sobre os bens da família.

— Tudo foi feito sob o pretexto de que [o Jim] era homossexual e o casamento nunca tinha sido consumado – conta Ron. – Foi esse o acordo pra que ele se privasse de qualquer contrapartida financeira.

Logo após a anulação, Jim já se encontrava sentado com Kathy Asheton na sala de TV na Fun House. Os dois esperaram até que todos fossem embora para se dar as mãos e subir ao sótão.

— Nós dois nos levantávamos, subíamos as escadas, e ele era muito doce e muito gentil. Mantivemos tudo em segredo, ele era muito respeitoso porque isso podia causar problemas com os meus irmãos. Ele sempre foi muito atencioso e uma das poucas pessoas em quem eu podia confiar.

Kathy conhecia Jim bem o suficiente para saber que um caso de amor a longo prazo estava simplesmente fora do baralho. Continuariam amigos, mesmo que o visse indo com os irmãos dela a "um lugar escuro". Naquele verão de 1969, porém, a existência dos Stooges parecia bem-aventurada. A banda estava ciente de que havia um certo espírito de inveja pairando em torno de sua mística, embora se sentissem "intocáveis", como lembra Ron; apesar de os shows ao vivo ainda serem muitas vezes recebidos com perplexidade ou desdém, nada perturbava a aura mágica dos Stooges, a convicção de que seu som era único e a crença de que um dia o mundo se daria conta de tal fato.

Mesmo hostis, os desairosos enfrentamentos tinham lá sua parcela cômica. Ao tocarem no festival Delta Pops em julho, no Delta Community College, mais ao norte de Saginaw, em Michigan, houve um enorme rebuliço quando Iggy confrontou uma mulher na plateia, suspendeu-a do assento e carregou-a pelo auditório. Pete Andrews, o produtor do festival, que incluía os MC5, os SRC, Bob Seger e outros, assistia à apresentação "de pé ao lado do administrador da universidade. E calhou da menina ser filha do cara". Andrews conta que ele foi se arrastando pelo chão do lugar até alcançar o vocalista, e teve uma conversa bastante lúcida com ele.

– Eu lhe disse: "Isso é um pouco sério demais, será que você se importaria de colocá-la de volta no chão e parar com isso?". Ao que ele respondeu: "Ai, caramba, me desculpa", largou minha filha e retornou ao palco.

Embora afirme ter retido os 300 dólares de cachê dos Stooges e barrado de imediato as produções na faculdade, entre quatro paredes, Andrews foi bem indulgente com a banda. Tinham um bom número e nunca chegaram a fazer mal a ninguém. A história da "filha de Dean" se tornaria assunto batido em artigos sobre os Stooges, e Iggy posteriormente alegaria ter ficado "obcecado pela garota", o que o levou a agarrá-la, e que, no fim das contas, a faculdade havia voltado atrás e desembolsado os 300 dólares.

Quando o primeiro álbum dos Stooges finalmente chegou à fábrica de prensagem, a banda se encontrava otimista, ainda que de forma moderada. "A gente tava feliz, era como se nossa base de apoio estivesse firme no lugar", conta Jimmy Silver, e tal otimismo seria corroborado pelas resenhas, de modo geral positivas. Lenny Kaye, posteriormente um célebre articulista e guitarrista de Patti Smith, foi um dos primeiros a comentar sobre o disco na imprensa, sugerindo na revista *Fusion* que o desenraizamento e a letargia do álbum captavam perfeitamente o espírito daqueles tempos, e que "1969 pode bem ser o ano dos Stooges". A resenha da *Rolling Stone*, publicada em outubro, pintou os Stooges como a prova da "relação causal entre a delinquência juvenil e o rock'n'roll". A declaração foi um elogio, bem mais do que uma crítica, e o jornalista Ed Ward concluiu: "Eu meio que gosto disso", muito embora seus patrões não estivessem assim tão convencidos. Não obstante, a indústria do rádio e a maior parte

QUATRO
*OH MY, BOO HOO*

do público acabaram, de modo geral, ignorando o álbum, que vendeu cerca de respeitáveis 32 mil cópias em seu primeiro ano e chegou raspando à 106ª posição na lista dos mais vendidos nos EUA.

Em retrospecto, o álbum de estreia dos Stooges foi um disco deslocado de seu tempo, um artefato tão admirado quanto uma pintura tribal africana seria numa exposição de pré-rafaelitas vitorianos. Lançado na mesma semana em que se realizou o Festival Woodstock, num mundo obcecado por detalhes superficiais, proficiência técnica e paz & amor, acabou sendo considerado retrógrado, da idade da pedra. Posteriormente, seria reverenciado como um clássico pré-punk. Ambas as interpretações são igualmente simplistas. Afinal, ainda hoje, *The Stooges* de fato soa mais fresco e mais contemporâneo do que a maior parte do material punk, alternativo, glam e thrash metal que alegadamente gerou. O disco pegou o rock e o desmantelou a seus fundamentos mais elementares: riffs simples de três acordes e melodias inesquecíveis sustentando letras apáticas de puro tédio. Ninguém mais havia tentado aplicar esse tipo de anomia à música. As canções também pareciam brutalmente simplistas; o ritmo em geral lento só as tornava ainda mais formidáveis e imponentes. Numa época em que o rock passava a ser positivamente barroco, não foi nenhuma surpresa que tal manifesto simplista acabasse, de modo geral, incompreendido. Seria necessária uma década para que sua importância fosse reconhecida, quando então os Sex Pistols e outras bandas punk do Reino Unido gravariam covers de canções como "No Fun", tratando *The Stooges* como uma cartilha musical e lírica.

A crítica muitas vezes usou o termo "genialidade demente" ao discorrer sobre a estreia dos Stooges. Grande parte do apelo do álbum vem de suas letras triviais, entediadas, cínicas, as quais eram uma ilustração simples e direta da vida em Ann Arbor: "Last year I was twenty-one. Didn't have a lot of fun"[13]. O minimalismo das letras, no entanto, deriva de uma

---

13 "Ano passado, eu tinha vinte e um. Quase não tive prazer nenhum." [N. de T.]

alta ambição, não de um vocabulário limitado, e foram tecidas pelo menino que impressionara os contemporâneos na escola com seu dom para frases memoráveis. Com frequência, a musicalidade também é impressionante: Scott Asheton (ou Rock Action, como o próprio passou a se chamar) é arrebatadoramente inortodoxo, com seus esquemas rítmicos ecoando os vocais de Iggy em vez de simplesmente marcarem as quatro batidas do compasso. A forma como Ron Asheton tocava guitarra, por sua vez, era única; alguns dos padrões básicos de acordes claramente provinham das raízes garageiras da banda, mas havia ainda notas ressonantes, contínuas, que reforçavam a claustrofobia e a monumentalidade da música. Além disso, em pontos nos quais outros músicos teriam optado por uma sequência, trocando de acordes, Ron fugia de forma resoluta à regra. John Cale percebeu as nuances bizarras na maneira como Ron tocava e a enfatizou adicionando uma viola ou um drone[14] de piano aqui e acolá. Bob Sheff, hoje um respeitado compositor avant-garde sob a alcunha de "Blue" Gene Tyranny, descreve os resultados como "muito à frente do seu tempo".

– O disco capta a simplicidade do blues, mas, ainda assim, aqueles efeitos de drone, mais minimalistas em canções como "I Wanna Be Your Dog", eram bem inovadores. Assemelhavam-se à abordagem de compositores como Terry Riley.

Foi essa mistura bizarra de temas desconexos e enigmáticos (nenhuma outra banda havia cantado sobre o desejo de ser um cão antes), riffs monolíticos, simples, e tonalidades nada convencionais que fez o álbum de estreia dos Stooges se tornar reverenciado nos mais distintos lugares mundo afora. No entanto, apesar de o disco ter sido sustentado, em medida muito maior do que normalmente se imagina, por uma tese intelectual, grande parte de sua confusão parva e desnorteante era genuína. Foi essa falta de interesse por assuntos mundanos que não tardaria a provocar um racha nos Stooges.

---

14 Estilo minimalista, com notas sustentadas e repetidas. [N. de T.]

## QUATRO
### OH MY, BOO HOO

É uma noite clara, cintilante, em que a Via Láctea sobrepõe a escuridão de horizonte a horizonte, e o vento farfalha suavemente por entre as árvores que projetam suas sombras nas modestas casas de classe média na zona oeste de Ann Arbor. Do lado de fora de uma delas, uma bela construção de dois andares com revestimento de madeira, um Chevrolet El Dorado enferruja na entrada da garagem, na vã esperança de um dia ser restaurado.

Do lado de dentro, Ron Asheton assiste à TV até altas horas da madrugada, devorando uma gororoba cultural das mais ecléticas que engloba serial killers, a projeção de navios de guerra, o Terceiro Reich e visitas alienígenas. Em noites mais quentes, aventura-se em patrulhas vigilantes à caça de alienígenas com seu AK-47 chinês ("Os cinzas, de olhos grandes, são de boa, mas é melhor não se meter a besta com os insectoides"). O ano é 1996, e Ron ainda vive com sua mãe, Ann Asheton, tendo o estilo de vida pouco mudado desde os áureos tempos em que os Stooges planejavam dominar o mundo. Já então, porém, os Stooges não passam de uma agridoce lembrança. A cada duas semanas, ele dirige até a loja de conveniências na Packard Avenue, em frente de onde a Fun House outrora se localizava, para comprar seus cigarros canadenses prediletos. Na presente ocasião, sentado no carro, recorda-se dos velhos tempos quando ficava esperando que Jim, Dave Alexander ou seu irmão surgisse carregando caixas de cerveja da marca Miller High Life. Saltitando com entusiasmo, apologético por nossos encontros terem levado tantos meses para acontecer, Ron está mais rechonchudo, embora ainda de pronto reconhecível como o mesmo jovem e arrogante punk de olhar perturbador na capa do disco de estreia dos Stooges. Mostra-se, alternadamente, amável e assustador. Sempre pronto a servir os convidados, prepara café, aquinhoa porções generosas de erva e cocaína, e, logo em seguida, traz a primeira de uma coleção desconcertante, tamanha é sua abrangência, de armas automáticas. Manuseia com zelo e carinho toda uma coleção de trabucos antigos, incontinentes, depois passa a discorrer sobre como o General da SS, Reinhard Heydrich, era seu herói.

Orgulha-se da aparência jovial e, então, fita inexpressivo a parede quando o folheto de um fornecedor de perucas cai de um álbum de fotografias.

De todas as pessoas a quem fora atribuído um papel fundamental na carreira de Iggy, Ron é a mais fascinante e a mais crucial. Cofundou a banda que tornou Iggy famoso, escreveu muitas das canções mais conhecidas do grupo e foi coconspirador em vários dos triunfos dos Stooges. Ainda mais crucial, todavia, Ron foi como cocriador de Iggy Pop, em conjunto com os amigos Jim Osterberg, Dave Alexander e seu irmão Scotty. Num breve parêntese, Ron afirma que Iggy é "o canalizador do que todos nós somos".

– O Iggy é fruto do que ele absorveu e se apropriou do Dave Alexander, do meu irmão... nossa personalidade e nossos sentimentos e nossa visão de vida e nosso desprezo pelo sistema e essa merda toda.

Às vezes, aumenta o tom de sua voz com certa raiva ao ponderar sobre a situação de seu irmão Scotty, que já tentara algumas aproximações do outrora vocalista dos Stooges, e vem sendo, ressente-se Ron, injustamente ignorado.

– O Scotty era o Marlon Brando, e o Iggy queria ser o Marlon Brando e o James Dean. O mais perto disso que ele conseguiu chegar foi ser meu mano e o Dave Alexander. Ele chupou eles, tipo o David Bowie chupou o Iggy. Os vampiros psíquicos. – Enquanto isso, lamenta, pessoas como Dave Alexander são relegadas ao esquecimento em notas de rodapé. – Ele foi o catalisador de muita coisa nos Stooges, tava muito à frente do seu tempo... o Iggy era um cara normal, todo certinho, bom moço de fraternidade, um pau-mandado, enquanto o Dave Alexander já era um autêntico rebelde dos mais fodas, velho. O Dave Alexander teve um papel fodido em... eu ia dizer em subverter a gente, talvez isso também seja verdade.

Depois, em outro momento, suaviza o tom da voz ao recordar-se de um recente encontro e lembra: "Pô, foi massa ver o Jim de novo", antes de refletir sobre como "as pessoas acreditam no Iggy e não no Jim. É

## QUATRO
### OH MY, BOO HOO

difícil pra ele". Versando a respeito de Jim Osterberg, há amor e empatia; discutindo acerca de Iggy Pop, há uma consistente ponta de amargura em relação a "quando [o Jim] passou a acreditar no Iggy Pop, aí já não existia mais o grupo". Às vezes, há um pesar palpável quanto ao fato de que Jim Osterberg, a exemplo de seu finado companheiro Stooge, Dave Alexander, parece estar irremediavelmente morto. Não há, porém, possibilidade alguma de um desfecho enquanto o espectro de Iggy Pop estiver presente a escarnecê-lo. E, conforme a conversa avança noite afora e madrugada adentro até o amanhecer, quando Ann Asheton acorda para visitar uma feira de antiguidades em Illinois, a possibilidade de uma reconciliação parece cada vez mais e mais remota.

Muito embora Ron seja simpático, engraçado, afetuoso e ligeiramente desequilibrado, o encontro se mostra bastante deprimente: aquela mesma sensação de perda, aquela mesma claustrofobia. Aquela consciência de que, ainda que Ron tenha evitado capturar a frustração de mais um ano sem nada fazer por sua música, trata-se de uma situação da qual não conseguiu escapar. Muito embora haja rumores de uma nova reunião dos Stooges, superar o soçobro de suas relações pessoais parece ser uma perspectiva impossível.

# CINCO

## Fun House
### Parte I: Eu tô de boa

**IGGY ERA A COISA MAIS** maravilhosa que muitas mulheres, e homens, já tinham visto. Agora, parecia estar fazendo amor com todos eles. Com as guitarras de Ron Asheton e Bill Cheatham cuspindo riffs de alta potência feito as balas de uma metralhadora às suas costas, encontrava-se inebriado com a música eletrizante e sua própria energia sexual. Repetidas vezes, atirava-se no meio da multidão e deixava que se amontoassem sobre ele, entregando-se de corpo e alma. Ninguém soube dizer o que se passou quando ele simplesmente sumiu, embora vários espectadores estivessem certos de que tinha a ver com sexo, e de que ele devia estar sendo bolinado.

Então, levantou-se do meio da multidão, contorcendo-se, com centenas de dedos o segurando e erguendo-o, e ficou de pé nas mãos do público. Apontou, fazendo poses feito uma estátua de bronze de um atleta grego, desafiando a gravidade, e jamais olhou para baixo, sequer por um segundo. Nas coxias do palco em Cincinnati, enquanto as câmeras de TV capturavam o momento em que Iggy Stooge ascendia ao panteão, os roadies e os fãs dos Stooges estavam tomados por uma sensação beatificante.

## CINCO
### FUN HOUSE, PARTE I: EU TÔ DE BOA

Aquele era o grande momento: "O zênite", cochichou Leo Beattie a Dave Dunlap, que sabia que o álbum que haviam acabado de ver os Stooges gravando garantiria a imortalidade do grupo. Não por outra razão, tinham deixado os empregos anteriores para se juntarem à banda como roadies. Não por outra razão, pegaram as mais belas groupies de Michigan. Não por outra razão, seria o que um astro do rock inglês chamado David Bowie tentaria imitar, só para acabar de cara no chão. E era justamente essa a razão de viver de Iggy, o que Jim Osterberg nascera para fazer.

– Eu sei que isso é só o começo – diria ao público, com uma intensidade quase religiosa –, mas eu sei que vou estar sempre envolvido nessa coisa maravilhosa.

Esse sentimento maravilhoso de bem-aventurança duraria apenas mais dois meses. Oito semanas depois, Iggy olharia para baixo. E, então, pularia. Seis anos ou mais se passariam antes que parasse de cair.

No início de 1970, os Stooges eram os caras com que todos queriam estar. Vários músicos locais zombavam da banda, pois ainda a viam como irremediavelmente incompetente, embora as garotas de Ann Arbor soubessem bem de quem gostavam mais. Como Kathy Asheton ressalta:

– Rolava uma certa inveja da banda, porque tinha uns músicos que achavam que eles não sabiam tocar, mas, mesmo assim, provocavam essa empolgação toda. Eles monopolizavam a atenção, pegavam as meninas, eram caras legais, as pessoas queriam estar perto deles.

Não demorou para que dois roadies da SRC, Zeke Zettner e Eric Haddix, debandassem rumo à equipe dos Stooges, enquanto a deserção do roadie Leo Beattie do quadro dos MC5 indicava que os Stooges estavam prestes a superar sua banda-irmã mais velha. Os Stooges eram menos convencionais e simplesmente mais divertidos. Havia o senso de humor em comum da banda, sua autoparódia e a maneira como todos participavam da zoeira cínica e brilhante de quem não os compreendia. Sem contar com a diversão à parte de ver qual dos nove diferentes uniformes nazistas Ron Asheton resolveria usar à noite.

– Parecia que os Stooges tavam sempre cercados de mulheres mais bonitas e exóticas do que os '5 – lembra Leo Beattie, ternamente. – Modelos, mulheres interessantes, inteligentes. O Iggy era um símbolo sexual e atraía elas todas, e o Ron também tinha umas belas mulheres em volta. Era uma atmosfera e tanto. Todo mundo tava sentindo que a gente ia acabar ficando maior do que os MC5. Tava tudo em seu devido lugar, o Ron tava criando uns riffs sensacionais, o Iggy tinha todo aquele sex appeal. A gente tinha certeza de que isso ia rolar.

A namoradinha de Jim, Betsy Mickelsen, com apenas catorze anos de idade, de alguma forma sintetizava essa atmosfera otimista, quase inocente. Betsy era loura, inteligente, malandra e culta. Em sua companhia, Jim sempre parecia infantil e sincero; tão sincero, de fato, que conseguiu obter o consentimento da família de Betsy para o relacionamento. A aprovação do dr. Mickelsen, que vivia numa grande casa a cinco minutos de Adare Road, era essencial, e não apenas por conta de uma conveniência familiar, mas porque, se Jim levasse Betsy para fora do estado de Michigan, corria o risco de ser processado nos termos da Lei Mann por viajar com uma garota menor de idade. Como um membro do seio familiar dos Stooges bem aponta, isso significava que, "se você (não quiser) ser preso, então vai ter que se sentar com a família toda e jogar baralho com o velho, e são eles quem vão decidir se você presta ou não". Até onde a maioria de quem estava de fora via, dr. Mickelsen parecia encantado com o jovem vocalista, embora seja provável que tenha sentido não haver muita escolha e, consequentemente, preferido manter a relação entre sua filha de catorze anos e um sujeito oito anos mais velho sob sua vista, em vez de pelas costas.

Apesar da diferença de idade, em muitos aspectos, Betsy parecia mais madura do que Jim. "Era ela quem mandava no relacionamento de várias maneiras, e ele gostava disso", considera Ron Asheton. Dentre os membros da banda, Jim era o único sob controle; com Betsy, estava livre

# CINCO
## FUN HOUSE, PARTE I: EU TÔ DE BOA

de maiores responsabilidades e parecia gostar de se comportar de maneira ingênua, infantil, enquanto andavam por aí de mãos dadas, conversando num dialeto quase de bebê. Sempre que deparava com a ira de Betsy, o que era indicado quando ela o chamava de Iggy em vez de Jim, ficava realmente perturbado, e, quando Betsy sumiu, entocando-se na casa dos pais após uma desavença particularmente grave, sua angústia se tornou evidente a todos ao redor.

Na maior parte do tempo, o relacionamento de Jim e Betsy parecia ser dos mais idílicos, e a felicidade geral era compartilhada por toda a Fun House. Não havia panelinhas no ambiente doméstico, algo incomum a uma banda de rock, embora os roadies fossem, tal qual ditava o hábito, encarados como membros de uma casta inferior. John Adams, vulgo The Fellow, era o maioral do contingente "escadas abaixo" (numa casa de campo inglesa, ele teria sido, sem dúvida alguma, um mordomo) e, assim, acabou se tornando o responsável pela supervisão mais direta do lugar, uma vez que Jimmy, Susan e Rachel Silver se mudaram do pequeno apartamento no segundo andar rumo a uma casa em Brookwood, no final de 1969, a fim de dar mais espaço à banda (e escapar dos ensaios ensurdecedores). Dentro do ambiente doméstico, Jim (ou Pop, para usarmos seu codinome de banda) era visto como o chefe titular, e Ron, cujo apelido era Cummings, como um tenente autônomo que costumava convocar ensaios independentemente de Jim. Scotty, vulgo Rock Action, e Dave Alexander, vulgo Dude Arnet, passavam mais despercebidos e, com o tempo, Alexander, que sempre fora um cara tímido, parecia se afastar mais e mais do grupo. Mesmo a namorada de Dave, Esther Korinski, considerava-o "muito, muito introvertido", um sujeito que gostava de manter certa aura misteriosa em torno de si, e proibiu Esther de folhear qualquer um de seus livros sobre ocultismo. As contribuições musicais de Dave, porém, eram valiosas, em particular o riff de uma canção que se tornaria "Dirt", bem como a melodia de baixo circular e repetitiva que acabaria por sustentar a canção "Fun House".

A bem da verdade, se antes os Stooges haviam penado para conseguir juntar material suficiente para o álbum de estreia, as novas músicas surgiram rápido e em abundância. O objetivo, conta Jim, era "seguir em frente. A gente sacou que precisava fazer mais um disco e eu fui compondo as músicas todas, uma por uma". "Down on the Beach", originalmente escrita como uma canção de amor para Wendy, foi reformulada depois que ela partiu, tornando-se "Down on the Street", enquanto Ron criou o riff brutal de guitarra tanto de "1970" como de "Loose". Muito embora, em seus momentos mais megalomaníacos, Iggy acredite ter composto toda e qualquer nota do set da banda, mais tarde pintaria o material como sendo todo essencialmente "variações de um mesmo tema do Ron". No entanto, ao longo desse período, as composições da banda, bem como seu estilo de vida, eram totalmente comunitárias. Até mesmo o roadie Bill Cheatham acabou arrastado à mistureba musical, recrutado como uma espécie de aprendiz de Ron. Os dois ficavam praticando guitarra juntos no apartamento de Ron no primeiro andar, que fora herdado dos Silvers e reformado mais ao gosto de Asheton com armarinhos de vidro expondo os uniformes, os capacetes e as baionetas nazistas. Cercados por artefatos do Terceiro Reich, os dois trabalhavam em timbres intrincados de guitarra, o que permitia a Ron aperfeiçoar seus overdubs ao segundo e iminente álbum dos Stooges.

Ainda que a Elektra tenha poupado seu precioso tempo na organização do álbum de estreia da banda, já então, com os MC5 fora do selo, Jac Holzman e Bill Harvey dispensaram um pouco mais de atenção à banda-irmã mais nova, e as sessões de gravação do disco sucessor eram programadas para até janeiro de 1970. A escolha do produtor foi crítica (bem à maneira Stooge, a banda e, em particular, Iggy já estavam falando mal do trabalho de John Cale no álbum de estreia) e as duas primeiras sugestões da Elektra, Jackson Browne e o tecladista de Jim Peterman, Steve Miller, foram rejeitadas após uma análise superficial. O terceiro candidato, recém-recrutado por Jac Holzman como produtor sediado no escritório da

## CINCO
### FUN HOUSE, PARTE I: EU TÔ DE BOA

gravadora na Costa Oeste, foi Don Gallucci, que acabara de emplacar seu primeiro hit produzindo a Crabby Appleton. Sujeito ítalo-americano gracioso e diminuto, tanto os ternos caros quanto o impressionante vocabulário de Don se mostraram surpreendentes, considerando que seu primeiro êxito musical tinha sido à frente dos teclados no clássico protopunk da Kingsmen, "Louie Louie".

Em fevereiro de 1970, os Stooges foram escalados para duas noites seguidas na Ungano's, uma casa noturna badalada na West 70th Street, batizada em homenagem a seus fundadores, Arni e Nick Ungano. Foram os primeiros shows da banda em Nova York desde o espetáculo em agosto de 1969 no State Pavilion com os MC5, no qual os Stooges acabaram ofuscados pelos "irmãos mais velhos". Coisa de poucos dias antes do show, Jac Holzman emitiu uma passagem de avião em nome de Gallucci e disse-lhe que se tratava de uma banda que ele precisava sacar. Nada mais foi informado.

Nem Gallucci, nem a maior parte do público faziam a menor ideia do que estava por vir. Vários dos funcionários do Max's Kansas City se encontravam presentes para conferir o moleque que haviam conhecido nos bastidores. Todos, sem exceção, meninos e meninas, estavam doidos para descobrir como não seria trepar com uma criatura tão exótica: "Mó barato isso de uma pá deles ter descoberto, né não?!", ressalta Leee "Black" Childers, rindo.

Quando os Stooges subiram ao palco, Gallucci ficou hipnotizado pelo paredão sonoro. Até então, todas as bandas que já tinha escutado só faziam purpurinar as músicas com acordes de sobra ou solos rápidos. Aquilo, porém, ele achou, soava como "música maquínica", uma sonzeira decomposta e minimalista. Ao longo dos quatro meses anteriores, os Stooges tinham ficado um tanto mais afiados por conta de um intenso cronograma de apresentações agendadas por sua nova agência, a DMA de Detroit, e o desempenho da banda estava no auge: o ímpeto da ofensiva instrumental de Ron, Dave e Scott não esmorecia um instante sequer.

Iggy, ostentando o novo e costumeiro visual de calças Levi's puídas, botas pretas e luvas de lamê prateado até os cotovelos, confrontou o público desde o primeiro momento no palco. Quando a banda começou a tocar "Loose", convidando a plateia a viajar "na bela canção", a maior parte do público ficou de cara com as letras lascivas: "I'll stick it deep inside"[15]. A tensão sexual foi potencializada quando Iggy passou a dançar de costas para o público; a jornalista do *East Village Other*, Karin Berg, chegou a conjecturar como alguém poderia desfrutar uma performance tão somente com base na visão de músculos se movendo sob a pele de outrem. Alguns críticos de publicações rivais não se mostraram tão impressionados assim. Um jornalista da *Billboard* engravatado, com barriga de cerveja e quatro olhos estava sentado bem na frente do palco, impassível; Iggy se aproximou, fez-lhe um dengo no queixo e, em seguida, sentou-se no colo dele com a cabeça intimamente apoiada em seu ombro. Instantes depois, puxou devagar da plateia uma garota pela perna e, então, agarrou-a pela cabeça, antes de sair dançando outra vez por cima das mesas, desviando-se das tubulações de energia no teto rebaixado enquanto rebolava, para saltar de uma das mesas com uma pirueta de costas e pular de volta ao palco. Em certos pontos, a música parava e, em dada ocasião, metamorfoseou-se em trilha de fundo para o vocal improvisado de Iggy em "I am you". Numa hora, a atmosfera podia ser intimidante; em outra, intensamente erótica para, logo depois, transformar-se numa farsa, como quando Iggy partiu acidentalmente o lábio com o microfone e cantou, rindo: "Meu belo rosto tá indo pro inferno"[16].

O público de Nova York se dividiu em relação ao espetáculo. Alguns acabaram enojados com tanto "hype". Outros, perdidamente apaixonados, como Berg, inspirada pela forma como a banda rompeu "o tédio e a melancolia" da América branca; Rita Redd e Jackie Curtis publicaram uma con-

---

15 "Eu vou enfiar bem lá no fundo." [N. de T.]

16 Referência à letra de "Your Pretty Face is Going to Hell", originalmente intulada "Hard to Beat", presente no disco *Raw Power*, de 1973. [N. de T.]

versa em tom de reverência, relembrando o show em Gay Poder, e concluíram: "O rock acabou... e o desempenho de Iggy é a prova disso". Gallucci ficou tão impressionado quanto abalado pelo espetáculo da banda tocando ao vivo, mas, quando Holzman lhe telefonou no dia seguinte para saber se produziria o álbum, ele recusou a missão com um típico clichê das gravadoras: "Uma grande apresentação, mas você nunca vai conseguir gravar isso". A resposta de Holzman foi simples e direta: "Vamos gravar". O fato de Gallucci ser funcionário em tempo integral da Elektra significava que a missão estava em suas mãos, gostasse ou não. Felizmente, como bons viciados em TV que eram, os Stooges se entusiasmaram, pois tinham visto Gallucci no programa vespertino de Dick Clark, *Where The Action Is*, com sua então banda, Don And The Good Times. Em março, com todas as novas canções encaixadas no set, uma a uma, os Stooges já possuíam material suficiente para um disco cheio. "Aí, finalmente", conta Jim, "a gente tocou no Armoury, em Jackson (Michigan), e todo mundo curtiu. A gente quase fode tudo, mas a coisa tava começando a fazer sentido".

Jim, em particular, parecia conduzir o processo da iminente gravação com um fervor quase messiânico, um fervor intensificado por algumas das performances mais enérgicas dos Stooges até a data. Em Cincinnati, em 26 de março, a banda dividiu a impressionante noite com Joe Cocker, Mountain e outros, sendo então obrigada a se apresentar depois dos MC5. Cub Koda, o colega músico de Detroit, conversou com eles antes que subissem ao palco, sentindo o nervosismo no ar, embora, logo em seguida, tenha presenciado quando entraram e "viraram o lugar do avesso". Pela primeira vez, Iggy mergulhou no meio do público em estado de puro fascínio, foi erguido e caminhou sobre o mar de mãos.

Dave Marsh passou vários dias com os Stooges a fim de escrever uma matéria para a *Creem*; ficou impressionado pelo tanto que o vocalista da banda parecia ser obstinado. Às vezes, aparentemente havia uma intensa manipulação mental, como quando Iggy virava o jogo e passava a entrevistar Marsh. O confronto parecia planejado de modo a demonstrar como Jim Osterberg era capaz de se valer de sua agilidade mental e de seu domínio na interpretação de situações sociais. Às vezes, era sensível e vulnerável, fornecendo detalhes sobre como sua vida careceu de certo significado até que se juntasse aos Stooges e sua própria existência "desabrochasse"; em outras, estava assustadoramente focado, desprezando com total arrogância quem não compreendia sua grandiosa ambição. Marsh, de um minuto a outro, encontrava-se comovido, impressionado e completamente desorientado; sensações intensificadas pelo estoque de haxixe que ambos fumavam. Há pouca dúvida quanto ao fato de que Iggy, em igual medida, mistificava sua própria história.

— Mas a coisa mais interessante sobre todas essas entrevistas é que eu nunca tive a sensação de que ele não estivesse me dizendo nada além da verdade, ou que isso importasse – aponta Marsh. – Em maior ou menor grau, era sincero o suficiente.

Durante março de 1970, período em que Marsh se hospedou na Fun House, um novo músico de Ann Arbor foi atraído para a órbita de Osterberg. Steve Mackay era o saxofonista mais requisitado da cidade, tocando com Bill Kirchen e sua Coomander Cody, os Rhinoceros of Soul de Vivian Shevitz, e ainda liderando seu próprio duo avant-garde, a Carnal Kitchen, que, em certo momento, contou com a participação do ex-Prime Mover e futuro Stooge, Bob Sheff. Bela noite, ergueu os olhos durante uma apresentação da Carnal Kitchen no Beaux Arts Ball e deparou com o vocalista dos Stooges na plateia. Poucas semanas depois, Jim entrou na Discount Records, onde Mackay trabalhava, e o convidou para um café:

— Ele já tinha o *Fun House* todo pronto na cabeça. – conta Mackay – Ele sabia onde ia entrar o sax, e já sabia que queria me levar até Los Angeles pra gravar, só que eu fui o último a saber.

Bastou uma única noite tocando com os Stooges para que Mackay ganhasse seu apelido obrigatório: Stan Sax. Então, em meados de abril, Jim ligou para dizer-lhe que partiriam rumo a Los Angeles dali a dois dias. Adiou seu exame de admissão à universidade, convencido de que

CINCO
FUN HOUSE, PARTE I: EU TÔ DE BOA

estaria de volta em algumas semanas.

Para os Stooges, os acompanhantes e o relações públicas, a gravação de *Fun House* foi o período mais feliz de suas vidas. A banda viajou para Los Angeles no aniversário de 23 anos de Jim Osterberg, 21 de abril, e de pronto se mudou para o Tropicana, todo um universo de sexo, drogas e rock'n'roll num motel chinfrim.

Situado na Santa Monica Boulevard, bem na altura do coração da Sunset Strip, o Trop era de propriedade do lendário lançador dos Los Angeles Dodgers, Sandy Koufax. Foi a primeiríssima espelunca rock'n'roll de LA. Andy Warhol era hóspede assíduo (lá, filmaria *Heat* em julho de 1971), Jim Morrison tinha acabado de sair após uma estada de dois anos e, no dia em que os Stooges entraram, Ed Sanders estava hospedado no local, escrevendo *The Family*[17], sua história perturbadora e chocantemente detalhada sobre os assassinatos de Manson que tinham aterrorizado Los Angeles no verão anterior. Os quatro principais Stooges ocuparam cada qual uma suíte em volta da piscina central, onde Jim passaria as primeiras manhãs da temporada cultivando um impressionante bronzeado. O resto da comitiva, incluindo o novato Mackay, o diretor de turnês John Adams, além dos roadies Bill Cheatham, Leo Beattie e Zeke Zettner, compartilhou quartos um tanto mais medíocres a seis dólares, de frente para a rua. Na primeira noite no Tropicana, Scotty encontrou uma mancha de sangue no quarto; e Jimmy Silver encontrou uma arma no carro alugado. À noite, após o término das extenuantes sessões de gravação, a banda perambulou em meio aos neóns berrantes da Strip, ou vagou até Long Beach (onde Scotty se tatuou); saiu pelos restaurantes e pegou as atrizes que aspiravam aos bons ventos de Hollywood, embora pagassem o aluguel fazendo filmes pornôs. Andy Warhol passou por lá para dar um oi; Jim se sentiu grato, muito embora a maioria dos demais Stooges o tivesse achado um cara bizarro, evitando-o. O lugar estava cheio de groupies e de pessoas

---

17 Ainda sem tradução no Brasil. [N. de T.]

com boas ("e más") drogas. Fosse para quem fosse, menino ou menina, as possibilidades eram infinitas.

– Você descia a Santa Monica Boulevard pra buscar alguém e dizia: "Eu tô com todo tipo de droga já identificada. Bora lá pra tua suíte" – recorda-se, ternamente, Danny Fields, que ainda dava aquela mão amiga aos Stooges como relações públicas, apesar de já então estar trabalhando na Atlantic. – Todo aquele lugar era assim: livre, leve e solto.

Todas as tardes, a banda enfiava as guitarras, as baquetas e o saxofone debaixo dos braços e caminhava algumas quadras até as instalações da Elektra na Costa Oeste, em La Cienega. Don Gallucci, o sujeito que a priori se recusara a gravar os Stooges, não lhes deu colher de chá, desde o primeiríssimo momento durante os ensaios preparatórios nos estúdios SIR em Santa Monica. Mas ele também, ao lado do engenheiro Brian Ross-Myring, demonstraria uma dedicação heroica em sua missão de gravar o ingravável.

O estúdio da Elektra Sound Recorders, situado no interior do escritório da Costa Oeste da empresa, era uma aconchegante instalação de madeira clara, perfeitamente adequado aos saudosos trovadores folk da Elektra, mas inútil para uma gravação de rock'n'roll xexelento. Os pisos eram cobertos com tapetes de bom gosto, e as paredes, forradas com isolantes de modo a abafar o som e garantir que instrumentos acústicos fossem registrados com a máxima clareza. O interesse de Holzman por tecnologia audiófila também fazia com que a mesa de mixagem fosse um Neve de última ponta, com design mais compacto por ser todo a transistores, o que proporcionava um som totalmente limpo e, preciso. No momento em que a banda ajustou os Marshalls e começou a tocar, Gallucci estremeceu dos pés à cabeça e se deu conta: "Isso é um pesadelo!".

Gallucci é uma pessoa volúvel e falante, embora hoje ele se descreva como "ingênuo. Eu comecei ainda jovem e acabei perdendo um monte de deixas emocionais". Também acabou encarando um bando de músicos extremamente truculentos e pouco comunicativos. Embora Jim Oster-

# CINCO
## FUN HOUSE, PARTE I: EU TÔ DE BOA

berg costumasse ser o elo de ligação entre o mundo exterior e os Stooges, durante tais sessões Gallucci tratou primordialmente com Ron Asheton, por considerar o vocalista dos Stooges irrequieto e nervoso demais. Havia uma explicação simples para tais problemas de comunicação: Iggy decidira celebrar a gravação do álbum metendo um tablete de ácido para dentro no início de cada dia de trabalho.

Em face de tamanha incompreensão mútua, foi um tanto extraordinário que Gallucci tenha decido jogar sua cartilha pela janela, além de tirar os isolantes acústicos e tapetes do estúdio. Após alguns dias de tentativas e erros, permitiu à banda ajustar todos os instrumentos na mesma sala a fim de que o desempenho de um inspirasse o outro. Finalmente, numa jogada sem precedentes, Gallucci e Ross-Myring resolveram gravar toda a banda ao vivo, com Iggy cantando num microfone de mão e amplificado por um sistema PA montado no chão do estúdio. Para Gallucci e Ross-Myring, um respeitado engenheiro britânico que havia acabado de sair de uma sessão de gravação com Barbra Streisand, aquilo normalmente teria sido um anátema, não fosse pelo fato de que, quando tentavam gravar a banda de forma convencional, "parecia simplesmente estúpido. Não há outra explicação". A essa altura, de acordo com Jimmy Silver, havia um certo clima de união no ar, graças à esposa de Don Gallucci, "uma bruxa branca, com aquele olhar gótico, quase o dobro da altura de Donny", que levou a banda para visitar a antiga casa de Bela Lugosi. Até o dia 11 de maio, a banda já tinha alcançado algum progresso com a gravação de um promissor set de músicas ensaiadas; o vazamento de som contribuiu para um incessante e intenso massacre sonoro, ao tempo em que a voz de Iggy era simplesmente eletrificada, distorcida e ardente feito uma gaita num blues de Chicago. Daí em diante, Gallucci determinou que a banda devia trabalhar como o pessoal do jazz, gravando uma música por dia, em função do set ao vivo dos Stooges. Alguns dias antes da gravação propriamente dita, os Stooges tiraram um fim de semana para viajar até San Francisco a fim de ser headline por duas noites no New Old Fillmore, com shows de abertura de Alice Cooper e os Flamin' Groovies. Àquela altura, a fama de Iggy já tinha se espalhado por toda a comunidade gay da cidade e, na sexta-feira do dia 15 de maio, em meio ao público, encontravam-se os membros dos Cockettes, ultrajante trupe de teatro da cidade, todos sentados no chão, hipnotizados pelo espetáculo de Iggy em jeans apertados e luvas de lamé prateado. O vocalista, de igual modo, foi arrebatado pela ultrajante turba gay escandalosa, e pareceu a Rumi Missabu, um dos fundadores dos Cockettes, que "ele estava cantando só pra gente, olhando só pra gente". Após um espetáculo emocionante, o vocalista foi falar com eles, muito embora logo tenha transparecido que boa parte do interesse de Iggy era motivada pela companheira de Rumi, Tina Fantusi. Tina era uma criança tresloucada de catorze anos de idade, dotada de uma beleza majestosa, fruto da mistura entre o sangue latino e o escandinavo, e que se mudara para o lar dos Cockettes havia um ano. O fascínio de Iggy foi recíproco; Tina o achou encantador.

— Ele foi o primeiro cara por quem eu me atraí fisicamente daquele jeito, um corpo absolutamente lindo. — Iggy até tentou seduzir Tina já de volta a seu quarto de hotel, só para escutar dos mentores dela: "Nem pensar. Você pode até pegar ela, mas vai ter que vir com a gente".

E assim, naquela noite, Iggy Stooge acompanhou Tina, Rumi e os demais até a casa comunitária dos Cockettes na Bush and Baker, lugar bem mais exótico do que qualquer outra coisa que Jim havia visto pelo Centro-Oeste. Até então, os Cockettes só tinham encenado umas duas peças, mas, naquele verão, seu teatro de revista ultrajante, afeminado e draggy lhes conferiu uma boa dose de notoriedade. Logo, Jim e Tina sumiram rumo ao quarto dela no primeiro andar, o que, para Tina, foi como um encontro romântico.

— Quase como um casinho de amor na escola, bem romântico; ele era doce, sensível e bastante vulnerável. — Tina achou Jim um sujeito sincero, quase infantil, como se a diferença de idade entre os dois fosse irrelevante. — É bem possível que ele nem soubesse que eu tinha catorze anos, já que eu podia passar por muito mais velha. Naquela época, as coisas eram diferentes, as pessoas cuidavam umas das outras, não era nada sombrio.

Apesar de toda a paz e amor ainda resistentes em San Francisco, no entanto, o clima se tornara um tanto mais sinistro com os assassinatos em Altamont no último mês de dezembro, e a heroína tinha se juntado ao coquetel de drogas prontamente disponíveis na cidade, bem como na comunidade dos Cockettes, onde vários dos membros já haviam experimentado o açúcar mascavo[18].

– Era um tipo de droga dos sábados à noite, com a qual muitos de nós flertávamos – conta Tina –, e eu acho que, infelizmente, fomos nós que o levamos pra heroína.

No aconchego da casa em Bush and Baker com Tina, aninhado pela primeira vez nos braços calorosos da heroína, Jim também acabou sendo o alvo das atenções dos mais variados Cockettes, que fizeram uma longa caminhada, muitos devidamente montados, a fim de admirar o visitante. E havia muito o que admirar; Rumi ainda se lembra de Cockette Tahara sussurrando de lado no palco enquanto contemplava a nudez do vocalista: "Espia só o tamanho daquela genitália". Foi uma experiência perturbadora, arrebatadora, mas emocionante, que parecia ecoar o clima da música cada vez mais intensa dos Stooges.

Tina acompanhou Jim de volta a Los Angeles para passar uns dias no Tropicana, uma vez que o ritmo de gravação havia se acelerado na derradeira semana. Embora a banda tivesse de vez em quando se irritado com a insistência de Gallucci em gravar vários takes, apreciavam o comprometimento dele, e vários momentos de maior leveza terminaram por se desenrolar: Ross-Myring tirando um sarro da gravação ou Bill Cheatham parodiando o lutador Red Rudy (programas vespertinos de luta livre eram, naturalmente, um elemento básico no regime televisivo dos Stooges). Nos bastidores, porém, segundo Cheatham, nuvens carregadas estavam se

---

18 "Brown sugar", gíria gringa para heroína. Vide a canção dos Rolling Stones. [N. de T.]

aglutinando. Agora que Jimmy e Susan Silver tinham um bebê de um ano de idade para cuidar, encantavam-se cada vez menos com a ideia de serem as babás de um grupo de jovens de 20 anos, e passavam muito de seu tempo numa esquina de Los Angeles, na Erewhon, loja macrobiótica então administrada por um casal de velhos amigos. Na ausência dos dois, The Fellow (John Adams, diretor de turnês da banda) passou a assumir um papel mais central. E, em LA, a "fascinação pela abominação" de Adams, como Jimmy Silver a denominou, correu em rédeas soltas. Cheatham era colega de quarto de The Fellow, e notou seu fascínio pelos vizinhos de porta na ala sórdida do Tropicana, um casal gay na casa dos quarenta ou cinquenta, ambos viciados em pó.

– O septo de um dos caras estava completamente corroído – Cheatham estremece só de lembrar –, e, por alguma razão, isso deixou o John vidrado. Ele viu aquele cara mais velho, que já tinha se entupido de drogas por anos e anos, e eu acho que tudo o que o John queria era ser aquilo.

Adams declarou que ainda chegou a correr atrás de um pouco de cocaína; mas o outrora viciado em heroína não pararia por aí.

Durante o mesmo período, o vocalista dos Stooges também experimentava novas drogas. Foi Danny Fields que lhe proporcionou o gostinho da coca pela primeira vez, no início das sessões de gravação, escutando de Iggy: "Eu não tô sentindo *nada!*". Aí, uns dias depois, escalou até a janela do quarto de Fields para lhe pedir um pouco mais, antes de aspirar todo seu estoque. Mais para o fim da estada do grupo, o fotógrafo freelancer Ed Caraeff apareceu para fazer a foto do encarte do disco e fotografou a banda esparramada pelo chão do estúdio.

– E foi tipo, ah, você quer que a banda pareça alegre na foto – conta Steve Mackay –, então é só todo mundo aqui cheirar um monte de pó.

Jim Osterberg, ainda hoje, lembra-se do "encantador fotógrafo hippie" com certo carinho, bem como da cocaína cor-de-rosa do Peru e da psilocibina em forma de pílula, fornecidas por ele (muito embora,

## CINCO
### FUN HOUSE, PARTE I: EU TÔ DE BOA

atualmente, Caraeff não se lembre do uso de cocaína durante as sessões). Para Iggy e John Adams, em especial, a cocaína logo se tornou uma obsessão.

Em 25 de maio, uma segunda-feira, a banda gravou doze takes de "Dirt", por fim optando pelo último deles, antes de embarcar na derradeira canção, uma doideira só, à qual normalmente se referiam como "o desfecho hippie" ou, às vezes, apenas "Freak", e que acabaria batizada de "LA Blues". O desfecho hippie em geral era emendado diretamente na música "Fun House", mas, em vez de tentar gravar vinte minutos de material de uma só vez, Gallucci resolveu que deveriam gravar a doideira como uma faixa independente. Para entrar no clima, e em comemoração à conclusão do álbum, todos os cinco Stooges, exceto Ron, tomaram ácido. Ross-Myring arregaçou as mangas e assumiu a mesa.

– Dava pra dizer que a Patrulha de Fronteira enfim colocaria as mãos nele – diz Gallucci –, mas, de todo jeito, ele concluiu, se é pra pensar fora da caixa, vamos até as últimas consequências.

Steve Mackay ainda se lembra de ter deitado de costas no chão do estúdio e passado a se lamentar em seu sax, sentindo-se um tanto deslocado, um corpo estranho, olhando para "Pop" e ficando paranoico: "Será que ele me odeia, isso é assustador, todo esse material. Sacomé.".

Finalmente, os Stooges haviam gravado o ingravável.

Como que para consumar esse caso de amor sórdido com LA, a banda tocou duas noites no Whisky-a-Go-Go. O sentimento era mútuo. A apresentação, a exemplo do show em Ungano's, tanto chocou quanto impressionou o público; até mesmo Gallucci ficou emocionalmente abalado ao ver Iggy pegando uma das garrafas de Chianti, revestidas de vime, as quais serviam de castiçais no Whisky, e despejando a cera quente sobre o umbigo. O fotógrafo Ed Caraeff também se surpreendeu, mas nem tanto a ponto de perder a foto. A história por trás desse novo escândalo se tornou lendária, a ponto de os fãs que viram Iggy em Nova York, San Francisco e inúmeros locais por todos os EUA afirmarem tê-lo visto fazendo o mesmo nas casas noturnas de suas respectivas cidades. A bem da verdade, é provável que isso só tenha acontecido no Whisky, mas, como em vários momentos na breve carreira dos Stooges, criou-se toda uma obsessão, que duraria décadas a fio, em torno do fato. Poucos dias depois, na semana do Memorial Day[19], Dave, Scott e Steve viajaram de volta a Detroit, seguidos por Jim e Ron alguns dias mais tarde. Ao regressar, Jim parecia mais saudável do que nunca, bronzeado e tranquilo. De acordo com vários residentes da Fun House, porém, assim que Jim pisou em Ann Arbor, veio junto a cocaína, como se fosse planejado. (Em certos aspectos, até foi; a Operação Intercept de Nixon, lançada no final de setembro de 1969 a fim de reduzir o tráfico de maconha, acabou incentivando os maconheiros de Michigan a procurar alternativas: inicialmente, uma mistura de haxixe com ópio, proveniente do Canadá; então, a cocaína; e, finalmente, a heroína.) Dentro de poucas semanas, até mesmo seus companheiros de banda estavam chamando Iggy de "putinha do pó", depois que ele começou a sair com uma traficante local, Mickie B, lavando os pratos dela na esperança de conseguir mais coca de graça.

Durante o verão, os Stooges pareciam intocáveis. Matérias de capa nas revistas *Rolling Stone*, *Creem*, *Entertainment World*, *Crawdaddy* e outras tentaram abordar o novo fenômeno. Então, em 13 de junho, em Cincinnati, no festival de Summer Pop, a banda alcançou seu apogeu, tocando o set de *Fun House* com intensidade máxima. Iggy, que tinha passado a usar uma coleira de cachorro, a qual enfatizava sua mistura de inocência pueril com depravação animalesca, não parava de mergulhar no meio da multidão, repetidas vezes, numa interação divertida e gloriosa. Nenhum artista jamais havia sido assim tão aberto, tão confiante, e tanto o vocalista quanto o público contribuíram para que o evento se tornasse inesquecível.

---

19 Feriado nacional norte-americano realizado todos os anos na última segunda-feira de maio, em homenagem aos militares mortos em combate. [N. do T.]

## CINCO
### FUN HOUSE, PARTE I: EU TÔ DE BOA

Erguido sobre a multidão, Iggy ri, canta, faz pose e, a certa altura, pega um balde de manteiga de amendoim e joga o conteúdo no público. Iggy já tinha ensaiado realizar essa mesma e incrível proeza em Cincinnati, coisa de alguns meses antes, mas agora havia câmeras de TV no local de modo a provar que aquilo era real e não apenas uma invenção da imaginação dos fãs mais exagerados. Transmitido pela NBC sob o título de *Midsummer Rock*, no final de agosto, um breve e tentador trecho do filme, com pouco mais de cinco minutos de duração, continua sendo o melhor registro dos Stooges em seu auge.

Como se desejassem selar o compacto com seus fãs, o lançamento de *Fun House*, em agosto, seria a grande declaração dos Stooges originais. Acabaria se tornando um dos álbuns mais descompromissados da década de 1970, uma agressão aos sentidos que permanece empolgante até os dias de hoje. O álbum soa denso e claustrofóbico, com os vocais distorcidos de Iggy lutando para sobressair aos riffs repetitivos de guitarra e saxofone, quase funkeados, que às vezes explodiam provocando um clímax eletrizante. Se o disco de estreia fora todo reprimido por uma certa impassibilidade, *Fun House*, por sua vez, era agressivo, extrovertido e, às vezes, quase expansivo e arrogante. Para um grupo cuja perícia técnica havia sido por vezes ridicularizada, a musicalidade até gozava de certo primor: sinistra e gótica em "Dirt", espalhafatosa e sebenta em "Fun House", retardada e virulenta em "1970".

Hoje em dia, *Fun House* é o álbum dos Stooges mais consistentemente citado pelos músicos, a exemplo de Jack White, dos White Stripes, que reconhece: "Ninguém tira da minha cabeça que o *Fun House* é o maior disco de rock'n'roll já gravado. Eu nunca vou duvidar disso". Tempos depois, esse mesmo som geraria o rock gótico do Nine Inch Nails ou do Jane's Addiction, mas, para muitos de seus contemporâneos, *Fun House* parecia provar que os Stooges estavam sendo simplesmente iludidos. Contaram com o apoio apaixonado de Lester Bangs, da *Creem*, que escreveu uma enorme matéria de capa sobre o disco, dividida em duas edições, e muitas outras. Até mesmo a *Billboard*, Bíblia da indústria fonográfica, emitiu uma opinião favorável à banda, embora a avaliação positiva deva ter irritado o vocalista por creditar "Steve Mackay e seu saxofone mágico" como líder. Mesmo assim, o álbum acabou, de modo geral, rechaçado, em especial pela indústria do rádio. Steve Harris, vice-presidente sênior encarregado do marketing da Elektra, era fã dos Stooges e fez o que pôde para empurrar o disco goela abaixo, mas o que recebeu de volta não deixou margem para maiores dúvidas: "Ai, meu Deus! A Elektra não era uma gravadora de músicas belas e maravilhosas e classudas? O que é que eles querem com *isso*?".

# SEIS
## Fun House parte II: Esta propriedade está condenada

**O FIM SERIA RÁPIDO,** mas não muito misericordioso. Houvera vários presságios. O primeiro veio da prefeitura de Ann Arbor, que, em junho de 1970, notificou que o Stooge Hall (a Fun House) seria demolido dali a um ano, de modo a permitir que a Eisenhower Parkway fosse transformada numa rodovia. No mesmo mês, Jimmy Silver recebeu uma proposta de emprego na empresa Erewhon Natural Food; sentiu-se tentado pelo desafio, acreditando que os Stooges já se encontravam numa posição confortável, e que o velho amigo John Adams estava em boas condições para assumir o cargo.

O terceiro presságio foi Goose Lake, um festival infernal realizado nos dias 7, 8 e 9 de agosto de 1970, que muito bem e verdadeiramente determinou que os anos 1960 eram coisa do passado. A maioria dos presentes se valeu da expressão "pós-apocalíptica" para descrever a atmosfera, como algo saído de *Mad Max*. Bill Cheatham, enfim promovido à guitarra base, recorda-se do show como "um borrão, tinha uma quantidade enorme de cocaína rolando". Bill Williams, um apreciador da boa música, trabalhava na segurança e viu traficantes comercializando livremente heroína em bandejas penduradas em volta dos ombros, como se fossem lanterninhas de cinema vendendo sorvete; os Hells Angels distribuíam toda uma gama de entorpecentes no galpão onde guardavam as motocicletas. O roadie Dave Dunlap chegou a ver um moleque tão chapado que estava catando lama para comer; Leo Beattie viu outro garoto caindo da torre de PA, quicando no chão e, de pronto, levantando-se para retomar a dança.

O desempenho dos Stooges estava, de igual modo, no limite, graças a um pedido dos produtores de que o vocalista não tivesse permissão para mergulhar na plateia. Williams e mais outro segurança de dezenove anos foram orientados a conter Iggy e, quando o vocalista tomou o rumo da cerca que o separava do público, eles o agarraram pelos braços e puxaram-no de volta para trás. Iggy recuou de volta ao palco e, no instante em que os riffs dos Stooges atingiram uma intensidade quase psicótica, começou a berrar: "Derrubem essa porra! Derrubem essa porra!". Williams se apavorou.

– Tinha umas 200 mil pessoas lá, e estavam todas *pirando*! Eles ficavam arrancando as tábuas da cerca, nós tentávamos segurar a cerca no lugar, foi uma doideira!

Em algum momento (ninguém parece concordar a respeito de quando ou como), o baixista dos Stooges, Dave Alexander, simplesmente se sentiu oprimido pelo espetáculo e ficou fora de si. Alguns dizem que perdeu o compasso; outros, incluindo Iggy, que se esqueceu de todas as músicas. O vocalista se sentiu nu, exposto e, após a apresentação, exigiu a dispensa de Dave. Os outros se opuseram, segundo Ron, mas acabaram cedendo. O primeiro dos Dum Dum Boys tinha rodado. Talvez tenha sido mera coincidência, mas, na mesma hora, Jim Osterberg anunciou que seu nome profissional já não era mais Iggy Stooge. Dali em diante, seria conhecido como Iggy Pop.

Alguns dos moradores da Fun House pensaram que o surto de Dave em Goose Lake não passasse de uma desculpa oportuna; que Jim estava irritado com a reclusão de Alexander, ou mesmo com sua fragilida-

## SEIS
### FUN HOUSE, PARTE II: ESTA PROPRIEDADE ESTÁ CONDENADA

de física. Anos mais tarde, sentado do lado de fora de sua bela e tranquila casa em Miami, o vocalista pondera sobre a decisão:

– Não me deixam esquecer desde então que, a certa altura, eu disse: "Não, eu não vou trabalhar mais com o Dave no baixo", e que... aí, a coisa toda começou a desmoronar. Mas lá tava eu no palco e não tinha um baixo, ele simplesmente teve um total lapso mental, tava muito chapado, não sabia o que tava fazendo. E isso é traumático pra alguém que... er, eu tava levando aquela porra toda a sério. Aí... – continua, com certo pesar –, o grupo nunca mais recuperou o foco depois disso.

Em 11 de agosto, enquanto Alexander era deposto pelos companheiros do ensino médio, Iggy foi convidado a participar do programa de rádio WKNR, do DJ Dan Carlisle. Na gravação, o volúvel e falante Jim Osterberg se mostra distraído; é possível perceber quando Dan Carlisle perde o ânimo ao tentar extrair uma frase coerente do distante e taciturno Iggy Pop. Uma letargia incômoda toma conta dele: o vocalista parece mofino, como se entregue à depressão. É provável que Jim já sofresse de oscilações emocionais drásticas, aflição familiar a muitos músicos ou artistas que aceleram a produtividade a um ritmo quase maníaco quando confrontados com determinados prazos e, em seguida, caem num desânimo total ao término dos trabalhos. Tais oscilações emocionais indubitavelmente se agravavam pelo consumo de ácido, haxixe e cocaína por parte de Iggy, e essa última era, como bem aponta o analista mais próximo do vocalista, o jornalista Nick Kent, "absolutamente a pior droga pra ele. Isso o deixava absolutamente transtornado".

Poucos dias depois, em Nova York, estabeleceu-se outra conexão que intensificaria o miasma emanado dos Stooges. A banda foi escalada para uma temporada de quatro noites no Ungano's, em meados de agosto, a fim de apresentar o disco *Fun House*, com o roadie Zeke Zettner, um moleque loiro, doce e quieto, que por vezes tocava de costas para a plateia, promovido ao baixo. Quando a banda chegou a Nova York, seu empresário interino, The Fellow, possuía uma única obsessão: injetar heroína.

Era só sobre o que Adams sabia falar; a maioria dos Stooges novatos com quem ele andava não se entusiasmava com a ideia, mas The Fellow não desistia, dizendo-lhes: "Não, não, você não tá entendendo. Essa é a melhor chapação de todas". Adams descrevia os efeitos da heroína, conta Billy Cheatham, "como se fosse Coleridge. Era um lugar onde ele queria estar".

The Fellow compartilhava um quarto no Chelsea Hotel com Steve Mackay e, quando a banda fez o check-in, passaram a ser duas as obsessões por drogas. Iggy queria cocaína; John, heroína. Conversando com Mackay, Adams disse ao saxofonista: "Uma coisa estranha aconteceu comigo. Eu tava parado na esquina, esperando que um canal aparecesse. E eu encontrei um".

Naquela noite, John Adams retornou aos braços amorosos da heroína, compartilhando "um teco" do novo carregamento com Steve Mackay; enquanto isso, Iggy abordou Bill Harvey, da Elektra, e explicou que, se os Stooges fossem mesmo tocar, precisava de 400 dólares para comprar cocaína. Muito embora Harvey tenha geralmente se mostrado progressista em relação à presença de drogas leves (e, diz-se, chegou a possuir uma "permissão oficial para manter um gramado" de modo a obter o outro tipo de erva), tal descaramento foi o suficiente para deixá-lo enfurecido, uma vez que não era lá muito fã dos Stooges. Relutante, Harvey repassou os 400 dólares, mas, apesar de a banda ter o dinheiro em mãos, o revendedor acabou se atrasando. Já passava da hora do show quando, por fim, decidiram que não dava mais para esperar e seguiram rumo ao palco, só que acabaram trombando com o tal traficante na cozinha do Ungano's. Aí, conta Mackay, foi "vupt, de volta pro camarim", onde os Stooges alegremente abriram um enorme pacote de papel alumínio, cheirando "uma montanha" de cocaína antes de enfim subirem ao palco, extremamente atrasados. Segundo a maioria dos presentes, foi um bom show naquela noite ("Tudo reluzente e brilhante", diz Mackay), quando se apresentaram longas improvisações, incluindo uma nova música, "Going to Egypt".

Uma gravação recém-descoberta de um dos shows na Ungano's possui uma ótima sonoridade; as apresentações nas noites seguintes

## SEIS
*FUN HOUSE, PARTE II: ESTA PROPRIEDADE ESTÁ CONDENADA*

também foram aparentemente inspiradas, memoráveis por razões bem mais significativas do que a mera visão do pênis de Iggy, o qual foi devidamente balangado para o público na noite final. De fato, nessa mesma época, os Stooges foram headline num evento que incluía os MC5 em Asbury Park, tocaram por último e destruíram seus outrora irmãos mais velhos. Mas, como Scotty Asheton bem coloca, aquela noite em Nova York finalmente "despertou a consciência [do John]. E foi como uma marretada na cabeça, as lembranças que vieram depois, porque foi tudo ladeira abaixo. De repente, a heroína era uma coisa legal".

No outono de 1970, uma onda de heroína passou a inundar Detroit. Como ressalta o líder dos MC5, Wayne Kramer: "Num dia, a heroína era tipo a droga de algum músico exótico de jazz e, no outro, todo mundo conseguia arrumar, e barato. Era abundante, e era potente".

Os MC5 sucumbiram à heroína pouco antes dos Stooges; para Wayne Kramer, a droga aliviava a dor de saber que a carreira dos MC5, suas esperanças e sonhos estavam em declínio. Para Jim Osterberg, a heroína trouxe uma sensação agradável de alívio e conforto.

– Eu sempre senti que o grupo poderia trabalhar mais... Eu sempre senti que era minha responsabilidade fazer certas coisas por todo mundo e rolava um ressentimento aí. Acabou se tornando um peso. E uma grande desculpa. E é só uma desculpa, mesmo. Sinceramente, rolavam umas tensões naquela época, a quantidade de ácido que eu tava tomando, coisas do tipo... acabou se tornando um fardo psíquico, de verdade. A heroína era um ótimo jeito de ficar tranquilo. E tava circulando.

Nos primeiros dias de existência dos Stooges, costumava ser Jim Osterberg quem aparecia nos ensaios e se esforçava para conseguir tirar os companheiros Stooges da cama. Agora, era Ron que tentava manter a banda unida, feito uma galinha-choca. Na soturna lista de espera da heroína, Adams e Mackay foram os primeiros da fila, em Nova York. Então, The Fellow encomendou um pacote de heroína à Fun House, seguido por Jim, após sua experiência inicial com uma agulha ainda em San Francisco.

Scotty e Bill foram atrás, "primeiro cheirando e depois injetando", e, em algum momento, seguidos por Zeke. Inevitavelmente, a banda se dividiu em facções, com os irmãos Asheton em lados opostos. Parecia que Ron estava, em caráter defintivo, de relações rompidas com o vocalista e, ainda pior, com seu irmão.

– Já não existia nenhum tipo de relacionamento – conta Ron. – O Scotty tava no círculo do Iggy. Eu fui deixado totalmente de fora e sozinho.

Quando Jimmy Silver passou adiante as rédeas financeiras, com John Adams assumindo o controle cotidiano enquanto Danny Fields, de Nova York, supervisionava as atividades a distância, houve um salutar saldo excedente na conta bancária dos Stooges. Em algumas semanas, todo o dinheiro sumira, e a banda vinha sendo paga em drogas: em vez dos habituais 50 dólares em dinheiro por semana, Mackay e Zettner recebiam 15 dólares, mais um saco de maconha e um saquinho de 10 dólares de heroína pura. Mackay só não se encontrava assim tão chapado a ponto de ignorar que ele, bem como Dave, estava sendo afastado. Quando Pop lhe telefonou, porém, foi como uma libertação misericordiosa.

– Eu nunca tive um trabalho do qual eu quis tanto ser despedido como esse. Eu comecei a cheirar heroína todos os dias por talvez duas semanas, aí, quando fui excluído da banda, acabei perdendo o meu canal. Por cerca de dois meses, eu não consegui dormir uma noite inteira, eu tinha essas dores nos meus braços, aí tive que superar uma abstinência de leve. Se eles tivessem me demitido dois meses depois, eu teria virado um viciado pra valer.

O que, por fim, aconteceu foi que Mackay conseguiu convencer o chefão da Discount Records, Dale Watermolder, a lhe dar seu antigo emprego de volta. Com a saída de Mackay, a Fun House se tornava um mausoléu. Ron aparecia para os ensaios e ficava sentado, sozinho e pensativo. Às vezes, principalmente nos shows aos fins de semana, a banda recebia o pagamento em heroína; ocasionalmente, o vocalista flertava com o perigo, cheirando heroína durante os voos sem qualquer pudor. Iggy, porém, era

**SEIS**
*FUN HOUSE, PARTE II: ESTA PROPRIEDADE ESTÁ CONDENADA*

um bom ator. Quando conversava por telefone com Danny Fields, que ainda tentava supervisionar os Stooges enquanto mantinha o emprego de publicitário na Atlantic Records, sempre conseguia convencê-lo de que estava andando na linha, e logo mudava de assunto, tergiversando sobre as novas músicas que vinha compondo. E de fato havia novas canções, pois, como Iggy sustenta, "mesmo quando a gente tava desmoronando, não paravam de surgir grandes riffs". Uma dessas músicas, um hino da rebeldia sem causa, era "I Got a Right": "Any time I want I got a right to sing"[20]. Foi uma das primeiras composições inteiramente solo de Jim; isso se não contarmos com Doc, seu periquito incontinente, que estava acomodado no ombro dele enquanto trabalhava na melodia. Por uma série de razões, essencialmente por um deles ser viciado e o outro não, a parceria de Ron e Jim nas composições da banda chegara ao fim. E, por volta de novembro de 1970, o sujeito que tomaria o lugar de Ron entrou em cena.

Ao conversar com as dezenas de pessoas que conheceram os Stooges no final de 1970, a palavra "sombrio" surge várias e várias vezes. Não raro, descreve a atmosfera geral. Não raro, descreve uma pessoa: James Williamson, o guitarrista virtuoso que se juntou aos Stooges bem na hora em que se encaminhavam à autodestruição. Há uma unanimidade impressionante na forma como algumas pessoas o descrevem.

> Natalie Schlossman: "O James intensificou o uso de drogas, intensificou a loucura, intensificou a maquiagem e praticamente toda a bizarrice. Os Stooges estavam na Zona Bizarra".
>
> Danny Fields: "Eu não gostava dele. Eu não entendia por que ele estava lá. Ele contrastava tanto com a doçura dos irmãos Asheton que, pra mim, mais parecia uma presença malévola lá".
>
> Scott Asheton: "Eu disse pro James passar lá em casa e ficar na sala de ensaios e participar das jams. A culpa foi minha.

---

20 "Sempre quando eu quiser, eu tenho o direito de cantar." [N. de T.]

Malditos sejam os meus olhos por ter feito isso, maldita seja a minha alma, eu me amaldiçoo pra sempre...".

James Williamson era intenso, inteligente, talentoso e conturbado. Nascido em Castroville, no estado do Texas, em 29 de outubro de 1949, James perdera o pai aos quatro anos de idade; a mãe se casou novamente com um coronel do Exército, que odiava cabelos longos e rock'n'roll. Após se mudar para Detroit, James chegou a fazer uma breve passagem pela banda de Scott Richardson, os Chosen Few, mas, aí, o coronel lhe deu um ultimato: "Corte esse cabelo ou vá para um reformatório". Grande fã de Bob Dylan, James fez o que imaginou que Bob faria na mesma situação, e disse ao coronel para se catar. No reformatório, rasparam todo seu cabelo logo no primeiro dia. James tinha aprendido guitarra com um músico de country de Oklahoma, Rusty Sparks, que o convidara para seu programa de TV. No reformatório, aprendeu a se rebelar e, quando finalmente se juntou aos Stooges, de acordo com Scott, era "um maníaco desvairado numa guitarra estricnada".

A bem da verdade, quando James Williamson substituiu Bill Cheatham, que retomou sua função como roadie, qualquer integrante do psicodrama dos Stooges levava toda uma pilha de fardos nas costas. Afinal, como Williamson aponta, algumas das pessoas que o consideravam uma ameaça jamais sequer chegaram a conhecê-lo direito, "e, no que diz respeito ao uso de heroína, eu caí de paraquedas no meio da situação com toda a certeza eu não levei ninguém a nada". Williamson assume que era uma "pessoa intensa, que se concentra no que está fazendo no momento".

– Nesse ponto, eu estava sempre pressionando a banda pra fazer as coisas do melhor jeito, tocar melhor, ser melhor. Então, se isso faz de mim um vilão, que assim seja... eu não vejo dessa forma.

E foi Iggy, desesperado para encontrar alguma maneira de seguir em frente, que arquitetou a má reputação de Williamson, percebendo que o estilo psicótico e intenso do jovem texano na guitarra representava um novo

## SEIS
### FUN HOUSE, PARTE II: ESTA PROPRIEDADE ESTÁ CONDENADA

rumo, e convidou Williamson a entrar na banda para tocar ao lado de Ron. Iggy acabou se frustrando com o que entendeu ser certa apatia por parte de Ron, como diria posteriormente, mas havia razões, sem dúvida alguma, mais simples e farmacológicas para o gradual afastamento. No entanto, mesmo em meio à sua névoa entorpecente, Iggy continuou insistindo, incentivando Williamson a trabalhar num riff abafado e virulento que se tornou a canção "Penetration". Naquele Natal, Iggy fez uma breve viagem à Jamaica com um gravador, um baixo Framus e uma guitarra Mosrite, numa tentativa de ficar limpo e compor todo um novo repertório.

No início de 1971, o distanciamento de Ron Asheton em relação ao resto dos Stooges se intensificou quando Scotty, Iggy e James se mudaram para o University Tower, um prédio alto recém-construído no centro de Ann Arbor, que se mostrou um ponto de encontro bem mais conveniente aos fornecedores de drogas da banda. Ron conta que era "marginalizado. Só porque eu não queria embarcar nessa viagem sem volta". Zeke Zettner já fora demitido, sendo substituído por Jimmy Recca, que, por sua vez, chegou a tocar com James no Chosen Few. Leo Beattie e Dave Dunlap haviam saído ainda em dezembro, quando nenhum contracheque se materializou em presentes de Natal e roadies com melhores canais de drogas foram recrutados para substituí-los. Enquanto Ron e Jimmy Recca viviam sem um tostão furado e à base de vegetais cultivados no jardim do Stooge Hall, seu irmão e os outros membros da banda sobreviviam em suas fantasias drogaditas rock'n'roll. Scott e James tinham se tornado grandes amigos e dividiam um quarto no sétimo andar; Iggy estava no andar mais alto.

– E foi bem legal – conta Scott. – A gente se divertiu pra valer. Tinha duas camareiras que apareciam uma vez por semana, duas gostosas, pra limpar os apartamentos e rolou um sexo selvagem sensacional com elas. Tava acontecendo, velho, a gente tava no topo do mundo. Quer dizer, a gente não tava no topo, mas a gente tava… no sétimo andar, mano, foi bem legal. E nós dois 'távamos alimentando um vício.

Em seus frequentes telefonemas, Fields continuou ouvindo relatos brilhantes do vocalista. Muito embora, naquela época, fosse "sujeira" falar dos vícios de outras pessoas, Iggy possuía o dom de deixar Danny tentado a isso ao desligar o telefone, e convencido de que uma nova e importante revelação estava mais adiante. Num ato genuinamente à la Warhol, Danny gravou muitas de suas conversas telefônicas; reproduzindo as fitas em anos posteriores, ele se lembraria de como só houve uma única ocasião em que Iggy pareceu estar à beira de um colapso nervoso ou deixou transparecer algum sinal de crise. O telefone tocou bem cedo de manhã.

Jim Osterberg: "Eu preciso mesmo falar com você, de verdade. Eu cheguei em casa ontem à noite do ensaio e o meu passarinho tá morto e eu tô tipo, surtando!"

Danny Fields: "O que foi que aconteceu? Eu me lembro de ter tido um passarinho, uma vez, que morreu e nunca se soube o porquê."

JO: "Pois é, saca, é isso aí. A gente pensou que ele 'tivesse um pouco doente, mas nada sério. As penas dele tavam eriçadas e os olhos fechados, e eu sei lá o que foi, ele caiu, plop, deve ter tido um derrame ou um infarto, o que é uma coisa bem comum entre as aves... enfim, de todo jeito, ele caiu do poleiro, duro que nem uma pedra, e ficou de costas com os pezinhos pra cima, saca, tipo na propaganda daquele inceticida Raid, quando matam as formiguinhas."

DF: "Ahhhhh... foi um periquito?"

JO: "Isso, um periquito amarelo. E a gente tentou dar água pra ele e, aí, teve que colocar a água no bico dele e, aí, ele ficou (reproduz o som de um passarinho bebendo água) e, aí, finalmente, tipo, depois de uns dez minutos, eu comecei

**FUN HOUSE, PARTE II: ESTA PROPRIEDADE ESTÁ CONDENADA**

a surtar, comecei a chorar, eu não sabia mais o que fazer e acabei ligando pra minha mãe. E aí, finalmente, uh, a gente escutou essas tosses, bem, bem fraquinhas (reproduz o som de uma leve tosse), que ele tava dando. E aí, ele simplesmente morreu. Então, a gente vai deixar ele aqui essa noite e, aí, enterra ele amanhã."

DF: "Ai, isso é horrível. Você tá melhor agora?"

JO: "Tô sim. A gente vai deixar ele aqui essa noite e, aí, enterra ele amanhã. E a gente tá ensaiando, tá bem legal e, hmmm, a gente bolou uma coisa juntos pro décimo quinto..."

Sentado em seu apartamento em Greenwich Village, em 2006, Danny Fields sacode a cabeça: "Durante todos esses anos, essa foi a única vez que eu me lembro de ter visto Jim chateado por causa de outro ser vivo. Um periquito".

A bem da verdade, Iggy era, como os companheiros de banda colocaram, "um sobrevivente filho-da-puta, baixinho e durão", superando um desastre após o outro ao longo de 1971. Construiu um lucrativo negócio no ramo do tráfico de heroína com Wayne Kramer, que conhecia um fornecedor em Detroit, e Iggy, por sua vez, arrumava os clientes entre seus próprios "acólitos da heroína". Então, belo dia, Kramer voltou de uma turnê dos MC5 e soube que o vocalista estava no hospital, presumivelmente se recuperando de uma overdose; a heroína e o dinheiro tinham sumido. Determinado a se vingar, Kramer atraiu Jim até Inkster, área notoriamente barra-pesada de Detroit, e lhe disse que levasse alguma grana. Então, Kramer sacou uma arma, tomou o dinheiro e deixou Iggy sozinho ali, sem um tostão furado no bolso (e, segundo alguns, vestindo um tutu cor-de-rosa).

– Foram tempos sinistros – conta Kramer. – Mas é o que esse pessoal com transtorno mental por dependência de droga faz.

Por várias vezes, Iggy teve convulsões em festas de amigos, incluindo uma overdose quase fatal no apartamento do baixista dos MC5, Michael Davis. Com frequência, Betsy se encontrava a reboque e, de igual modo, um traste. Então, eis que havia um show no East Town Ballroom em maio, e, quando Scott teve de transportar o equipamento da banda para fora de Ann Arbor, resolveu passar com o caminhão alugado e seus três metros e meio de altura por baixo de uma ponte ferroviária com apenas três, em Washington, bem perto das University Towers, arrancando a capota da van como se fosse uma lata de sardinhas. Scotty e dois roadies foram arrastados pelo asfalto com a força do impacto.

– Foi por muito pouco que eu não consegui passar por baixo daquela ponte, meio metro só, e aí, pow! – conta Scott, rindo. – Eu bati com tanta força naquela merda que só fui me dar conta do que tinha acontecido já estatelado no meio da estrada, depois que parei de rolar.

Com Scotty hospitalizado, a banda chamou Steve Mackay para tocar bateria em seu lugar. Esforçando-se para dominar um novo set com um kit desconhecido, o saxofonista teve de aturar a constante humilhação que Iggy Pop o fez passar parando no meio de toda e qualquer música para reclamar do compasso dele.

– Enquanto isso, tinha toda aquela multidão local – conta ele –, e eles ficavam gritando: "Bora, Iggy, seu drogado filho da puta, bora lá, vomita aí pra gente ver, seu cuzão".

James Williamson ressalta que "era difícil distinguir o meu próprio caos do caos da banda", enquanto observa sanguinariamente que a situação de desespero dos Stooges em nada prejudicava o fluxo constante de mulheres. Cedo ou tarde, Danny Fields acabou tendo seu momento de lucidez, durante um show em Chicago, em abril de 1971.

– O Iggy já devia estar no palco, mas lá estou eu puxando uma agulha do braço dele, com sangue esguichando no meu rosto. Enquanto isso, o Alice Cooper está com a banda dele, retocando os cílios postiços e dando uns tiros, tudo na mesma sala. E eu lá pensando: "Esses caras do

## SEIS
*FUN HOUSE, PARTE II: ESTA PROPRIEDADE ESTÁ CONDENADA*

Alice Cooper não são tão bons quanto essa banda, mas eles são profissionais". Essa era meio que a metáfora. Ambas as bandas estavam tocando por um cachê de 1.500 dólares, e uma delas parecia pronta pro estrelato. E a outra, pronta pro chão do banheiro.

Alguns fãs mais duros na queda curtiram os últimos shows da banda. Leee "Black" Childers saboreou a infame apresentação no Electric Circus de Nova York, em maio de 1971, na qual Iggy parecia estar especialmente psicótico, recoberto em óleo de bebê e glitter. Gerry Miller, outrora dançarina topless e estrela de vários filmes de Warhol, foi quem gritou: "Vomita aí pra gente ver!" a Iggy, com sua estridente voz de Mickey Mouse.

– Aí, ele vomitou mesmo! – conta Leee, rindo. – Bem na cara dela!

Algumas das gravações ao vivo de Danny também mostram que, quando a banda entrava nos eixos, ainda eram potentes, com o som baseado numa guitarra incessante, altamente enérgica, de bater cabeça, e, àquela altura, já tinham desenvolvido todo um set com novo material, com canções intituladas "You Don't Want My Name", "Fresh Rag" e "Big Time Bum". Muito embora a Elektra Records estivesse ciente dos problemas de Iggy quanto às drogas (Jac Holzman, inclusive, escreveu a Danny Fields, recomendando uma clínica de reabilitação presumivelmente já frequentada por alguns de seus outros artistas), Danny acreditava que ainda havia uma boa chance de a empresa acabar optando por outro álbum dos Stooges. O que não chegaria a acontecer. A decisão, porém, apresentava pouca relação com os vícios químicos da banda. Pelo contrário. Grande parte da responsabilidade pela demissão dos Stooges recairia não sobre a heroína, mas sobre o Terceiro Reich.

Até onde os Stooges sabiam, o responsável por dispensar a banda da Elektra fora Bill Harvey, arqui-inimigo de Danny Fields. Entretanto, na realidade, a decisão havia partido de outro executivo da Elektra, que, por uma suprema ironia do destino, também foi o produtor à frente do melhor disco da banda, pois, de acordo com Don Gallucci, que acompanhou Bill Harvey para ouvir o novo material dos Stooges na Fun House, foi ele quem optou por rejeitar a banda.

Hoje em dia, Gallucci administra um negócio bem-sucedido de financiamento imobiliário, muito embora se recorde da produção de *Fun House* como um dos melhores momentos de sua carreira musical. Em 1971, porém, o álbum podia ser tudo, menos um motivo de orgulho. Gallucci era, segundo ele mesmo, emocionalmente ingênuo, embora politicamente capaz. Estava ciente de que o álbum produzido por ele com os Stooges não alcançara o Top100 da Billboard, mas não sabia apontar sua culpa quanto a tal fracasso, uma vez que a decisão de apertar o botão fora de Jac Holzman. Todavia, se Gallucci optasse por produzir a banda uma segunda vez, a responsabilidade pelo fracasso seria toda dele.

Quando Don Gallucci e Bill Harvey chegaram a Ann Arbor para uma audição do material da banda, estavam cientes do abuso de drogas por parte da banda, e os dois levaram Steve Mackay para um passeio a fim de obter informações sobre seus ex-companheiros de banda. Mackay foi evasivo e, conforme conta Gallucci, não fazia a menor noção de que os Stooges estavam envolvidos em algo pior do que o haxixe que os vira fumando sem parar nos estúdios da Elektra.

Gallucci não queria estar em Michigan, estado que considerava esquecido por Deus, tampouco numa casa de campo caindo aos pedaços com um grupo de pessoas com quem sentia pouca afinidade. Era, porém, obrigado a passar por tais trivialidades e, de todo modo, apreciava a companhia de Ron Asheton, que considerava o mais "acessível" dos Stooges. Assim sendo, até que estava contente por se juntar a Ron num tour pela Fun House, quando enfim entrou no quarto de Ron. Gallucci, o executivo engomadinho, sempre vestido num paletó caro, o rei da esperteza, ficou horrorizado com os uniformes nazistas, os livros sobre os campos de concentração, as suásticas, os logotipos em forma de raio e as fotografias das atrocidades que diz ter visto nos aposentos de Ron. Chocado, perguntou

## SEIS
### FUN HOUSE, PARTE II: ESTA PROPRIEDADE ESTÁ CONDENADA

a ele o porquê do fascínio pelos nazistas. Ron explicou que, quando era criança, Ann Asheton costumava lavar e depois secar seus cabelos, conta Gallucci, "e aí o Ron disse":

— No meio daquele barulho todo do secador fazendo wheeeshhh, wheeeshhhh, eu podia ouvir umas vozes dizendo Sieg Heil... Sieg Heil...

O que talvez fosse apenas o típico humor negro de Asheton deixou Gallucci completamente transtornado. E, então, sentou-se para ouvir algumas músicas dos Stooges, tocadas ao vivo na Fun House. James Williamson se recorda de Harvey e Gallucci "horrorizados" com a música, embora o produtor sustente que, conquanto a música parecesse derivada do material prévio da banda, aquilo era a última coisa que esperava.

— Eu achava que estava numa terra de doido, eu detestava o fato de Michigan ser no meio do nada e eu só queria ir embora dali. E aí, quando vi, a gente ia fazer outro álbum seguindo os mesmos erros do primeiro? E eu acho que acabei dizendo coisas bastante desagradáveis na frente deles pro Bill Harvey, algo como: "O Cream parece a Filarmônica de Londres perto desses caras", algo realmente idiota.

O fato de Gallucci ter abandonado a causa dos Stooges concedeu a Bill Harvey ampla legitimidade para dizer a Danny Fields que, pelo material até então gravado, "eu não ouço nada". O selo renunciaria ao direito sobre o próximo álbum dos Stooges. Ainda mais sério, em 21 de junho, a Elektra exigiu a devolução de 10.825 dólares que havia dado de adiantamento à banda. De acordo com Jim Osterberg, Jac Holzman ficou cheio de dedos quanto às coisas não terem saído conforme o esperado, e lhe deu uma câmera Nikon como presente de despedida, embora, na mesma época, Bill Harvey estivesse escrevendo a Danny Fields, exigindo que todos os cachês pertinentes aos Stooges pelas performances ao vivo fossem pagos diretamente à Elektra, de modo a fechar o rombo causado pelas dívidas da banda. Holzman, verificou-se mais tarde, estava interessado em manter os serviços de Iggy Pop como artista solo, mas a perda total dos lucros provindos dos shows acabou constituindo a sentença de morte dos Stooges. A banda não conseguiu comparecer às apresentações agendadas para o fim de junho e o início de julho; Ron, Scott e Jimmy Recca realizaram um último show em Wamplers Lake, contando com Steve Richards, de River View, em Michigan, para cantar no lugar de Iggy; enquanto isso, James, que contraíra uma hepatite tenebrosa, foi se recuperar na casa da irmã em Detroit.

Com sua banda finalmente aos frangalhos, Iggy fazia planos com a percepção distorcida de um viciado em drogas. Muito embora a conta bancária da banda junto à Elektra tivesse sido encerrada, Iggy era visto com frequência saindo da University Tower rumo a Discount Records, brandindo o talão de cheques da banda. Steve Mackay, atrás do balcão, até que se mostrava desconfiado, mas Dale Watermolder estava suficientemente impressionado com a presença de um ex-empregado famoso da Discount para aceitar o cheque. Por dez dias, Iggy continuou voltando, cada vez com um cheque de mais ou menos 200 dólares, até que o banco enfim informou a Watermolder que todos os cheques, num total de mais de 2 mil dólares, haviam voltado. Um Jim Osterberg constrangido, por fim, entrou em contato com seu pai, que saldou todas as dívidas, poupando o filho de enfrentar quaisquer acusações criminais.

Por volta de julho de 1971, Jim Osterberg se refugiou na casa dos Mickelsens, na Adare Road. De acordo com Hiawatha Bailey, amigo da família, Iggy não se fez de rogado, sentindo-se no conforto de sua própria casa, esparramando-se imperiosamente na sala de estar com Betsy em seu colo, gesticulando feito um rei em sinal de aprovação sempre que dr. Mickelsen entrava na sala para oferecer-lhe uma bebida. Hiawatha, funcionário da Trans Love, estava cumprindo as ordens de Iggy quanto a buscar a velha van Chevy do Up e, ao chegar, foi convidado a sentar-se, sendo-lhe oferecida uma taça de vinho da dispensa dos Mickelsens. Então, Iggy disse:

– Oi, eu quero que você vá até a Mansão Stooge (vulgo Fun House). Tem umas coisas lá que eu quero que você pegue. Eu quero que você traga a pilha de Marshalls, eu quero que você traga o Echorette, eu quero que você traga a bateria... – Hiawatha fez uma breve pausa. – Quando o Iggy me mandou até lá... ele tava me mandando acabar com os Stooges.

A Fun House foi demolida alguns meses mais tarde.

É um dia ensolarado, e Billy Cheatham e eu estamos esparramados num pequeno gramado no centro de Ann Arbor, observando aviões cruzarem o céu devagar enquanto Billy explica a dinâmica do vício em heroína. Na condição de antigo aprendiz de The Fellow, Billy traçou o progresso da droga ao devastar os Dum Dum Boys. Mais tarde, ele próprio passou pela cura por meio do vinho tinto, um dos remédios populares da surpreendente gama de que se valem os usuários da Irmã Morfina. Billy é um sujeito plácido, pensativo, com corpo atarracado, e fala com ternura e um certo ar sonhador sobre Dave Alexander ("um moleque doido, e um grande cara"), Tommy "Zeke" Zettner e seu irmão Miles, os quais "se renderam... à maldita heroína". Juntos, lamentamos o destino dos Dum Dum Boys, lamúria ainda mais pungente pelo fato de que, alguns anos mais tarde, eu ficaria sabendo que Billy também acabou por morrer prematuramente.

Talvez seja verdade que amizade nenhuma sobreviva à fama. Talvez, algumas sobrevivam à heroína. Talvez seja simplesmente o fato de que homem nenhum seja um herói aos olhos de seu roadie. Importa o fato de que, quando a conversa de Billy se volta a seu outrora vocalista, o tom de seu discurso se torna mais preciso, e mais frio. Quando Billy e Iggy eram companheiros de banda, costumavam andar pelos guetos de Detroit, enchendo a cara. Mas não eram parceiros de drogas. Mesmo quando os Dum Dum Boys sumiam do mapa, conta Billy, seu líder não dava muita bola.

– Rolou um filme no outro dia, da Elia Kazan, chamado *Um rosto na multidão* (*A Face in the Crowd*, no original), em que o Andy Griffith começa como uma personalidade do rádio e aos poucos sobe e sobe cada vez mais, tornando-se cada vez mais e mais poderoso, e mais e mais repulsivo. Eu quase posso ver isso acontecendo com o Jim. Quanto mais popular ele fica, menos simpático e amigável ele se torna, e menos admirável aos olhos dos amigos dele. É como ele pensa: "Eu sou o único capaz de fazer isso, você só tá pegando uma carona". Eu não sei se isso foi por causa do cheiro do poder, ou das drogas, mas eu vi isso acontecer. E nem me importei muito com isso na época.

Enquanto os Dum Dum Boys se recolheram, magoados, nas casas de suas famílias em Ann Arbor e Detroit, o vocalista seguiu em frente. Conforme o próprio descreve, não havia "uma sensação grandiosa de desgraça". Muito pelo contrário: ele encontrava-se ocupado negociando seus novos contatos, dentre os quais, de longe, o mais promissor era com Steve Paul, o ambicioso e sagaz proprietário da boate The Scene, em Nova York. Paul fazia parte do círculo intimidante de amizades gays de Danny Fields; tinha feito fortuna, segundo Iggy, vendendo removedores de espinha, vestia-se somente de azul e conduziu com vigor a carreira de Johnny Winter, extraindo um então inédito adiantamento de 600 mil dólares da Columbia Records em prol do guitarrista texano albino. Paul pagou as passagens de Iggy e Betsy até Nova York para de que o manipulador celeste pudesse discutir sobre o agenciamento de sua carreira. A conversa acabou com Paul decidindo que Iggy precisava repassar a novidade a seu amigo (e então empresário) Danny Fields, que àquela altura já gastara todas as economias de uma vida inteira tentando bancar Iggy e sua banda.

Essa segunda conversa, por sua vez, sentados num ponto mais alto do Central Park, não terminou nada bem. Fields se roeu de rancor e ciúme. A mortificação e a sensação de ser traído foram intensificadas pela convicção de Danny quanto ao fato de Paul, apesar de todo o poder de persuasão e eloquência, representar uma música retrógrada e vazia, mera masturbação guitarrística chamativa. Decidido ("se o Steve fizer de Iggy

## SEIS
## FUN HOUSE, PARTE II: ESTA PROPRIEDADE ESTÁ CONDENADA

o astro que eu sempre soube que ele poderia ser, eu vou matar os dois"), Fields disse a Paul que seguisse em frente e fizesse o que bem entendesse, e que não possuía o menor interesse em saber o que tinha acontecido.

O plano de Steve Paul era unir Iggy a outro de seus protegidos, Rick Derringer, que emplacara seu primeiro single no topo das paradas, "Hang on Sloopy", com os McCoys, quando tinha apenas dezessete anos, e era um hábil guitarrista de blues-rock que também já havia tocado com Johnny Winter e o irmão Edgar. Hoje em dia, Paul minimiza suas ambições quanto ao ex-vocalista dos Stooges, sustentando que "não foi um plano manipulador".

— Foi só um instinto honesto de encontrar um guitarrista com quem ele se sentisse confortável.

Derringer se mostrou aberto e flexível quanto à parceria, apesar de impressionado com o fato de, alguns dias depois de se mudar para o apartamento na 30th Street, o vocalista ter zarpado para Miami, manifestamente para jogar golfe; muito embora, enquanto lá se encontrasse, Iggy tenha ligado para seu agente na DMA, Dave Leone, a fim de pedir algumas centenas de dólares para o tratamento de metadona. (Leone lhe enviou a quantia, e lhe disse que nunca mais ligasse de novo.)

Derringer não se deixou abalar pelas evidências da dependência em heroína de Iggy, e considerou o pobre diabo do vocalista uma pessoa bastante agradável de se conversar. A esposa de Rick, Liz, gostava da namorada de quinze anos de idade de Iggy, Betsy, alguém jovem, vulnerável, com um quê de criança abandonada. Depois que o casal retornou de Miami por volta do final de agosto, Jim confiou em Liz e lhe disse que Betsy recentemente passara por um aborto e precisava descansar, ao que ela também foi convidada a se hospedar no apartamento dos Derringers.

Até hoje, no entanto, Liz Derringer se mostra um tanto perturbada com a estada de Iggy e Betsy. Após alguns dias de convivência, Liz e Rick tinham levado Jim para ver um filme quando Betsy, que permanecera em casa, descansando na cama, resolveu dar as caras no cinema.

— A primeira coisa que passou pela minha cabeça foi: "Ai, meu Deus! Ela deixou a porta aberta. Eu tenho que voltar". Eu sabia que a porta devia estar escancarada porque ela não tinha a chave. Aí, eu entrei e reparei que havia algo errado. Eu acho que não passou nem um dia ou dois até que eu procurasse minhas joias e não encontrasse nada.

Liz notou que um pingente de coração, uma estrela de David, um pequeno diamante e alguns anéis tinham sumido. Convencida de que Betsy as roubara, foi até o Max's Kansas City naquela noite e contou a todos os presentes sobre o novo nível ao qual Iggy Pop e sua namorada haviam descido. Mais tarde naquela mesma noite, Liz, Rick e uma amiga já estavam em casa quando ouviram a campainha tocar. Olhando pelo olho mágico, viram Iggy.

— Eu fiquei apavorada! – conta Liz. – Ele tinha um olhar alucinado, e eu estava convencida de que havia ido lá pra enfiar uma faca no meu coração e me matar.

Cedo ou tarde, a amiga de Liz, Geraldine, acabou abrindo a porta, e Liz saiu do quarto onde havia se escondido só para ouvir Jim Osterberg lhe dizer: "Eu preciso que você me fale exatamente o que aconteceu". Liz lhe contou que as joias tinham sido roubadas e descreveu exatamente o que estava faltando; Jim, assustadoramente intenso, embora coerente e profusamente apologético, prometeu que encontraria e devolveria os itens desaparecidos. Ao longo dos dias seguintes, telefonou para Liz repetidas vezes, atualizando-a sobre suas tentativas de recuperar a maior parte das joias em lojas de penhor de Nova York. No fim das contas, acabou devolvendo a maioria das peças, mas, a essa altura, qualquer possibilidade de uma parceria entre Rick Derringer e Iggy Pop, tivesse ou não sido uma perspectiva plausível, para começo de conversa, já tinha ido por água abaixo. O furto também representou o golpe fatal no relacionamento entre Jim e Betsy, e a adolescente de quinze anos acabou se refugiando na casa dos pais em Ann Arbor. É muito complicado rastrear os passos da pobre

## SEIS
### FUN HOUSE, PARTE II: ESTA PROPRIEDADE ESTÁ CONDENADA

Betsy daí em diante, pois se tornaram esparsos e obscuros; nos anos posteriores, ela chegou a telefonar para o amigo Hiawatha Bailey, dizendo-lhe que estava com cirrose terminal e que Jim era o amor da vida dela. Sua família, segundo Bailey, guarda uma mágoa incessante de Jim Osterberg, e desde sua morte se recusam a falar com estranhos.

Novamente ao léu, Jim ligou para Danny Fields, que lhe arranjou um refúgio na companhia de Terry Ork, então tomando conta de um elegante apartamento no Upper East Side e nas graças de Gerard Malanga, outro membro do círculo de Warhol, mais conhecido pelos primorosos registros fotográficos que fez de Edie Sedgwick e por suas aparições vestido de couro dos pés à cabeça, estalando um chicote no palco com o Velvet Underground. Jim era o hóspede ideal; não possuía bagagem, apenas os jeans e a camisa que vestia, e entrava e saía sem ser notado, dormindo num dos dois quartos da cobertura, enquanto Malanga ficava no sofá. Aqueles poucos dias, jogado num canto enquanto o sol entrava pelas grandes janelas da cobertura, foram uma breve trégua em meio ao caos que rodeava Iggy, e, numa bela manhã, ao sair do quarto, ele deslizou pelo soalho da sala de estar e passou a se movimentar e se alongar, executando a série de exercícios que sempre costumava fazer antes de suas apresentações. Ao vê-lo desperto em plena luz do dia, tão cedo da manhã, Malanga pegou sua Nikon e tirou quatro ou cinco fotos de Iggy dando cambalhotas, alternando posições. Iggy tirou a camisa enquanto Malanga zanzava em volta como se num balé, então Malanga o instruiu: "Tira tudo". Iggy obedeceu, posando nu e sereno na frente de uma parede branca; magro, mas em boa forma; vulnerável, mas ereto, confiante em face de todas suas provações.

Alguns dias depois, Jim foi morar com Danny Fields, que se encantou por retomar o regime do "não se preocupe, eu vou cuidar de tudo" ao qual ambos tanto se acostumaram. Estavam os dois assistindo à TV, em 7 de setembro de 1971, quando o telefone tocou. Era Lisa Robinson, a jornalista de rock que, ao lado do produtor e marido Richard, formava o casal rock'n'roll mais badalado do Max's. Ela disse a Danny: "A gente tá aqui com o David Bowie".

– Ah, o David Bowie... – Fields retrucou lentamente. – Ele é a única pessoa fora dos Estados Unidos que já ouviu falar do Iggy.

Danny registrou alguma coisa sobre o fato de estarem indo rumo ao Max's Kansas City, e a vontade de David de conhecer Iggy, antes de voltar a cochilar. De forma bastante oportuna, David Bowie tinha descoberto Iggy em sua primeira viagem aos Estados Unidos, no último mês de fevereiro, ao aterrissar em San Francisco se parecendo desconcertantemente com Lauren Bacall, de acordo com o jornalista John Mendelssohn, que fora convencido por um amigo na Mercury Records a escrever uma reportagem sobre o cantor inglês, até então desconhecido. Mendelssohn se sentiu um tanto protetor em relação àquela criatura tão exótica, frágil, carregando sua bagagem e o acompanhando até San José para uma entrevista na rádio. Após um breve e nada inspirado bate-papo com o DJ hippie e desdenhoso, Bowie foi convidado a escolher um disco para ser tocado; Mendelssohn viu uma cópia do álbum de estreia dos Stooges e sugeriu que colocassem "No Fun". Bowie se pegou sorrindo no ato. Em dezembro daquele mesmo ano, citou Iggy como seu cantor favorito na *Melody Maker*. Ao chegar a Nova York no início de setembro, Bowie ficou "absolutamente intrigado" com Iggy, de acordo com Robinson, que se encontrava no centro desse novo vínculo social.

O telefone tocou outra vez. Outra vez, eram Lisa e Richard, dizendo a Danny que estavam esperando por eles. Danny conseguiu arrastar Jim para longe do filme a que assistia, *A mulher faz o homem* (*Mr. Smith Goes to Washington*, no original), bajulando-o:

– Bora lá, ele tem sido legal com a gente, é melhor a gente ser legal com ele também.

E botaram os pés na rua, caminhando os quatro quarteirões até o Max.

# SETE

## Street-Walking Cheetah

**NINGUÉM ERA CAPAZ** de animar os bastidores do Max's como Iggy. E, quando entrava para se sentar à mesa com David Bowie, Tony Defries e Tony Zanetta, sob os olhares de Richard e Lisa Robinson, não havia dúvidas acerca de quem era o mais pilhado no recinto. Iggy Pop vivia como um gato, dormindo em sofás por toda a cidade, tentando largar a heroína; sua namorada tinha acabado de terminar com ele após ser acusada de roubo numa famosa loja de joias em Nova York. E ele estava no topo do mundo, mano. E adentrou o salão pronto para causar, de acordo com Tony Zanetta, sentado com Defries:

– Ele sabia que o povo tava esperando por ele. E ele tava pronto pra tu-do. Ficava todo fanfarrão na mesma hora. Ele praticamente sapateava por aí.

Pela primeira vez, mas não a última, Iggy Pop não se deixava vergar por conta dos desígnios do destino. A bem da verdade, tirava proveito de seus contratempos, e adaptava-os de acordo com sua própria narrativa, na qual, sem dúvida, era o herói.

Na última vez em que David Bowie tinha visitado os Estados Unidos, parecia uma criatura frágil, viajando sozinho. Dessa vez, havia toda uma organização por trás dele, na pessoa de Tony Defries, outrora um conselheiro legal que empresariava seus clientes da forma mais brilhante e improvisada já vista na Big Apple em anos. Defries tinha uma mente afiada e técnicas intrépidas de negociação: ia direto até o diretor executivo de qualquer que fosse a gravadora com a qual estava lidando, sem se intimidar com a reputação de ninguém, fechava um ótimo contrato e ainda fazia o outro cara se sentir igualmente satisfeito. Mais cedo naquela mesma noite, Defries havia rodado pela cena social de Nova York, jantando com executivos da RCA no restaurante Ginger Man, ciceroneado por duas autoridades das mais descoladas em Nova York: a jornalista Lisa Robinson e seu marido Richard, produtor da RCA que tinha fechado com Bowie. No Ginger Man, Defries e Bowie também se encontraram com outra obsessão musical americana de Bowie, Lou Reed, e conversaram sobre um acordo de produção.

Naquela noite no Max's, David Bowie parecia recatado em comparação com Iggy e Defries. Era simpático, curioso, um bom ouvinte e, segundo a primeira impressão de Iggy Pop, "bem na dele, controlado, e nada desagradável". David fazia perguntas inteligentes, incisivas, extraindo informações do vocalista de maneira quase inocente. Em comparação, Iggy parecia mais calculista, embora essa impressão fosse contrabalanceada pelo fato de sempre se mostrar tão honesto. Simplesmente gostava de encantar as pessoas. Para Tony Zanetta, que tinha conhecido Bowie em Londres, algumas semanas antes, enquanto atuava na peça *Pork*, de Andy Warhol, sendo contratado no ato pelo que viria a ser a MainMan, parecia que David estava tentando impressionar Defries com aquela criatura exótica, excitante, quase como se Iggy fosse uma obra de arte que os dois pudessem acrescentar a sua coleção.

Em retrospecto, para muitas pessoas, esse encontro pareceu calculado, uma parceria baseada na exploração mútua. Mas acabou por de fato afetar profundamente as vidas de David Jones e Jim Osterberg. Na realidade, havia certa inocência no encontro entre os dois jovens de 24 anos, um parecendo estar em declínio, e o outro, em ascensão. Da parte de Bowie, havia um entusiasmo quase ingênuo, um fascínio pelo rock'n'roll e o teatro, e Iggy representava os dois interesses num só pacote. Para Iggy, o principal atrativo consistia em se juntar àquele circo e simplesmente esperar para ver no que ia dar. Assim sendo, aceitou de pronto quando Defries e Bowie o chamaram para tomar café na suíte da dupla no décimo andar do hotel Warwick na manhã seguinte. (Muito embora fosse um dos lugares preferidos de Liz Taylor e Cary Grant, o Warwick fora escolhido por Defries devido ao vínculo com os Beatles, que lá tinham se hospedado durante a primeira e avassaladora turnê pelos Estados Unidos.)

No dia seguinte, num dos habituais e demorados cafés da manhã tipicamente ingleses de Defries (que se sentava à mesa semivestido, fumando charutos, fazendo várias ligações telefônicas ao mesmo tempo), o empresário apresentou sua proposta. A performance de Iggy era tão clássica, considerando-se seu estilo, quanto qualquer outra coisa já vista no Ungano's ou no Electric Circus. Defries era um pilar de sustentação, um agente que não deixava pairar dúvidas quanto a sua capacidade de gerir os negócios; Iggy, por sua vez, era irreverente, divertido e sabia instintivamente como se aproveitar do fascínio de Bowie e Defries pela cultura americana, contando-lhes sobre o trailer-park ou descrevendo, nos mínimos detalhes, o tratamento com metadona a que se submetera. Bowie, ao contrário, discorria sobre música e sobre como poderia encontrar uma nova banda de apoio para Iggy em Londres. Antes mesmo que Defries estivesse completamente vestido, o empresário garantiu ser capaz de negociar um novo contrato de gravação, e Iggy concordou em assinar com a Gem, empresa de agenciamento em nome da qual Defries tratava de negócios. Defries instruiu Jim a voltar para Ann Arbor e continuar com seu tratamento à base de metadona, dizendo-lhe que seria "convocado" na iminência de um contrato com alguma gravadora.

A associação com Bowie e Defries implicava uma aposta arriscada no Reino Unido (Bowie gozava de apenas um single inusitado de sucesso, "Space Oddity"), e o status de astro na América para um artista tão fora do convencional não era garantia de nada. Mas havia uma certa energia irresistível em torno de Defries, seu amor pelo espetáculo, sua convicção de que poderia vencer o sistema. E um showman adora outro showman.

Ironicamente, no fim de setembro, Jim Osterberg recebeu uma carta de Bill Harvey, aos cuidados de Danny Fields, comunicando-lhe que a Elektra estava disposta a continuar com os serviços dele como artista solo. A atitude da Elektra possivelmente era uma reação ao interesse de Defries em Iggy, mas, quando Danny enfim recebeu a carta, ela já se tornara irrelevante. Jim voltara a Ann Arbor, planejando sua carreira na MainMan ao lado de James Williamson. Ron Asheton ficaria sabendo da notícia apenas alguns dias depois, ao ir até a cidade ver um filme de Fellini – ainda que tenha acabado numa festa em homenagem à SRC. Seus amigos James e Jim estavam lá, mas o evitaram. Mais tarde, na mesma noite, ouviu dizer que Iggy tinha fechado um novo contrato com o pessoal de David Bowie, retrucando a seu informante: "Alguém, por favor, pega uma arma e estoura minha cabeça", antes de ir embora, chorando por todo o caminho até chegar em casa.

Para Ron e muitos de seus camaradas de Ann Arbor, o fato de Iggy Pop ter virado as costas a seus amigos de escola significava uma traição desalmada que só seria perdoada décadas depois. Marcaria ainda o momento em que Iggy se transformou num cantor solo, deixando de ser o mero membro de uma banda. E isso, em grande parte, fora inspiração de Tony Defries, que só trabalhava com cantores; seu plano era construir um catálogo de astros, como a MGM, e, segundo ele, músicos eram dispensáveis, tão somente técnicos. Para Iggy, livrar-se dos Ashetons representava uma questão meramente pragmática; havia um manifesto musical a tocar adiante. Ainda assim, ouviam-se os ecos da criança ambiciosa que tinha largado os amigos do ensino fundamental ao sentir que eles não eram mais necessários. Nesse meio-tempo, Jim e James tramavam algo; Iggy não tinha mencionado o nome de Williamson no tal café da manhã em setembro, mas os dois haviam pactuado que Iggy haveria de persuadir Defries a contratar seu novo parceiro de composições.

Ao longo do outono, Defries trabalhou no sentido de cumprir sua promessa de arrumar um novo contrato para Iggy, e sua melhor aposta era Clive Davis, da Columbia, que estava prestes a se tornar uma lenda na indústria musical norte-americana. Afinal, dobrara o lucro da Columbia ao contratar novos artistas, como Santana e Janis Joplin, e, em breve, seguiria seu próprio caminho ao fundar a Arista Records. Foi uma negociata das mais tranquilas: Iggy era conhecido em Nova York, e a ideia de que Clive Davis poderia ser bem-sucedido onde Jac Holzman tinha fracassado fazia bem para o ego do chefão da Columbia. Defries mandou a Jim uma passagem de avião para que fosse até Nova York a fim de conhecer Davis pessoalmente. Iggy descreveria com frequência como conquistou Davis, recontando a história da seguinte maneira:

Davis: "Você cantaria Simon e Garfunkel?"

Pop: "Não, não canto."

Davis: "Você poderia ser mais melódico?"

Pop: "Não, não posso."

Davis: "Você faria algo que alguém te pedisse?"

Pop: "Não, não faria... mas eu sei cantar, quer ouvir?"

E então Iggy se esparramou sobre a mesa de Davis, cantarolando "The Shadow of Your Smile". Iggy sustenta que, nesse momento, Davis chamou seus conselheiros legais e lhes disse que preparassem a papelada; mas, segundo Zanetta, que estava presente, "a reunião foi apenas uma formalidade".

— Não teve dedo do Iggy nisso. Quando entramos, a sensação foi de que já havia um acordo fechado, de que já estava tudo definido por Defries e Davis.

O adiantamento da Columbia (apenas para Iggy Pop, sem menção alguma aos Stooges) seria de 100 mil dólares, o que, no entanto, era só mais um dos típicos exageros de Defries, pois tal soma quase que certamente se referia ao adiantamento por vários álbuns.

Ao longo dos dias seguintes, Zanetta serviu de babá para Iggy no Warwick Hotel enquanto Defries cuidava de outros assuntos, e ele, muito embora não estivesse exatamente interessado na música de Iggy, concentrou-se em enfatizar o status de astro do vocalista, e deu a Zanetta 500 dólares para que saísse com Iggy e lhe comprasse um par de calças prateadas de couro que Defries vira na North Beach Leather. Então, os dois ficaram trancados numa suíte no Warwick por alguns dias, até que Defries concluísse seus negócios e pudesse passar mais tempo com Iggy. Foi provavelmente durante essa viagem que Iggy persuadiu seu empresário a lhe permitir levar James Williamson ("o único cara que me entende") na viagem a Londres no ano seguinte.

Na primavera de 1972, Londres se mostrou uma cidade emocionante, sórdida, glamorosa e chapada de Mandrax e haxixe. David Bowie e Marc Bolan se encontravam polvilhando as últimas pitadas de pó de pirlimpimpim no que viria a se tornar o glam; as paradas de sucesso estavam cheias de bandas universitárias extravagantes e pomposas como a Jethro Tull, enquanto, nos clubes, bandas como os Pink Fairies e o Hawkwind faziam um rock psicodélico, embora pesado. E a carne nova no pedaço, Iggy Pop, andava por aí crente de que era melhor do que todos eles. O jornalista da New Musical Express, Nick Kent, maravilhado com os Stooges desde a primeira vez que escutara o disco de estreia da banda no programa de rádio de John Peel na BBC 1, conseguiu ser apresentado a seu herói e notou que a autoconfiança de Iggy era "impressionante".

— Lá estava ele andando por Londres, tocando adiante seu plano de dominar o mundo. Esse é o tipo de pessoa que ele é. Ele acreditava que estava destinado a deixar sua marca no mundo com toda grandiosidade.

Pareceu apropriado que James Williamson, em demérito dos doces e descontraídos Asheton, acabasse escolhido como o cúmplice de Iggy em sua nova investida contra a confiante indústria musical. A exemplo de Iggy, James tinha se tornado ainda mais intenso desde os derradeiros dias dos Stooges, e estava determinado a deixar sua assinatura no mundo. Alto, magro, pálido e de cabelos pretos, com o rosto marcado pelas cicatrizes da acne na adolescência, James parecia, aos olhos de alguns, o irmão gêmeo mais malvado e maníaco de Keith Richards. Não provinha de um ambiente passional e amoroso, mas sabia se virar sozinho. Não possuía uma trajetória, mas estava determinado a construí-la.

Iggy e James ficaram hospedados num mesmo quarto no Kensington Gardens Hotel, um amplo prédio vitoriano com fachada de estuque localizado numa praça arborizada na zona oeste de Londres. Passavam o tempo todo compondo músicas, correndo atrás de colegiais ou assistindo à TV, tudo com igual intensidade. Vez por outra, David e Angie Bowie os convidavam para uma visita à sede gótica do casal em Beckenham, nos arredores de Londres. Jim ficou impressionado com as atividades ecléticas de Bowie, bem ao estilo de um laboratório de artes. Angie, de certa forma, também se encantou com James Williamson, muito embora, com o passar do tempo, tenha acabado se ressentindo com as exigências de Iggy quanto à disposição de Defries e, a seu ver, ao dinheiro de David. Às vezes, James e Jim davam as caras em festas e shows, avaliando a contracultura de Londres com certo desdém, desqualificando de maneira presunçosa a maioria dos rivais musicais, com exceção de Marc Bolan. De volta ao hotel, Williamson, no quarto, cuspia riffs sem parar em sua Gibson B25 acústica, em um verdadeiro fluxo de consciência em seis cordas. Tão logo conseguia criar um material memorável, submetia-o à aprovação de Jim e, juntos, os dois trabalhavam na canção. Como sempre, Jim, o garoto com dom para frases inesquecíveis, parecia não ter a menor dificuldade em escrever letras notáveis, embora nessa época seu estilo tenha mudado, tornando-se talvez mais convencional, ainda que certamente mais intenso, com poderosas imagens a cada verso. David Bowie se manteve fiel a sua palavra, contatando as mais significativas cozinhas de Londres e pedindo-lhes que fizessem um teste para a banda de Iggy; não raro, como no caso do baterista dos Pink Fairies, Twink, os músicos ligavam de volta e ouviam que as vagas já tinham sido preenchidas, pois, segundo Williamson, nenhuma cozinha inglesa era agressiva o suficiente.

No início de 1972, o ex-ator mirim Michael Des Barres estava trabalhando em seu grandioso projeto de rock'n'roll, Silverhead, no complexo subterrâneo de ensaios da ACM, quando encontrou Iggy pelos corredores do estúdio. Com um descaramento magistral, ele lhe perguntou: "Você não quer assistir ao meu ensaio?". Des Barres entrou no estúdio úmido, apertado, com antigos pôsteres dos Pink Fairies soltando-se das paredes, e ficou fascinado com todo aquele barulho e espetáculo.

– Foi um momento que mudou a minha vida de verdade. Ele tava lá de jeans, sem camisa, e segurou o microfone... Aí, aquela sonzeira crua, tridimensional, me pegou de jeito.

Enquanto as panelinhas decadentes de Londres simulavam uma espécie de dandismo eduardiano, na opinião de Des Barres, aquilo era um espetáculo muito mais sujo, de uma brutalidade sem precedentes.

– Fez com que todo o resto soasse bastante afetado. – Des Barres também ficou bastante impressionado com a imagem de James Williamson, que estava determinado a deixar sua marca. – Ele era um guitarrista inacreditável. E, por sinal, também tinha um pau enorme. Esse era o lance dos Stooges. E por isso as garotas gostavam tanto deles.

De acordo com a maioria dos que o conheceram em Londres, James Williamson mostrava-se mais abertamente arrogante do que o vocalista.

Segundo Jim, era Williamson quem invariavelmente se opunha aos músicos sugeridos por Bowie, dizendo ao vocalista:

— Esse povo inglês usa umas roupas engraçadas; eles não são músicos sérios, não têm ginga!

A essa altura, a carreira de David Bowie já tinha deslanchado no vácuo de *Hunky Dory*, e Defries se encontrava exasperadamente furioso, ampliando seu leque de artistas, dentre os quais o próprio Bowie, para o lançamento do selo MainMan, um braço da Gem, esta de propriedade de Laurence Myers, que detinha uma fatia dos lucros. Já no início do verão, porém, a MainMan vinha preparando um show para apresentar todos seus contratados, com Iggy Pop tocando logo após a primeira apresentação de Lou Reed em Londres. E foi de James a ideia de reunir os Stooges, levando Ron e Scott para Londres. James tinha sido próximo de Scott (apesar de tudo, foram parceiros de drogas na Tower University) e apreciava a musicalidade dele, embora não a do outro irmão.

— Aí, eu sugeri que o Ron fosse pro baixo — conta Williamson. — E foi isso que causou todo o desentendimento, na visão do Ron. Mas na época ele parecia feliz pra caralho por ter um emprego.

O rebaixamento de Ron Asheton da guitarra para o baixo seria devastador ao outrora principal guitarrista dos Stooges. ("Foi uma barra pra mim e pro meu irmão; reduziram a gente a músicos de apoio em nossa própria banda.") Mesmo assim, isso representaria o pontapé inicial de um período de grande criatividade. Em 6 de junho, Ron e Scott viajaram até Londres (Scott levou seu próprio suprimento de papel higiênico, convencido de que o produto estava em falta em Londres). Apesar de toda a apreensão quanto à cidade, desde o sistema de encanamento até a nova política da banda, os irmãos Asheton amaram estar lá. A banda pegou emprestada a casa de Laurence Myers em Little Venice (a qual foi obviamente destruída) e, até o fim do mês, já estavam ensaiando nos estúdios Underhill em Greenwich, um dos locais preferidos dos músicos da Gem, já que ficava no caminho da casa de Bowie em Beckenham. Nesse mesmo mês, Lou Reed vinha ensaiando no estúdio com a própria banda, os Tots, e os Spiders From Mars também se preparavam para os shows de julho. A nova e desconhecida banda londrina England's Glory ensaiava no estúdio adjacente, e o baterista Jon Newey ficou impressionado com eles:

— Dava pra ver que eles não eram ingleses — conta Newey. — Nenhuma cozinha inglesa era agressiva daquele jeito. Eles tocavam com uma intensidade tremenda os mesmos riffs superpesados, várias e várias vezes, até que o som ficasse perfeito.

Na noite da véspera do primeiro show de Iggy fora dos EUA, Lou Reed fez sua estreia em Londres no mesmo local, o King's Cross Cinema. James e Iggy tinham ido ver o rival, em cujo show se encontravam presentes membros da Roxy Music e do Glamorati. Lou estava visivelmente chapado de tranquilizantes ou álcool, ou uma combinação dos dois; Iggy e James podiam ser vistos cochichando um com o outro, rindo no momento em que as calças de lantejoulas de Lou começaram a cair.

— O James ficava cutucando o Iggy, e ele olhava pro James, e aí os dois apontavam pro Lou — conta Nick Kent. — Era tipo: "Haha, Lou, você não é tão legal assim. A gente vai te destruir".

Iggy Pop fez sua primeira aparição pública na noite seguinte, em 15 de julho de 1972. Visando manter o foco da MainMan nos astros, em demérito das bandas, lia-se no cartaz: "Iggy Pop, ex-Iggy & the Stooges". Dave Marsh, da *Creem*, foi um dos vários jornalistas que viajaram para ver o show de Bowie em Aylesbury, numa operação de marketing pioneira da MainMan, e acabou assistindo a Iggy também. Já tinha visto os bons e velhos Stooges, e considerou aquela performance, realizada no teatro todo pintado de preto, recém-reformado a partir de um cinema pornô, muito mais sombria e medonha.

— Todas as coisas que eu nunca levei a sério no meu id estavam ganhando vida. E não tinha Buffy nenhuma pra matar os vampiros.

O show deixou muitos espectadores abalados, perturbados, ou simplesmente empolgados. Mick Rock, que tinha acabado de começar como fotógrafo, ficou à procura do vocalista de calças e cabelos prateados, como se estivesse caçando um enorme gato em seu habitat natural, impressionado com a postura e a linguagem corporal dele, com a crueza do som. O público era menor do que no show de Lou, mas possivelmente mais influente. John Lydon, um garoto de dezesseis anos, estava lá, junto do amigo John Grey; Mick Jones, mais tarde fundador do Clash, achou que "a intensidade toda dos Stooges era sensacional, tipo um lança-chamas". O assessor de imprensa da indústria musical Richard Ogden assistia contente ao show, instalado em um camarote, quando, de repente, Iggy foi escalando até lá e se sentou no colo dele, puxando-lhe o cabelo, rosnando no microfone e respingando suor e maquiagem derretida na vítima constrangida, enquanto os jornalistas londrinos riam do aperto de Ogden. A guitarra de Williamson era brutal em certos momentos, mas Nick Kent sentia que aquele era o show mais cataclísmico que já tinha visto.

— Muitos gêneros musicais foram criados naquela noite. Foi a primeira vez que ouvi o que depois seria chamado de thrash metal. E naquele dia que entendi qual era o barato do rock'n'roll, porque simplesmente respingava dos dedos dos caras.

Dois dias depois da apresentação em King's Cross, os Stooges entraram no Olympic Studios de Londres com o engenheiro Keith Harwood para gravar mais ensaios. Junto com outras demos mais antigas do Trident Studios e algumas fitas do estúdio de ensaios da R&G Jones, onde tocavam da meia-noite até o amanhecer, o material registrou um período de criatividade incessante e um som profundamente diferente daquele já gravado pelos Stooges. Quaisquer vestígios de art rock ou avant-garde tinham sumido, substituídos por uma vibrante pegada de guitarra, mais convencional, embora infinitamente mais agressiva. Às vezes, as gravações simplesmente se dissolviam em ruído branco, com os estrondos wagnerianos de Williamson sobrepondo-se às letras de Iggy, como em "I Got a Right"; psicótica, intensa, num ritmo vertiginoso, a música confirmava a afirmação de Nick Kent ter testemunhado o nascimento do thrash metal.

Em outras canções, a melodia é simples e doce, especialmente em "Sick of You", dissecação cantarolada do relacionamento entre Iggy e Betsy ("Sick of hanging round your pad; sick of your mom and sick of your dad"[21]), encaixada nos arpejos límpidos que embalam o ouvinte em uma falsa sensação de segurança antes que a porrada seca dos extraordinários power-chords de Williamson dê início a um rompante sujo que faz "Under My Thumb", dos Rolling Stones, soar muito sensível e acanhada.

As gravações, absolutamente magníficas, capturam a obra de alguém quase literalmente maníaco, obcecado por ser mais rápido, mais alto e mais agudo do que qualquer fita magnética seria capaz de captar. Tal impressão Jim Osterberg confirmaria mais recentemente, destacando como "meu nível de insanidade estava tão alto naquela época que nada soava alucinado o bastante... nunca".

Para os demais Stooges, aqueles primeiros dias em Londres foram idílicos. Ron, mesmo com sua troca de papéis, sentia-se feliz pelo fato de a banda estar reunida de novo, e passava boa parte do tempo livre perambulando pelo Lambeth's Imperial War Museum. Scott se lembra de um regime eclético de drogas, que incluía a mais pura heroína marrom ("a mais forte, a melhor que eu já provei"), cerveja, haxixe, Mandrax, Quaaludes e Valium. Segundo Ron, Williamson também apreciava o fato de que, no Reino Unido, a codeína se encontrava disponível em qualquer balcão de farmácia. Por vezes, chamavam uma limusine para levá-los ao apartamento de Defries em Gunther Grove, onde simplesmente matavam o tempo. O flat, com seu mezanino impressionante e os inevitáveis residentes "pitorescos", era o centro do império da MainMan, o qual, àquela altura, já contava com Mott the Hoople, Dana Gillespie e Wayne County. No entanto, o circo da MainMan, ainda que vistoso, era uma operação a passos lentos. Em janeiro, David tinha revelado seu personagem Ziggy Stardust; o fato de seu grandioso super-herói do rock abertamente

---

21 "Cansado de ficar na tua casa; cansado da tua mãe e cansado do teu pai." [N. de T.]

se inspirar em Iggy era lisonjeador, bem como Ziggy ter tentado emular seu herói ao caminhar sobre as mãos da plateia na Imperial College em fevereiro – e acabar se estatelando no chão. Mas, quando o álbum *Ziggy Stardust* começou a decolar após seu lançamento em 6 de junho, ficou evidente que o personagem fictício vinha monopolizando toda a atenção de Defries, para a indignação das pessoas de verdade que foram sendo deixadas de lado, à espera nas coxias. Wayne County foi um dos que viram sua carreira empacar irremediavelmente e, durante as semanas intermináveis em que ficou indo à MainMan, pôde notar o porquê de aquilo não estar acontecendo com Iggy.

– A piada que corria por lá era que o Defries tinha dado o Iggy pro Bowie brincar. Mas ele se recusava a ser explorado. Até podia ser a pessoa mais doce do mundo, mas, se suspeitasse que alguém estava fodendo com ele, fodendo com a vida dele, fodendo com a carreira dele, ele ficava tipo "eu vou te pegar, seu filho da puta".

Hoje em dia, Angie Bowie atribuiu motivações cínicas ao apadrinhamento de Iggy por seu então marido:

– Se ele tivesse todas as pessoas legais em volta, isso não faria dele o mais legal de todos?

Muitos outros dão o devido crédito a Bowie, apontando um respeito sincero em relação à música de Iggy; mas, àquela altura, a moda Ziggy se encontrava no auge, e os Stooges, bem ou mal, já tinham sido deixados por conta própria. O diretor da MainMan, Hugh Attwooll, fechou todos os horários do estúdio de ensaio para a banda, embora houvesse um certo limite quanto à capacidade geral de resistir a tanto, pois, para um grupo de pessoas devotadas às sessões de meia-noite de *A noite dos mortos vivos*, o modo de vida britânico (principalmente o fato de as transmissões de TV acabarem às dez da noite) parecia desumano e cruel. Quem conheceu os Stooges logo no início de outubro teve a impressão de que eram "tagarelas" e otimistas. Nick Kent, porém, uma das poucas visitas assíduas a James e Jim, notou que até mesmo os dois tinham deixado as drogas pesadas de lado.

— O Jim ficava falando sobre seus dias de heroína, o James também... e parecia que sentiam falta, sabe, pelo jeito que falavam.

Kent sentia ser inevitável que Iggy seguisse pelo mesmo caminho de novo, e a história acabaria provando que tinha razão.

Em julho, Angie Bowie ficou incumbida de achar uma nova casa para os Stooges, e escolheu um pequeno estábulo reformado na 19 Seymour Walk, em Kensington, a cinco minutos a pé do escritório da MainMan, o qual pertencia ao novelista e roteirista Frederic Raphael; Angie também demonstrou toda sua eficiência ao recrutar uma empregada expert em comida macrobiótica. Durante as tardes de verão, Iggy ficava passeando pelo Hyde Park de óculos escuros, com sua jaqueta de couro e um guepardo às costas, lendo revistas. Num desses passeios, em setembro, depois de notar uma matéria na revista *Time* cuja manchete era "Search and Destroy", Iggy cheirou várias pedras de heroína chinesa e decidiu que a frase daria um ótimo nome de música. E então se inspirou nas missões de busca e destruição da Guerra do Vietnã, constantemente nas manchetes daquele verão. Ironicamente, o artigo abordava as destruições globais da heroína.

A letra narrava a história de um herói, "um guepardo vagando pelas ruas com o coração cheio de napalm". Os versos se encaixaram perfeitamente nos riffs que James Williamson havia criado nos estúdios da R&C Jones, os quais o guitarrista usou para exclamar: "Morram, vietcongues". ("Os Stooges eram pessoas realmente terríveis, politicamente incorretas", diz Jim, rindo.) Era o manifesto perfeito, o grito de guerra do "garoto esquecido pelo mundo". Mas, ainda que o subtexto não fosse perceptível para mais ninguém, era um tanto óbvio para o vocalista dos Stooges. As missões de busca e destruição resultaram em um fracasso total. E, apesar de toda a fanfarronice, Jim Osterberg sentia que seu novo empreendimento estava fadado a semelhante malogro:

— Eu sabia que a gente tava indo de mal a pior e que ninguém ia pagar pra ver — resmunga hoje, com toda a naturalidade. — Porque rolava tudo quanto era tipo de fraqueza. As letras de "Death Trip" são meu jeito de dizer "eu sei o que tá acontecendo com a gente; eu sei o que a gente tá fazendo, aqui está o porquê... eu vou cantar sobre isso".

Logo que Iggy chegou a Londres, David Bowie se ofereceu para produzir o que teria sido sua estreia como artista solo; Iggy, entretanto, recusou a parceria, que, assim como a música "All the Young Dudes", escrita por Bowie para a Mott the Hoople, poderia ter se tornado um sucesso. Em vez disso, Iggy insistiu em produzir o disco por conta própria, ao lado de Williamson – o que, hoje em dia, este conclui que provavelmente foi um erro. Os dois, ao contrário das alegações de Iggy quanto a ter produzido os dois primeiros álbuns dos Stooges em demérito de John Cale ou Don Gallucci, não tinham a menor experiência em estúdio e deixaram passar vários erros básicos e problemas técnicos no som. Mas, assim que as sessões começaram, em 10 de setembro, nos estúdios da CBS na Whitfield Street, logo abaixo da futurística e iluminada Post Office Tower, toda a banda se mostrou focada na tarefa e trabalhou duro para assegurar que, mesmo que aquela fosse sua última chance, lutariam até o final.

Em retrospecto, é um tanto óbvio que, com o álbum que se tornaria *Raw Power*, Iggy e os Stooges tentavam se adequar a certas convenções. Infelizmente, pelo menos quanto ao potencial comercial, foram apenas incapazes de tanto. O álbum segue uma fórmula completamente banal, sugerida por Tony Defries: uma música mais acelerada abrindo cada lado, seguida de uma balada mais romântica, um rock clássico e, depois, uma música mais profunda e introspectiva para arrematar. Vários elementos eram muito mais convencionais do que qualquer coisa nos dois primeiros álbuns da banda: blues de doze compassos, referências rockabilly e riffs abafados que entregavam a influência de Marc Bolan.

Mas, apesar de tudo isso, os Stooges permaneceram deliciosamente imorais. Sua música romântica, "Gimme Danger", era baseada num riff sensual e intricado ao estilo dos Stones, mas as letras detalhavam como

Iggy gostaria de "feel your disease"[22]. Uma das músicas apresentava uma levada glam que remetia a T-Rex. Mas, enquanto o refrão de Bolan dizia "get it on, bang a gong"[23], a letra de Iggy informava a sua garota que "your pretty face is going to hell"[24], numa performance vocal simplesmente desvairada. Abrindo o lado B, "Raw Power" é introduzida com um arroto, antes que a guitarra primorosa de James Williamson faça sua entrada. A música que encerra o álbum, "Death Trip", típica de pessoas vivendo no limite, esboça o passado e o futuro de Iggy quase como um documentário: "I'll stick you, you'll stick me, we're going down in history"[25]. Bolan e Bowie se dispunham a acrescentar com prazer um veio de decadência à estrutura musical ao estilo dos Yardbirds e os valores *vaudeville* que compartilhavam com Lionel Bart (o compositor de *Oliver*, outro cliente de Defries). A decadência corria pelas veias dos Stooges até seus doces corações do Meio-Oeste americano.

Em 6 de outubro, *Raw Power* foi enfim finalizado. E não resultou em nada. No dia 10 de setembro, David Bowie foi a Nova York a bordo de um QE2 (acabou notoriamente com medo de voar após o avião passar por uma tempestade elétrica no caminho de volta de Cyprus, em dezembro de 1971). Tony Defries viajou até lá alguns dias depois para supervisionar a turnê de Bowie no escritório da MainMan em Nova York, que fora montado (literalmente, incluindo a pintura e a decoração) por Tony Zanetta. No mesmo mês, Cherry Vanilla, outra atriz de *Pork* e, segundo Zanetta, a única contratada da MainMan com alguma experiência à frente de um negócio, chegou para cuidar das Relações Públicas da empresa. O centro gravitacional da MainMan havia mudado, ao que parecia de forma permanente, para os Estados Unidos.

---

22 "Sentir sua enfermidade." [N. de T.]

23 "Vamos nessa, que soe o gongo." [N. de T.]

24 "Seu rosto bonito vai pro inferno." [N. de T.]

25 "Eu vou te enfiar, você vai me enfiar, vamos entrar pra história." [N. de T.]

## SETE
### STREET-WALKING CHEETAH

Decidido a *chercher la femme*, Jim viajou para Detroit em busca de Bowie e foi recebido por Leee Childers, que tinha sido cooptado pela operação da MainMan como fotógrafo, empresário e babá, recebendo o título de "vice-presidente da MainMan nos Estados Unidos". Alguns dias mais tarde, após a visita de Jim a seus pais e as farras com Bowie, que tocava no Detroit's Fisher Theater, Lee e Jim viajaram para Los Angeles a fim de ficar com Bowie e sua comitiva, hospedados no Beverly Hills Hotel (e, à maneira típica da MainMan, colocando toda a despesa com alimentação, limusines e compras variadas na conta da RCA). Quando Jim chegou, uma vez que todo o estresse da gravação do disco era coisa do passado, ele já se encontrava com o olhar radiante, cabelos loiros, feliz da vida e seguindo uma saudável dieta vegetariana. Mostrava-se bem diferente do que costumava ser, mais autossuficiente, menos inocente. Calmo e otimista. Mas isso não duraria muito.

# OITO
# SHE CREATURES OF HOLLYWOOD HILLS

**EM SUA CURTA E CONFUSA** carreira, não foram poucos os riscos a que os Stooges se expuseram. Capazes de sobreviver à hostilidade e ao ridículo, não suportavam ser ignorados. Então, acabavam surtando, feito donas de casa entediadas, plantados numa pomposa casa no alto de Hollywood Hills.

O primeiro indício do que acontecia quando os contratados saíam do radar da MainMan veio com o destino dos Stooges remanescentes. Depois que Jim pegou um voo e foi atrás de David Bowie, os demais Stooges, que haviam sido orientados a "continuar ensaiando", foram simplesmente abandonados. Por alguns dias, chegaram a descer as colinas num caminhão até um estúdio de ensaio subterrâneo em Blackheath, antes de tomarem a decisão de ficar em casa se chapando. A decoração garbosa de Frederic Raphael acabou destruída (foi Hugh Attwooll quem aplacou a ira do autor quanto às queimaduras de cigarro e às manchas não identificadas nos carpetes) antes que Angie Bowie, com pena dos rapazes, levasse-os de volta a Ann Arbour à custa da RCA. Ela e James tiveram um breve caso:

— Eu amava o James. O Ron era um doce; o James era esperto. Ele sabia quando calar a boca. Quando perguntado sobre uma música em particular do disco novo do David, ele encontrava algo positivo e ignorava os aspectos negativos. O mesmo acontecia quando ele falava sobre o Iggy. Era o que o mantinha vivo.

Em Ann Arbour, Angie Bowie conheceu Scott Richardson da SRC, apaixonou-se e o levou de volta à Inglaterra (onde, de acordo com Angie, Scott e David se tornaram parceiros de cocaína). Alguns dias depois, os Stooges se juntaram ao vocalista no Beverly Hills Hotel, aonde James chegou bem a tempo de visitar Jim e David Bowie, que estavam mixando *Raw Power* no Western Sound em Hollywood.

Nos anos que se seguiram, Bowie e Iggy se alfinetariam em público acerca da mixagem de *Raw Power* feita por Bowie. Iggy, um tanto fora de si alguns anos depois, alegaria que "aquele porra de cabeça de cenoura" tinha "sabotado" seu álbum. Bowie, por sua vez, zombaria da "técnica" de produção de Iggy, vociferando que, de uma master de 24 canais, apenas 3 haviam sido usados; um para os vocais de Iggy, outro para a guitarra de James e o último para o resto da banda, tudo tocado junto. Sem dúvida alguma, a versão de Bowie se aproximava mais da verdade; tanto a mixagem pré-Bowie, quanto o próprio remix de Iggy, feito em 1997, ostentam os mesmos traços nebulosos, confusos, com o baixo de Ron e a bateria de Scott submersos num campo de batalha entre guitarras e vocais. Sob qualquer parâmetro mais convencional, os consequentes resultados constituíram uma balbúrdia só. Como bem apontou Cub Koda:

— Ninguém conseguiu entender, mesmo com toda aquela quantidade de drogas, como um disco podia soar tão mal, e ainda assim ser lançado.

O álbum de estreia dos Stooges representa uma obra de arte do minimalismo, de uma eloquência das mais simples, como um rabisco de Picasso num papel branco caprichosamente emoldurado. *Raw Power*, em comparação, foi uma tela abstrata, expressionista, um tanto mais expansiva, com sons respingando em cada centímetro quadrado. *Raw Power* seria o álbum que, mais do que qualquer outro, viria definir a investida inarticulada do punk rock, uma excitação crua, derivada tanto da riqueza de ideias quanto da confusão com que eram expressas. A mixagem de Bowie (um toque de delay advindo de um exótico dispositivo chamado Time Tube, a súbita ênfase em backing vocals gritados) agregou uma pegada peculiar àquela confusão. O que, em retrospectiva, caracterizou o máximo que qualquer um poderia ter feito, diz James Williamson:

— Pessoalmente, eu nunca suportei esse cara (Bowie)... mas eu não ficaria contra ele. Eu era uma das pessoas que diziam não ter gostado da mixagem, mas, vendo agora, foi de fato um belo trabalho.

Àquela altura, a pressão também recaía sobre Bowie, pois ele tivera de espremer os três dias de remix numa agenda carrasca de shows, com datas aparentemente aleatórias pelos Estados Unidos até 10 de dezembro, quando navegou de volta à Inglaterra a bordo do RHMS *Ellinis*. A viagem foi proveitosa, tanto pelo interesse descomunal por parte da imprensa, que estabeleceu as fundações de seu futuro estrelismo, quanto pelo estímulo obtido a seu novo álbum, *Aladdin Sane*, o qual incluiu "Panic in Detroit", inspirada nas histórias de Jim sobre os motins populares em Detroit no ano de 1967, e no caso do gritalhão e represensor "Jean Genie", baseado parcialmente no protegido cada vez mais problemático de David Bowie.

Com Bowie e Defries fora da jogada, a RCA começou a restringir as contas homéricas de hotel deixadas pelos Stooges e a banda recebeu ordens para ir embora. Injuriado, Defries ordenou a Leee "Black" Childers que "achasse um lugar onde Iggy e a banda pudessem viver".

— Um apartamento. Porque a gente ia abrir o escritório da MainMan na Costa Oeste.

Childers começou a buscar um local adequado, com Iggy falando "se eu tiver que ensaiar, eu preciso de uma piscina. Eu não consigo compor sem uma piscina". Pensando consigo mesmo, "bem, isso aqui é a Califórnia", Childers foi averiguar vários prédios residenciais, só para Iggy salientar

## OITO
### SHE CREATURES OF HOLLYWOOD HILLS

como poderiam causar problemas com barulho; por fim, o vocalista acabou impondo tantas condições que o próprio Jim alugou uma espaçosa casa de cinco quartos na Torreyson Drive, por 900 dólares ao mês. Até o Natal, Jim, James, Ron, Scott e Leee já estavam alegremente instalados na extensa construção baixa no topo de Hollywood Hills, de onde viam as luzes cintilantes de Los Angeles se alastrando por todos os cantos. Cada Stooge tinha seu próprio quarto, enquanto Childers conseguia monitorar entradas e saídas de seu quarto na garagem. A piscina, nos fundos da casa, era o centro da maioria das atividades sociais. Também com vista para a velha casa de Errol Flynn na Torreyson, 3100, que fora construída sob medida para o notório ator, ainda nos anos 1940, com direito a espelhos falsos em seu quarto, de onde podia observar as peripécias sexuais dos hóspedes. A descrição feita por Flynn de sua própria casa logo se mostrou apta aos vizinhos:

— Pessoas estranhas se dirigiam colina acima até a casa na Mulholland; entre cafetões, vagabundos, atores pés-rapados, bichas, atletas, turistas, oficiais de justiça, impostores, vendedores, tudo o que se possa imaginar nesse mundo.

Já então por cinco anos, Iggy se arrastava adiante; muito distraído ou muito louco de haxixe, ácido ou heroína, ainda se mantinha na onda que o sustentava desde os primórdios dos Stooges, quando pegava logo cedo o ônibus no trailer-park e ia despertar Ron e Scott de suas sonecas. Agora, prestes a lançar um disco novo e novas músicas, ele se viu forçado a sentar-se e não fazer mais nada. Jim atravessou várias noites analisando a situação com Childers. Era impossível entender ao certo se ele estava sendo mimado ou punido. Nos primeiros dias, Defries apelou para a arrogância natural de Iggy e James: "Sejam indisponíveis. Façam de vocês um mistério", embora tal pretexto tenha ficado cada vez menos plausível.

Enquanto isso, os Stooges se jogaram nos ensaios no Studio Instrument Rentals, um enorme complexo na Santa Monica Boulevard, onde Leee negociou um belo corte nos preços junto ao "departamento de bajulação de celebridades". Dia após dia, entravam no Cadillac da MainMan rumo ao trajeto de quinze minutos pela Mulholland, passando horas ensaiando num palco de dois metros de altura em frente a um gigantesco espelho, enquanto Iggy e James não poupavam esforços. De maneira comovente, para uma banda muitas vezes celebrada como um fracasso desde o parto, os músicos se mostraram incansáveis. Mesmo enquanto o disco já existente padecia no limbo, eles trabalhavam em um novo, antes de emergirem na noite e saírem passeando até a Rodney's English Disco, a alguns minutos da Sunset, para relaxar um pouco.

Talvez, a English Disco de Rodney Bingenheimer, mais do que qualquer outro lugar antes ou depois, tenha sintetizado a encantadora mistura de inocência e depravação de Hollywood. Os truques engenhosos de Rodney, o comportamento ingênuo e a franca adoração por celebridades asseguraram que, ao chegar pela primeira vez a Hollywood, ele tivesse sido acalentado por uma sucessão de ninfetas na Strip e adotado posteriormente como companhia de Sonny e Cher. Como RP da Mercury Records, tornou-se um dos primeiros mecenas de David Bowie em LA, e a magia do glam rock inglês o deixou tão obcecado que abriu a Rodney's English Disco na 7561 Sunset Boulevard. A boate dispunha de uma pista de dança espelhada, cerveja Watney's na bica e era o único lugar da Califórnia a oferecer o enrolado de salsicha, tamanha iguaria inglesa ("absolutamente horroroso", de acordo com Annie Apple, que trabalhou no clube), tudo calculado para proporcionar aos rockers ingleses a sensação de estar de volta a Blighty. Logo, o lugar se tornou o ponto de encontro para toda e qualquer garota do Valley a ostentar um par de plataformas, e Rodney virou o emblemático guardião, como bem definiu o assíduo Michael Des Barres, de "uma legião de xoxotas".

As meninas que curtiam no Rodney's eram crianças desvairadas e endinheiradas ou crianças de rua desesperadas, e "havia uma distinção bem tênue entre os dois tipos", de acordo com Kathy Heller, uma das primeiras frequentadoras do local. Algumas delas bebericavam Coca-

# OITO
## SHE CREATURES OF HOLLYWOOD HILLS

-Cola; outras injetavam heroína nos minúsculos banheiros da casa. Algumas gostavam apenas de farrear com as estrelas do rock inglês, enquanto outras queriam arrancar as calças deles. Quando Iggy e os Stooges chegaram ao fim do ano de 1972, a rainha da cena de LA era Sable Shields, vulgo Sable Starr, estilosa groupie de quinze anos, uma criança selvagem nascida em berço de ouro em Palos Verdes, no sudeste de LA. Sable estava quase sempre acompanhada de sua sensível irmã mais velha Coral, mais reservada, embora igualmente bela; com as madeixas louras cacheadas de Sable e os cabelos negros até a cintura de Coral, as duas lembravam, na opinião de muitos admiradores, a Branca de Neve e a Chapeuzinho Vermelho. As irmãs provavelmente haviam conhecido Jim e James por meio de Evita Ardura, que chamou a atenção de James num belo dia em que ele dirigia a limusine da MainMan pela Hollywood High, onde se localizava a escola da garota de quinze anos; James a conquistou após levar Coral, Sable e ela à Disneylândia, impondo uma presença poderosa, misteriosa, apesar de seu óbvio desdém por parques de diversões. Ao lado da amiga Lori Maddox, essas loucas inveteradas por um carimbo da área VIP do Rodney's gravitavam ao redor dos escritórios da Costa Oeste da mais badalada produtora de showbiz da Inglaterra, a MainMan. E, quando Leee Childers deparou com as responsabilidades de babá, a coisa se tornou muito mais desafiadora. Um dos papéis principais do vice-presidente da MainMan era ficar atento a qualquer sinal de uso de drogas; por mais humilhante que fosse, deveria vasculhar o quarto da banda enquanto ensaiavam. E, semana após semana, encontrava mais e mais colheres sujas e outras parafernálias.

Embora consumissem mais drogas, a fim de aliviar o tédio absoluto de viverem isolados nas colinas, Jim, James, Ron e Scotty trabalhavam com mais afinco do que nunca. Finalmente, foi anunciado que haveria uma apresentação, promovida pela MainMan, no fim de março em Detroit. Assim, durante a primavera de 1973, eles continuaram criando canções; como "Head on the Curb", baseada num intrincado riff tirado de

"LA Woman" do Doors, e "Cock in My Pocket", um número ligeiro à la Eddie Cochran, com letras obscenas e uma estrutura de blues tradicional, bem possível a única composição dos Stooges obviamente em débito com Bowie & the Spiders. Depois, veio "Johanna", sobre a principal namorada de Iggy, com quem se envolveu num bizarro *ménage à trois* regado à heroína, e "Open up and Bleed", épica melancólica e sombria. A canção traçava uma conversa paralela com "Sympathy for the Devil", dos Stones, mas, enquanto Mick se apresentou como Satanás, Jim interpretou Jesus. Nas primeiras entrevistas, ele já comparava seu público aos primeiros cristãos, os oprimidos do mundo. Agora, a mensagem parecia ainda mais messiânica: estaria se oferecendo como uma vítima sacrificial, na crença de que sua obra de alguma forma perduraria. Se Jim Osterberg de fato se sentia amaldiçoado, porém, também sentia pena de si mesmo.

– Se tinha uma hora em que ele ficava sentimental de verdade, era quando estava bêbado – conta Childers –; mas ele não se fazia de rogado, o problema estava no fato de o mundo ser todo ferrado.

À medida que as semanas passaram, a vida doméstica dos Stooges tomou uma sutil e maluca rotina própria. Do quarto na garagem, Leee só observava enquanto o cenário parecia se transformar num set de filmagem de Hollywood, com ninfetas de um lado para o outro, visitas jogadas na piscina, uma variedade das mais sortidas de traficantes e adolescentes foragidos entrando e saindo em carros nada discretos. Sable era a mais ousada e barulhenta das garotas, e a fama da menina se alastrava rapidamente por Hollywood. Ela tinha ainda a fantasia de se tornar uma dona de casa convencional, então, de vez em quando, era possível ver a mais celebrada groupie de Hollywood na cozinha, lavando uma montanha de louça acumulada na pia.

– Todas elas estavam apaixonadas por Jim naquela época – conta Lori Maddox, que sempre saía para farrear com as amigas Sable e Coral pela Torreyson –, e era tudo muito maluco, então as namoradinhas não paravam de zanzar por lá.

Sable tinha um caso com Jim, que eventualmente corria atrás de Coral, que, por sua vez, era a menina mais responsável e que, em geral, cuidava da irmãzinha mais nova. Sable era "engraçada, sempre pilhada e muito sagaz, e por isso os caras gostavam de ficar com ela", conta Lori.

— Mas ela decidia fazer as coisas absolutamente do nada; tipo, no meio da madrugada, ela decidia colocar uma lingerie com cinta-liga e dirigir pela cidade. Ela fazia umas coisas que nenhum outro ser jamais consideraria fazer, coisas que a Coral jamais faria. Era muita doideira, e foi justo nessa época que a Sable começou a ficar notória.

Nesse mesmo período, a relação de Jim com Johanna se encontrava bem desvirtuada, com muitas drogas envolvidas.

— Era coisa de junky mesmo – lembra Ron Asheton. – Ela tinha um amiguinho que vendia drogas, e o Iggy dava muita grana pro cara. Eu saí fora daquela merda toda. Ele gosta de ser machucado. Chafurda no caos.

O rebaixamento de Ron e Scott a meros músicos coadjuvantes agora parecia absolvê-los de qualquer responsabilidade perante o vocalista, e não foram poucas as vezes em que se limitaram a observar com certa indiferença enquanto Iggy boiava imóvel na piscina. Leee Childers percebeu que era seu dever resgatar a maior estrela do MainMan na Costa Oeste, arrastá-lo para fora da piscina e se certificar de que ele continuava respirando. Isso aconteceu com tanta frequência ao longo daquelas doze semanas que Leee até acabou aprendendo a nadar.

Em março, os rumores de que a banda estava cada vez mais devassada alcançaram a sede da MainMan em Nova York; Cherry Vanilla começou, então, a suspeitar dos incessantes pedidos de dinheiro para comprar novos equipamentos e demais despesas um tanto vagas. Quando Wayne County resolver passar por lá, mesmo com sua extensa experiência quanto a excessos, adquirida nos bastidores do Max's, deparou com uma situação surreal. Antes de Wayne chegar, Leee lhe dera algumas instruções.

— O que quer que você faça, não traga drogas. Não dê dinheiro a Iggy. Não dê álcool a eles. Não dê *nada* a eles.

Uma vez na casa, que parecia sinistramente escura no interior, Wayne viu Jim e os Stooges alinhados no sofá, inertes e indiferentes. Só Sable parecia demonstrar algum interesse, soltando risadinhas e flertando com ele; no fim das contas, Wayne percebeu que "ela só queria foder, foder, foder, e ela queria dar até pra mim!". Com sua fala arrastada e melodiosa à la Blanche Dubois, Wayne informou a ela: "Querida, você está batendo na porta errada", e observou com muita calma a mais celebrada groupie de LA cortar os punhos e mergulhar de modo melodramático na piscina. Feliz da vida graças a um par de Quaaludes, Wayne permaneceu parado, vendo Sable se afogar, até que Leee Childers assumiu o papel de salva-vidas uma vez mais e pescou a garota da piscina. Os cortes não passavam de arranhões superficiais, e Leee salvou o orgulho ferido de Sable, dizendo-lhe que "o Wayne não é que nem o Bowie ou o Iggy, duas aberrações, mas que, ainda assim, te comeriam; o Wayne é uma verdadeira princesa!". Após isso, Wayne e Sable se tornaram melhores amigos, dividindo, inclusive, dicas de maquiagem.

Mesmo tendo passado por uma breve exposição à vida na Torreyson, Wayne County se mostrou preocupado quanto a seu amigo Leee sair de lá ileso. Em relação a Iggy, seu herói número um, alguém que sempre considerara inteligente e culto, Wayne já o julgava um "lunático. Um lunático charmoso, amável, mas definitivamente um lunático".

Os companheiros de Stooges de Iggy aparentemente acreditavam que seu comportamento cada vez mais equivocado derivava de sua ânsia desesperada por atenção; de maneira um tanto tranquilizadora, ainda conseguia manter a compostura no estúdio de ensaio. Mas eis que Nick Kent, confidente de Jim em Londres, chegou sem ser convidado a Los Angeles no meio de março para entrevistar seu herói e chocou-se com o que viu. Fisicamente, Iggy parecia em sua melhor forma. Bronzeado, com os cabelos descoloridos, partidos ao meio, parecia mais o Brian Jones da Califórnia. Kent, porém, viu Iggy entrando em "estados muito loucos".

— E não era nem a quantidade de drogas que ele tomava. Às vezes, bastava um Quaalude pra ele ficar completamente chapado e, outras vezes, ele tomava uns vinte e não acontecia nada. Era como se ele tivesse um sistema nervoso que tinha levado um tiro e nunca fora reparado.

Várias pessoas que farreavam com Iggy pela Sunset compartilham da mesma lembrança de vê-lo perdido no próprio reflexo no espelho da Rodney's English Disco, enrolando-se e desenrolando-se feito uma cobra, embrulhada num sonho narcisista, ou à deriva no planeta heroína. As drogas não o tornavam uma pessoa mais legal. Em público, era frequentemente paranoico, repugnante ou superior. "Ei, eu sou o Iggy Pop. Lembre-se disso. Sou eu que mando", conta Kent. Evita se lembra de que ele parecia "uma criança má".

— Não que fosse calculado ou intencional... ele estava apaixonado pela Coral, mas ele comia a irmã dela apenas porque ela estava lá. Ele se enrabichava com qualquer um que oferecesse drogas pra ele.

Muitas das garotas da Rodney's compartilham lembranças de um Jim encantador, "humilde" ou "gentleman". Mas, cavando mais a fundo, as histórias são um tanto mais sombrias, como a de Lonnie, amiga de Coral, que se recorda de Iggy como um pequeno Lorde Fauntleroy perdido, mantendo uma conduta inocente mesmo quando tentava lhe dar heroína:

— O Jim costumava usar muito essa coisa com a minha amiga. Aí, num clube, a gente foi ao banheiro, eles amarraram aquele troço de borracha em volta do meu braço e me injetaram heroína. Eu passei o resto da noite vomitando no estacionamento do Denny's.

O estado mental de Jim, manifestamente fora de controle, não deixava ninguém próximo a ele imune aos efeitos de suas alarmantes mudanças de humor. Havia, porém, um segmento da vida dele que permanecia inviolável: a música. Em algum momento de fevereiro, ligou para Bob Sheff, pianista dos Prime Movers, que lecionava numa escola em Berkeley, para lhe pedir que incrementasse o line-up dos Stooges, adicionando uma pegada mais roots com seu estilo blueseiro ao piano. Isso deveria estar pronto para o retorno da banda em Detroit, em 31 de março, o primeiro de uma previsão de três ou quatro shows. Os dois haviam passado um longo tempo conversando no terraço da casa de Errol Flynn, e Jim se mostrava com plenas ambições quanto a sua música, mesmo quando falava meio delirante sobre as tentações da heroína.

Durante o mês de março, a banda trabalhou intensamente no Studio Instrument Rentals. Em algumas canções, era evidente a tentativa de direcionar a música precisamente em sentido oposto ao manifesto musical originário de Jim, a fim de buscar um rock blues mais pesado, prova da boa vontade (ou, talvez, desespero) da banda em experimentar novos sons. Jim estava empolgado com o lançamento de *Raw Power*, levando fitas de sua mixagem prévia à WABX para que a rádio de Detroit soltasse a primeira audição pública do álbum. Em 18 de março, Jim e a banda já estavam de volta a Ann Arbour, ensaiando no estúdio de gravação da Morgan Road, o qual a SRC tinha comprado com o dinheiro do primeiro adiantamento recebido pela Capitol Records, prontos para o principal show no Ford Auditorium em Detroit.

Apesar de todas as frustrações decorrentes da espera pelo início das atividades em favor dos Stooges por parte da organização da MainMan, tudo parecia pronto para um retorno triunfal. Cherry Vanilla ligou para todos seus contatos a fim de lhes enviar os vinis promocionais do novo álbum, e, alguns dias antes do show em Detroit, Iggy apareceu no programa vespertino de Mark Parenteau na WABX para uma prévia do disco.

Iggy parecia alegre, pensou Parenteau, e, depois de algumas canções, começou a cantar junto com o álbum que tanto tinha esperado que o mundo escutasse. Entre uma música e outra, os dois conversaram, zoando no minúsculo estúdio – antes um consultório odontológico, no 33º andar do arranha-céu David Stott. Após três ou quatro canções, Iggy desatou o único botão de suas calças vermelhas, revelando estar sem cueca, desfez-se da peça de roupa e começou a dançar enquanto cantava. Parenteau começou a rir meio nervoso ao notar que o som do pênis de Iggy, batendo com

## OITO
### SHE CREATURES OF HOLLYWOOD HILLS

força contra a barriga do vocalista, era claramente audível na transmissão. Vez por outra, avistava o administrador da WABX e outros membros da equipe espiando pela estreita janela de vidro na porta do estúdio, enquanto Parenteau insinuava a sua audiência o que estava acontecendo. Depois que o programa acabou, Parenteau teve de se sentar e escutar placidamente o diretor-geral da WABX declarando que o vocalista jamais teria permissão para entrar na estação de rádio outra vez.

Para alguns membros da equipe da MainMan em Detroit, já bem conscientes do que os Stooges vinham aprontando em Hollywood, o programa de rádio se tornou mais um exemplo do comportamento indecente de Iggy. Cherry Vanilla, que então mantinha Defries informado das patifarias na Torreyson, notou que o suprassumo da MainMan estava perdendo o entusiasmo pelo "Grande Ig", como costumava apelidá-lo carinhosamente. Jim e James cooperaram para acelerar o processo. De acordo com Jim, James o forçou a abordar Defries imediatamente antes do show no Ford Auditorium e lhe dizer:

— O James tá se acabando no vício em heroína, e a gente quer transferir a banda pra Flórida (onde a mãe de James vivia) porque estamos esgotados e precisamos dar uma guinada.

Hoje em dia, Williamson descreve a história de Jim como ridícula:

— Eu não estava viciado, e, além do mais, minha mãe vivia com o Coronel Malvado, que jamais fez nada pela gente.

Leee Childers, que detestava o guitarrista, afirma que Williamson, além de azedar a relação dos Stooges com a MainMan, era uma pessoa difícil de se lidar e nada profissional. É um ponto de vista do qual poucos observadores parecem compartilhar, pois, nos derradeiros dias da banda, Williamson parecia de longe o Stooge mais centrado, embora Childers tenha acabado por criar uma oportunidade de descarregar suas mágoas.

O show daquela noite, de acordo com todos os presentes, foi um retorno triunfante para uma multidão de fãs inveterados — incluindo o senhor e a senhora Osterberg — que lotaram as poltronas do classudo auditório, cujo interior de madeira e chandeliers normalmente iluminavam a Orquestra Sinfônica de Detroit. Incrementada por Bob Sheff, e com James Williamson vestindo uma indumentária totalmente à la Mick Ronson (em particular, gigantescas botas prateadas de plataforma, na altura das coxas), a banda tocou um set retirado em sua maioria de *Raw Power*, enriquecido para a ocasião com "Cock in My Pocket", a qual Iggy anunciou ser "coescrita com minha mãe". Iggy se mostrou ágil, em forma, e, ainda que a presença de Tony Defries impusesse certas restrições, o vocalista deu uns amassos na garota da primeira fila, cuspiu em alguns dos fãs e se valeu bastante de uma linguagem "chula", conforme lembram alguns dos espectadores. A resposta do público ao show foi de puro êxtase, muito embora tenha havido certa irritação e algumas vaias quando os Stooges, por insistência de Defries, recusaram-se a voltar para o bis.

Foi provavelmente por causa da frustração de Iggy quanto a não poder retornar para o bis que o clima da extravagante festa pós-show amargou. Defries se comportou como se fosse um político figurão ou algum chefe de sindicato. Nick Kent limitou-se a observar enquanto Iggy cumprimentava os fãs. Então, uma garota, ligeiramente mal por ter tomado alguns drinques a mais, apareceu, toda melosa, dizendo: "Iggy, você está ótimo!", antes de tentar dar um abraço em seu herói. Irritado, o vocalista lhe deu um empurrão e ela acabou caindo na direção de uma escada ali por perto.

– Ela quase rolou a porra da escada abaixo – conta Kent. – Isso causou um pouco de tumulto na casa porque ela era amiga de um dos donos da festa. Foi algo terrivelmente desprezível de se fazer. Me chocou de verdade.

Defries ficou mortificado com o comportamento de Iggy, que quase transformou uma estreia triunfante num desastre. Mas foi James Williamson quem serviu de bode expiatório. Leee Childers odiava o guitarrista e, quando James brigou feio com a amiga de Leee, Cyrinda Foxe, após engravidá-la, Childers tratou de pedir a cabeça do guitarrista. No retorno da banda a LA, Childers convenceu Defries de que Williamson

## OITO
### SHE CREATURES OF HOLLYWOOD HILLS

era a causa do mau comportamento dos Stooges, e o chefão da MainMan deu um ultimato a Jim: ou James seria demitido ou os Stooges estariam fora da jogada. Os demais Stooges e Leee, todos votaram: Leee foi o primeiro, e depois os Ashetons timidamente tomaram partido contra seu antagonista. E, por fim, Iggy concordou em abandonar o amigo e parceiro de composição. James foi expulso de casa sem nem ao menos poder pegar suas guitarras ou as botas de plataforma. Furioso com a traição do amigo, que, segundo ele, tinha "me apunhalado pelas costas em nome de sua carreira", James sumiu rumo a Hollywood, onde uma central de empregos o designou para um trabalho de projecionista de cinema pornô.

Iggy parecia impassível quanto à perda de seu parceiro. Ricky Frystack tocava numa banda de blues, chamada Moonfleet, e tinha estudado em Westchester High com Danny Sugerman, um garoto astuto de dezoito anos sempre presente no escritório dos Doors que, mais tarde, se tornaria o assessor de imprensa da banda. Sugerman se mostrou "bem agressivo" com a ideia de se envolver com a MainMan, conta Frystack, e pressionou o amigo a fazer um teste com Iggy. Após um breve bate-papo, Iggy sugeriu que Frystack levasse sua guitarra para a casa. No dia marcado, Ricky apareceu e deparou com Iggy reclinado à beira da piscina, com um copo de Courvoisier na mão e o álbum *Atlantis*, de Sun Ra, tocado a um volume cacofônico num gigantesco sistema de PA.

– Isso me abriu totalmente os olhos – diz Frystack. – A gente tocou por algumas horas, depois ficou de boa um pouco.

Iggy parecia completamente à vontade, "muito feliz", vivendo a grande fantasia do rock, curtindo na piscina.

De fato, Iggy estava analisando várias novas parcerias em potencial. No começo de março, Tony Defries bateu um papo com Kim Fowley, produtor discográfico, sósia do Tropeço da Família Addams e célebre frequentador do Rodney's English Disco, e houve uma vaga conversa quanto a Fowley trabalhar no disco solo de Iggy. Por um tempo, Fowley se tornou o confidente do vocalista e, juntos, trabalharam numa série de canções que constituiríam o segundo álbum de Iggy pela MainMan, entre as quais uma nova composição chamada "She Creatures of the Hollywood Hills". Fowley foi incumbido de encontrar um substituto para Williamson. O produtor magricela, desengonçado, com cara engraçada, escolheu Warren Klein, que tinha atraído uma parcela modesta de atenção na cena de LA com o Fraternity of Man, um grupo de blues psicodélico com influências da Moby Grape; sua maior ambição era conseguir emplacar uma faixa na trilha sonora de *Easy Rider*, sucesso de vendas. Klein era um "cara parecido com o Tony Curtis, mas com um espírito de vendedor de sapatos", de acordo com Fowley; o guitarrista costumava ficar calado, embora gargalhasse sempre nos momentos certos quando o vocalista abria a boca. E isso, em consonância com o estilo blues de raiz, pelo visto, acabou qualificando-o para o trabalho junto aos Stooges. De modo a conferir-lhe uma pegada mais glam, Warren o nomeou Tornado Turner, e logo ele estava nos Stooges. Mas a crença de Tony Defries em eliminar James Williamson para fazer Iggy e os Stooges se comportarem não demorou a ir por água abaixo. No começo de abril, Defries se juntou a Tony Zanetta no Japão para a turnê de David Bowie. As más notícias que, àquela altura, pipocavam num fluxo contínuo da casa na Torreyson Drive se tornaram uma preocupação constante. Zanetta ouviu relatos de um roubo, que consideraram uma manobra a fim de conseguir mais dinheiro para comprar drogas, e demandas de dinheiro para o aborto de uma das namoradas adolescentes de Iggy (quase que certamente uma ficção, muito embora fosse impossível saber quem havia inventado a história). "E, a cada telefonema, havia mais um desastre a ser desvendado."

Tony Defries tinha chegado ao fim da linha com Iggy Pop, o garoto americanoide por quem um dia se encantara. Como bem apontou Childers:

— O Tony sempre se apaixonava um pouco pelas pessoas com quem ele trabalhava. Até que, como num caso de amor, a coisa começava a azedar... e aí, tudo desandava de uma vez, depressa. Então, sobrava só a indignação de um empresário espezinhado.

De Detroit, Defries pouco podia fazer sobre o comportamento de Iggy; ele o tinha contratado a pedido de Bowie, e não poderia largá-lo sem o consentimento de David. Agora, bem no início de sua primeira e tumultuosa turnê no Japão, David era forçado a se sentar e ouvir as explicações de seu empresário sobre os motivos pelos quais a MainMan deveria largar mão de seu amigo.

– O Defries não parava de falar sobre o assunto com o David – conta Zanetta. – E o David ficou mal, porque ele realmente não queria deixá-los. Mas ele já estava no limite lá no Japão, e ainda preocupado; não havia nada que pudesse fazer. Foi então que, muito a contragosto, ele concordou em abandoná-los.

Já de volta a LA, Leee Childers informou aos Stooges que estavam dispensados. Esperava uma cena. Mas, como crianças malcriadas que sabiam bem o que tinham aprontado, eles não emitiram um pio sequer. Leee pulou na piscina e ficou dando braçadas melancólicas enquanto os observava catando suas roupas e partindo.

# NOVE

# CHUTANDO CACHORRO MORTO

**RON ASHETON:** "A coisa toda era uma tortura que não acabava nunca. A gente segurou a onda, de alguma forma, na esperança de que tudo pudesse melhorar... Mas a gente só tava mesmo chutando cachorro morto, até virar pó."

Jim Osterberg: "Tínhamos um orgulho perverso em nos exibir, mas não. Não era uma boa exibição. Era necessária uma grande personalidade pra administrar os Stooges, e quando perdemos Defries... foi o fim de tudo."

Scott Asheton: "Eles atiravam todo tipo de coisa. Câmeras, sacos de bagulho, pílulas, dinheiro, eles jogavam todo tipo de merda... não só garrafas."

Scott Thurston: "Todo mundo sabia que a gente tava arruinado. Mas era uma banda potente pra caramba, e um motivo potente pra caramba pra gente permanecer de pé e seguir em frente. Não era nenhuma brincadeira."

# NOVE
## CHUTANDO CACHORRO MORTO

James Williamson: "Dizem que a definição de insanidade é tentar fazer exatamente a mesma coisa repetidas vezes e pensar que vai conseguir chegar a algum resultado diferente."

A lenta, dolorosa e heroica morte dos Stooges começou com humilhação e terminou com uma chuva de garrafas. A humilhação doeu mais.

No início de 1973, ainda havia alguns fãs de Iggy dispersos por Hollywood. Um deles era Danny Sugerman, cuja vida caíra no vazio após a morte de Jim Morrison, em julho de 1971, e Iggy parecia a pessoa certa para preenchê-lo. Depois da queda do reino da MainMan, Danny ansiava por começar a batalhar em favor dos Stooges. A banda também teve sorte em encontrar um empresário de calibre pesado, na figura combativa de Jeff Wald, que se vinculou a Iggy por intermédio de uma crítica de rock chamada Lillian Roxon. Wald era marido e empresário da cantora Helen Reddy, que, a exemplo de sua amiga Lillian, era uma expatriada australiana e feminista comprometida. Seu marido Jeff, em contrapartida, era um cocainômano durão do Bronx, cuja fala inicial em qualquer negociação de trabalho costumava ser: "Não fode comigo, que eu te quebro".

Antes de assinar com Wald, porém, Jim precisou passar por um ritual humilhante nas mãos de Abe Somers, o advogado trabalhista dos Doors, testemunha do contrato.

– Você deveria se considerar sortudo só pelo fato de um homem de negócios respeitado como o senhor Wald pensar na possibilidade de te representar – bradou Somers a um Jim mudo, apático. – Você não merece nem beijar os pés dele!

Diante de tamanha censura, o lendário encanto de Jim desapareceu. Foi a primeira vez, Sugarman contou aos amigos, que viu Jim chorando. Outros mencionaram o estrago psicológico causado por tantas humilhações, e Nick Kent, em particular, acreditava que, na primavera de 1973, Jim tivesse sofrido algum tipo de colapso nervoso:

— Muitas coisas ruins aconteceram com ele, e o sistema nervoso do cara simplesmente não aguentava mais.

O fato de que a fonte de dinheiro da MainMan havia finalmente secado, porém, teve uma consequência positiva: Jim já não conseguia mais manter seu reiterado caso de amor com a heroína. O lado negativo foi que acabou se tornando um drogadito de rua, na sarjeta, tomando qualquer porcaria que fosse de graça ou barata, em especial Quaaludes, que parecia estar livremente disponível em Hollywood.

Outra humilhação ainda haveria de vir durante um show em Chicago, provavelmente agendado pela MainMan, em 15 de junho, e que contou com o novo guitarrista da banda, Tornado Turner. Quem se encontrava presente guarda uma vaga lembrança de um show profundamente profissional e inacreditavelmente entediante. Ben Edmonds, então editor da *Creem*, era fã dos Stooges e tinha dirigido todo o percurso até o Aragon, um salão de baile sem graça, bastante parecido com o Grande. A performance foi tão enfadonha que a única lembrança viva acabou sendo o bigode de Tornado Turner:

— Não teve nada de mais. Foi como assistir a um show ruim de uma banda cover.

Tanto pela grana, quanto pela autoestima, os Stooges precisavam trabalhar. Jim se jogou numa série de atividades febricitantes, alegando que, com Turner, a magia dos Stooges tinha chegado ao fim. Enquanto Jeff Wald dava telefonemas empenhando-se atrás de shows e ligando para Clive Davis a fim de assegurar que o chefão da Columbia manteria seu compromisso com os Stooges, Jim engoliu seu orgulho e ligou para James Williamson, que estava morando com Evita e sua mãe. Apesar de James ainda acreditar na música, ele sabia que a amizade tinha acabado.

— Ele nunca se desculpou, só seguiu adiante tocando as coisas. Eu também fiz isso. Mas, daí pra frente, eu ia cuidar só de mim.

Quando Bob Sheff sacou que os Stooges estavam tocando de novo, percebeu uma mudança nas circunstâncias sem precisar ser avisado. Durante o encontro com Jim alguns dias depois, notou que o amigo parecia cansado. A bela casa já era coisa do passado; a maioria das periguetes de quinze anos e viciadas em heroína tinham desaparecido; havia rumores sobre débitos com a gravadora; e o diretor de turnê acabou contraindo o hábito de ir ao banco descontar cheques com uma arma no bolso da jaqueta. Além disso, a acomodação disponibilizada à "cavalaria" consistia agora num miserável quarto no Tropicana, situação que, mais tarde, só piorou com um dormitório ainda mais chulé, forrado com berrantes papéis de parede, no Riviera Motel, um moquifo caindo aos pedaços cheio de putas e outros personagens suspeitos, onde James e Evita tiveram suas carteiras roubadas enquanto dormiam. Ainda assim, considerando tudo pelo que tinha passado, James Williamson parecia manter a cabeça no lugar. O guitarrista e sua namorada Evita levaram Bob para comer, conversaram sobre astrologia, discutiram o progresso dos ensaios no SIR e uma turnê iminente que começaria com uma residência no Whisky-a-Go-Go no Sunset. Se Iggy parecia ter comandado o show no Ford Auditorium, dessa vez, era James quem estaria no controle.

A série de shows no Whisky começou em 20 de junho, dois shows por noite. Nos três anos que haviam se passado desde a última vez em que a banda tocara na Costa Oeste, um enorme séquito de novos seguidores surgiu, e a noite de abertura estava lotada de jovens que mais tarde formariam a espinha dorsal da cena punk de LA. Muitos ficaram abismados com o espetáculo da banda, então vivendo à beira do abismo, embora mantivessem seu poder soberano.

Na noite de abertura, Bob Sheff tinha decidido assumir seu alter ego, uma criação avant-garde chamada "Blue Gene Tyranny". Usava roupas rasgadas e um cordão com lâmpadas vermelhas piscando sem parar nos cabelos; nos bastidores, dois espectadores chapados acabaram paranoicos, jurando que sua cabeça estava pegando fogo, e tentaram abafar as chamas. Sheff foi o primeiro a entrar no palco, martelando as primeiras notas de "Raw Power" num piano decrépito enfiado num canto do palco do Whisky.

Williamson, os Asheton e Iggy atravessaram a coxia, por trás de uma tela de projeção que exibia um loop silencioso de Lee Marvin assassinando Ronald Reagan em *Os Assassinos* (*The Killers*, no original), e subiram a passos lentos no palco. O guitarrista e o baterista se juntaram a Sheff, martelando o riff monstruoso e repetitivo. Iggy ficou em frente ao palco com os olhos fixos no público, enquanto duas garotas agachadas em frente a ele metiam a mão em sua tanga, acariciando-lhe a genitália. Ao se entediar com tamanha atenção, simplesmente chutou uma delas pra fora de seu caminho antes de pegar o microfone e começar a cantar "Raw Power". A vida imitava a arte. Tinha escrito sobre ser amaldiçoado senão pela força propulsora do rock'n'roll, e agora estava vivendo tal mensagem.

Os acordes bate-estaca, porém, não poderiam sustentar Iggy para sempre. O acordo estabelecido estipulava que fizessem dois shows por noite no Whisky, mas, após um ou dois dias, Iggy se encontrava completamente exausto para completar a segunda performance. Na segunda noite, Bob Sheff se deu conta de que tinha emprestado tanta grana para os demais Stooges que só havia sobrado o suficiente para viajar de volta a Berkeley. Sheff disse ao diretor de turnê, John Myers, que precisaria do cachê do show; caso contrário teria de largar tudo e ir embora antes de ficar encalhado com os Stooges por uma eternidade. Em resposta, Myers lhe ofereceu uma carona até o aeroporto. Sheff entrou no avião e nunca mais falou com Iggy; os Stooges tocaram sem pianista nas três noites seguintes.

Os relatos acerca das performances subsequentes são por demais confusos, parecendo mensagens provindas de uma frente de batalha, embora várias imagens permaneçam. Uma delas é a de Iggy enfiando o pedestal do microfone na tanga e transando com ele por quinze minutos sem cantar uma só nota, enquanto o público ia aos poucos embora, até restarem vinte curiosos já exaustos. Outra é a de Iggy sendo passado de mão em mão por uma plateia em êxtase, lembrança jubilosa da lendária performance dos Stooges em Cincinnati. Uma terceira foi o vislumbre de Iggy desmaiado nos bastidores, com a cabeça afundada no colo de Sable

Starr, enquanto cada um dos Stooges permanecia sentado em silêncio no próprio canto, muito depois de anunciarem que entrariam no palco.

— A gente acabou indo pros bastidores de tão frustrado, depois de ficar esperando pelo segundo show — lembra Don Waller, um fã fervoroso que viu praticamente todos os shows no Whisky. — A gente ficou lá coçando a cabeça, sem conseguir entender o que tava rolando. E não sacou que eles tavam tão fodidos daquele jeito, e que o Williamson e o Iggy já tavam acabadaços.

A Columbia enfim lançou *Raw Power* em maio, creditado a Iggy e aos Stooges, mas, sem o menor indício de estarem vinculados a uma produtora badalada como a MainMan, a gravadora se limitou a um mínimo de comprometimento. Steve Harris, responsável pela promoção dos Stooges na Elektra, viu a história se repetir diante de seus olhos ao se tornar vice-presidente da Columbia e, novamente, tentou entusiasmar uma diretoria cheia de pessoas indiferentes. Dessa vez, porém, a situação foi muito pior; a reação foi: "Haha, Iggy... esse cara é uma piada". A Columbia vinha lucrando mais com *Brigde over Troubled Water*, disco lançado havia já três anos, do que com os Stooges. Mas Harris perseverou, chegando à conclusão de que o único jeito de fazer as rádios de Nova York notarem os Stooges seria assumindo as despesas de uma série de shows intitulados "Iggy at Max's at Midnight"[26]. A princípio, Jeff Wald ficou com o pé atrás:

— Você espera que eu mande o Iggy a NY? — urrou. — Aquilo lá é um lixo de cidade!

Da feita que Harris se comprometeu a acompanhar cada movimento do vocalista, foi acordado que a banda iniciaria uma residência de quatro noites em 30 de julho.

As datas no Max's foram concomitantes a alguns shows no Centro-Oeste e no Canadá, de modo que a turnê seguiu aos trancos, e os Stooges decidiram que precisavam substituir Bob Sheff. James Williamson outra

---

26 "Iggy no Max's à meia-noite." [N. de T.]

vez tomou a frente da situação e ligou para Scott Thurston, tecladista que tinha conhecido enquanto ensaiava nos estúdios da Capitol durante seu exílio dos Stooges, reunindo-se com ele em LA para um breve ensaio das músicas – ocasião em que lhe deu uma cópia de *Raw Power*. Poucos dias depois, Thurston estava num avião com o diretor de turnê John Myers rumo a um show no Ice Arena, em St. Clair Lake, logo ao norte de Detroit. O primeiro encontro com a banda se deu a caminho do Arena; foi a primeira noite que dividiu o palco com Iggy, que vestia apenas botas até o joelho e uma tanga. Thurston ficou maravilhado. E assim permaneceu durante algum tempo. De acordo com vários conhecedores dos Stooges, aquela noite marcou o começo de uma era cômica sem paralelos. Os fãs curtiam os shows caóticos tanto pelas roupas ridículas e burlescas quanto pela música intermitentemente emocionante.

– Eles eram engraçados, histericamente cômicos – relembra Michael Tipton, amigo e fã que gravou muitos dos últimos shows da banda. – Dava pra escrever milhares de páginas e, ainda assim, não captar toda aquela insanidade.

Muito embora os Stooges se mostrassem relativamente indiferentes aos problemas de seu líder, considerando-os autoinfligidos, outros observadores mais próximos, como Tipton e Natalie Schlossman, cedo ou tarde, perceberam que havia um sombrio submundo relacionado àquela comédia toda.

– Começou a ficar óbvio que o Iggy precisava de ajuda profissional – conta Tipton. – As pessoas tinham medo dele.

Em St. Clair Lake, Iggy se vestiu para o show com uma samba-canção preta comprada no Soho, souvenir adquirido durante suas andanças turísticas por Londres. Fazia um calor danado, e a banda ficou comendo melancias nos bastidores. Enquanto os Stooges, incluindo Thurston, estouravam os acordes iniciais de "Raw Power" nas caixas de som, Iggy subiu correndo no palco e jogou uma melancia na multidão, acertando uma garota na plateia e contundindo-a – situação que, mais tarde, causou certo

## NOVE
### CHUTANDO CACHORRO MORTO

alvoroço com o produtor do evento. Algumas canções depois, Iggy sentiu um impulso irresistível de limpar seus intestinos e saiu correndo para trás da pilha de Marshalls da banda a fim de soltar um barro; Tipton ficou só observando quando Iggy correu de volta ao palco e começou a atirar a "coisa" na multidão. Quando a munição acabou, pegou uma caneca com gelo e a esvaziou dentro de sua cueca Soho; depois pescou cubo por cubo, chupando-os de maneira um tanto provocativa ou atirando-os no público.

Thurston ficou boquiaberto com sua estreia nos Stooges, arrebatado pela potência da apresentação da banda e horrorizado com a crescente e óbvia falta de esperança quanto aos problemas que viriam depois que deixassem o palco. Juntou-se a James Williamson, único membro da banda que se mantinha positivo.

– Ele estava circundando as vans, como se a gente estivesse sendo atacado num filme de faroeste, daquele tipo em que todos levam bala, ainda que, talvez, o cara consiga matar alguém enquanto dá o último suspiro. – No entanto, ninguém, nem mesmo James, poderia mudar o rumo que os Stooges seguiam. – Ninguém tinha controle de nada. Era uma anarquia total.

Cedo ou tarde, Thurston acabou se acostumando com o glamour amaldiçoado de sua nova vida bandida, chegando às casas de espetáculo sem qualquer equipamento, pegando amplificadores emprestados das bandas de abertura, largando os Marshalls alugados nos palcos para não ter de pagar as taxas e fugindo dos hotéis pela porta dos fundos.

No entanto, quando a banda chegou a Nova York, por volta de 28 de julho, parecia que os dias de glória estavam de volta. A Columbia deu passe livre à banda em seus estúdios de ensaio no centro da cidade, um prédio sereno e confortável, que normalmente recebia artistas como Tony Bennet, supervisionado por um funcionário do sindicato que só observava com total indiferença enquanto Iggy dançava em cima do piano de cauda. Um por um, os velhos amigos foram chegando para se encontrar com a banda, que se preparava para seu prestigioso compromisso no

Max's; Natalie Schlossman e sua amiga Pat, que era a fim de Ron, deram as caras; a namorada de James, Evita, veio de LA; a namorada de Scotty, Esther Korinsky, chegou de Detroit, bem como o ex dela, Dave Alexander, o Dum Dum Boy deixado para trás. Dave parecia saudável, magro, e sentou-se num canto durante os ensaios, contando aos demais como vinha acumulando uma fortuna no mercado de ações. Ao longo de vários dias, a banda trabalhou em suas músicas, incrementando o material de *Raw Power* com novas canções, como "Heavy Liquid" e "Open up and Bleed", à qual Thurston acrescentou uma gaita lamuriosa. Até Jim parecia num estado decente, otimista, fazendo a banda trabalhar no material novo, ainda que houvesse os lapsos de costume. Combinou de se encontrar com Coral Shields no Aeroporto Kennedy na tarde do show no Max's, mas se esqueceu de aparecer. Coral entrou em pânico, sem o dinheiro necessário para chegar a Manhattan ou a menor ideia de onde a banda se hospedava. Felizmente, o guitarrista do Led Zeppelin, Jimmy Paige, que a tinha conhecido na Rodney's English Disco em LA, surgiu para salvar o dia. Page estava retornando para Londres, logo após a triunfal turnê de verão do Zep, encerrada com três shows esgotados no Madison Square Garden, e persuadiu Coral a voltar com ele. Uma vez em Londres, Coral não demorou a espalhar entre figurinhas do naipe de Nick Kent como tinha desencanado de Jim Osterberg, que parecia mais interessado em drogas do que em outras pessoas.

    O Max's estava lotado na noite de estreia, com a presença de velhos amigos como Danny Fields, Leee "Black" Childers, Lenny Kaye, Alice Cooper e Lisa Robinson, e havia uma fila enorme do lado de fora do clube. Ocorreram alguns problemas com o PA, o que implicou a sobrecarga da voz de Iggy saindo do enorme paredão de som de amplificadores alugados e a guitarra de James às vezes fora do tom. Alguns dos conhecidos de longa data dos Stooges riam por entre os dentes de toda aquela maquiagem estereotipada e das indumentárias ridículas, costuradas à mão por Bill Whitten, estilista de Hollywood; James vestia um glamoroso traje de Star Trek,

## NOVE
### CHUTANDO CACHORRO MORTO

enquanto Iggy apareceu, a certa altura, com uma fantasia patética e exagerada de gladiador. Apesar dos problemas técnicos, a banda se saiu magnificamente bem. Bob Czaykowski (Nite Bob) foi contratado para cuidar dos amplificadores de retorno nos shows no Max's; sua função era alcançar "o clang": ruído fisicamente brutal e ressonante que levava o público a se ajoelhar em sinal de submissão. Nite Bob esteve presente em todos os ensaios e shows no Max's, e se deu conta de que, "mesmo que tudo fosse muito cru, dava pra sacar que tava rolando uma parada especial".

– Por isso a gente queria trabalhar pra eles. Não eram um bando de groovers fracassados que logo cairiam no esquecimento.

No espaço confinado do Max's, o público de Nova York foi arrebatado por um misto de entusiasmo e medo, pois, como bem lembra Bebe Buell, modelo da Agência Ford e namorada de Todd Rundgren, "havia uma certa sensação de perigo, porque todo mundo sabia das bizarrices dele no palco". Na segunda noite, o clube ficou novamente abarrotado, e, enquanto Iggy andava sobre mesas e cadeiras, berrando na cara da plateia, uma cadeira virou, ou foi puxada, e ele escorregou, caindo em cima de uma mesa cheia de copos, que estouraram com o impacto. Quando Iggy se levantou, Nite Bob viu os cortes no peito e no queixo dele, além de uma perfuração numa de suas costelas; então, assim que Iggy cambaleou de lado e tombou sobre ele, Bob notou que sua própria camiseta estava coberta de sangue e gritou:

– Bora acabar com isso. Já chega, cara. Você não pode continuar assim!

Porém, Iggy continuou cantando com o sangue escorrendo pelo peito. Percebeu que, se puxasse seu braço esquerdo para trás, o sangue jorrava num fluxo contínuo.

– Era horroroso, tipo uma arena romana – conta Wayne County. – Eu não parava de subir as escadas correndo pra olhar aquilo, gritando aaaaggghhhhhhh, depois descia correndo de volta.

Nas palavras de Bebe Buell:

— A gente não viu ele caindo, mas, quando se levantou, tinha uma quantidade enorme de sangue esguichando do que parecia, pelo menos de onde a gente estava sentado, um rasgo gigantesco.

Nite Bob relembra:

— A gente tinha um lema que dizia que uma fita gaffer podia consertar qualquer coisa, mas ele tava sangrando tanto que a fita nem grudava.

Conforme Jim Osterberg explica atualmente, o corte "simplesmente rolou. Foi um acidente". (Evita, ao contrário das demais testemunhas, mostra-se convencida de que a ferida foi deliberadamente infligida, em decorrência da dor e da culpa sentidas pela partida de Coral rumo à Inglaterra.) No entanto, enquanto qualquer outro músico teria deixado de pronto o palco, o vocalista finalizou o setlist de sete canções da banda, e o sangue escorrendo pelo peito de Iggy Pop se tornaria uma imagem definitiva em sua carreira.

O banho de sangue pareceu o ponto culminante de um processo que começou quando Iggy foi vaiado pelos fãs do Cream, em abril de 1968. Por aqueles dias, seu confronto com o público tinha remetido à dramatização fisicamente selvagem proposta por Antonin Artaud em seu Teatro da Crueldade; a exemplo de Iggy, Artaud acreditava que se podia atingir certo tipo de pureza ao confrontar violentamente ou aterrorizar uma plateia insensível. Agora, refestelando-se com suas lesões, Iggy parecia ir ainda mais longe, alcançando a seara de artistas performáticos como Chris Burden, que deu um famoso tiro em si próprio na obra *Shoot*, de 1971. (Burden foi celebrado posteriormente por Bowie em "Joe the Lion", do álbum *Heroes*.) Sem dúvida, algumas das ações de Iggy eram calculadas, embora, em seu estado mental tão instável, fosse impossível saber no que aquele confronto progressivo daria.

Dali a alguns dias, seria noticiado que Iggy teria se metido num romance com Bebe Buell. No que dizia respeito a alguns fãs de longa data dos Stooges, como Dave Marsh, todo aquele alvoroço em torno do sangue de Iggy era "a porra de um clichê. Era alguma coisa do tipo: a gente chegou mesmo a esse ponto?". Scott Thurston se lembra da reação da banda como um "choque".

– Eu me senti mal pelo Jim, e fiquei meio puto. Era tipo um protesto contra si mesmo. – Após tal iniciação, Thurston se deu conta de que era "meio que a vibe da banda ficar relaxada sob qualquer circunstância". – Não que a gente tenha entrado em pânico... mas eu me senti mal, e era definitivamente um ponto negativo. Ainda que muitos outros pontos negativos viessem em seguida.

Quando o show terminou, Alice Cooper foi depressa ao camarim e insistiu que Iggy precisava de cuidados médicos, delegando a seu assessor de imprensa, Ashley Pandel, que o levasse ao hospital para dar alguns pontos. Jim, todo costurado e cheio de curativos, retornou ao clube mais tarde naquela mesma noite, provavelmente para ver Bebe Buell; o fotógrafo Lynn Goldsmith tirou uma foto dos dois juntos, com Jim de olhos grudados em tamanha beldade, como que em adoração à garota WASP. É bem provável que o vulnerável vocalista tenha se valido de seus ferimentos para conquistar a compaixão de Buell, chegando até a encorajar as fofocas de que havia se retalhado em nome de seu amor não correspondido por ela – o que, considerando-se que os dois se conheceram após aquela apresentação no Max's, parecia um tanto forçado. De todo modo, Jim se entregou ao interesse por seu novo amor com sua tradicional combinação de encanto infatigável e truques infalíveis.

Os ferimentos de Jim implicaram que os dois próximos shows no Max's fossem postergados, mas, em vez de se recuperar, o vocalista ferido foi assistir ao concerto dos New York Dolls no Madison Square Garden na noite seguinte. Os Dolls cada vez mais despontavam como pretendentes ao status dos Stooges, como ícones proeminentes da decadência, e, naquela noite, Iggy pareceu de fato uma figura lastimável; colidiu contra uma porta de vidro, cortando a cabeça, e as celebridades de Nova York literalmente o pisotearam, rindo de sua condição. Felizmente, Bebe Buell tinha persuadido Rundgren a ir assistir aos Dolls e acabou vendo o herói desfalecido, encostado numa parede. Ajoelhando-se para cuidar dele, ela limpou carinhosamente o sangue com uma toalha, enquanto suas amigas Cyrinda Foxe e Cindy Land soltavam risadinhas da situação, o que deixava Todd cada vez mais irritado. A preocupação do moço se justificava, pois, a essa altura, Buell já tinha chegado à conclusão de que Iggy era "totalmente maravilhoso pra caralho".

– Feito um Adonis. Além do mais, ele tinha olhos azuis enormes, que nem dois pires, e era uma máquina sexual ambulante, de verdade. Talvez uma máquina toda ferrada, cambaleando e caindo sem parar, mas qualquer garota pensaria: "Hmmm, como será que ele ficaria depois de um belo banho e de uma noite de sono bem dormida?".

Por fim, Rundgren puxou Buell, cambaleando em seus sapatos de plataformas, para longe dali; mas, na breve conversa entre a beldade e o vocalista, Bebe mencionou onde ela e Todd moravam, confiante de que, no estado em que estava, Jim não se lembraria. No dia seguinte, minutos após Todd deixar o apartamento dos dois em Greenwich Village a fim de reabastecer seu estoque de meias para uma viagem a San Diego, Bebe escutou alguém bater à porta da frente e desceu correndo para abri-la, jurando que o namorado tinha esquecido a carteira. E lá, esbanjando vitalidade, estava Jim Osterberg, com calça e camiseta justinhas, sorrindo: "Você disse Horatio Street número 51, né?".

Pouco depois de Jim se sentar e explicar, com uma polidez quase excessiva, como estava sem um tostão furado e precisava de um lugar para ficar, Todd regressou de sua expedição às compras. Rundgren suspeitou de imediato do músico rival, mas já era tarde demais para cancelar a viagem, que, acreditava Bebe, fora planejada pelo venerado produtor e multi-instrumentista cheio das segundas intenções. Sem mais nada a fazer, Rundgren foi dos mais incisivos:

– Não deixa, sob nenhuma circunstância, esse cara aqui sozinho. Ele vai roubar tudo que a gente tem pra comprar drogas. E, não importa o que aconteça, tranca o terceiro andar e não deixa ele chegar nem perto de lá.

## NOVE
### CHUTANDO CACHORRO MORTO

Assegurando ao namorado que não havia razão para se preocupar e que ela não deixaria Jim chegar nem perto do estúdio no terceiro andar, onde Todd guardava suas guitarras e seu valioso equipamento de gravação, Bebe lhe deu tchauzinho. E passou alguns dias dos mais românticos com Jim, indo ao cinema para assistir a *Lua de papel* (*Paper Moon*, no original), o filme água com açúcar daquele verão; passeando por Greenwich Village; namorando no parque; ou comendo hambúrgueres temperados com Tabasco no PJ Clarke's, o agitado salão forrado de mogno no Upper East Side. Por sorte, Jim calhou de vestir o mesmo número que Todd, ainda que medisse alguns centímetros a menos, então Bebe cortou as barras de algumas calças do guitarrista magricela a fim de que seu novo namoradinho tivesse roupas novas para vestir.

Em 6 de agosto, os Stooges retornaram ao Max's Kansas City para realizar os dois shows adiados da meia-noite. Nite Bob tinha passado todo aquele intervalo de tempo montando um enorme sistema de PA e, nos últimos shows, a voz de Iggy enfim ficou discernível, com a banda brutalmente afiada num nível de energia quase insuportável no espaço confinado do piso superior do Max's. Apesar da frustração por ter sido rebaixado ao baixo, Ron foi um dos melhores expoentes do instrumento, antes ou depois; inventivo melodicamente, com uma agressividade brutal, impecável, em sincronia perfeita com o ressonante *sturm und drang* de seu irmão Rock Action; o baixo de Ron liderava a investida de longas passagens instrumentais em que a adrenalina jamais arrefecia. Durante aquelas duas noites, os Stooges exibiram toda sua pompa, seu mais alto esplendor inofuscável por suas evidentes agruras.

– Eles estavam no auge, tipo os Stones americanos na época do *Exile on Main Street* – conta Bob Czaykowski.

Após aquelas duas performances finais, continuaram a desenvolver material novo, ainda na esperança de conseguir lançar mais um disco pela Columbia; na derradeira noite, "Open up and Bleed" foi reformulada com letra nova e se tornou o hino da turbulenta residência da banda.

— Foi uma coisa especial — reflete Steve Harris, que se regozijou de praticamente todo e qualquer aspecto do que seria a última apresentação da banda em Manhattan. — (Mas) o que importa é que não diminuiu a venda dos discos.

Não obstante, os shows foram encarados como um verdadeiro triunfo, amplamente elogiados pela crítica, cujas resenhas Jim sempre analisava minuciosamente — muito embora alguns dos jornalistas de Nova York, em particular Lenny Kaye, de fato intuíssem que os Stooges "não poderiam ir muito longe... a menos que prejudicassem a si mesmos". Houve uma sacada estranha, em especial na *Rock Scene*, a descolada revista fotográfica lançada por Lisa Robinson; aqueles por dentro da situação foram capazes de deduzir os sentimentos influentes da editora por James Williamson, a julgar pela legenda da foto do guitarrista, na qual se lia "'Jones' Williamson". No encalço do show, Jim curtiu um alegre verão em Nova York, refugiado com Bebe Buell na Horatio Street. Nos primeiros dias juntos, os dois não pararam de conversar um minuto sequer; Jim era fofo, com seu jeitinho de cão abandonado, e tratava Bebe como se ela fosse uma princesa escandinava puro-sangue, antes que o inevitável acontecesse e Bebe embarcasse no que viria a ser seu primeiro caso desde que fora morar com Todd:

— Quando a gente finalmente fez amor, foi, eu não quero parecer simplória, mas foi incrivelmente bonito, que nem nos livros. Aí, a gente ficou tipo "ai, meu Deus!". Tudo o que a gente fazia era transar, sete vezes por dia, em todos os cantos, em qualquer lugar.

Todd era uma figura influente na indústria musical de Nova York, mas Jim e Bebe estavam distraídos demais para pensar na inevitável ira do moço. Agiam como adolescentes maravilhados, curtindo os momentos que pareciam de rara pureza em meio ao caos que ameaçava engolir Iggy. Pelas manhãs, Bebe costumava sentar-se na enorme cama d'água redonda, admirando o corpo de bailarino do vocalista ("de tirar o fôlego, uma obra de arte") enquanto ele improvisava algumas canções, fazendo serenatas

# NOVE
## CHUTANDO CACHORRO MORTO

com letras melosas para ela, em seu melhor tom barítono à la Frank Sinatra. Durante aquelas primeiras horas da manhã, Jim Osterberg era o mais considerável dos hóspedes (cozinhava omeletes, passava o aspirador de pó, mantinha o lugar arrumado e cuidava dos dois cães de Bebe); no entanto, conforme o passar do tempo, Bebe notou que, às vezes, após Jim sumir pela parte da tarde rumo a algum encontro não especificado, era Iggy quem voltava em seu lugar. E Iggy podia ser "assustador e maldoso e repugnante". Para Bebe, parecia que Jim era capaz de se transformar em sua persona Iggy com muita facilidade, mas nem sempre conseguia voltar a ser Jim:

— O problema é este; dá pra invocar o diabo, mas nem sempre dá pra se livrar dele.

Bela manhã, Bebe precisou levantar cedo para um compromisso de moda; já que Jim se mostrava um hóspede tão tranquilo, ela julgou ser seguro ignorar as ordens específicas de Todd e deixou o vocalista dormindo sozinho na casa. Ao voltar, pela parte da tarde, olhou em volta, mas Iggy obviamente partira rumo a um de seus encontros. Vislumbrando a oportunidade de um bom descanso, Bebe subiu até o quarto no segundo andar, esparramou-se na grande cama d'água redonda e, dentro de instantes, caiu no sono.

Não demorou para que fosse acordada por uma goteira molhando toda sua cama, e percebeu que as gotas vinham do teto. Subiu as escadas correndo até o proibitivo terceiro andar, entrou no banheiro e percebeu que Jim havia dormido na banheira, com a cabeça deitada tranquilamente num travesseiro inflável, os dedos vedando o ralo e os dois cãezinhos de Bebe aninhados um em cada ombro, ambos desacordados.

Bebe puxou os dedos de Jim do ralo e notou uma fileira de comprimidos azuis em cima da torneira. Ela o sacudiu.

— Jim, o que foi que você fez?

— Nada — respondeu ele, ainda grogue —, só tomei um pouco de Valium, relaxa!

– Qual é o problema com o Puppet e o Furburger, então?

– Eu só dei um pouquinho de Valium pra eles...

Soltando fogo pelas ventas e apavorada por seus cães, Bebe deu um tapão em Iggy, antes de colocar Puppet debaixo de um braço, Furburger debaixo do outro e sair rapidamente da casa. Levou dois minutos para chegar ao Hospital St. Vincent e subir a rampa rumo à sala de emergência.

– Me ajuda! Me ajuda! Meus cachorros tiveram uma overdose!

– Senhora, não cuidamos de animais aqui. Isso é uma sala de emergência. Só pra pessoas... O que eles tomaram?

– Dois miligramas e meio de Valium, cada.

– Não se preocupe, eles não vão morrer – garantiu o bondoso médico da emergência. – Leve-os pra casa, e eles vão acabar acordando.

De volta à Horatio Street, Bebe, furiosa que só ela, confrontou Jim, dizendo-lhe que ele podia ter matado seus preciosos cãezinhos.

– Eu amo cachorros! – retrucou ele, tentando confortá-la. – Eu sei muito sobre os animais.

Após a raiva passar, Bebe ponderou sobre a situação e chegou à conclusão de que Jim obviamente detinha um ótimo conhecimento prático sobre anestesia canina. E, hoje em dia, reconhece que ele de fato estava um fofo, dormindo pesado com seus companheiros peludos, muito embora Puppet e Furburger (ambos, felizmente, animais vívidos e duros na queda) só tenham recobrado plenamente a consciência na manhã seguinte. Danny Fields acionou um faz-tudo que reparou os danos no teto e Todd nunca tomou conhecimento de que seu rival no amor havia invadido o sacrossanto terceiro andar.

Em um ou dois dias, Jim partiu rumo a uma série de shows no Canadá e no Arizona; o casal se falou com regularidade, à custa da conta telefônica de Todd (em razão do que haveria, claro, várias outras recriminações), planejando um encontro antes do show dos Stooges no Kennedy Centre, em Washington DC, no dia 19 de agosto. Jim contou a algumas pessoas que Bebe iria ao show, o que causou certa preocupação, pois, como Natalie Schlossman bem aponta, "era tipo brincar com fogo, sabe, ficar com a Bebe".

— Eu fiquei muito preocupada. Todo mundo sabia o tamanho da influência de Todd Rundgren.

O Kennedy Centre era um lugar lindo e prestigioso; a mãe de Bebe, Dorothea, ia ao show, que teria a Mott the Hoople como atração principal, enquanto os Stooges desfrutavam o fato de estarem hospedados no complexo do Watergate Hotel, cenário da notória escuta de Richard Nixon na sede da Comissão Nacional Democrata. Bebe e Jim combinaram de pegar juntos o trem em Manhattan, um plano a que Jim se agarrou com unhas e dentes, acredita Buell, pois sonhava com a emoção de uma transa ilícita no trem. Infelizmente, Bebe chegou com uma mulher que havia conhecido por meio da namorada de Alice Cooper, Cindy Lang.

Chegando ao complexo moderno e suntuoso do teatro, Jim ainda se encontrava desalentado pela fantasia sexual frustrada; quando a amiga de Cindy entrou no camarim, ele rosnou: "Que caralhos você tá fazendo aqui?". Foi, talvez, numa tentativa de ser útil que a intrusa estirou uma enorme carreira do que parecia cocaína a fim de aplacar a ira do vocalista, que aspirou tudo de uma vez, sem se dar conta de que se tratava de ketamina. Jim apagou em questão de segundos, às vezes balbuciando semiconsciente em resposta a sabe-se lá quais visões, enquanto o poderoso alucinógeno sintético fazia efeito. Bebe e o produtor Chris Ehring lhe deram tapas na cara, na esperança de acordá-lo, e tentaram lhe dar algo para beber. Enquanto os demais Stooges fumavam um cigarro, contemplando seu líder desmoronar no camarim, Don Law (o produtor do show, que vinha se tornando uma das figuras mais poderosas do mundo musical na região) entrou no camarim, lembrando que já estavam uma hora atrasados, e implorou que subissem ao palco; por fim, ao se dar conta de que Jim não estava em condições nem de andar, Law perdeu a paciência, tirou o Rolex do pulso e o espatifou na parede, gritando com os músicos:

— Seus desgraçados filhos de uma puta, vocês nunca mais vão tocar por essas bandas outra vez!

Os Stooges se limitaram a dar de ombros, àquela altura já imunes a esse tipo de insulto. Afinal, Jim acabou assegurando ser capaz de cantar e a banda saiu ventando rumo ao palco e martelou "Raw Power", tocando o riff de abertura várias e várias vezes. Thurston acredita que eles repetiram os acordes iniciais durante quinze minutos antes que Chris Ehring carregasse Iggy até o palco, onde o largou. Depois de um tempo, Iggy finalmente foi capaz de cantar, murmurando as letras na metade do ritmo normal, quando decidiu zanzar em meio ao público, que, em sua maioria, vestia ternos de veludo e permaneceu imóvel diante do espetáculo bizarro que testemunhava. Iggy, então, deu meia-volta e tentou subir de novo ao palco. A banda gargalhava de seus esforços patéticos até que Thurston resolveu ajudá-lo; mas recuou, horrorizado:

— Eu vi o peito dele, parecia que ele tinha se cortado feio, tinha uns pedaços de pele pendurados, era feio de se ver.

Tomado de nojo, Thurston retornou ao piano enquanto Ehring se apressou em investigar o que tinha acontecido. Poucos minutos depois, Thurston viu Ehring rindo ao descobrir que o ferimento era, na realidade, um sanduíche de geleia e manteiga de amendoim que alguém havia esmagado no peito de Iggy.

O incidente se tornou mais um dos episódios surreais do drama cada vez mais amaldiçoado dos Stooges, e só fez contribuir para aumentar uma reputação de excessos, que logo implicaria o fato de a banda ser limada de turnês por causa de incidentes menores – que, para bandas como a de J. Geils, equivaliam a comer um bolo. Apesar de todo o caos (muito do qual, a exemplo da ketamina, não era de todo culpa de Iggy), os Stooges ainda gozavam de um etos diligente do Centro-Oeste; mas, pouco a pouco, o número de locais dispostos a reservar um espaço a eles diminuiu. Bob Czaykowski acabaria deixando a equipe a fim de trabalhar com uma série de bandas grandes, dentre as quais o Aerosmith e o Limp

Bizkit ("Palermas!"), embora considere os Stooges uma das bandas mais esforçadas com que já cruzou.

— Eles eram perseverantes. Queriam tocar pra além de suas habilidades; eles queriam fazer um manifesto musical. E eram meio ingênuos. Era tudo pela música e não pelo lucro, muito provavelmente pro azar deles. — E mesmo quando a coisa toda degringolou, houve pouca autoindulgência. — O Ron, por exemplo, mesmo tendo problemas com o James, sempre manteve uma atitude positiva. Ele sustentava certas situações com seu humor: "Ah, sabe como é, o vocalista não consegue ficar de pé e a bateria pegou fogo e eu não consigo achar meu irmão, mas é só um dia normal na vida de um Stooge".

Mesmo quando as coisas se tornaram obviamente piores, conta James Williamson, a banda costumava simplesmente ignorá-las:

— Não tem mistério, a gente era jovem e não sabia muita coisa. Além disso, o que mais a gente poderia fazer?

Uma vez encerrada a dezena de shows na Costa Oeste e no Canadá, os Stooges tomaram o caminho de volta para LA. Mas, sem uma base onde pudessem trabalhar, suas vidas se perdiam cada vez mais, e Jim ficou pulando de casa em casa, indo, por fim, morar no Hyatt Continental (que ficou famoso como a Casa do Tumulto durante a estada do Led Zeppelin a todo vapor em junho), passando a farrear com Johnny Thunders após a chegada dos New York Dolls em LA, no dia 29 de agosto. Sable Starr foi a companhia constante de Johnny naquela semana, enquanto Coral tinha retornado da viagem a Londres e feito as pazes com Jim, o que significava dizer que, então, Johnny e Iggy eram cunhados no rock'n'roll. Tal relação familiar foi celebrada, de acordo com o New York Doll Syl Sylvain, com Johnny induzido a injetar heroína.

— O Iggy e o Johnny viviam no quarto do Johnny, e foi aí que eu finalmente vi o Johnny chapado de baque. Eles todos tavam nessa. Foi em LA que eu vi ele mudar pra nunca mais voltar a ser quem era.

O namorico de Thunders com a heroína foi infinitamente mais sério que o de Iggy, que sempre gostou de se gabar de sua indestrutibilidade física. A vida de Thunders seguiria rapidamente uma inexorável ladeira abaixo; era coisa das mais difíceis o guitarrista ficar sem heroína ou metadona, e, assim, ele acabaria morrendo, em Nova Orleans, aos 38 anos.

Àquela altura, injetar heroína era uma obsessão constante na vida de Iggy. Certa madrugada, Annie Apple, que já vira Iggy pela Rodney's, atendeu o telefone e escutou: "Oi, eu acho que você me conhece, aqui é o Iggy Pop". Apresentações feitas, perguntou se ela tinha algum dinheiro, valendo-se de sua condição de celebridade em troca de um pouco de descontração. Por volta das três da manhã, bateu na porta do Coronet, edifício outrora magnífico com estilo mediterrâneo que costumava abrigar a House of Francis, bordel de luxo nos anos 1930. Entretanto, já se encontrava caindo aos pedaços, lotado de traficantes, prostitutas e artistas, e era convenientemente perto do Hyatt. Iggy estava acompanhado de Stan Lee, que mais tarde se tornou o guitarrista da banda punk de LA, os Dickies, e de Max, um europeu cortês e bem vestido, o traficante mais celebrado de Hollywood. Logo se evidenciou que Iggy planejava vender a Annie sua célebre jaqueta com um guepardo nas costas, com a qual havia posado para o encarte de *Raw Power*, por 25 dólares, e Annie lhe entregou o dinheiro antes que Max pudesse entender o que estava acontecendo.

– Você não vai vender sua jaqueta! – Max informou a Iggy, antes de pegar a jaqueta de volta e devolver os 25 dólares a Annie.

– Obrigado por tentar ajudar – disse Iggy educadamente a Annie antes de os três sumirem na noite de Hollywood. (Lee usaria a jaqueta de guepardo em LA durante vários anos, mas, como era muito pequena para ele, acabou se destruindo.)

A essa altura, o parasitismo de Iggy já era notório; havia, inclusive, uma lenda urbana segundo a qual ele costumava ficar embaixo de um enorme outdoor da Columbia de *Raw Power* na Strip, apontando para sua própria foto enquanto mendigava por drogas. Mas existia também

## NOVE
### CHUTANDO CACHORRO MORTO

uma inteligência aguçada em tal comportamento. Durante sua breve visita ao apartamento de Apple, Jim reconheceu o potencial do Coronet, conhecido ainda como Piazza Del Sol, administrado por Jerry Flanagan, um excêntrico personagem que costumava escrever primorosas e intimidantes cartas à mão aos inquilinos, assinando "A Corporação". Apple planejava se mudar do apartamento, número 404, mas, após retornar de uma rápida viagem a São Francisco, abriu a porta da frente, onde se via um céu azul com doces nuvens pintadas, e descobriu que Flanagan havia dado as chaves a Ron Asheton. Apple se apressou em recolher suas parcas posses, deixando os Stooges com as panelas, os vasos e até mesmo com o saco de dormir de seu irmão mais novo, do qual Jim se apossou, dormindo no chão de compensado. Isso deu a ela uma boa desculpa para passar lá de vez em quando, a fim de inspecionar as atividades no Coronet. Depois que James Williamson e Evita se mudaram para o próprio apartamento no 306, o decadente edifício se tornou a base de operações dos Stooges.

Após duas semanas de férias, os Stooges voltaram ao Whisky em 3 de setembro para realizar alguns shows; porém, a essa altura, já estavam bem pobres de público, segundo Don Waller e o fã Phast Phreddie Patterson, que criou a revista *Back Door Man*.

— Quando ele voltou no outono, já não ia mais quase ninguém, nem perto do que ia antes — conta Patterson. — Alguns dias, a gente ia lá e só tinha a gente e mais duas ou três pessoas.

Se, na turnê anterior, a multidão lotava o recinto a ponto de Iggy conseguir passar-se de mão em mão sobre suas cabeças, dessa vez o máximo que conseguia era dançar no chão, com uns gatos pingados ao redor. "Fazendo lá aquela coisa dele de Iggy", conta Patterson. "Houve uma vez em que Iggy derramou cera derretida de vela no peito, como nos velhos tempos." Ainda assim, dizem Waller, Patterson e outros, a banda pegava fogo, tocando outras tantas novas canções, incluindo "Heavy Liquid", e seduzia o público, na maioria das noites. Certa vez, Iggy deixou bem claro: "A gente não vai se vender, nem mesmo nessa cidade. Nem por todas as bichas do mundo. Nem por todo o dinheiro de Israel". Não há como deixar de cair na tentação de especular que Danny Sugerman e Jeff Wald formavam todo o contingente judeu da plateia naquela noite; de qualquer maneira, Wald decidiu abandonar os Stooges no curso da turnê no Whisky, perturbado, segundo ele, com a falta de noção de Iggy, e preocupado por ser afetado pela crescente reputação de fracassados sustentada pela banda.

– Você é julgado pelo sucesso e eles não eram um sucesso. Eu não queria que fossem só meu cartão de visitas, os artistas pelos quais minha habilidade como empresário vai ser julgada. Dá pra dizer que foi uma decisão cruel... eu prefiro a palavra "fria".

Muito embora Wald sempre tenha preferido demitir as bandas pessoalmente (não era o tipo de empresário que deixava os subalternos fazerem o trabalho sujo), lembra-se de Jim como uma pessoa serena, nada atônita. No entanto, ainda havia um número considerável de datas pelos Estados Unidos e, alguns dias depois, a banda retornou a seu território familiar em Detroit para mais dois shows no Michigan Palace, a começar em 5 de outubro.

Havia algo na atmosfera do lugar que a banda não curtiu, mas o velho teatro estava lotado e, àquela altura, a banda já se sentia em casa. O público de Detroit, mais do que qualquer outro, apreciava a postura afoita e a agressividade destemida dos Stooges, e, naquela noite, a banda deparou com uma recepção estrondosa, entusiasmada, com a plateia invadindo o palco no fim do show. A certa altura, Iggy convidou a multidão para acompanhá-los de volta ao hotel, o Detroit Hilton, no que deve ter sido a noite mais gloriosamente depravada da banda na cidade.

Michael Tipton e Natalie Schlossman, dois dos melhores amigos da banda, estavam hospedados no Hilton, mas, como a maioria dos hóspedes, não conseguiram dormir muito naquela noite. Em certo momento, enquanto Michael Tipton conversava com Scottie Thurston em seu quarto, James Williamson bateu à porta; entrou com dois amigos, um homem

# NOVE
## CHUTANDO CACHORRO MORTO

e uma mulher, explicou que o próprio quarto se encontrava lotado de gente, perguntou se podia usar o banheiro de Tipton e os três sumiram lá para dentro. Vinte minutos depois, Natalie Schlossman chegou à procura de James e bateu na porta do banheiro; após uma pausa, James e os amigos saíram, desculpando-se com Tipton pela bagunça. Tipton checou o banheiro e notou que as paredes estavam cobertas de sangue.

Algumas horas depois, Natalie recebeu uma ligação de Ron Asheton pedindo para conversar. Como estava a caminho do banho, acabou se esquecendo de descer. Após um tempinho, ao bater à porta de Ron, notou que ela se encontrava aberta; Asheton, então, lhe disse: "Entra aí, tá tudo bem". Lá dentro, encontrou Ron e Scottie Thurston, ambos nus da cintura para baixo, com uma mulher usando uma peruca exótica e nada mais; o guitarrista e o meigo tecladista estavam "ambos meio que ralhando ela".

Mais tarde naquela mesma manhã, Natalie ouviu o telefone tocar duas vezes, ligou para a operadora e ouviu duas mensagens de Jim lhe dizendo: "Desce aqui, me pega e bora comer". Ela já estava indo tomar seu café da manhã com Michael Tipton, e os dois passaram no quarto de Jim no caminho. Quando a porta se abriu, Natalie e Michael depararam com aproximadamente vinte pessoas dentro do quarto em várias posições sexuais; um casal (ou uma outra composição qualquer) copulava contra o boxe de vidro do banheiro, batendo tão forte que Natalie pensou que aquilo fosse se espatifar a qualquer momento. Jim permaneceu parado na porta só de camiseta, sem calça, com uma garota agarrada a suas pernas. Educadamente, disse aos dois: "Foi mal, mudei de ideia, eu acho que vou capotar".

Dez minutos depois, Tipton e Schlossman mal tinham tocado no café da manhã, quando Jim chegou ao restaurante. "Me livrei deles", sussurrou, antes de sentar e tomar café.

O show da noite seguinte também foi triunfal; o repertório, novo e mais pesado, caiu muito melhor nos ouvidos do público de Detroit do que no show comparavelmente contido no Ford Auditorium, seis meses antes; um dos fãs de Detroit, o fotógrafo Robert Matheu, recorda-se:

— Todo mundo adorou "Cock in my Pocket", ela se tornou um grande hino local durante um bom tempo.

Poucos dias depois, a banda iniciou uma residência de 8 a 13 de outubro num pequeno clube chamado Richards, em Atlanta, no estado da Georgia, a qual James Williamson considera a série das melhores apresentações já feitas pelos músicos. Muitos fãs, incluindo Ben Edmonds da *Creem*, colaboraram para elevar a moral da banda com o apoio de Elton John, que se encontrava varrendo os Estados Unidos de ponta a ponta com uma gigantesca turnê de grande sucesso, que acabou ofuscando de modo significativo os shows de seu amigo e rival David Bowie, com quem Elton travava uma competição quase amigável. Elton decidiu, então, sinalizar seu apoio aos Stooges, bem como sua patetice generalizada, ao alugar uma roupa de gorila e planejar uma invasão símia ao palco durante a performance.

A *Creem* contratou um fotógrafo para a ocasião. Infelizmente, ninguém havia preparado Iggy para tanto. De fato, na noite anterior, ele tinha desaparecido com a "Putinha Granada" local, mantendo-se aqui um termo dos próprios Stooges para esse tipo de afeto. De manhã bem cedinho, ela o levou inconsciente ao hotel da banda; ele engolira todo o estoque de Quaaludes dela. Scott Asheton e um amigo da banda, Doug Currie, foram chamados para tirar o peso morto do Corvette; carregando o vocalista hotel adentro, deixaram-no no chão, e acabaram conquistados por um ataque de risinhos de sua parte, antes de observá-lo dormindo pacificamente, esparramado num arbusto do Mediterrâneo cheio de espinhos.

Jim já não devia estar consciente quando Doug e Scotty o carregaram até o clube ("só Deus sabe o que o pobre dono do clube pensou!", brinca Currie), e, após uma rápida discussão sobre o que fazer, Doug anunciou que tinha um pouco de *speed*. Então, James Williamson saiu em busca de uma seringa, e a trupe, muito apropriadamente, injetou sulfato de metanfetamina no vocalista, a fim de colocá-lo de pé.

# NOVE
## CHUTANDO CACHORRO MORTO

Como era de se prever, durante a performance na qual Elton havia planejado pregar sua espirituosa peça, Iggy se encontrava, conta ele, "extraordinariamente chapado, a ponto de mal conseguir andar; então eu levei um puta de um susto". Por alguns instantes, quando Elton surgiu com a roupa de gorila, Iggy pensou estar alucinando, ou, ainda, que um gorila de verdade estivesse escalando o palco. A fotografia da *Creem* documentando o acontecido é hilária, mostra James Williamson paralisado diante do gorila altivo com um olhar malevolente que sinalizava, segundo o próprio, sua tentativa de "colocá-lo pra fora".

— Ele teve sorte, era um cara esperto o suficiente pra tirar a máscara e deixar que o povo soubesse quem ele era, bem a tempo.

Assim que Elton descartou a máscara de macaco e revelou sua cara de felicidade, Iggy percebeu o que estava acontecendo e dançou junto com o Elton de pelúcia por uma ou duas músicas; o acontecimento foi devidamente publicado na *Creem*, com Iggy dizendo à revista: "O Elton é um cara bacana". (Em off, diria às pessoas que Elton só se livrara da máscara porque queria tirar as calças do guitarrista durão James Williamson.) Ainda assim, muito embora houvesse discussões em curso com o empresário de Elton, John Reid, e a gravadora dele, a Rocket, o encontro não foi capaz de levantar os ânimos dos Stooges e logo a banda se mostraria obviamente e cada vez mais esgotada. Nesse tempo, parece que a maioria dos Stooges se apegara a comoventes e patéticos amuletos de sorte. Iggy possuía um coelhinho de pelúcia. O baterista Scott, uma toalha da sorte, que enrolava na cabeça em momentos de estresse. Ron possuía um estimado travesseiro bordado por sua mãe, e, se algum dos companheiros de banda o escondesse, ficava louco.

Até o fim do ano, os agendamentos de show já haviam começado a escassear, e a banda se bandeou para os lados da agência ATI, de Nova York. Ouviam-se rumores de que os Stooges estavam prestes a se separar, ou que já tinham se separado, uma vez que vários membros se dispersaram em torno de Hollywood. Em LA, frequentadores da Rodney's

English Disco diziam que Iggy estava pedindo um milhão de dólares a um produtor de Nova York para cometer suicídio ao vivo no palco do Madison Square Garden; Andy Warhol entrou em ação e ligou para sua amiga Anne Wehrer, dizendo a ela ter ouvido que o episódio aconteceria no show de fim de ano dos Stooges na Academia de Musica de Nova York. A história chegou aos ouvidos dos próprios membros da banda, mas a reação, de acordo com Bob Czaykowski, foi: "A gente não acha que ele seja forte o suficiente pra cometer suicídio". De fato, bem ao contrário, a noite foi memorável por Iggy ter anunciado todas as canções como se fossem "Heavy Liquid". Era gritante que, àquela altura, ninguém, nem a banda ou a equipe de estrada, sabia dizer se ele estava fazendo tipo ou se encontrava sob influência de uma nova droga, ou, ainda, se tinha literalmente perdido a cabeça.

Com uma regularidade cada vez maior, gente de fora que via o vocalista fora de si antes dos shows perguntava a alguém da equipe técnica: "Será que ele está mesmo em condições?". E a resposta era: "Bem, ele sempre dá conta". Mas o show de Ano-Novo, segundo Nite Bob, representou um divisor de águas.

– Antes daquilo, todo mundo parecia feliz. E depois, todo mundo pareceu infeliz. Dava pra ver o sinal bem na nossa cara: "O Fim Está Próximo".

A notícia da morte do ex-baixista dos Stooges, Zeke Zettner, em decorrência de uma overdose de heroína, em 10 de novembro, tornou o clima ainda mais sombrio. Até então, James Willliamson vinha sendo a força propulsora que tentava empurrar a banda adiante, mas nem ele tinha mais pique.

– Fato é que eu já sabia, mas tive que dar muito murro em ponta de faca até aprender o quanto Iggy não é confiável. Aquela banda podia ter sido um verdadeiro sucesso... e, em vez disso, se tornava um fiasco.

Quando os Stooges retornaram à Costa Oeste, em janeiro de 1974, para quatro shows num clube chamado Bimbo's, em São Francisco, o público, visivelmente menor, contava com apenas algumas dezenas de fãs no

# NOVE
## CHUTANDO CACHORRO MORTO

clube com capacidade para 700 pessoas, todos grudados em volta do palco. Joel Selvin, presente a fim de cobrir o show para o *Chronicle*, lembra-se de que, apesar da minúscula plateia, a banda arrebentou, alvoroçada, e Iggy se mostrou mais comprometido do que nunca. Em certo momento, pulou em meio à multidão, onde um fã puxou sua tanga e o vocalista berrou um terrível comentário ao microfone: "Alguém tá chupando meu pau, alguém tá chupando meu pau!". Por fim, entediado com toda aquela atenção, gritou: "Me dá meu pau de volta, sua vaca!" e continuou a performance. Selvin escreveu sobre o incidente em sua resenha, com o uso pesado de asteriscos.

— Mas eu desmembrei a história – conta ele –, e escrevi como a garota largou mão dele, ou coisa assim. No dia seguinte, depois que a história correu solta, eu recebi um telefonema de um cara dizendo: "Não foi nenhuma garota que chupou o Iggy, éramos eu e o meu primo Frankie!".

Annie Apple, também no show, ainda alimenta dúvidas quanto à hipótese de Iggy ter se dado conta do que estava acontecendo e assim resume a experiência: um episódio "quando-em-Roma-faça-como-os-Romanos".

Quando os Stooges chegaram ao Centro-Oeste outra vez, apesar de amigos como Natalie Schlossman estarem presentes para cuidar do vocalista, Jim parecia num estado ainda pior. Fisicamente, até que estava decente, ainda magro, vivendo à base de uma dieta de hambúrgueres com Tabasco ou mesmo carne crua, o que adorava pedir nos restaurantes, assustando as garçonetes. Agora, porém, o rosto estava inchado, ostentando um semblante preocupado; com todo o glamour da maquiagem e os cabelos loiros, não parecia mais amedrontador do que um andrógino. Mentalmente, encontrava-se exausto e letárgico. A Columbia tinha gravado o show de fim de ano na Academia de Música com o intuito de lançar um disco ao vivo, mas, em janeiro, chegaram à decisão de que não valeria a pena, afirmando, ainda, que não renovariam o contrato com Iggy. Em Toledo, no estado de Ohio, a banda abria um show para o Slade, grupo que tocava o velho e bom glam rock e detestava os Stooges; quase rolou uma briga antes do show quando os roadies ingleses insultaram Natalie e sua amiga Pat; Rock Action ameaçou pegar todo mundo, e os ingleses recuaram. Quando chegou a hora do show, Iggy, com uma maquiagem que lhe conferia um visual pálido e uma pequena gravata borboleta, jogou-se duas vezes no meio do público; mas, em ambas, o público se abriu como o Mar Vermelho e permaneceu olhando com certa presunção enquanto ele se espatifava no chão.

A banda inteira se deprimiu com a indiferença da plateia; Jim ficou particularmente perturbado e, naquela noite, Ron pediu a Natalie que cuidasse dele e o colocasse na cama. Ron havia escondido as roupas de Jim na esperança de impedir seu costume de cruzar os corredores do hotel atrás de drogas no meio da madrugada. Natalie conversou docemente com Jim, reconfortando-o, como se ele fosse uma criança, até que caísse no sono. Após esperar mais vinte minutos a fim de se certificar de que estava tudo bem, foi embora. Uma hora e meia depois, houve uma confusão no corredor; Michael Tipton e Scott Asheton saíram correndo e viram Jim se encolhendo, pelado, tentando se proteger das lâmpadas florescentes arrancadas do elevador pelos roadies da Slade e atiradas nele.

Foi Ron quem descreveu aqueles últimos meses como "uma tortura sem fim". Jim Osterberg, hoje em dia, esboça um mínimo de emoção quanto a seus suplícios físicos e mentais. Em janeiro de 1974, entretanto, o sujeito ambicioso, impulsivo, era considerado por todos, inclusive pelos colegas de banda mais próximos, um fracasso, uma responsabilidade nas costas. E, quaisquer que fossem as drogas que tomava, conta Michael Tipton, Jim sabia muito bem o que rolava, e padecia de uma tortura mental muito pior do que a banda era capaz de imaginar.

– Todo mundo pensa que ele não tá 100%, mas, até quando ele fica chapado, a cabeça do sujeitinho não para. Ele sabia.

Nas duas semanas seguintes, os Stooges continuaram ziguezagueando pelos Estados Unidos, de Wisconsin a Toronto a Long Island. Alguns dias depois, numa segunda-feira, 4 de fevereiro, a banda deveria

## NOVE
### CHUTANDO CACHORRO MORTO

tocar num pequenino clube na longínqua zona oeste de Detroit, no caminho para Ypsilanti. O Rock'n'Roll Farm, em Wayne, no estado do Michigan, era um pequeno bar com capacidade para mais ou menos 120 pessoas, e normalmente recebia shows de revivals de bandas de blues ou de rock. A equipe técnica começou a reclamar no momento em que se deu conta do quão difícil seria espremer os amplificadores dos Stooges no minúsculo palco; vários fãs que chegaram cedo se preocuparam ao ver a quantidade de motocicletas alinhadas do lado de fora. Robert Matheu, no estacionamento, fumava um cigarro num frio congelante e imaginava uma forma de entrar sem pagar. Ele levava uma câmera para a maioria dos shows em Detroit, mas, conhecendo o pessoal do recinto, deixou a câmera em casa. Sabia que "não era um lugar aonde as pessoas iam pra ver a banda. Era mais como se os Stooges fossem tocar no bar *deles*".

Bob Baker, outro fã dos Stooges e um dos primeiros a chegar, garantiu um lugar privilegiado à direita do palco, bem na beirada da pista de dança. Ele também se sentiu inquieto quando viu a quantidade de motoqueiros amontoados no bar. Havia dezenas deles espalhados entre o público, agrupados em seis ou sete na pista de dança; caras barbudos barra pesada, de mais ou menos trinta anos, em sua maioria com jaquetas de couro escuras, muitas das quais decoradas com as cores da Scorpions, uma gangue de moto da zona leste de Detroit.

Baker adorava os Stooges e era a primeira vez que os veria depois do Ford Auditorium. Dessa vez, a música estava mais implacável e malevolente, e a aparência da banda, muito mais extrema; Iggy desfilava todo empinado num colant, enquanto James Williamson ostentava uma presença sombria e poderosa de palco, bizarramente andrógino: "se o cara estivesse muito bêbado, poderia ficar na dúvida se era mesmo um homem". Não se tratava de uma combinação calculada a fim de agradar aos motoqueiros mais tradicionais de Michigan, e, assim que os Stooges iniciaram o set (o qual ainda abria com "Raw Power", embora já incluísse novas canções, entre as quais outro comovente hino amaldiçoado, "I Got Nothing"), as brigas começaram a estourar nos fundos do recinto. Robert Matheu e o amigo Mark ouviram gritos de ameaça e um "filho da puta" vindo do palco:

— E não é algo que se deva dizer a um motoqueiro. Eles tendem a levar pro lado pessoal.

À medida que a violência continuou, de forma aleatória pelo público, tornou-se impossível prever o que poderia acontecer; Matheu e Mark concluíram já ter visto o suficiente e foram embora. Depois, em algum momento ao longo do show, um grupo de seis ou sete motoqueiros pegou uma caixa de ovos e começou a atirá-los no palco. O que ocorreu em seguida seria intensamente mistificado pelos Stooges, principalmente por seu líder. A realidade, testemunhada a um metro e meio de distância por Bob Baker, talvez tenha sido ainda mais assustadora. Ele estava acostumado com Iggy surgindo no meio do público quando tomado pelo calor do momento e, dessa vez, viu o vocalista indo na direção da gangue de motoqueiros. Na própria versão de Iggy, reelaborada ao longo dos anos, tal encontro teve ares quase ritualísticos, com a multidão se abrindo para revelar seu oponente, metido em luvas de couro e tarraxas, feito um Golias confrontando Davi. Baker apenas observou tudo a alguns metros de distância enquanto a onda de violência parecia se tornar ainda mais incontrolável e repugnante, além de muito mais brutal.

— O Iggy se misturou na plateia, e foi direto rumo a um dos motoqueiros. Aquele cara era enorme e pesado. E o motoqueiro, com apenas um soco no meio da cara dele, fez Iggy sair voando pra trás na multidão. É lei da física, saca. Se o cara pesa 150 quilos e dá um soco em alguém, aquele soco tem muito mais poder do que se fosse um cara de 50 quilos batendo. Aí, quando ele acertou o Iggy, ele voou pra trás, que nem nos filmes. E aí, todos eles riram alto.

— Eu já tinha ouvido histórias de como esses motoqueiros usavam luvas com tarraxas ou um soco-inglês – conta Skip Gildersleeve, fã adolescente dos Stooges que assistiu a seu vocalista predileto sendo socado. – Mas ele, não. Ele não precisava de nada.

# NOVE
## CHUTANDO CACHORRO MORTO

Quando Iggy escalou de volta ao palco, gritou: "Acabou, bora cair fora daqui", e a banda vazou depressa do lugar. "A gente pensou que ia morrer", diz Evita, que havia ido ao show. Mas eles acabaram conseguindo passar por ainda mais motoqueiros enquanto pegavam as coisas no camarim.

Falando hoje sobre o violento e assustador confronto, Jim soa filosófico, como se consciente da inevitabilidade de que um dia seu choque com o público clamaria por vingança. Para os companheiros de Stooges, porém, os quais já tinham chegado a acreditar em sua invencibilidade, o impacto parecia mais avassalador.

– Aquilo mudou absolutamente tudo – conta James Williamson. – A invencibilidade da banda se estraçalhou. Tenta só imaginar quantos shows a gente fez em que o Iggy não tenha apresentado esse tipo de interação com a multidão. E aí, belo dia, alguém foi lá e derrubou ele. Aquilo basicamente deixou nosso mundinho aos pedaços.

O show em Wayne, realizado numa segunda-feira, representou um simples intervalo a fim de levantar uma grana antes de os Stooges seguirem rumo a um show muito maior no Michigan Palace, ornamentado teatro de cinema dos anos 1920 e cada vez mais decadente em Bayley, na Grand River Avenue, num sábado, 9 de fevereiro. Nos dias que se seguiram ao show da Rock & Roll Farm, as linhas de telefone ao redor de Detroit bombaram com os rumores sobre os conflitos: mais previsões do suicídio de Iggy, boatos de que os Stooges encabeçariam outra briga com gangues de moto, especulações de que a banda não apareceria no show. Na realidade, não havia qualquer dúvida de que os Stooges se apresentariam no Palace; todos os membros da banda, sem exceção, precisavam desesperadamente dos 5 mil dólares, mais parte da bilheteria, que constituíam o pagamento pelo show. O que mais tarde pareceria heroísmo da parte deles, foi, de fato, mera indigência. A banda estava bastante aborrecida, com medo e simplesmente de saco cheio, mas isso não os impediu de aparecer na estação de rádio WABX de Detroit para desafiar os Scorpions a botar os pés no show do Michigan Palace.

Jim Osterberg era conhecido por sua coragem física. Do mesmo modo como quando defendia os moleques alvos de "bullying" na escola, não havia a menor dúvida de que estaria presente no encontro marcado no Palace. Sabia, porém, que vinha perdendo depressa a linha. Durante os últimos cinco anos, mesmo abandonando amigos como Ron Asheton ou James Williamson assim que pareceram menos úteis, manteve-se fiel e verdadeiro a sua música, recusando-se a comprometê-la inclusive quando sua vida poderia ter se tornado bem mais fácil. Agora, Jim, mais do que ninguém, estava consciente de que sua música se tornava cada vez mais uma paródia de si mesma. Ainda que houvesse lampejos de brilhantismo, como "I Got Nothing", e canções como "Rich Bitch" ("when your cunt's so big you could drive through a truck"[27]), não passavam de piadas dignas de esquecimento. De todo modo, se havia qualquer fundo de verdade em algum rumor criado na época, era o de que qualquer confronto com a realidade com certeza não passava de momentâneo. Nas palavras de Michael Tipton:

— A gente ouviu dizer que a banda foi pra casa antes da última algazarra; o Iggy de alguma forma fez um rolo com alguém que tava trabalhando na Universidade de Michigan, dando cocaína aos macacos numa experiência médica. Ele pegou toda a cocaína dos macacos e ficou cheirando tudo. E os macacos tiveram de viver à base de água com açúcar. Seja lá quem fez isso, foi demitido.

Nas semanas seguintes ao show na Rock & Roll Farm, sentia-se certo desprezo por parte dos Stooges em relação ao vocalista; o homem que exercera voz de comando sobre eles por tanto tempo, agora parecia botar a perder todo e qualquer show crucial. Entretanto, com a apresentação de sábado à noite no Michigan Palace se aproximando, a compaixão acabou sendo renovada. James Williamson, um sujeito ambicioso, havia visto Iggy jogar no lixo sua melhor oportunidade na carreira. Apesar da bravata demonstrada aos outros, Williamson se sentia um fracassado. Enquanto os Stooges se preparavam para o Michigan Palace, no entanto, o

---

27 "Quando sua xoxota é tão grande que você poderia dirigir um caminhão." [N. de T.]

guitarrista sentiu que Jim se encontrava em apuros piores que os dele, que, a exemplo de Jim, estava simplesmente de saco cheio.

— A gente tava farto daquela merda toda de rock'n'roll. A gente ficou na estrada durante meses e meses e meses, de forma precária, e a coisa já não tava mais funcionando. Eu acho que já tinha dado pra todo mundo ali.

Scottie Thurston sabia que a banda estava "perdida".

— Gente perdida, sem recursos mentais, financeiros ou físicos pra tentar se unir e fazer qualquer coisa acontecer.

Houve certa provocação quando os Stooges subiram ao palco, o que em nada influenciou a mesmice da apresentação; James ainda usava a fantasia de Star Trek; a essa altura, suja e um pouco esfarrapada. Jim vestia o colant e sapatilhas de ballet, com um xale enrolado na cintura. A noite estava úmida e deprimente, com as calçadas da Grand River Avenue cheias de lama, mas, ainda assim, o salão com capacidade para 1.200 pessoas se encontrava lotado, garantindo ao menos um cachê substancial aos Stooges. Centenas de fãs tinham aparecido para apoiar o que era, após o lento e confuso desaparecimento dos MC5 na Inglaterra, a última esperança de Detroit.

Nenhum Scorpion parecia ter dado as caras, e isso significava que, em seu último show, os Stooges nem teriam a dignidade de confrontar um inimigo, no sentido mais formal da palavra, que os destruísse de vez. Em vez disso, quem apareceu para zoar a banda o fez puramente de modo a incorporar a atitude "foda-se" de Detroit.

— Foi muita doideira — conta Skip Gildersleeve, que seguia a banda por todo lado desde o show no Ford Auditorium. — Havia umas pessoas lá que dava pra gente até pensar que viviam na floresta e saíam só de vez em quando. Eram tipo uns seguidores do Charles Manson. O Michigan Palace, naquele tempo, sofria sempre com problemas de som e cortes de energia, além de um aquecimento chinfrim. Era assustador e fazia um frio danado.

Toda a psicodelia e a maconha que tinham sustentado a tentativa de revolução de John Sinclair já eram coisa do passado. No lugar, os sobreviventes se voltavam uns contra os outros à base de Jack Daniels e Quaaludes.

— A atitude típica de um motoqueiro de Detroit era dar Quaaludes pras minas e beber o Jack Daniels — conta Robert Matheu, que notou a preferência da clientela mais sofisticada por usar ketamina. — Dava um barato mais agradável. Não é à toa, eu acho, que deixa até cavalo calminho.

Mesmo para os padrões de Detroit, o evento foi assustador, mas os Stooges requisitaram a ajuda dos God's Children, uma gangue de motoqueiros com base em Ypsilanti, cujo líder, John Cole, costumava ajudar John Sinclair e a organização Trans Love com certa frequência. Cole apenas observava aquela carnificina toda conforme a noite se desenrolava; já tinha visto coisa pior. Alguns dos fãs dos Stooges, como Hiawatha Bailey, curtiram o frenesi da onda de violência e o estilhaçar de copos voando sobre a multidão no momento em que os Stooges começaram a tocar "Raw Power". Robert Matheu se dirigiu até o balcão, de onde podia para ver a multidão atirando projéteis de todo tipo no cantor, que não demorava a atirá-los de volta.

— Depois de um tempo, aquilo tudo virou um teatro só. O Iggy estava definitivamente preparado pr'aquilo.

Felizmente, o amplo e alto palco do Palace implicava maior dificuldade em acertar a banda com uma garrafa, muito embora Ron Asheton e Scottie Thurston, ambos parados, representassem alvos mais fáceis. Nessa, Ron acabou ferido por uma moeda voadora, o que lhe rendeu uma cicatriz que carrega até hoje.

Michael Tipton estava gravando o evento, convencido de que Iggy sabia bem que aquilo tudo chegara ao fim. "Foi por isso que ele se divertiu tanto, provocando a multidão". Ao longo dos meses derradeiros, caso algum executivo de gravadora se encontrasse na plateia, era certo que Iggy botaria para foder. Agora, com talvez metade do público sedento, clamando por seu sangue, refestelava-se com o momento enquanto zanzava pelo palco em sua roupa ridícula, chafurdando no ódio. O som estava bastante irregular, os vocais não passavam de berros e a maioria das músicas, uma massa sonora de pura brutalidade, embora o show de verdade fosse Iggy insultando a plateia sem parar. Os gracejos acabaram se estendendo por tempo demais, e qualquer objeto estranho (uma moeda, cubos de gelo, um ovo) lançado em sua direção servia só para prolongar seus discursos. Alguns fãs atiraram objetos como tributos: Bailey arremessou uma antiga gola de veludo, saudada como um "anel peniano certificado", e um saco com uns cem gramas de maconha, o qual John Cole escondeu no bumbo de Rock Action. Assistindo a Iggy confrontar essa chuva de granizo sem vacilar, alguns membros da plateia chegaram a pensar que, talvez, isso representasse um sinal de que a banda sobreviveria. Já outros, como Bob Baker, que também testemunhou a virulência do show em Wayne, convenceram-se de que tudo estava acabado.

— Foi extremamente deprimente. Tava pairando no ar uma sensação de que era o show de adeus, muito embora não desse pra dizer ao certo. Era um ambiente tão hostil, em que as pessoas queriam obviamente zoar com a cabeça dele... na hora, eu pensei: "esse cara não vai chegar na velhice".

— Eu achei que eles tavam desistindo — conta Skip Gildersleeve. — Era o fim de uma coisa muito boa.

— Parte de mim ficou triste — lembra-se Scott Thurston —, e culpado por ver algo provavelmente digno de algum respeito (sendo) degradado. Fora isso, só dava pra ficar preocupado em desviar das garrafas.

Após deixar sem demora o palco, os Stooges retornaram para seu último número, "Louie Louie". A mensagem de que qualquer coisa mais sofisticada estaria perdida diante de um público tão escroto como aquele norteava toda a canção. Iggy improvisou novas letras obscenas ao hino garageiro que costumava cantar no Iguanas. E, conforme a canção se aproximava do fim, uma chuva de mísseis foi disparada contra o palco, inclusive uma enorme garrafa de Stroh que se espatifou no piano de Scott:

— Vocês quase me mataram, mas erraram de novo — disse Iggy, fazendo pouco —, então é melhor continuar tentando na semana que vem.

Só que não haveria uma semana que vem.

# DEZ
# KILL CITY

**NÃO HAVIA RESOLUÇÕES.** Não havia um plano. Jim ficou à deriva, como destroços no mar, arrastado para lá e para cá ao bel-prazer das pessoas à sua volta, sempre as desprezando, embora penosamente consciente de que dependia delas para ter um teto, drogas e calor humano. O pior era o fato de continuar apaixonado pela crueza poderosa dos Stooges, ainda que convencido de que havia uma maldição na banda. O desastre interminável da última turnê deixara o vocalista extremamente assustado, e o seu ego de arranha-céu tremeu quando ele tomou consciência de que carregava a maior parcela de responsabilidade pelo fracasso da banda. Agora, a única coisa a ser feita era agarrar qualquer possibilidade que aparecesse.

Entre 1974 e 1975, Jim dependeu da boa vontade de estranhos. Não havia rumo nas suas andanças, e ele simplesmente se refugiava onde podia: músicos camaradas, empresários ambiciosos, groupies caridosas ou herdeiras ricas. Somente sob a guarda da polícia de Los Angeles encontraria alguma estrutura para sua vida, nas dependências de uma clínica psiquiátrica.

Porém, antes de isso acontecer, havia ainda uns poucos vestígios de dignidade que precisavam ser extirpados.

Quando Jim retornou a Los Angeles, em fevereiro de 1974, e se enfurnou com James Williamson no Coronet, ele ainda não abandonara a ideia dos Stooges – que, duas semanas depois, seriam, com a costumaz ironia, capa da *Creem*; o entusiasta de longa data Lester Bangs alardeava que a hora deles finalmente havia chegado, ao mesmo tempo que se espalhava a notícia de que a banda finalmente acabara. O fato é que a relação de Jim com seus dois velhos parceiros de composição fora corroída pela desconfiança mútua. Ron Asheton, ainda fumegando pela humilhação sofrida nas mãos do amigo, largou o irmão Scotty em Ann Arbor e voltou para o apartamento no Coronet, onde trabalhava para formar sua própria banda, a New Order. James Williamson também buscava ideias, e, embora Jim gostasse de poder dormir no seu apartamento quando precisasse, desconfiava de Williamson, que a seu ver havia tentado fazer dos Stooges seu feudo particular nos últimos dias da banda.

Mesmo assim, apesar das desavenças, existia a crença de que os Stooges voltariam, até o dia em que James foi pego numa apreensão de drogas. A LAPD andava vigiando a casa de um traficante em Laurel Canyon; James dirigiu até lá para se reabastecer e foi apanhado a caminho de casa, com heroína embrulhada numa bexiga dentro de um maço de cigarros Old Gold. Na cadeia, enfrentando uma acusação de tráfico sem ter dinheiro para fiança nem advogado, Williamson pediu socorro a Evita.

– Nunca tinha visto ele assustado, mas dessa vez estava, mesmo; estava acuado e me dizia: "Eu vou morrer, você precisa me ajudar".

A mãe de Evita era advogada, e em 1973 havia aceitado que a adolescente de dezesseis anos vivesse com James com a condição de ele que a levasse todos os dias à escola em Hollywood; ele cumprira o trato por duas semanas, e em seguida Evita abandonou os estudos. A senhora Ardura só defenderia James se os dois se separassem e se sua filha voltasse à escola. O casal aceitou o trato e, como advogada de James, Ardura chegou a empenhar a própria casa como garantia de fiança. Conseguiu reduzir a acusação para simples posse de drogas, e logo James estava de volta à sua casa no Coronet, sozinho. A experiência traumática pelo menos serviu para livrá-lo da droga, mas dali em diante ele teria de ser mais cuidadoso em suas saídas com Iggy, a fim de não infringir os termos da condicional.

Hollywood adora vencedores, mas é uma cidade onde os perdedores estão fadados a desaparecer no fundo do cenário. Jim desempenhava o papel de perdedor com a mesma dedicação que mostrara como a estrela glamorosa da MainMan. Explorar o submundo deve ter sido mesmo fascinante, e Jim parecia, assim como seu ex-parceiro e devoto da heroína John Adams, se deleitar em viver num enredo de romance *noir*. Durante o ano seguinte, seu papel mais importante seria o de homem sustentado. Michael Des Barres, que caiu em desgraça na mesma época que o cantor que tanto admirava, testemunhou parte do declínio de Iggy, e já então pensava que havia algo de magnífico em meio à sordidez:

— A ideia de ser uma estrela do rock sustentada era muito anos setenta, as pessoas sustentarem o seu trabalho para ganhar credibilidade em troca. E ele ainda era aquela coisa elástica, bonita.

Ocasionalmente, Iggy era visto em locais sofisticados como o Sunset Marquee, lendo o *Wall Street Journal* ou nadando numa piscina de hotel, enquanto, do lado de fora, uma loura bonita o esperava com uma trouxinha de cocaína, uma cena de perfeição quase mitológica (a loura era uma personagem bem conhecida no Strip; largara o marido em Nova Jersey e passara meses peruando com roqueiros de LA, até o dinheiro acabar e o maridão resolver buscá-la). Inversamente, a mesma cena podia ter a mais patética das roupagens, como quando uma adolescente, frequentadora do Rodney's e amiga de Annie Apple, resolveu seduzir Jim durante um encontro oferecendo-lhe um punhado de Quaaludes. Provavelmente por frieza de cálculo, Jim a encorajou a tomar seu próprio carregamento logo de tarde. Usuária novata de drogas, ela não demorou a cair e meter a cabeça na porta de um carro. Iggy levou a

Uma festa no trailer-park Coachville, em Ypsilanti.

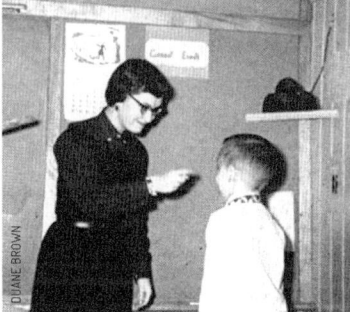

Jim, o brilhante estudante da segunda série, 1955.

James Osterburg

A senhora Tedesco, professora da Carpenter, "repreende" Osterberg para a câmera, 1957.

MOST LIKELY TO SUCCEED
KATHY KIMBALL    JIM OSTERBERG

Jim Osterberg, o segundo da esquerda, numa festinha em 1961 com Bob Hallock, Dennis Gay, Mary Jane Lyndon, Kenny Miller e Denny Olmsted, da esquerda para a direita. Kenny Miller era afilhado de Robert McNamara, secretário de defesa, filho de Arjay Miller, presidente da Ford, e melhor amigo de Jim – um exemplo da habilidade de Jim em encantar os ricos e poderosos.

Jim Osterberg, um esquisito autoproclamado, era bastante envolvido com a política em seus tempos de escola, tendo sido vice-presidente do conselho escolar e eleito "o mais propenso ao sucesso" na Tappan Junior High, em Ann Arbor.

Jim Osterberg, o segundo da direita em pé, na turma de debates da Ann Arbor High, 1964. Seu colega de classe, Jim Carpenter, o primeiro da direita sentado, ainda se lembra de como ele empregava expressões como "hoi polloi" e "homens do clero" nas conversas.

A estreia de Osterberg na bateria com Jim McLaughlin, formando os Megaton Two. Tappan Junior High, março de 1962.

"Uma bandinha greasy de rock'n'roll, sensacional."; Os Iguanas, 1965: Nick Kolokithas, Sam Swisher, Osterberg, McLaughlin e Don Swickerath, da esquerda para a direita.

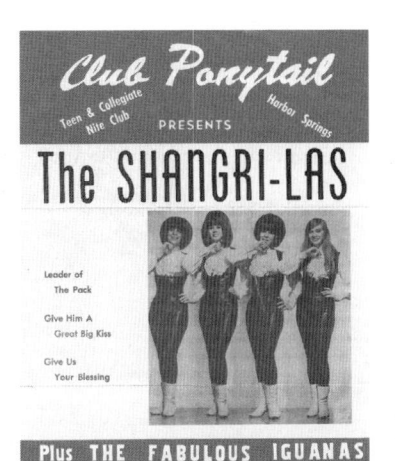

Em 1966, os Iguanas (Jim segura um tarol na foto abaixo) se tornaram profissionais. Começaram a tocar todas as noites no Club Ponytail, no elegante resort Harbor Springs, refúgio dos ricos magnatas industriais de Michigan – cujas filhas pareciam adorar Osterberg, o baterista-cantor, e suas versões sujas de clássicos como "Louie Louie".

Iggy Stooge, o alter ego indestrutível de Jim Osterberg, no Grande Ballroom, Detroit, final de 1968.

LENI SINCLAIR

Acima: Iggy prestes a cair em cima dos Stooges durante a sessão de fotos do álbum de estreia da banda, em maio de 1969. "Me disseram que ele tinha um bom porte físico!", diz o fotógrafo Joel Brodsky, que precisou levar correndo o vocalista até a unidade de emergências do hospital St. Vicent. Iggy levou cinco pontos no queixo, que foram apagados das fotos definitivas do álbum, abaixo.

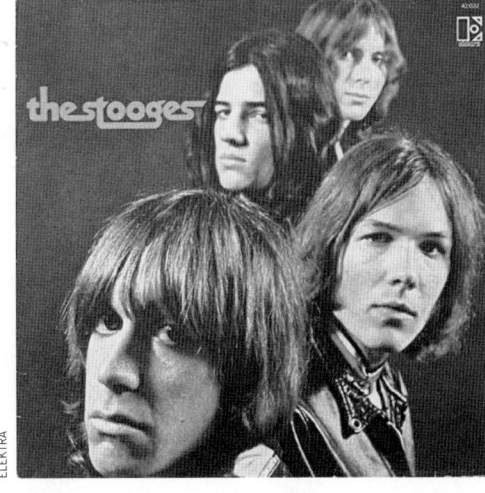

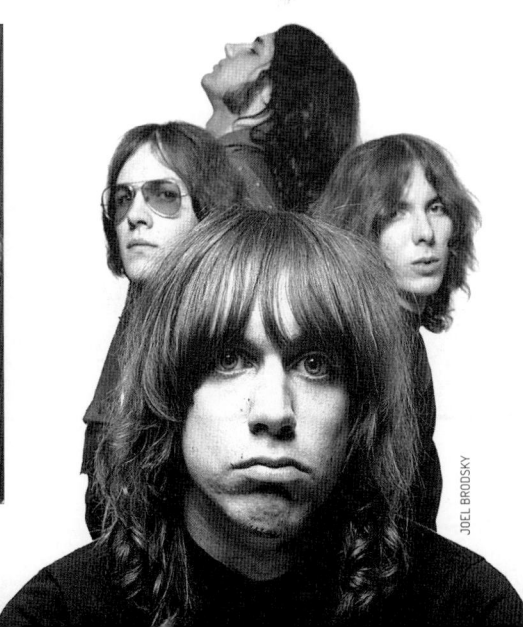

Interagindo com a audiência em St. Louis, março de 1970. Ninguém soube dizer o que se passou quando ele simplesmente sumiu. "Eu tinha certeza de que ele estava sendo bolinado", disse um espectador, "o show inteiro parecia tomado por uma carga sexual".

O jovem James Williamson em Padre Island, Texas, aproximadamente 1968. O amaldiçoado e talentoso guitarrista foi mandado para o reformatório por seu padrasto, "The Colonel". Ele se juntou aos Stooges em dezembro de 1970, quando as coisas começaram a ficar "sombrias", mas acabou por ser um dos colaboradores mais duradouros de Iggy.

Iggy e James Williamson em Londres, aproximadamente junho de 1972, trabalhando no manifesto da viagem sem volta, *Raw Power*, sob as graças de David Bowie e Tony Defries.

Acima e à esquerda: Iggy e os Stooges em Chicago, abril de 1971, Williamson (extrema esquerda) e Asheton (extrema direita) nas guitarras e Jimmy Recca no baixo. Apenas algumas semanas antes de a banda ser chutada pela Elektra. "Mesmo quando a gente tava desmoronando, não paravam de surgir grandes riffs."

RODNEY BINGENHEIMER

Iggy se entregou facilmente à farra de Hollywood. Acima, ele na área VIP do Rodney's English Disco, um clube badalado de LA, sentado entre a namorada Coral Starr e o cantor Michael Des Barres, 1973.

Iggy e os Stooges no estúdio da Columbia, em julho de 1973, ensaiando depois de serem descartados pela MainMan. O ex-Stooge Dave Alexander visitou o ensaio (sentado sobre um flight case, na foto acima); foi a última vez que muitos de seus amigos o viram. O novo Stooge Scott Thurston pode ser visto no primeiro plano da foto à esquerda.

Na segunda noite no Max's, Iggy caiu sobre copos de vidro quebrados. Muitos pensavam que ele se machucava de forma proposital, inspirado por seu romance com a modelo Bebe Buell.

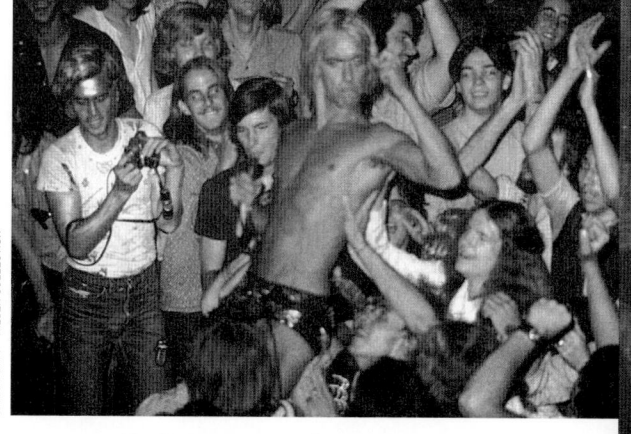

Em St. Louis, agosto de 1973, havia provocação no ar.

Em 9 de fevereiro de 1974, no Michigan Palace, em Detroit, depois de ser atacado por motoqueiros no show anterior, Iggy e os Stooges cederam: "Não odiamos vocês, nem mesmo nos importamos".

No verão de 1974, com os Stooges separados, Iggy se uniu ao tecladista do The Doors, Ray Manzarek. Abaixo, à esquerda: um show no Whisky marca o aniversário de Jim Morrison. No dia 11 de agosto, Iggy partiu sozinho para o show Murder of a Virgin manchado de sangue. Danny Sugerman (de chapéu, abaixo à direita) anunciou esse espetáculo patético; o ex-Stooge Ron Asheton (na página seguinte, com uniforme nazista) relutantemente hostilizou seu ex-cantor.

RICHARD CREAMER

ESTHER FRIEDMAN

Jim e a namorada Esther Friedmann, em Berlim.

No topo: Iggy canta com seu amigo e rival Fred "Sonic" Smith e a Sonic's Rendezvous Band em Ann Arbor, em 1977; ele os contrataria como banda de apoio no ano seguinte. Abaixo e à direita: as malfadadas gravações de *Soldier* em 1979 em Monmouth, País de Gales, que provocaram a ruptura final entre James Williamson (na foto à direita, com Jim Kerr, do Simple Mind) e Iggy (abaixo, de camisa xadrez, na fazenda Rockfield).

No outono de 1983, Iggy e sua futura esposa Suchi, ao lado de Steve Jones e sua namorada, Nina Huang, no LA's China Club, pouco antes de gravarem "Repo Man". Jones estava limpo; Iggy – ou "Bing", como seus amigos o chamavam – estava tentando.

Enquanto a carreira de Iggy afundava, David Bowie (na foto com Iggy e Ivan Kral, 1981) continuava de olho em seu amigo. Dayna Louise: "Ele estava surtando. Era muito, muito extremo".

Nas gravações do mal-sucedido Avenue B, em Nova York, 1998.

Reunião com os irmãos Asheton (Iggy e Ron Asheton no Reading Festival, em 2005).

"Eu tenho sorte, de verdade."
Iggy em sua casa em Miami.

garota até a casa de Apple; alertou o pai dela, dizendo: "O senhor sabe, ela está tomando umas pílulas"; e abandonou a adolescente após despojá-la dos Quaaludes restantes.

— Ela ficou péssima — conta Annie Apple. — Tinha passado meses obcecada pelo Iggy e estragou seu grande encontro, enquanto ele pegava as drogas e se livrava da gente!

Outros participantes daquele drama cada vez mais sombrio acreditavam que havia soluções simples para o comportamento disparatado de Jim. Scottie Thurston arranjou um apartamento para ele em Venice Beach, próximo ao seu, e tentou que trabalhassem juntos em demos com material novo. O tecladista imaginava que um pouco de estabilidade e foco, além da chance de contemplar sua própria situação, poderia ajudá-lo a entender o que estava acontecendo. "Eu tentei. Mas fui ingênuo. O buraco era muito mais embaixo."

Entretanto, foi outro personagem de Los Angeles, com seus próprios buracos muito embaixo, que se tornou o novo salvador de Iggy. Danny Sugerman perambulava pelo escritório dos Doors desde os catorze anos, havia sido repórter da *Creem*, editava sua própria fanzine mimeografada, a *Heavy Metal Digest*, e começara a frequentar o topo da indústria musical tornando-se empresário de Ray Manzarek, o afável ex-tecladista do Doors. Agora que Iggy precisava de uma banda, haveria algo melhor do que produzi-lo e juntá-lo a Manzarek? Seria o plano perfeito, não fosse pelo fato de que Sugerman, à época, desenvolvia rapidamente o hábito de se drogar, e estava longe de ter maturidade para lidar com o vocalista de 27 anos.

Na primavera de 1974, Jim ensaiava de vez em quando com a banda de Manzarek na Wonderland Avenue, numa casa de adobe rústica, de dois andares, em estilo espanhol. Manzarek usava o casarão como escritório e lugar de ensaio, além de alojamento para Sugerman e, cada vez mais frequente, também para Jim, que àquela altura já constava na folha de pagamentos de Manzarek. O tecladista e o vocalista se davam bem. Manzarek via em Jim Osterberg um parceiro comprometido e intelectualmente instigante, e nutria enorme respeito pela energia dionisíaca de Iggy Pop. Trabalhavam com um seleto grupo de músicos da moda de Hollywood, incluindo o baterista Hunt e o guitarrista Tony Sales (os impetuosos e alucinados filhos de Soupy Sales trabalhavam profissionalmente como dupla desde que Hunt tinha catorze anos) e Nigel Harrison, que estava morrendo na praia em Los Angeles desde que a Silverhead, sua banda, liderada por Michael Des Barres, pegou fogo e naufragou. O grupo elaborava um trabalho jazzístico, complexo, vagamente ao estilo de "Riders on the Storm" do Doors. Manzerek encantava-se especialmente com a genialidade de Jim como improvisador de letras, e a banda acumulou material em tempo recorde. Dali saíram músicas como "Ah-Moon's Café", baseada nas figuras bizarras que frequentavam um café em Venice, um dos locais preferidos de Jim Morrison, e "Line 91", sobre a viagem de ônibus entre Venice Beach e Hollywood. Manzarek considerava Jim afável e fácil de se lidar, a não ser quando "iggyzava". Para Manzarek, essa era a chance de libertar Jim Osterberg, com seu canto versátil e comportamento inteligente, do seu alter ego alucinado. Mas Iggy recusava-se a desaparecer.

Jim "iggyzava" de muitas formas, mas todas invariavelmente terminavam com alguém precisando ir resgatá-lo. Exemplo típico eram suas idas ao norte de São Francisco, onde saía com o Pop Patrol, seu próprio fã-clube, formado por fiéis da cena do Bimbo's e Cockettes. De lá, Iggy voltava sempre, na definição de Danny Sugerman, "feminilizado": cabelo tingido de preto, rímel e base no rosto e trajando um vestido sumário, o que não era tão problema assim se comparado ao fato de seus admiradores o assediarem com heroína e Quaaludes. Em certa ocasião, Manzarek recebeu uma ligação de Sugerman, implorando-lhe que fosse até o presídio de Hollywood soltar o novo colega de banda. Chegando lá, os dois encontraram, entre os habituais membros de gangue, viciados e prostitutas, Jim Osterberg de vestido longo, delineador borrado, descalço, babando e resmungando. Manzarek, o único com dinheiro suficiente em mãos, pagou a fiança.

"Iggyzar" também podia se referir ao seu comportamento com Bebe Buell, que em abril pegou um avião para vê-lo e levou-o ao Hamburger Hamlet num conversível alugado. Numa rápida ida ao banheiro enquanto o carro abastecia, Iggy lhe ofereceu uma generosa carreira de pó sobre a cisterna do vaso. Ela inalou tudo de uma vez só, supondo que fosse cocaína, até Jim lhe contar que o pó era heroína. O casal se refugiou no apartamento de Ben Edmond, onde Bebe foi conduzida até o banheiro para vomitar. Jim a colocou debaixo do chuveiro e a limpou carinhosamente, enquanto Ben gritava da sala "Não quero ver meu ralo entupido de vômito, cacete!". Quando Jim lhe pediu desculpas, Bebe berrou "Vai se fuder", entrou no carro e partiu.

Outra típica brincadeira de Iggy consistia em chegar ao ensaio duas horas atrasado e completamente nu. Às vezes isso acontecia quando Ray estava testando um novo músico, por exemplo Dick Wagner, ex-guitarrista do Alice Cooper. Também aconteceu quando Danny Sugerman convenceu Clive Davis a conhecer a incrível banda nova de Ray. Davis apareceu às duas da tarde e começou a papear com Ray, à espera de Iggy; a conversa continuou por mais uma hora, e nada do vocalista.

— Até que deu cinco da tarde e Ray já tinha esgotado seu estoque de histórias do Doors para contar a Clive — conta Nigel Harrison. — Daí, de repente, surge um táxi amarelo, raro em Los Angeles, e dele sai Iggy só de cueca, fazendo um escândalo do caralho.

Clive Davis olhou para Manzarek e sorriu. "É, Ray. Acho que algumas coisas não mudam nunca".

Ray Manzarek acredita que a motivação psicológica por trás do comportamento de Jim e Iggy era simples.

— Era sobre: quem sou eu? O problema era: eu sou Iggy Pop, o maluco descontrolado, diva dos Cockettes, ou sou Jim Osterberg, o bom poeta, o bom cantor? Ele teria que colocar os dois alinhados na frente do Clive Davis e escolher uma dessas personas. E acho que mais fácil do que se confrontar com essa escolha era não aparecer.

Quando não desabava na Wonderland Avenue, Jim se refugiava em algum lugar qualquer do Vale. A despeito do seu humor instável e comportamento excêntrico, ele parecia ter plena consciência do que fazia. Algumas pessoas especulavam se, apesar da sua aparente confusão, ele não estaria apenas usando Manzarek e Sugerman até que alguma coisa melhor aparecesse.

– Ele geralmente estava alheio – conta o escritor e produtor Harvey Kubernick, que dormiu na mesma residência que Jim por algumas semanas –, mas você também tinha a sensação de assistir a Rommel planejando onde posicionar os tanques.

Kubernick estava na casa do amigo Bob Sherman em Laurel Canyon, e Jim intuitivamente percebeu a ambição dos dois de entrar com tudo na indústria musical. Ele os encantou, em vez de ludibriá-los, e, quando Jim recebia Sherman alegremente com as palavras "E aí, Bob, vamos tomar umas?", este não ligava muito para o fato de que, quando faziam o pedido no Harry's Open Pit BBQ da Sunset, sempre era de se esperar que ele pagasse a conta.

No verão de 1974, Manzarek acalentava abertamente a ideia de produzir um disco de Iggy, contando isso à *Rolling Stone*, e Sugerman era esperto em passar a imagem da sua nova aposta como um indivíduo reformado, responsável; apesar das evidências claras do contrário. Durante junho e julho, Iggy se apresentou várias vezes no Whisky com repertório de Manzarek, cantando músicas antigas do Doors como "LA Woman" e "Back Door Man". No palco, representava uma figura respeitável, e, fora dele, alguém fragilizado e triste. Uma noite, o fã Jim Parrett e a mulher Dee Dee assistiram a uma bola com braços, pernas e pelugem rosa descer a escadaria do Whisky. Terminando os degraus, a estranha aparição desembrulhou-se num salto e cumprimentou-os com um sorriso insolente. "Olá, eu sou Iggy!". Noutra noite, ele abordou Dee Dee no camarim, perguntando a ela "Ei, quer me ver dar cambalhota?", primeiro tímido e depois presunçoso, como uma criança: "Uma foi muito fácil, agora dose dupla". Noutra ocasião, Kim Fowley convidou Iggy a subir no palco do

Whisky para apresentar a mais nova atração, os Hollywood Stars. Trajando o modelito de plumas rosas, Iggy regeu o baterista antes de improvisar um monólogo.

— Eu não costumava gostar dos Hollywood Stars, eu costumava gostar dos New York Dolls, mas aí escutei eles tocarem "Satisfaction", e agora quero dormir com todos eles.

A plateia ficou impressionada, até se dar conta de que ele não queria sair do palco. Os roadies dos Hollywood Stars bem que tentaram, desplugando o microfone, mas a banda desistiu e deixou Iggy cantar umas músicas. Depois do show, ele abordou Jim e Dee Dee novamente, o rosto suado e borrado, perguntando:

— Querem ver o meu pau? Tirem quantas fotos quiserem e mandem para Londres. Eles me amam lá, vocês ganharão muito dinheiro.

Os Parretts entrevistaram Jim para sua fanzine, *Denim Delinquent*. Durante a conversa, ele foi coerente, mas sombrio e pessimista, e parecia que sua grande esperança era um dia ser chamado para cantar numa reformulação do Doors. "Ele estava muito vulnerável, dava vontade de abraçá-lo, de ampará-lo, apesar das coisas que às vezes ele aprontava", conta Jim Parrett, que percebia a raiva do cantor em relação à imagem que faziam dele, embora fosse incapaz de tentar algo para mudar isso.

Não poderia haver melhor amostra do tamanho do buraco em que Jim se afundara do que a sua primeira apresentação oficial pós-Stooges. Jim e Ray preparavam um show vagamente temático, uma colagem de movimentos musicais na linha de *Soft Parade* do Doors.

— Talvez um pouco de atuação, bate-papo, mulheres no palco — conta Manzarek. — A ideia era continuar incrementando.

A primeira vez que alguém ouviu falar dessa extravagância foi quando Iggy chegou de manhã cedo ao apartamento de Nigel Harrison perto do Whisky ("o que, é claro, significava que ele tinha passado a noite armando alguma coisa", diz Harrison), em 11 de agosto. Ele sentou-se na beira do colchão onde Nigel e sua namorada Suzette, uma loura parecida com Bowie, tentavam dormir, insistindo para que Nigel buscasse seu baixo, e começou a cantar um tema simples, mandando Nigel martelar um fá maior. Jim vinha trabalhando naquela música (baseada em "Some Kinda Love" dos Velvets e girando em torno da frase "botei geleia nos seus ombros") com Ray, que, entretanto, acabou se recusando a participar daquela "ejaculação artística precoce". Ordenando a Nigel que aparecesse no Rodney's English Disco às nove, e mencionando que estava saindo à procura de um guitarrista, um baterista e, enigmaticamente, uma virgem, Iggy desapareceu no Strip.

Ele achou o guitarrista no Coronet, batendo na porta azul-celeste do número 404 e acordando Ron Asheton:

– Você ainda tem seu uniforme nazista? Ótimo, leve, e você vai precisar me espancar, então leve também um chicote.

Não se sabe com certeza onde Iggy encontrou o baterista, mas, o que não é surpresa, foi impossível conseguir uma virgem, e ele teve de contar com um adolescente gay que jantava no Danny's, logo abaixo do Rodney's. Nesse ínterim, mandou Danny Sugerman ligar para todos os jornalistas que conhecesse anunciando uma "apresentação histórica" no Rodney's naquela noite, intitulada *Assassinato de uma virgem*. Sugerman passou horas ao telefone, dizendo aos seus contatos: "Botei seu nome na lista, e é melhor vir porque ele só fará isso uma vez", e deixando no ar mais uma vez a deliciosa promessa de que Iggy cometeria suicídio no palco.

Rodney Bingenheimer deliciava-se com a ideia de Iggy se apresentar no seu clube (o cantor lhe contara que "queria mostrar a essa plateia cheia de glitter o que era rock'n'roll de verdade"), e voluntariamente desempenhou seu antigo papel de produtor radiofônico. Rodney foi buscar Jim apropriadamente, com seu Cadillac conversível, e dirigiu até a KNAC, onde tocou o interfone, obtendo a resposta de que a entrada de Iggy Pop não era permitida no prédio.

Havia fila do lado de fora do Rodney's para o show, embora, uma vez dentro do clube lotado, se tornasse impossível ver o que estava acontecendo – a não ser que você se encontrasse na beira da pista de dança espelhada, onde Iggy, vestindo as calças de couro de Jim Morrison emprestadas por Danny Sugerman, declamava na frente de uma enorme bateria. Nigel Harrison pulsava uma base ritmada, e Ron Asheton, vestindo seu uniforme dos Afrika Korps completo, com braçadeira de suástica, brandia uma palmatória caprichosamente feita de um pedaço de fio elétrico. A "virgem", que vestia uma espécie de robe branco sacrificial, parecia nervosa, mas logo se viu que o sacrificado seria o próprio Iggy. Metido num nó de forca, Iggy começou a agitar uma faca serrilhada que pegara da cozinha de Sugerman.

– Vocês querem ver sangue? – gritava ele para a plateia de Hollywood.

– SIIIIM! – gritavam de volta.

– Vocês querem mesmo ver sangue? – perguntava de novo.

– SIM, A GENTE QUER VER SANGUE! – gritavam em uníssono.

– Me bate com o chicote! – ordenou ele a Ron, que, em vez disso, apertou o nó de forca, para asfixiá-lo um pouco. – Não, me chicoteie, me machuque! – ele insistiu, e Ron obedeceu.

– Aí ele foi até um cara negro – conta Ron –, e tentou fazer com que ele o esfaqueasse com aquela faca tosca. O sujeito não quis, então ele mesmo o fez.

– Aí ele cortou um X no peito – diz Nigel Harrison. – Eu estava com muito medo, porque ele havia dito que queria matar de vez o Iggy Pop. Mas também estava preocupado que pingasse sangue na minha camisa de bolinhas novinha do Kensington Market.

– Naquela época, a gente não se chocava tão fácil – conta Pamela Des Barres –, mas aquilo foi muito, muito chocante. Ficamos todos muito perplexos. Embora deixar a gente a par da sua raiva e frustração fosse um próximo passo bem lógico para Iggy.

Em quinze minutos, tudo acabou.

– Enrolaram ele num pano e o levaram para fora do clube; jogaram ele na sarjeta – diz Ron. – Foi horrível. Ele estava acabado.

– Eu nunca planejei ter sangue – conta Jim hoje. – Como estava ali à mão, resolvi usar a faca. Foi desnecessário. Realmente, não funcionou... era sangue ruim, o sangue do Max's Kansas City era um sangue melhor, muito menos cínico. Eu estava desesperado.

Quando Jim Osterberg criou Iggy Pop, seu alter ego era o meio para comunicar sua música. Agora, Iggy representava a mensagem, e a música se tornara irrelevante perto dos espetáculos de autodestruição, que àquela altura pareciam ser tudo o que ele podia oferecer.

– Ele se sacrificava por nós no altar do rock'n'roll – conta Kim Fowley. – Que nem faziam no Coliseu toda segunda-feira, quando os leões comiam os cristãos. O Iggy Pop era leão e cristão ao mesmo tempo.

Danny Sugerman, a pessoa que promoveu o espetáculo, levou Jim à praia.

– Para que ele mergulhasse no Pacífico e lavasse os cortes. Fiquei esperando uma hora, e nada de ele voltar. O que eu ia fazer? Eu não ia entrar na água e procurar por ele. Então voltei para casa, tomei uns Quaaludes e caí na cama.

Na manhã seguinte, o telefone o acordou. Segundo Danny Sugerman, uma garota histérica gritava que Iggy estava atacando o Maserati do pai com uma machadinha. Ao mesmo tempo, Sugerman também tentava lidar com os próprios problemas, mas, quando Manzarek ligou perguntando como havia sido o show no Rodney's, Danny lhe disse "Ótimo!".

Duas semanas após o triste espetáculo no Rodney's, Iggy permanecia na mesma: condições de vida imprevisíveis, saindo com qualquer mulher que lhe fornecesse abrigo, às vezes caindo na casa de amigos músicos, que já haviam se acostumado com a visão de um Iggy quaaludado batendo à sua porta. "Ele volta-e-meia aparecia num vestidinho amarelo com aquele pirocão pendurado aparecendo por baixo, dizendo 'estou com frio, estou com fome', e esvaziava a geladeira. Daí, um minuto depois, tentava se enfiar na cama comigo e minha namorada. Entre a gente. Era assim que ele fazia", ri Nigel Harrison. Mesmo quando Iggy conseguia ficar em dependências mais luxuosas, como quando uma mulher rica chamada Alex o convidava para sua casa em Stone Canyon, ele continuava criativo nas artimanhas: colava Band-Aids na cara antes de sair da casa, lembra Harrison, para depois chegar ao Rainbow, gemendo "Dois porto-riquenhos me bateram, não tenho mais dinheiro nenhum!", e mendigar dinheiro ou drogas.

    Infelizmente, a vida real logo conspirou para imitar suas artimanhas, quando Jim resolveu assistir a David Bowie no LA's Universal Amphitheater, no começo de setembro. Ele já sofrera o constrangimento de tentar encontrar Bowie no Beverly Hills Hotel, implorando uma carona ao amigo de Ron, Doug Currie, sem, entretanto, encontrar seu exemplo de virtude em lugar nenhum. Agora, caminhando no estacionamento, ele e Sugerman tinham sido abordados por dois surfistas, que os atraíram para um canto com a oferta de drogas e depois os espancaram. Ron Asheton encontrou Jim sentado na Wonderland Avenue na manhã seguinte, sem um dos dentes da frente, reclamando que Sugerman o havia abandonado à própria sorte. Essas, porém, não constituíram as únicas humilhações sofridas nesse período; no outono, Iggy fora mal aconselhado a ir ao programa de rádio Flo and Eddie's. Os radialistas da KROQ eram adorados por sua sátira espirituosa, e, quando chamaram Iggy para conversar e cantar, tornou-se evidente que seus dias de réplicas virtuosas tinham chegado ao fim. Flo e Eddie, dupla que conquistara fama tocando com os Turtles e Frank Zappa, estavam rindo dele, não com ele. A mesma cena se repetia no Rodney's, no Whisky e no Rainbow, onde, conta Jim Perret, "sempre que víamos Jim, mesmo que as pessoas tivessem alguma reverência por ele, estavam rindo da sua cara".

    Em outubro, Nick Kent pegou um avião para encontrar com seu ídolo e chocou-se ao ver que Iggy parecia apresentar a palavra "derrotado" tatuada na testa.

— Eu dizia o tempo todo às pessoas "esse cara não é um derrotado. Esse cara é rei. Esse cara fez uma música que, você não tem noção ainda, mas vai mudar o mundo!".

Quando se sentavam para conversar, Jim geralmente estava lúcido, mas revelava a Kent o quanto se assustara com os desastres que haviam acometido os Stooges, acreditando que existia uma maldição na banda. Kent estava chocado com o estado de Jim, horrorizado por vê-lo dormindo na rua ou desmaiado num estacionamento, de vestido, dopado de não se sabe quantos Quaaludes. Às vezes, Jim chorava sobre a condição em que se encontrava, e, se de vez em quando o motivo era desespero existencial, na maioria das vezes as lágrimas surgiam pela impossibilidade de conseguir mais drogas. Tomado de tristeza pela condição em que encontrara seu herói, Kent decidiu ajudá-lo. Voltou para casa com uma gravação do desastroso show dos Stooges no Michigan Palace, com a esperança de que pudesse render algum dinheiro na Europa.

Nesse momento, Jim parecia ter inventado seu último desentendimento sem nexo com Williamson.

— Não dava para ter noção da maioria dos seus relacionamentos na época — conta Tony Sales, que se tornara amigo de James e da namorada, Evita. — Sei que o Jim confiava no James naquele período. E ele também mandou o James se foder. Às vezes andávamos juntos, às vezes ele me mandava à merda. Muitas vezes eram as drogas que falavam por ele. Os valores de uma pessoa, a inteligência, a integridade são ofuscados por essa merda... é complicado colocar uma etiqueta nessas coisas e dizer que a pessoa era (mesmo) assim.

Jim mudou-se para o apartamento de James no 306 do Coronet, o que lhe conferiu alguma estabilidade, ainda que a maioria das prostitutas e dos candidatos a celebridade do prédio, que por fora vendiam Quaaludes e outros bagulhos, graças às suas dívidas com drogas, não lhe dirigissem a palavra. Mais cedo em 1974, Jim estivera tão desesperado que tinha cogitado ganhar a vida tocando com bandas montadas para festas da alta sociedade de Hollywood. Certa vez, chegou a marcar um teste para ser vocalista do Kiss, mas não compareceu. No entanto, ficou extremamente ofendido quando Nick Kent lhe perguntou se já havia considerado a possibilidade de pôr seu pênis gigante para trabalhar na próspera indústria pornográfica hollywoodiana. No outono, entretanto, já se sentia mais à vontade com a ideia de reviver o espírito dos Stooges e voltar a trabalhar com James, o que significaria romper com Manzarek, já que o ex-Doors e James Williamson não tinham muita paciência um com o outro, tanto musical como pessoalmente. Mesmo assim, para o primeiro show que Danny Sugerman agendou com o intuito de mostrar a superbanda de Iggy e Manzarek, Iggy insistiu que Williamson fosse incluído no grupo, apesar da desconfiança de Ray. Na ocasião, Iggy ostentava seu novíssimo dente da frente, presumivelmente financiado por Sugerman ou Manzarek.

O show que Sugerman produziu faria parte de um grande evento que deixou a comunidade roqueira de Hollywood em polvorosa. O Hollywood Street Revival and Trash Dance, que ocorreu no Hollywood Palladium em 9 de outubro, ficaria popularmente conhecido como a Morte do Glitter, já que o mestre de cerimônia Kim Fowley e outros colocaram na cabeça que o evento representaria uma versão atualizada da simbólica Morte do Hippie, celebrada em Haight-Ashbury em outubro de 1967. Contava com o New York Dolls como atração principal; os Cockettes também foram escalados, mas acabaram banidos pelo comediante Lawrence Welk, que os julgava depravados – e Iggy estava determinado a mostrar àqueles novatos o que era rock eletrizante de verdade. Infelizmente, um ensaio apressado na Wonderland Avenue na véspera só conseguiu dar conta de um repertório de covers. O show foi competente e agressivo, mas muitos fãs saíram desapontados. Quando Manzarek, Williamson, Scott Morgan – ex-vocalista do Rationals, que acabou indo parar em LA e foi chamado para tocar gaita –, Nigel Harrison e o baterista Gary Mallaber irromperam com clássicos como "Route 66", "Subterranean Homesick Blues" e "Everybody Needs Somebody to

Love", houve momentos incendiários e eletrizantes (em especial, quando Iggy deu um chute na bunda de uma fã que invadia o palco, arremessando-a de volta à plateia), e Manzarek ficou extasiado, declarando que a banda tinha "feito um rock fodido". O show, entretanto, representou um fim, em vez de um começo. Manzarek declarou que não conseguiria trabalhar com Williamson ("não havia espaço sonoro com aquela guitarra ligada no volume 11, tipo Spinal Tap"), e Jim respondeu que, sem Williamson, ele perderia seu público. A resposta óbvia de Manzarek, claro, foi. "Que público?".

  Antes do show, Iggy estava excitado e elétrico. Porém, nas horas que antecederam a subida ao palco, ele soube que Scott Morgan não conseguira pegar as gaitas, que haviam ficado trancadas no quarto que alugara no Coronet. Enquanto os outros discutiam arrombar a porta, Iggy entrou num apartamento vizinho e, equilibrando-se sobre um duto de ar a três andares do chão, recuperou os instrumentos trancafiados no quarto ao lado. Após o show, Iggy saiu com Annie Apple, Fred Smith e Johnny Thunders para um rolê bizarro em Hollywood Hills. Ao amanhecer, Iggy e Thunders se separaram dos outros dois e tomaram um táxi rumo ao quarto de Johnny no Hollywood Inn, para, sem dúvida, tomar algum bagulho juntos.

  Para Danny Sugerman, que arquitetara a parceria de Jim com Ray Manzarek, aquele término parecia outro exemplo de Iggy escapando das garras da vitória. Só que ele, agora, ficava sem ideias, lutando para controlar a rápida deterioração da sua vida e a crescente dependência de Quaaludes e heroína. Danny recebeu notícias de Iggy logo após o show no Palladium, quando o telefone tocou na Wonderland Avenue.

— Alô. Aqui é o dr. Zucker.

— Não conheço nenhum dr. Zucker.

— Eu sei. Desculpe. Trabalho no Hospital Neuropsiquiátrico da UCLA, de onde falo. Até o momento, eu internei aqui dois Jesus Cristos, um Napoleão Bonaparte, um albino que pensa ser o Papai Noel e, agora, a polícia me trouxe um cara dizendo ser Iggy Pop e que você é o empresário dele.

Conforme a conversa avançava, tornava-se claro que Jim fora novamente pego pela polícia, que, chamada pelo caixa de uma lanchonete famosa de Hollywood, o havia encontrado babando agressivamente para a clientela, dopado de Quaaludes. A essa altura, o cantor já era bem conhecido pela LAPD, que o detivera certa vez se passando por mulher. Agora, davam-lhe duas opções: cadeia ou internação. Iggy foi são o suficiente para escolher a segunda, e, quando Sugerman passou no complexo de prédios do Instituto Neuropsiquiátrico em Westwood Plaza para deixar roupas e itens de primeira necessidade para Jim, sentiu-se aliviado. Finalmente, poderia deixar seu amigo sob a responsabilidade de alguém que sabia o que estava fazendo. O fato de Jim, que por tanto tempo se rebelara contra autoridades e convenções, poder baixar a guarda e enfim se confrontar com seus problemas mentais era libertador. Ele podia ter rejeitado a internação. Em vez disso, aproveitou a oportunidade.

Jim Osterberg teve sorte de ir para um dos melhores centros psiquiátricos do mundo. Nas semanas seguintes, sua vida obedeceu a um regime rígido, mas estimulante. Dormia num quarto simples de três por dois metros, com uma cama de madeira tosca, um travesseiro, um lençol e uma colcha. O ambiente era austero e hospitalar, sem água encanada e com banheiro coletivo. Geralmente, Jim acordava cedo e andava até uma sala comunal, onde deixavam que ele escutasse discos. A escolha costumava ser o álbum *Sex Machine*, de James Brown, que ele ouvia inteiro. Após um café da manhã com cereal Cheerios, seu dia normalmente compreendia discussões em grupo, análise, caminhar nos jardins e jogar basquete.

Embora Jim evitasse a maior parte dos psicólogos do NPI, ele gostava do que estava de plantão quando ocorrera sua internação, Murray Zucker, um homem jovem, esperto, aberto e interessado; ele gostava de Jim, respeitava sua inteligência e criatividade, e posteriormente acompanharia de perto sua carreira. Murray achava seu paciente "extremamente agradável"; não pela fanfarronice esperada por aqueles que gostavam da sua música, mas porque era "muito doce, charmoso, bonito, tinha um ótimo senso de humor e era muito perceptivo".

– Tinha sempre uma intensidade nele. Havia também uma coisa de menino, que provocava nas pessoas uma vontade de cuidar dele.

Nenhum psiquiatra do NPI poderia diagnosticar Jim antes que ele estivesse estável, com o organismo limpo das drogas; assim que isso aconteceu, o vocalista foi diagnosticado com hipomania, um transtorno bipolar caracterizado por momentos de euforia ou superexcitação e comportamento impulsivo, sucedido de depressão. Hipomaníacos são normalmente descritos como eufóricos, carismáticos, energéticos, grandiloquentes, hipersexuais e com ambições disparatadas, o que mais parecia uma descrição da personalidade de Iggy. Transtornos bipolares são genéticos, e muitos especialistas acreditam que eles persistiram porque conferiam uma vantagem evolutiva à população. Doutora Kay Jamison, professora de psiquiatria na Universidade John Hopkins e uma das maiores especialistas em transtornos bipolares dos Estados Unidos, também padecia dessa condição, chegando a ser interna da UCLA no período em que Jim estava lá, e escrevendo posteriormente memórias fascinantes daquele período no NPI. Jamison possui uma extensa pesquisa sobre a relação entre criatividade e transtornos de humor, contando histórias de poetas, de William Blake a Ezra Pound; escritores, de Tolstoi a Tennessee Williams; e pintores, de Michelangelo a Van Gogh – todos, acredita-se, vítimas de bipolaridade e outros transtornos de humor. O maníaco ou hipomaníaco, na sua exaltação característica, apresenta momentos positivos de grande criatividade; mas há inúmeros casos documentados que ilustram seus momentos negativos: depressão, confinamento em hospícios, suicídio.

Apesar das penúrias de Jim, de seu vício em diversas drogas, de suas drásticas variações de humor e da angústia de ver sua carreira musical indo por água abaixo, há pouca autopiedade evidente na sua ou na memória de outros sobre o seu período no NPI. Em vez disso, mesmo hoje ele demonstra uma empatia afetuosa pelos colegas internos que, segundo ele, incluíam um casal de adolescentes delirantes, dois maníacos depressivos em plena crise, um jogador de beisebol que, doido de LSD, se atirara pela janela, e "o mais triste de tudo, inúmeras donas de casa que simplesmente se destruíram".

– Elas eram o grande caso de transtorno mental nos Estados Unidos; sofriam de solidão e desamparo, ingeriam remédios ou álcool e um dia perdiam a noção de tudo.

Hoje, dr. Zucker se lembra bem do seu ex-paciente. Porém, surpreendentemente, questiona o diagnóstico inicial de hipomania (que em geral se agrava com a idade) e especula se os problemas de Jim não se relacionavam mais com as drogas que usava, com o estilo de vida criativo e com as complexidades das personas que ele tentava controlar do que com a doença em si.

– Às vezes, ele parecia ter controle absoluto em ativar determinada persona, e dentro dela uma outra, brincando com personas diferentes e mostrando o alcance do seu cérebro – conta Murray. – Mas, em outros momentos, você sentia que ele não possuía controle, ficava por aí daquele jeito. Não era falta de disciplina, não era necessariamente bipolaridade... só Deus sabe o que era!

Jim era um espécime psicológico tão intrigante que fez parte da chamada Grande Rodada, quando um professor visitante entrevistava os internos mais interessantes e complexos do NPI.

– Era fascinante – lembra Murray –; um professor mundialmente famoso, um cara baixinho, pálido e intenso, sentado cara a cara com Jim e fazendo-lhe perguntas de analista.

Extremamente hábil em manipular seus entrevistadores, Jim, ao mesmo tempo sedutor e disponível, deixou Murray fascinado quando o professor lhe fez "algumas perguntas de cunho fortemente psicanalítico".

– Era intrigante assistir àquele showman, tão brilhante, sedutor e perceptivo, capaz de encarar qualquer situação e colocar a persona que quisesse para lidar com um psicanalista mundialmente famoso, que não estava conseguindo nada dele.

Obviamente, a análise também tocava na questão do narcisismo, e dr. Zucker sustenta que o que caracterizaria narcisismo excessivo num indivíduo comum era apenas normal num cantor. De qualquer maneira, a definição de Murray para narcisismo ("uma incessante demanda emocional por atenção, que nunca é suficiente") inspiraria a canção "I Need More", segundo Zucker, "uma exploração brilhante do tema".

Se o aconselhamento psicológico de Zucker e a interrupção forçada do uso de drogas iniciaram um processo de cura, ele demoraria anos para se completar. Sem dúvida, Zucker ajudou a afastar o sentimento de derrota que assombrava Jim, possibilitando uma nova era em que ele seria visto em pleno domínio da sua exuberância, transformando aquele homem que cantava sobre pulsões de morte em um que celebrava a sede de viver. Mas a vida no NPI era, de qualquer maneira, chata e frustrante, com poucas visitas para espantar o tédio. Don Waller, Phast Phreddie e alguns amigos do *Back Door Man* tentaram visitar seu herói ferido, mas a portaria identificou aqueles fãs de Jim como traficantes e impediu que eles entrassem; admiradores nem puderam deixar ali as flores trazidas, já que poderiam conter substâncias ilícitas. David Bowie, acompanhado pelo ator Dean Stockwell, foi um dos poucos a quem se concedeu permissão para entrar; segundo Jim, os doutores eram deslumbrados e deixaram Bowie entrar alterado e vestindo traje espacial.

Mas aquele era um David Bowie bem diferente da figura eficiente, quase estudiosa, que Jim conhecera em Londres. A primeira pergunta de David foi: "E aí, quer um teco?". Sua segunda visita foi menos alucinada, e dessa vez Bowie veio acompanhado por Ola Hudson (que desenhara o figurino de O *homem que caiu na Terra*, no original *The Man Who Fell to Earth*) com seu filho de nove anos, Saul (que mais tarde seria conhecido como Slash, o guitarrista de cartola fundador do Guns N' Roses). Claro que Bowie tinha seus próprios problemas para resolver, mas a simpatia e o respeito que demonstrou foram fundamentais para Jim recuperar sua autoestima.

No fim das contas, a intervenção da LAPD e a estada de Jim no NPI provavelmente o salvaram não apenas de cair num colapso mental definitivo, como também, talvez, da morte. Houve ainda uma outra terapia, igualmente crucial, testemunhada por Doug Carrie no outono de 1974, quando se sentou na sala de estar de James Williamson no Coronet e assistiu a Iggy interpretar por volta de oito canções, enquanto Williamson o acompanhava com sua Gibson Les Paul Custom, plugada num amplificador Pignose. Mesmo nessa forma crua, as músicas apresentavam uma beleza poderosa. Umas poucas, incluindo "I Got Nothing" e "Johanna", eram comuns no repertório antigo dos Stooges, mas havia uma simplicidade e um foco novos na execução delas. A maior parte das músicas novas eram descrições comoventes, mas contundentes, da vida marginal em Los Angeles. Segundo Jim, "Beyond the Law" descreve sua relação com Manzarek ("todos os caretas detestam nosso som"), enquanto "Kill City" representa uma descrição forense do seu próprio calvário, vivendo "onde os destroços encontram o mar. Quintal para os ricos, arma carregada para mim". Essas canções terríveis narram os suplícios de Iggy. Poderosas e despretensiosas, permaneceram inéditas por muitos anos, mas mostram como, mesmo sem o interesse do mundo exterior, Jim era levado a compor – e a transformar sua própria vida, inspiradora, estúpida e sofrida, em grande arte.

Quase na mesma época, os dois tocaram essas músicas para John Cale, que gravou a performance acústica no seu pequeno gravador cassete, prometendo-lhes que tentaria arranjar algum interessado. Cale cumpriu sua promessa quando Ben Edmonds, antigo admirador dos Stooges que tinha sido editor da *Creem*, mas se mudara recentemente para LA, ofereceu-se para bancar algumas gravações. Edmonds não duvidava que Williamson e Pop podiam fazer um grande trabalho que encarnasse o legado dos Stooges, "mas mostrando às pessoas que os Stooges podiam fazer alguma coisa que lembrasse música". Ele andava fazendo um trabalho de divulgação para o compositor Jimmy Webb, famoso por "McArthur Park" e "Wichita lineman", e conseguiu alugar o estúdio caseiro de Webb em Encino pagando apenas custos de produção, exceto pela parte do irmão de Jimmy, Gary, o engenheiro de som das sessões.

Jim parecia humilde comparado à sua antiga versão, mas preocupava-se apenas em provar que podiam contar com ele. Encontrava Ben na hora do almoço, num café perto do escritório dele na Record World, onde pensavam nas letras e nos arranjos. Mesmo assim, houve momentos em que Jim fraquejou. Um dia, foi ao McDonald's, ao lado do apartamento que sua namorada lhe alugara no Pico, e pegou um formulário para disputar uma vaga de emprego. Nunca o preencheu, provavelmente concluindo que outra temporada no NPI seria melhor do que trabalhar virando hambúrgueres, então escolheu retornar como paciente voluntário para, mais uma vez, tentar entrar nos eixos. James passou a supervisionar as sessões de gravação da demo, e Iggy fazia os vocais nas licenças diárias do NPI. Felizmente, Louella Osterberg e Jim Senior estavam apreensivos com a saúde do filho, mandando-lhe dinheiro regularmente e mantendo seu plano de saúde da Blue Cross, que cobria o tratamento no NPI.

As gravações iam de vento em popa. James e Scott Thurston pediram ajuda a todos os músicos que conheciam, e a banda gravitava em torno de Williamson e Scottie – que tocavam teclado e baixo em metade das faixas – mais o baixista Steve Tranio e o baterista inglês Brian Glascock, amigo de Scottie que mais tarde se juntaria aos Motels. (Hunt e Tony Sales, amigos de James, também tocaram em algumas faixas.) Todos trabalharam de graça. Durante os dois ou três dias em que Iggy gravou seus vocais, James o buscava com o tosco e recém-adquirido MG Midget azul – um recente pagamento de seguro o deixara livre para se dedicar à música –, devolvendo-lhe à noite. Apesar de Jim às vezes estar meio desorientado pelas doses, provavelmente de lítio, que os médicos do NPI lhe administravam, seu canto agora estava perfeito; o ligeiro cansaço e o ar de desespero casavam perfeitamente com o material, e as mixagens iniciais, conta Ben Edmonds, eram ásperas, cruas e empolgantes. Uma noite, durante uma sessão de mixagem, Art Garfunkel apareceu no estúdio, aproveitando uma visita ao amigo Jimmy Webb, e sentou-se para escutar algumas das músicas. Por muitos meses, Edmonds não conseguiu se livrar da imagem da cabeça encaracolada de Garfunkel balançando-se ao ritmo do som alucinado daquelas almas perdidas de Michigan, cuja carreira parecia ser a antítese perfeita da dele.

Apesar da falta de uma resposta imediata da Rocket, que contavam ser a maior interessada, Edmonds estava otimista com as fitas, especialmente quando as mostrou a Seymour Stein em janeiro de 1975. Stein, um executivo já respeitado na indústria, logo se tornaria ainda mais célebre por produzir os Ramones e, mais tarde, por revelar Madonna. Ele adorou o que ouviu. "Isso não são demos, isso já é um álbum!", disse a Edmond. Mas, quando Edmonds retornou a Los Angeles, descobriu que, bem ao estilo dos Stooges, Williamson e Pop conspiravam para sabotar a própria carreira mais uma vez, levando embora do estúdio as fitas máster.

Hoje, Williamson conta que ele e Jim foram aconselhados por Bennett Glotzer, advogado da área de entretenimento que visava se tornar empresário de Iggy, a pegar as fitas.

– O Bennett disse pra gente: "Vão até lá, peguem as fitas e eu farei o possível para vendê-las". Aí, a gente foi até a casa do Jimmy Webb e disse: "Oi, será que a gente pode pegar nossas fitas?", e ele disse "Claro".

No fim das contas, Williamson afirma que Glotzer acabou se desesperando com Iggy, "frenético demais" para ele. Enquanto isso, Edmonds gastara, sem qualquer retorno, todas as economias feitas com seu parco salário de jornalista, guardando, entretanto, com admirável sangue-frio, a maior parte do seu ressentimento para a fraca remixagem que Williamson faria com as fitas alguns anos depois.

O fato de Glotzer não ter vendido as fitas tornou-se leve graças a notícias piores em 11 de fevereiro de 1975, quando ligaram para Jim dizendo que Dave Alexander falecera no St. Joseph Mercy Hospital em Ann Arbor, no dia anterior. Jim correu para o apartamento de Ron, dizendo "Zander morreu e eu não estou nem aí!". Ron se sentiu ultrajado e com vontade de agredir Jim; James, chocado com a notícia, esfriou os ânimos. Na verdade, a reação de Jim era uma espécie de negação: ele estava profundamente abalado com a morte de Alexander.

– Ele gostava de fingir que não tinha emoções, ou só emoções superficiais – conta Michael Tipton, que conversou longamente com Jim sobre o falecido Stooge –, mas garanto que aquilo o afetou muito, e que ele ficou profundamente deprimido.

Alexander morreu em função de um edema pulmonar, detonado por uma pancreatite, inflamação do pâncreas, quadro geralmente atrelado ao excesso de álcool – o que, de fato, a autópsia confirmou, revelando uma "severa" lesão no fígado.

No verão de 1975, Williamson se afastou mais uma vez de Jim, talvez devido a uma discussão, após o guitarrista tentar fazê-lo assinar um contrato cobrindo o trabalho no estúdio de Webb. James também concluíra que não daria conta do trabalho como guitarrista, pois cortara a mão numa violenta discussão durante uma gravação do Alice Cooper, e ela "demorou muito tempo para ficar boa, e isso tinha sido só uma coisa numa longa sequência de merdas". Ele usou o tempo livre para aprender engenharia de som na Paramount Recorders, enquanto as ambições musicais de Jim pareciam mirar novamente David Bowie.

Naquela altura, David tinha, nas palavras de Angie, simplesmente "ficado maluco. E qualquer pessoa normal [teria ficado], trabalhando daquele jeito, estressado e irritado". Bowie passara quatro anos trabalhando como um condenado, mas não se beneficiava muito das grandes somas que entravam e saíam das mirabolantes operações da MainMan. Como define Tony Zanetta, "David sempre teve controle absoluto. E aí resolveu não ter mais". Parecia ter mergulhado nas drogas por vingança. Bowie se mudou para Nova York no Natal de 1974 e, rapidamente, graças a Cherry

Vanilla, colou num dos principais traficantes de cocaína da cidade. Um dos dados mais reveladores do contraste das personalidades de Jim Osterberg e David Jones consistia no fato de que, sob influência de cocaína, Iggy Pop geralmente sentia delírios de grandeza, enquanto Bowie sofria de paranoia e sensação de destruição iminente. Por volta de março de 1975, Bowie se mudou para LA, hospedando-se inicialmente na casa do vocalista do Deep Purple, Glenn Hughes, e depois na de Michael Lippman, o advogado que o ajudara a quebrar o contrato com a MainMan.

Numa tarde de sol inclemente de Los Angeles, Bowie se reclinava no banco de trás da limusine quando avistou uma figura meio perdida vagando pelo Sunset Boulevard. Mandou o motorista diminuir a velocidade, baixou o vidro e gritou: "Ei, Jim, aqui!". Jim achou David muito pálido, magro, "mas no fundo feliz, pelo menos com o que fazia". Parte da felicidade de Bowie provinha de rever o velho amigo, e ele acabou convidando-o para sua casa. Jim encontrou um homem transbordante de energia, livros espalhados pelo chão, incluindo um volume fino sobre pousos falsos em Marte, que David planejava transformar em filme, com atores como Dennis Hopper entrando no projeto e saindo dele. Ao mesmo tempo, preparava-se para atuar no filme de Nicolas Roeg, *O homem que caiu na Terra*. Bowie propôs a Jim que reservassem um estúdio de quatro canais e trabalhassem em alguma coisa juntos.

Cameron Crowe, escritor da *Rolling Stone*, testemunhou uma dessas sessões no Oz Studios de Hollywood, em maio de 1975, em meio a uma série de entrevistas que revelaram o Bowie maníaco, perdido e quebrado que se tornaria o retrato definitivo de sua passagem por LA. Iggy e David já haviam gravado várias faixas, entre as quais uma canção que futuramente se chamaria "Turn Blue". Então, em cima de uma faixa intensa e instrumental que David levara nove horas de estúdio para criar, Iggy improvisou uma letra em fluxo de consciência. Orgulhoso do resultado, David exclamou: "Lenny Bruce e James Dean!", mas a namorada de Iggy o rebocou para fora do estúdio e ele não retornou mais.

Semanas depois, Cameron encontrou Bowie novamente e ficou sabendo que, no dia seguinte, Iggy perdera a hora, e depois ficou dias ligando bêbado para David à noite, até que, quando ele finalmente disse a Iggy "vai embora", ele foi.

– Espero que não esteja morto – disse Bowie, sério. – É uma figura poderosa.

Jim retomou as suas rondas, dormindo ao relento ou com alguma das muitas mulheres desejosas de cuidar de uma estrela do rock indigente. Elas vinham principalmente da Park Sunset Plaza, do lado oposto ao Coronet, onde os homens de negócio de Hollywood gostavam de instalar suas amantes. Naturalmente, possuíam muito tempo livre. Mais incongruente ainda, agora Jim se abrigava em um enorme casarão de frente para o mar em La Jolla, perto de San Diego. Mike Page, músico de San Diego, tinha trazido a namorada Lisa Leggett a LA para fazer compras em Melrose, e um amigo em comum os apresentou a Iggy, que vinha dormindo no seu sofá. Minutos depois, enquanto Mike ia ao banheiro, Lisa convidou Jim a se hospedar na casa dos pais dela em San Diego. Por alguma razão, Jim pensou não se tratar de uma casa qualquer, e rapidamente se tornou visitante frequente da residência dos Leggetts, construída pelo hoteleiro Earl Gagosian, fundador da rede Royal Inn. O lugar, grosseiro e cafona, parecia um enorme Ramada Inn. Mike Page teve conversas longas e sinceras sobre blues com o pobre, mas sedutor Osterberg, descobrindo apenas mais tarde que, durante suas idas a LA, Lisa convidava Iggy para sua suíte do Château Marmont, onde ele pedia Dom Pérignon e explorava Lisa à vontade.

– Quando meus amigos me contaram que ele estava transando com a Lisa, e que a tratava como lixo, fiquei de coração partido – conta Page, acrescentando que "provavelmente Jim não percebeu que seríamos uma aquisição para muito tempo".

De volta à penúria em Hollywood, Jim chafurdava. Até o fim de 1975, dormia numa garagem, sobre um colchão macio que furtara de uma Thrifty Store próxima, hospedado por um michê chamado Bruce, que trabalhava na Selma Avenue e que, quando tinha algum dinheiro, comprava Quaaludes e os dividia com Jim. Uma tarde, Jim tomou alguns Quaaludes e tentou furtar uns queijos e maçãs de um Mayfair Market no Franklin. Mais uma vez, a LAPD o pegou, e dessa vez o puseram na cadeia. Naquele momento, a única pessoa interessada em pagar sua fiança era Freddy Sessler, figura adorada no cenário do rock, sobrevivente do Holocausto e amigo de Keith Richards; segundo Jim, "aquele cara que faz a festa dar certo".

Sessler se horrorizou com a indigência de Jim e lhe ofereceu emprego. Contador de histórias divertido, meio parecido com Chico Marx, Sessler estava metido em muitas coisas, sendo a mais recente delas um investimento em telecomunicações bastante obscuro. Ele conseguira, por meios escusos, uma lista de clientes comerciais da companhia telefônica Westinghouse, alugara um escritório em LA e colocara um bando de vendedores para ligar para motéis e pequenas empresas da Costa Leste, dizendo que a Westinghouse encerraria as atividades na área, mas que a sua nova companhia tinha uma oferta exclusiva.

Por poucos dias, Jim fez as vezes de vendedor de telemarketing. Mesmo com sua voz melíflua e capacidade persuasiva, Jim representou um "fracasso absoluto", pois o trabalho começava às cinco da manhã. Sessler foi magnânimo:

– Esqueça, Jim. Eu vou fazer o seguinte. Eu vou ligar para o David. Você sabe que ele gosta de você. E ele quer trabalhar com você.

Jim era muito orgulhoso para ligar para Bowie pedindo ajuda, e, em vez disso, voou para San Diego, onde Lisa Leggett, disposta a ajudá-lo a se reerguer, pagou os 600 dólares de um curso motivacional de três dias, chamado "Sucesso e Reinvenção", enquanto Sessler continuava tentando juntar Bowie e Jim. (Não era um curso ruim, aparentemente.) Numa virada do destino, especialmente para alguém embarcando no Sucesso e Reinvenção, David Bowie acabara de chegar à cidade com a turnê de *Station to Station*.

No dia 13 de fevereiro, Jim foi ver David no hotel. David tocou a demo de uma nova música, "Sister Midnight", na qual ele e Carlos Alomar, seu guitarrista, vinham trabalhando.

– Você gostaria de gravar essa? – David perguntou a Jim. – E aí gravamos um álbum nessa pegada assim que terminar minha turnê.

– Claro, cara – ele respondeu.

Naquele mesmo dia, mandaram Jim fazer as malas e se apresentar no serviço às nove horas da manhã, como num "quartel do rock'n'roll", para seguir com a turnê de Bowie, iniciando o que seria um dos mais difíceis, educativos e, no fim das contas, felizes e produtivos períodos da sua vida. O mesmo poderia ser dito sobre David Bowie. Pressionado por todos os lados, aquele homem nervoso, plugado na cocaína, era, segundo muitos daqueles com quem havia brigado, egoísta e rude ao lidar com as pessoas. Porém, convivendo com Jim, que o chamava de "cabeça de cenoura do caralho", David Bowie se mostrava uma pessoa generosa, alguém que, conta Carlos Alomar, tratava os amigos com "compreensão, compaixão e gentileza". Aquela amizade duraria mais tempo do que as pessoas poderiam imaginar, e constituiria a base para o que Iggy e Bowie fariam de melhor em matéria de música.

# ONZE

# THE PASSENGER

**VERÃO DE 1977**, e David Bowie e Iggy Pop já não se aguentavam mais. Por cerca de um ano, vinham vivendo no bolso um do outro: iam a museus juntos, liam os mesmos livros, pegavam o mesmo trem, tinham o mesmo corte de cabelo, moravam na mesma casa. Agora, era guerra.

Uma batalha podia se dar assim: David escutava um jingle num canal de TV e o transformava num riff grudento, e depois o mostrava a alguns amigos num ukulele. Iggy o desbancava com uma letra improvisada sobre tomar no rabo, ou alguma outra poesia hip num fluxo desvairado de pensamentos, recitando os versos com a cara mais idiota e desafiando sua pequena plateia a não rir. Enquanto isso, os tresloucados irmãos Sales, dois maníacos músicos ardorosos que tinham passado boa parte de suas vidas paranoicos em Berlim, temendo que estivessem transformados em abajures, assumiam o controle da canção, lançando-a num novo rumo, com uma batida que soava como se saída de uma bateria com quinze metros de altura. Sentado com a coluna ereta atrás de uma mesa de mixagem num estúdio forrado de pedras no interior de uma grandiosa casa maçônica de Berlim (embora ostentasse cicatrizes de guerra), David Bowie estava numa disputa escancarada com o homem cuja carreira tanto tinha ajudado a ressuscitar. Ele já se cansara do histrionismo roqueiro de Iggy, mas fato era que se encontrava numa fase e tanto, a melhor de sua vida. Jim Osterberg também parecia numa boa, rindo frouxo ao brigar pelo controle de sua própria música. Tinha seu apartamento; vivia à base de cocaína, haxixe, vinho tinto e salsichas alemãs; tomava um banho frio todas as manhãs ou, pelo menos, pensava em tomá-lo. Nunca se sentira tão feliz assim em toda a sua vida.

À noite, porém, seria embalado por seu sonho de vingança.

Quando Jim entrou a bordo da turnê de *Station to Station* de David, estabeleceu uma parceria num projeto bem menor do que se suspeitava. Quem via de fora pensava estar diante de uma enorme organização administrada com precisão fascista, mas, na verdade, aquele não passava de um projeto familiar envolvendo David, Coco Schwab, Jim, a relações públicas Barbara de Witt e seu marido Tim, o empresário Pat Gibbons e o fotógrafo Andrew Kent. Cada qual seguia uma rígida rotina: voo de avião, passagem de som, mini-intervalo, show, jantar agradável e, depois, dormir. Mesmo com uma agenda tão apertada, Bowie encontrava tempo para checar todos os detalhes, repassando o set e, após quase todas as apresentações, analisando os slides antes de serem liberados à imprensa, regozijando-se em comandar um navio apertado em vez do leviatã descontrolado dos tempos de MainMan.

Em retrospecto, era óbvio que Bowie havia decidido resgatar Jim Osterberg, mesmo antes de ter partido em turnê, que estreou em Vancouver, em 2 de fevereiro de 1976. Ele e Ben Edmonds chegaram a discutir sobre o astro do rock em decadência em algum momento durante os ensaios da turnê, e, apesar de Bowie pular depressa de um assunto a outro com sua característica e irritante intensidade, existia um certo carinho em suas observações sobre Jim, alguém "não tão duro e experiente e sabe-tudo e cínico. Alguém sem a menor ideia do que faz... mas com belos insights".

Talvez comentários como esses tenham sugerido que Bowie fosse um tanto paternalista em relação ao sujeito com quem compartilharia a maior parte dos dezoito meses seguintes. Com certeza, na época, várias pessoas acusaram Bowie de ser um manipulador sangue-frio, que só cooptava Iggy a fim de ganhar credibilidade; de fato, o organizador do fã--clube alemão dos Stooges, Harald Inhülsen, mais tarde acusou Bowie de ter sequestrado Iggy, como se estivesse em algum tipo de conspiração envolvendo perversão sexual e exploração musical, mantendo-o "sob seu domínio". Tais teóricos da conspiração tendiam a ignorar a profunda admiração de Bowie por Iggy, um cara que, ele bem sabia, conseguia realizar proezas que ele próprio jamais conseguiria. Subestimavam ainda a resiliência e a autoconfiança de Jim Osterberg. Depois de Jim ter se juntado à turnê de *Station to Station* em San Diego, em 13 de fevereiro, mesmo os observadores próximos, a exemplo de Andrew Kent e Carlos Alomar, ficaram impressionados em ver como Jim não se deixava intimidar com o ambiente ou com seu tão aclamado salvador.

– Não tinha isso de submissão – conta Alomar. – Eu os encarava simplesmente como dois amigos de verdade. Quando conheci o Jim (em fevereiro), eu não tinha noção nenhuma dos motivos dessa amizade. E nem descreveria os dois como parceiros musicais; eles eram só... amigos.

De fato, enquanto Alomar enxergava uma parceria entre iguais, seu antecessor, Mick Ronson, considerava que o antigo patrão estava praticamente de quatro por Iggy.

– Eu saquei isso quando o guitarrista e eu estávamos discutindo sobre a voz do Bowie. Eu tinha mencionado como o jeito do David cantar tinha mudado, como ele tinha passado pra um tom mais baixo entre 1974 e 1976, quando o Mick me lançou um olhar interrogativo e, com aquele seu sotaque de Hull maravilhosamente preservado, ele me interrompeu:

— Bem, você sabe por que isso aconteceu, né?

— Por que a voz dele mudou? — Pausa —. Er... porque ele foi influenciado por alguém?

— Exatamente!

— Então, você acha que o David queria soar que nem o Iggy?

— "Soar que nem o Iggy?" — Ronson deu uma risada. — Ele queria *ser* o Iggy!

Poucos anos depois, questionado sobre a teoria de Ronson, Iggy fez uma cara irreverente, carregada de malícia, antes de declarar: "*Todo mundo* quer ser o Iggy!". Logo em seguida, pediu desculpas por ser tão "afetado" antes de ressaltar que, "se rolava algum desejo, com certeza era recíproco". Na verdade, apesar de Jim admitir o quão patético foi ter sido reduzido à condição em que se encontrou no final de 1975, também destacou que, mesmo quando estava em baixa, não ficou "sem recursos". Não é nada difícil perceber a confiança quase inabalável (ou, nas palavras de Nick Kent, "aquele ego de arranha-céu") pela qual se deixou levar, a convicção de que um dia sua música seria devidamente reconhecida. Àquela altura, tendo conhecimento dos grupelhos de fãs em Los Angeles, Nova York, Londres, Paris e Alemanha, Iggy estava ciente, como ele mesmo diz, de que "tinha uma legião". Jim Osterberg, por sua vez, o sujeito empático, falante e encantador que gostava de ficar quieto com um bom livro, tinha muito mais em comum com David Jones do que a aparência indicava: o jeito tímido, ligeiramente galanteador; a capacidade aguçada de interpretar estruturas de poder e situações sociais; o entusiasmo pueril; a energia inesgotável.

Quando se conheceram, Jim ficou impressionado com a estética inglesa e vaudevilliana de Bowie, afora seus métodos peculiares de constranger as pessoas, ou ostentando cortes bizarros de cabelo, ou beijando Ron Asheton nos lábios. Então, enquanto o grupo enxuto de Bowie seguia da Califórnia pelo Centro-Oeste rumo ao Canadá e além, de carro ou trem, revelou-se um aspecto mais profundo a respeito da "resistência psíquica" de Bowie, quando Jim testemunhou o sujeito teoricamente efeminado tocar de show em show, tratar da parte empresarial (o que se agravou após um racha com o novo empresário, Michael Lippman) e ainda transbordar energia criativa.

— E aí ele saía pra algum bar depois de quase todo show e lá ficava até umas quatro da madrugada, fazendo todas as outras coisas que a gente tava fazendo. E nunca, nem uma única vez, agiu de maneira inapropriada.

Havia certas peculiaridades no comportamento de Bowie, como um jeito "estranho, teatral, ligeiramente megalomaníaco" de se relacionar com as pessoas, embora isso dificilmente incomodasse Jim, que sabia se tratar de um comportamento ao qual Iggy também estava propenso.

A equipe de Bowie, por sua vez, sobretudo Carlos Alomar e Andrew Kent, ficou surpresa ao ver o notório animal do rock'n'roll participando da turnê com tanta autossuficiência civilizada, às vezes engatando um diálogo com algum contratante sobrecarregado, às vezes sentado com pequenos óculos apoiados no nariz, enquanto lia as colunas políticas nos jornais matutinos e tomava um café expresso. O discreto comentário de Bowie – "Nós temos de fazer algo pelo Iggy" – parecia perfeitamente razoável, até mesmo pelo fato de Iggy ter sido presenteado com uma das melhores composições de Carlos Alomar, a novíssima "Sister Midnight", que a banda tinha introduzido em seu set durante os ensaios em Vancouver. Em sua concepção original, a canção era um exemplo firme e forte do novo modo de expressão de Bowie, uma alma de olhos azuis, embora, mesmo nesse estágio, houvesse um novo minimalismo nas repetições mecanicistas da canção. Durante as longas viagens de trem e de carro pela América, David botava o cassete *Radio-activity* do Kraftwerk para tocar (além de Tom Waits e os Ramones) e discutia sobre a possibilidade de produzir um álbum para Iggy em Musicland, estúdio de Giorgio Moroder, em Munique. Fatalmente, não obstante Jim ter rejeitado a ideia de trabalhar com Ray Manzarek por medo de perder o público dos Stooges, ele acabou agarrando com firmeza a oportunidade de trabalhar num álbum experimental, eletrônico, percebendo de imediato que "havia uma força naquela música que parecia querer cuidar de mim". David chegou inclusive a explicar, depois de mostrar a Jim uma demo crua e tosca de "Sister Midnight", provavelmente gravada durante as sessões de *O homem que caiu na Terra*, que aquele tipo de experimentação destoante era algo que talvez ele não fosse autorizado a lançar em seu próprio nome; a maior implicação, presumivelmente valiosa à autoestima de Jim, foi o fato de que, ao produzir um álbum para Jim, não seria só David quem estaria lhe fazendo um favor: Jim também estaria fazendo um favor a David.

A singularidade de tal parceria criaria, durante um período particularmente curto, quatro álbuns que apresentariam uma mudança radical na música dos dois, e uma mudança tão radical também no panorama da música popular ao longo da década seguinte. Os dois discos de Iggy provariam que ele era capaz de fazer boa música sem os Stooges; os dois discos de David consolidariam de uma vez por todas sua reputação como um artista de classe internacional que se regozijava por estar na vanguarda das tendências musicais. Desde que Van Gogh e Gauguin passaram nove semanas juntos na Casa Amarela em Arles, nenhuma outra dupla de artistas daquela envergadura, com estilos tão diferentes, havia consolidado uma cooperação tão estreita, com resultados tão influentes e satisfatórios. Porém, enquanto a maré criativa dos dois pintores culminou num estado de loucura e colapso nervoso, a inovadora e sensacional obra em conjunto de Bowie e Iggy se mostraria um processo de cura a duas pessoas severamente destruídas.

A relação cada vez mais escancaradamente pessoal e musical entre os dois astros acabaria ensejando uma persistente especulação sobre a possibilidade de ter se estendido também a um relacionamento sexual. Ainda em janeiro de 1972, ganhou fama a declaração de Bowie quanto a ser gay, publicada na revista *Melody Maker*; Iggy, por sua vez, já era celebrado na comunidade gay de San Francisco, onde praticamente todo mundo afirmava ser quem havia lhe pagado o célebre boquete no Bimbo's, em 1974. Há observadores de sobra convencidos de que os dois às vezes tinham algo a mais, e muitos compartilham com prazer histórias divertidas sobre como isso acontecia. Infelizmente para aqueles que fantasiam sobre tais coisas, quem lá estava conta a história de outra maneira. O próprio Jim, embora admita que "é bom experimentar coisas novas", nega os boatos sem o menor pudor. Um tanto mais incisiva, Angie Bowie, que com frequência competia com o marido para ver quem tinha as aventuras sexuais mais escandalosas e que já agraciou ouvintes com relatos excitantes sobre os encontros homossexuais de seu ex-marido, alega não ter havido nada de natureza sexual entre os dois:

– Não. Eu duvido muito. Seria obrigada a perguntar: quem ficava por baixo?

Ao cabo de março, a turnê de *Station to Station* pelos EUA chegou ao fim com uma apresentação magistral no Madison Square Garden, seguida de uma festa repleta de astros e estrelas no Penn Plaza Club, durante a qual David passou a maior parte do tempo escondido com Jim, enquanto velhos conhecidos, por exemplo, John Cale, lhes faziam visitinhas. Jim parecia quase irradiar saúde, usando um terno comprado por causa de uma audiência à qual tivera de comparecer com Bowie no dia anterior, em Rochester, no estado de Nova York, para responder às acusações (depois retiradas) por porte de maconha após uma apreensão no hotel Flagship American, quatro dias antes. As aparições públicas de Iggy representavam a primeira confirmação de que estava prestes a regressar do ostracismo.

Quando Bowie partiu de Nova York num transatlântico com destino a Cannes, no dia 27, Iggy permaneceu por alguns dias no hotel Seymour, vislumbrando o primeiro indício de que sua vida estava prestes a mudar. Pela primeira vez, notou que uma nova geração de músicos estava se autodenominando "punks" e surgindo à sua imagem. Naquele fim de semana, foi entrevistado por Pam Brown para a matéria de capa da quarta edição da revista *Punk* e, como de costume, narrou uma história incrível e alucinada de seu passado recente, a qual, em grande parte, era essencialmente verdade. Durante o mesmo período, compareceu a uma festa em sua homenagem no CBGB, bar na Bowery administrado por Hilly Kristal e berço do punk nos EUA; depois, levou o editor da *Punk*, John Holscomb, e a fotógrafa Roberta Bayley para jantar uma lagosta no Phoebe's. Antes de pegar seu voo rumo à Itália, pediu a Roberta que enviasse um par de algemas que ele tinha comprado na Times Square a seu filho Eric. Muito embora quase não tivesse visto o filho durante o ano anterior, estava tentando pela primeira vez ser "um bom pai" antes de embarcar em suas aventuras em Berlim. O limite derradeiro entre seu passado caótico e um recomeço fora demarcado alguns dias antes, ao participar de uma jam com Syl Sylvain e Johnny Thunders num loft em Nova York, e Johnny lhe perguntou se queria ficar chapado. Pela primeira vez em sua vida, Iggy disse não.

Bowie tinha se mostrado extraordinariamente resiliente, considerando-se o estresse que sofrera ao longo do ano anterior – afora a tortura psicológica e toda a paranoia suportada em Los Angeles, uma cidade que ele (e, em última análise, Jim também) considerava maléfica, quase vampírica. Ele estava destruído, Jim notou na época, e precisando de uma alma gêmea, o que não queria deixar transparecer. Essa reclusão durou até a parada feita na Suíça em abril, quando passou a abrir-se mais. É quase certo de que também tenha discutido a situação de seu casamento com Angie, uma união notável e nada convencional que vinha manifestando o desgaste das separações constantes; tratava-se de um relacionamento aberto, embora Angie estivesse sentindo cada vez mais ciúmes de qualquer um que se aproximasse intelectualmente de David. Isso se aplicava a Jim, sobre o qual Angie era ambivalente, e, em especial, a Coco Schwab. Coco, ou Corinne, Schwab era uma figura exepcionalmente organizada e competente, contratada como secretária por Hugh Attwooll na MainMan durante o verão de 1973. Hugh tirou uma folga poucas semanas depois e, nas palavras dele próprio, voltou só para descobrir que Coco tinha aprendido rapidinho a realizar as funções que a ele cabiam, em 36 horas. Consequentemente, Tony Defries resolveu dispensá-lo. Coco, então, passou a controlar o acesso a David, aliviando o astro psicologicamente sobrecarregado da vasta gama de responsabilidades, mas enfurecendo todos os que se sentiam excluídos da vida dele, em particular Angie.

A próxima e crucial experiência que estreitaria ainda mais os laços entre Jim e David foi uma misteriosa viagem de trem a Moscou, planejada sob o calor do momento de modo a preencher a lacuna entre as paradas em Zurique e Helsinque. Andrew Kent, que tinha maior conhecimento prático da língua francesa, passou alguns dias num constante vaivém entre Zurique e Basel a fim de obter os vistos necessários à colossal viagem de trem empreendida por ele, Jim, David, Coco e Pat Gibbons. Enquanto bagunçavam pela Polônia, parando de vez em quando para se abastecer com sopa ou garrafas de cerveja, viam cidades ainda marcadas com buracos de bala e paisagens repletas de crateras abertas por bombas. Passando ao lado de um comboio de mercadorias em Varsóvia, testemunharam um trabalhador descarregando carvão, pedaço por pedaço, em meio ao granizo cinzento e congelante; uma imagem lúgubre, comovente e que viria a ser homenageada na música instrumental belamente sombria de Bowie, "Warszawa", em *Low*. Após cerca de 1100 quilômetros de viagem, o grupo deparou com seus primeiros entraves burocráticos em Brest, antiga cidade eslava agora parte da Bielorrússia, a qual, em 1976, ainda se estendia pela fronteira da URSS. Todos os passageiros tiveram que desembarcar ao fazer a troca de linhas, passando para o sistema russo de bitola larga, e, conforme Kent se lembra, o grupo foi recebido por um agente da KGB albino e ameaçador com a seguinte frase: "Nós não estávamos esperando vocês". A enorme provisão de livros de Bowie foi revistada, e alguns deles teriam sido confiscados devido ao duvidoso conteúdo sobre o Terceiro Reich. No entanto, de acordo com outras recordações, a desavença com a KGB foi, na verdade, motivada pelo fervor de Jim ao oferecer algumas das flores que enfeitavam a cabine do grupo, ato interpretado pelo agente como uma tentativa de suborno.

Apesar de bem intimidante, o contratempo foi breve, e a eventual impressão de onisciência da KGB evaporou assim que a turma chegou a Moscou e constatou ser furada a promessa do agente de que haveria "alguém dos nossos à espera de vocês lá". Vendo-se sem monitoramento algum e livres para explorar a cidade, deixaram a bagagem no hotel Metropole e, então, partiram rumo à Praça Vermelha, onde capricharam na pose quando as tropas passaram marchando, numa atmosfera inebriante, com Jim e David rindo como dois colegiais alegres. De lá, fizeram uma visita à loja de departamentos GUM e, depois, sem a menor pressa, seguiram a um agradável jantar, já de volta ao Metropole, uma bela construção Art Nouveau decorada por Mikhail Vrubel, local de várias reuniões cruciais do Congresso dos Trabalhadores dirigido por Lenin e, ainda, ponto central do sinistro romance de Mikhail Bulgakov, *O mestre e Margarida*. Então, sete horas após terem chegado à cidade, embarcaram no trem rumo a Helsinque, onde seriam recebidos com a manchete: "Bowie perdido na Rússia".

A turnê de Bowie foi retomada com uma apresentação em Helsinque, seguida de cinco shows escandinavos; então, o grupo viajou para Londres (onde é possível que David e Jim tenham feito algumas gravações preliminares de "Sister Midnight"). Lá, enfrentaram uma pesada ofensiva da mídia quanto a supostas afinidades de Bowie com o fascismo, desencadeada por seu comentário a um repórter de Estocolmo a quem afirmou que a Grã-Bretanha "poderia se beneficiar de um líder fascista". Talvez por sorte ninguém da imprensa britânica tenha visto as fotos do companheiro de viagem de Bowie sendo agredido por um músico que vestia o uniforme da Afrika Korps, com direito a uma suástica na braçadeira. Finalmente, a turnê terminou em Paris, em 15 de maio. Na festa para comemorar a conclusão dos trabalhos, Bowie passou grande parte da noite aos amassos com Romy Haag, admirável diva transexual que aparentemente encarnava

# ONZE
## THE PASSENGER

todo o glamour e toda a decadência de Berlim. Romy supostamente teria pedido a David que fosse a Berlim para encontrá-la.

David e Jim permaneceram alguns dias em Paris após o passeio, e, por volta de 18 de maio, Laurent Thibault recebeu um telefonema aflito de Coco Schwab, dizendo-lhe que David precisava de um refúgio contra a multidão de fãs ao redor de Paris. Thibault, cujo nome se firmara como baixista da Magma, banda francesa de rock progressivo, tinha recentemente assumido a gestão do Chateau d'Herouville, um luxuoso estúdio caseiro com tecnologia de ponta, sediado num chateau a 40 quilômetros de Paris. Era uma construção enorme, dispersa e romântica, famosa por ser supostamente assombrada pelos fantasmas de seus antigos e célebres moradores, Frédéric Chopin e sua amante George Sand. Naquela noite, David se hospedou com Jim, Coco, seu filho Zowie e as duas babás da criança, e lá ficaram durante alguns dias. David tinha levado vários cases de transporte cheios de discos e também outros equipamentos, e pediu que sua aparelhagem fosse montada numa sala imensa com teto formado por vigas de madeira. No primeiro dia, David e Jim vistoriaram o estúdio, usado por David em 1973 para gravar *Pin-Ups*. Na segunda noite, ele tocou os discos de Thibault até tarde da noite, incluindo o álbum de estreia da Magma, sobre os quais teceu vários comentários críticos; até que, por volta das três da manhã, anunciou que pretendia gravar "o disco do Jimmy" no chateau, e que Thibault também tocaria baixo. (Houve uma vantagem secundária de trabalhar no chateau residencial, já que a RCA acabou assumindo os gastos de Bowie e sua comitiva, aliviando um problema crônico de fluxo de caixa que o vinha afligindo após sua saída da MainMan.)

Por volta do fim de maio, Bowie, Jim e Coco voltaram ao estúdio, conforme prometido, levando consigo o piano elétrico Baldwin de David, a guitarra de Dan Armstrong com escudo de perspex, um sintetizador Arp Axe e um amplificador Marshall, e iniciaram os trabalhos. David tinha várias das canções em fita cassete, e gravou algumas partes delas no piano antes de perguntar a Thibault se ele conhecia algum baterista.

— Ele queria alguém bem firme, bem robusto — conta Thibault — e eu disse: "Sim, conheço exatamente o cara pra isso".

Thibault telefonou para Michel Santageli, que já havia tocado com vários artistas franceses, incluindo Alan Stivell e Jacques Higelin; Michel chegou alguns dias depois e inicialmente ficou paralisado de medo, pois tinha pensado que Laurent estava brincando ao ter dito que ele tocaria com David Bowie. No dia seguinte, começaram a trabalhar nas faixas de fundo, com Bowie sentado ao piano e fazendo sinais através da janela acústica a Santageli, que aprendeu conforme foram tocando. Enquanto isso, Jim estava na sala de controle, rabiscando furiosamente em pilhas de papel, criando letras impressionistas que com frequência fundiam suas visões de mundo com as de David; por várias e várias vezes, as canções se valem da primeira pessoa do plural ("hey baby, we like your lips"[27]) numa espécie de consciência coletiva.

Ao escutarem os primeiros takes, Michel, um tanto nervoso, disse a Thibault:

— Beleza, eu já entendi o que a gente quer; vamos fazer a versão pra valer agora.

Não houve resposta de David, que estava ouvindo tudo com extrema atenção, de joelhos na cadeira da sala de controle. Então, ele proclamou:

— Próxima! Suivons! — E seguiram com a música seguinte, apesar das objeções de Santageli quanto a ainda não ter aprendido a canção, nem afinado sua bateria. Ao longo desse dia e do seguinte, gravaram a bateria e o piano de sete músicas ou mais e, após concluírem, Santageli foi despachado de volta à Bretanha, mortificado não só por não ter gravado a bateria do jeito certo, mas também por não tido a chance de conversar com Bowie. Mais alguns dias depois, durante os quais Bowie adicionou

---

[27] "Ei, baby, nós gostamos dos seus lábios." [N. de T.]

## ONZE
### THE PASSENGER

a guitarra elétrica aos esqueletos das composições, ele deu uma sumida a fim de descansar um pouco e pediu a Thibault que já fosse adicionando as linhas de baixo. No entanto, as instruções foram tão mínimas quanto os esclarecimentos prestados a Santageli, e Thibault acabou improvisando cerca de cinco músicas com seu Rickenbacker. Os resultados foram considerados satisfatórios, exceto por uma música, "Borderline", para a qual David cantarolou uma nova linha de baixo que Thibault prontamente reproduziu. E assim a gravação continuou de forma impressionista, muitas vezes aparentemente aleatória, com certas sonoridades deixadas um tanto cruas e acidentes incorporados nos resultados finais. Já próximo do final das sessões, David chamou o baixista de *Station to Station*, George Murray, e o baterista Dennis Davis para que acrescentassem faixas rítmicas em algumas das canções, incluindo "Sister Midnight" e "Mass Production".

Às vezes, entre um take e outro, David dava uma volta sozinho pelo terreno, ou explorava a enorme e dispersa construção enquanto Jim trabalhava, e vice-versa. De quando em quando, um dos dois viajava a Paris, onde Jim foi ver sua antiga paixão, Nico. Não raro, o chateau se tornava um santuário para os amigos do proprietário, Michel Magne, e, naquele verão, o célebre ator e cantor francês de esquerda Jacques Higelin hospedou-se na ala de Magne. O luxuoso apartamento era um refúgio bem-aventurado para Higelin, sua namorada Kuelan Nguyen e Tom, seu filho de seis anos; ao final de agosto, Higelin gravaria o álbum *Alertez Les Bébés*, marco comercial de sua carreira, no chateau.

Numa bela tarde, Kuelan se surpreendeu ao encontrar um músico americano tocando piano na sala de estar dos fundos do chateau. De imediato, ficou encantada com ele (cabelos loiros, aparência de viking) e descobriu, via linguagem de sinais, já que ele não falava francês e ela não falava inglês, que ele se chamava Jimmy; então ela o convidou, ainda por meio de gestos, para uma festa de aniversário organizada por ela para a babá de Tom. Naquela noite, Jimmy dançou por todo o cômodo, saltando por cima de mesas, cadeiras e, em seguida, foi até Kuelan e simplesmente deitou a cabeça no ombro dela. Não demorou para que os dois engatassem uma conversa misticamente profunda e surreal, constituída de gestos, expressões e palavras aleatórias. Tal noite marcaria o início de um relacionamento que, travado contra o ambiente romântico do chateau, ecoava os casos de amor malditos e cortesãos do século 18.

– Foi um caso de amor pleno e verdadeiro – conta Kuelan –, embora não fosse possível.

Higelin era um defensor da liberdade sexual, mas acabou sentindo cada vez mais ciúmes do intruso tão *beau, blond*. No início, Kuelan não sabia que Jimmy era músico; então, numa noite, ela o ouviu berrando "Iggy Pop, Iggy Pop" de uma janela, como um grito de guerra tribal. Enquanto isso, Jacques lhe implorava que ficasse e escutasse uma música que ele tinha escrito para ela. Quando Kuelan enfim conseguiu se encontrar com Jimmy, ele já estava completamente nervoso de tão bêbado, comportando-se feito um colegial apaixonado ao deixar escapar que *ele* havia escrito uma canção para ela, antes de expressar sua frustração num francês rudimentar: "Je fais abattoir de la terre entière se você me deixar". Kuelan o encarou bem nos olhos, levou o dedo aos lábios e lhe disse "shhhhh", como se consolando uma criança.

– Eu disse shh para acalmá-lo. Eu estava meio que rindo, meio com medo de que ele fosse longe demais e acabasse se machucando.

Naquela noite, ela ouviu uma música chamada "Borderline", que Jimmy e seu amigo David tinham composto, enquanto David brincava com a ambiguidade da situação, como se ele também estivesse perdidamente apaixonado por ela. Quando Jim enfim gravou os vocais da canção, rebatizada de "China Girl", incorporou a reação de Kuelan: "Shhh, shut your mouth"[28]. Sua simplicidade romântica e apaixonada ("I'm just a mess without my Chine girl"[29]) foi subvertida de maneira cativante pela aceitação de Jim quanto à sua própria inadequação, e uma advertência quanto à

---

28 "Shhh, cala a boca." [N. de T.]
29 "Eu sou uma desgraça sem minha menina chinesa." [N. de T.]

sua própria megalomania: "I'll give you men who want to rule the world"[30]. As entrelinhas do amor frustrado da canção acabaram retratando a vida real, já que, no fim das contas, Kuelan resolveu continuar com seu filho e sua família. Ela se casaria com Higelin dali a dois anos.

Após passarem a maior parte de julho gravando, David, Jimmy, Coco e Laurent tiveram de deixar o chateau para dar lugar a uma sessão da Bad Company, e assim levantaram acampamento rumo a Munique para gravar os vocais e mixar o álbum. Musicland era um estúdio de porão forrado de madeira que mais parecia um bunker; a cidade em si, berço do partido nazista, também parecia mergulhar numa ressonância sombria. Certa noite, dois convidados do estúdio cumprimentaram Bowie com uma saudação nazista; ele os ignorou, mas murmurou uma obscenidade qualquer a Thibault, uma vez que já se encontravam a uma distância segura. O quarteto ficou hospedado no 21º andar do Sheraton, dormindo principalmente durante o dia; a certa altura, houve uma tremenda tempestade de verão, carregada de trovões, ocasião em que dava para ver tudo abaixo deles iluminado pelos relâmpagos enquanto as janelas estremeciam a cada trovoada.

Conforme as sessões continuaram, um jovem guitarrista britânico chamado Phil Palmer teve o privilégio de um contato íntimo com os métodos de trabalho de Bowie. O telefone tocou às duas da manhã, e a mãe de Phil bateu à porta do quarto do filho para dizer-lhe:

– Tem um tal de senhor Bowie no telefone pra você!

O tal senhor Bowie assegurou a Phil que não se tratava de um impostor, acrescentando que Phil lhe tinha sido recomendado pelo produtor Tony Visconti e dizendo-lhe que enfiasse algumas roupas numa mala e pegasse um avião até Munique, onde ele e Iggy Pop estavam gravando.

Palmer deu as caras na sessão da meia-noite e entrou no estúdio, situado num shopping deserto. O lugar parecia mais o bergantim *Mary Celeste*, cheio de guitarras abandonadas e kits de bateria da Thin Lizzy,

---

[30] "Vou lhe apresentar homens que querem dominar o mundo." [N. de T.]

que estava gravando no turno do dia. David Bowie e Iggy Pop se encontravam na sala de controle, conversando de maneira até afável, embora toda a atmosfera fosse assustadora e o guitarrista tenha se sentido um pouco intimidado quando Bowie botou as fitas para rolar. Durante cinco dias, o sujeito fez experiências sonoras com a guitarra, plugando sua Telecaster numa variedade de equipamentos, alguns emprestados da Thin Lizzy, e experimentou em primeira mão o dom de Bowie em desbloquear a criatividade dos músicos. Os modos de Iggy e David eram "gentis, mas estranhos", e, às vezes, as instruções vinham enigmáticas. Quando Palmer se preparava para acrescentar sua guitarra em "Nightclubbing", Bowie ou Iggy lhe disse:

— Você tá andando pela Wardour Street. Agora, toca a mesma música que você escuta saindo dos bares.

Em outros pontos, eram mais específicos. Enquanto Palmer reexecutava os arpejos desenganados de guitarra de "Dum Dum Days", Bowie o fez regravar a introdução várias e várias vezes, instruindo-o:

— Mais bends nessa nota. — O comando soava apropriado para a sessão como um todo, a qual parecia desalinhada de ponta a ponta. Depois de um tempo, Palmer se viu num excitante rolo criativo, embora o episódio tenha sido intensamente desorientador, fosse por David lhe dizendo que estava pedindo alguns miolos de ovelhas e perguntando se Phil não queria um, fosse porque, todo animado, folheasse uma monografia de Erich Heckel e pedisse a opinião de Phil sobre as pinturas.

Certa noite, ele chegou mais cedo e testemunhou um membro da equipe da Thin Lizzy levando uma surra por ter deixado que o estoque de cocaína acabasse. Bowie e Iggy eram, obviamente, um tanto "excêntricos", muito embora não houvesse um consumo descarado de drogas, e ambos estivessem intensamente focados na missão a cumprir. A impressão mais marcante se deveu ao fato de que ele chegou a ver Iggy ou David apenas durante as trevas das horas noturnas.

— Vampírico seria a palavra ideal.

Thibault também achou o ambiente desorientador. Devido à canção "Mass Production", David estava frustrado por não alcançar a sonoridade desejada, e o ex-baixista da Magma interveio, inventando quase toda uma fita de loops a partir de ruídos industriais sobrecarregados que tomaram conta de todo o estúdio; ele se lembra de Bowie sentado em silêncio durante o que lhe pareceu um período interminável de tempo, observando a faixa branca de edição na fita dar voltas e voltas pela sala, feito uma criança hiptonizada por um trenzinho de brinquedo.

Por volta do início de agosto, Thibault retornou a Paris para gravar com Jacques Higelin, enquanto David e Jim viajaram para Berlim a fim de concluir a mixagem nos estúdios Hansa, em Kurfürstendamm. O estúdio ficava no quarto andar de um prédio comercial e tinha sido recomendado a David por Edgar Froese, da Tangerine Dream. Bowie chamou seu velho amigo Tony Visconti, última pessoa com quem trabalhara em *Young Americans*, para misturar o grosso do álbum e supervisionar dois ou três acréscimos derradeiros. A essa altura, Bowie e Iggy já tinham se mudado para um apartamento encontrado por Coco Schwab na Hauptstrasse, 155, no bairro de Schöneberg, em Berlim. Quando chegou, Visconti ficou impressionado com a patente melhora física e psicológica de Bowie, radicalmente diferente da criatura esquálida com quem tinha gravado *Young Americans*, e, ao saber que ele estava trabalhando com Iggy Pop, o americano selvagem, Visconti se surpreendeu ao conhecer um sujeito educado, alegre e bastante civilizado, o tal Jim Osterberg.

Foi um trabalho bem árduo. Visconti teve a impressão de que todo o material tinha sido prensado na fita à força e fúria, numa afobação criativa; mas, ao longo de algumas semanas, os três esculpiram "uma nova e sensacional paisagem sonora", conta Visconti, "cheia de angústia e tormento". (É provável que as mixagens originais de Thibault tenham subsistido em "Sister Midnight" e "Mass Production".) A obra, que mais tarde seria batizada de *The Idiot* (alusão ao personagem de Dostoiévski, o Príncipe Míchkin, um homem sábio, embora neurologicamente transtornado, objeto de um livro que todos eles indicavam com frequência a seus amigos), representou uma mudança radical a seus dois principais arquitetos, sendo imprescindível destacar que grande parte da genialidade de Bowie recaiu, como tantas vezes, na escolha do colaborador perfeito. Era praticamente garantido que o mundo inteiro fosse ficar chocado ao escutar um roqueiro duro na queda, conhecido por se cortar com cacos de vidro ou se besuntar com manteiga de amendoim, à frente de um opus intenso, minimalista, eletrônico e formidavelmente europeu. Jim, porém, intuitivamente compreendeu e, a bem da verdade, saboreou tamanha experimentação, uma vez que seu apreço pela música avant-garde era tão profundo quanto o de David. Mesmo que boa parte de sua experiência cultural mais recente tivesse consistido em dormir no chão de uma garagem compartilhada com um michê, era Jim quem saíra de um sofisticado campus universitário; que tinha se apresentado com um colaborador próximo de Gordon Mumma e Robert Ashley; que tinha visto o show experimental Exploding Plastic Inevitable, de Warhol, em sua segunda exibição, ainda em março de 1966; e, uma década antes, tomara conhecimento de concertos "realizados por uma mulher nua tocando um violoncelo enquanto alguém batia nas cordas de um piano com martelos", experiências que faziam o currículo de Bowie parecer positivamente paroquial.

Jim estava consideravelmente aberto às ideias mais inesperadas de Bowie, cuja qualidade considerou surpreendente.

– Ele só me armou jogadas espetaculares, e eu finalizei todas elas – hoje ele conta, muito embora, quando escarafuncha os recantos mais profundos de sua memória, seja capaz de se lembrar de uma canção rejeitada, um breve e espevitado número musical que Bowie tocou para ele na guitarra acústica, que dizia: "Iggy Pop, Iggy Pop, when are you going to stop?"³¹ (A canção chegou a ser gravada, no entanto, e permanece em algum cofre por aí.)

Em outros momentos, havia um entendimento quase intuitivo entre os dois, com Bowie pressionando Iggy para que estendesse o rugido barítono usado previamente em "Fun House" ou experimentasse contar histórias nas letras de canções como "Dum Dum Boys" (antes batizada de "Dum Dum Days", ainda no chateau). Musicalmente, há truques sutis que remetem aos Stooges, entregando a influência de Jim no processo de composição; por exemplo, a maneira como a estrutura rigorosa de "Dum Dum Boys" faz um pequeno desvio de modo a acompanhar Iggy enquanto ele, reflexivo, revive o momento em que viu pela primeira vez Scott e Ron Asheton do lado de fora da farmácia Marshall's e ficou "muito impressionado... Ninguém mais ficou impressionado, nadinha...".

Se alguns álbuns posteriores à trilogia "Berlin" de Bowie (ou tríptico, como ele próprio definiu) foram considerados frios, até mesmo glaciais, tal protótipo demonstrou uma boa dose de humanidade e certo humor pateta em meio a uma modernidade tão rígida. "Nightclubbing" é toda germânica, roboticamente lenta, impossivelmente impositiva até que se reconheça a alusão musical do antigo rival glam de Bowie, Gary Glitter; "Tiny Girls", por sua vez, numa referência cultural contrastante, evoca "Ne Me Quitte Pas", de Jacques Brel. "China Girl" expõe o talento emergente de Bowie para elaborar pontes musicais altivas e inspiradoras (o verso "I'll give you television"³² é o protótipo de um truque semelhante usado, por exemplo, no clímax "feel all the hard time"³³ de "Absolute Beginners"). Ainda assim, as letras de Jim subvertem a simplicidade da mensagem conforme ele conta como vai estragar tudo com seus hábitos ocidentais e sua megalomania. Muito embora haja semelhanças com a paleta sombria e

---

31 "Iggy Pop, Iggy Pop, quando é que você vai parar?" [N. de T.]
32 "Eu vou te dar televisão." [N. de T.]
33 "Sinta esses tempos duros em sua totalidade." [N. de T.]

tonal de *Fun House*, *The Idiot* representaria um afastamento radical da música que Iggy tinha feito com os Stooges, o que era, evidentemente, o plano. A exemplo de *Fun House*, *The Idiot* permaneceria um álbum mais respeitado do que adorado, com críticas em sua maioria neutras, pelo menos até que se reconhecesse que o disco, lançado pouco antes da onda punk emergir, prefigurava a sonoridade do pós-punk.

Enquanto David e Jim trabalhavam em *The Idiot* ao longo do verão de 1976, a proximidade pessoal entre os dois espelhava sua relação musical. Em algum momento durante aqueles primeiros meses na Europa, a dupla havia feito um pacto informal de que ambos aprenderiam a lidar com o prodigioso consumo de drogas. Talvez tenham concordado em reduzir a ingestão de cocaína; é quase certo que Jim prometera ficar longe da heroína. Não que fosse uma proibição total, uma vez que cada qual acabou se valendo de um eventual e valente consumo de cocaína e álcool durante o ano seguinte, embora a vida em Berlim tenha oferecido aos dois a perspectiva de se manterem mais firmes a suas convicções e escaparem dos paus-mandados que haviam incentivado seus respectivos excessos. Houve, porém, um lapso esquisito. Numa noite, quando Bowie pegou um táxi de volta à Hauptstrasse, 155, o taxista o reconheceu e, enquanto Bowie revirava os bolsos atrás de trocados do lado de fora do prédio, ele lhe informou:

— Por sinal, tem como avisar ao Iggy que o dooj (heroína) que ele pediu já chegou?

Na mesma hora, o taxista foi advertido de que, se algum dia arrumasse heroína para Jim, Bowie pessoalmente criaria problemas para ele. Então o sujeito deu no pé, devidamente intimidado, e David nunca chegou a mencionar a conversa para Jim, consciente de que não deveria humilhá-lo ou parecer controlador.

Bowie, em particular, saboreava o anonimato que Berlim aparentemente lhe conferia, e vários meses se passaram antes que a maioria dos berlinenses se desse conta de que ele tinha fixado residência na cidade. No

## ONZE
### THE PASSENGER

entanto, mesmo após perceberem, ajudaram-no a manter a ilusão de que a presença dele não era notada; não raro, David seria visto em lojas de discos, como os pontos da Zip na Kurfürstendamm ou na Gedächtniskirche, comprando uma pilha de vinis com a gola levantada, feliz por ser ignorado. Mas era só sair das lojas para que os clientes fossem correndo até o caixa e perguntassem ao vendedor:

– *Was hat Bowie gekauft?*[34]

Os vendedores, porém, zelando pela privacidade de David, nunca revelavam o conteúdo de suas compras.

Tanto Bowie quanto Jim descrevem seus dias em Berlim como um dos períodos mais felizes de suas vidas. David se lembra de estar cheio da "alegria de viver, com uma enorme sensação de cura e libertação", enquanto Jim descrevia o momento como "talvez a maior felicidade que eu já tenha sentido". Para ambos, a vida era simples e ordenada, "mas sempre", conta Jim, "com a noção de que a gente estava tentando aprender alguma coisa ali". Antes de seu contrato de gravação ser fechado, Jim tinha se disciplinado a viver com dez marcos alemães por dia, os quais David lhe entregava todas as manhãs. O apartamento de Bowie, Jim e Coco na Hauptstrasse, 155, fazia parte de um grande bloco sobre um showroom de autopeças, situado numa via rápida toda ladeada por árvores. Era consideravelmente elegante, com tetos altos, embora descaracterizado de modo geral, o que os berlinenses chamariam de um típico *altbau*, ou seja, apartamento velho; e, apesar de a mobília ser de bom gosto, era mínima. No quarto de Jim, havia um simples colchão estendido no chão e quase nada mais. O cômodo principal de David era cheio de livros e havia ainda um enorme rolo de papel em que ele escrevia suas anotações e letras de música; outro quarto acomodava o filho de David, Zowie, que estava matriculado numa escola em Berlim. O fato de o prédio ser descaracterizado e barato fazia parte de seu charme, pois, na sequência de seu dispendioso rompimento

---

[34] "O que Bowie comprou?" [N. de T.]

com a MainMan, com mais uma batalha legal a caminho, Bowie tinha de ser mais cuidadoso com o dinheiro. Coco ficava de olho nos gastos. Certa noite, em Munique, Laurent Thibault testemunhou, atônito, uma cena em que Coco interrogava Bowie sobre um novo casaco que ele acabara de comprar, enquanto o astro do rock mundialmente famoso lhe assegurava:

– Sério, só custou vinte marcos!

Schöneberg, de igual modo, era um bairro atraentemente anônimo. Havia um punhado de bares, livrarias e um mercado em torno da St. Matthias Kirche, a dez minutos de caminhada, com uma comunidade gay reunida nos arredores da praça Nollendorfplatz, logo mais ao norte, onde Christopher Isherwood viveu até 1933; a estação de metrô U-Bahn comportava um memorial de bronze em homenagem à população gay de Berlim assassinada nos campos de concentração. Pelo caminho, havia um sinistro e monolítico abrigo antiaéreo nazista, o qual tinha se mostrado imune às tentativas de demolição pós-guerra e, agora, era transposto por um bloco modernista de apartamentos. Pelas manhãs, Jim costumava dar longos passeios sozinho, às vezes perambulando por quilômetros, a ponto de acabar alegando, mais tarde, ter percorrido cada centímetro da cidade a pé. Certa vez, após explorar as oficinas de Hinterhof da rua (locais de trabalho encontrados nos quintais de vários prédios), voltou para casa e, todo animado, contou a David e Coco que tinha aprendido a ordenhar uma vaca. Em comparação a David, Jim se sentia seguro para se aventurar pelos bares ou pelas lojas por conta própria, abordando pessoas que nunca havia conhecido antes, conversando com elas em inglês ou valendo-se das poucas palavras que sabia em alemão, e vendo no que aquilo tudo daria. Numa tarde típica, Jim e David bem poderiam dar uma volta pelas barracas de antiguidades na Winterfeldplatz ou pegar o metrô S-Bahn até Wannsee (resort praiano no rio Havel, um lugar aparentemente idílico onde Himmler tinha anunciado a Solução Final) para um almoço sem pressa. Um belo dia, saíram e compraram tintas acrílicas, e David mostrou a Jim como preparar uma tela; ambos passaram toda a tarde pintando, e não pararam mais daí em diante. David pintou um retrato de Iggy, uma obra convincente num estilo expressionista influenciado pelas pinturas contempladas com frequência no museu Brücke.

À noite, Jim, David e Coco geralmente jantavam no Café Exil, no bairro de Kreuzberg, apreciando a vista para o canal Landwehr ou em meio à cortina de fumaça na sala dos fundos, que invariavelmente se encontrava cheia, segundo Bowie, de "intelectuais e beats". Entre outros locais da predileção dos três, estavam o Dschungle 2, o restaurante Asibini e o Paris Bar na Kantstrasse, enquanto o belo-embora-deteriorado Schlosshotel Gerhus, por sua vez, onde Bowie e Jim tinham primeiro se hospedado em Berlim, fosse sempre a opção favorita para abrigar músicos ou visitantes. Algum tempo depois de terem se mudado, já com uma receita extra reservada às saídas, um café gay, o Anderes Ufer, abriu suas portas algumas casas mais adiante; várias manhãs Bowie lá tomou seu desjejum e, certa noite, quando um grupo de homofóbicos quebrou a vitrine de vidro laminado do lugar, David arcou com os custos dos reparos, embora insistindo que mantivessem sua contribuição em sigilo.

Caso o trio planejasse uma tentativa de frequentar um novo local, antes Coco e Jim se aventuravam num reconhecimento, de modo a averiguar se o ambiente era seguro para David. Numa dessas noites, estavam dando uma checada numa festa de moda na Fabrikneu, loft compartilhado por um grupo de figuras artísticas locais, entre as quais o baterista da Tangerine Dream, Klaus Kruger, e o fotógrafo (mais tarde, artista) Martin Kippenberger. Este tinha criado um piso de fotocolagem com outra fotógrafa, Esther Friedmann; juntos, inventaram mais de mil gravuras e grudaram-nas por toda a passarela improvisada. Quando Esther e seu namorado Norbert deslizaram uma das portas de vidro que dividiam o loft e Esther viu Jim conversando com Kruger, segundo ela própria conta, foi "como se um raio tivesse me atingido". Jim pediu a Kruger que os apresentassem e, alguns dias depois, convidou Esther para dar uma passada na Hauptstrasse e escutar as mixagens de *The Idiot*.

*Gamine*, vivaz, esperta e extremamente mal-humorada, Esther tinha nascido em Heidelberg, mas passara boa parte de sua juventude nos Estados Unidos. A mãe morreu quando ela tinha apenas dez anos e, desde então, Esther havia voltado à Alemanha algumas vezes para passar um tempo com a tia até se mudar de vez a fim de frequentar a universidade, quando começou a estagiar com o fotógrafo Hans Pieler. Cedo ou tarde, acabaria se tornando o primeiro relacionamento duradouro de Jim, embora, por aqueles dias, dividida entre Jim e Norbert, tenha enfrentado a desconfiança inicial de David e Coco, que viam a maioria das namoradas de Jim como um potencial risco à estabilidade do trio. Ela também tinha presenciado alguns episódios da tumultuada separação de Jim de sua namorada anterior, a maquiadora Heidi Morawetz, o que lhe mostrou que ela seria louca se mexesse com ele.

Mais tarde, em agosto, David voltou com Jim ao Chateau d'Herouville, onde trabalhou com Tony Visconti, Brian Eno e sua banda (Alomar, George Murray e Dennis Davis) no álbum que viria a ser *Low*. As sessões de gravação transbordavam criatividade, embora a atmosfera fosse quase sempre desesperadamente triste, já que David tinha de viajar com frequência a Paris para comparecer a reuniões judiciais a fim de dar prosseguimento a sua desvinculação de Michael Lippman. Costumava voltar à beira das lágrimas, conta Tony Visconti, ocasiões em que Jim se mostrava uma influência sensata e tranquilizante, alguém que já tinha passado por um mau bocado e sobrevivido. O chateau parecia estar um tanto mais obscuro naquele verão, com a maioria dos funcionários de férias, e as refeições noturnas consistiam basicamente em coelho, dia sim, dia não, como revela Visconti. Durante esse período, houve ainda uma discussão entre Thibault e Bowie, que o acusou pelo vazamento da participação de Michel Santageli em *The Idiot* para a revista francesa *Rock & Folk*; também parece ter rolado um atrito entre Visconti e Thibault. Muito embora o estúdio fosse "uma alegria só", segundo Bowie, "caindo aos pedaços e confortável", havia um certo clima sinistro no ar do chateau, com os músicos convencidos de que o lugar era assombrado por Chopin e George Sand.

— O Brian Eno era acordado todo dia com um tapinha suave no ombro por volta das cinco da manhã — Visconti ainda estremece ao se lembrar —, mas não tinha ninguém lá.

Para iluminar as trevas, havia noites em que Jim tratava de fazer shows de um homem só, ficando à frente de um microfone e improvisando longos e tragicômicos monólogos sobre os Stooges, o que deixava Bowie, Eno e Visconti com a barriga doendo de tanto rir das tramas inacreditáveis sobre acidentes espetaculares com a van, kits de bateria vendidos peça por peça a fim de comprarem heroína ou, ainda, gorilas invadindo o palco. Às vezes, no entanto, Visconti em particular se desiludia terminalmente com a má qualidade da comida e a falta de pessoal técnico no chateau; então, por volta de 21 de agosto, o grupo partiu rumo ao Hansa Tonstudio 2, um complexo maior em plena Köthenerstrasse, perto da Potsdamer Platz, em busca da "eficiência alemã", nas palavras de Visconti.

O Hansa, "ao lado do Muro", parecia encarnar a grandiosidade em ruínas de Berlim, e seu espírito imbuiria as gravações de Jim e David durante o ano seguinte. A clássica e imponente fachada fora projetada para ostentar as habilidades da associação de canteiros de Berlim, por quem o prédio havia sido construído em 1912. A dinastia editorial Meisel comprara o edifício, conhecido como o Meistersaal, em 1973 e, desde então, ele vinha sendo reconstruído a fim de reparar os danos provenientes da guerra, o que levou à construção de dois estúdios em seu interior, complementando o já existente Tonstudio 1 na Kurfürstendamm. Em 1976, porém, ainda parecia semiabandonado: o frontão triangular que coroava a estrutura tinha sido explodido, os pilares jônicos canelados estavam lascados e cheios de marcas, várias janelas estavam entaipadas com pombos empoleirados no interior e um quarto do pátio quadrado anexado ao prédio se encontrava completamente destruído.

A Köthenerstrasse seguia em direção à Potsdamer Platz, uma desolada terra de ninguém, adjacente ao Muro de Berlim. Da sala de controle do Tonstudio 2, via-se claramente, através de uma casa demolida, o Muro em si. Por trás dele, no lado da Alemanha Oriental, havia um prédio alto, em cujo topo uma guarita alojava dois guardas de fronteira da RDA armados com metralhadoras e binóculos. Edu Meyer, o engenheiro de som que trabalhara em *Low*, *Lust for Life* e *Heroes*, era um tanto blasé quanto à presença deles. Um dia, ao pôr do sol, ele chamou a atenção de Bowie e Visconti para o fato de que os guardas os observavam com os binóculos; então, pegou um abajur articulado e o apontou em direção ao posto de guarda. Tanto Bowie quanto Visconti deram um pulo de suas respectivas cadeiras em busca de um abrigo atrás da mesa de controle. Ainda assim, a presença do Muro era, de certa forma, romântica e otimista; enfatizava que aquela cidade abandonada às margens do Ocidente concedia a Jim e a David um anonimato sereno.

– O Muro era lindo – conta Jim. – Ele criava uma ilha maravilhosa, da mesma forma que os vulcões criam as ilhas no mar. As pressões antagônicas criavam um lugar que todo mundo diligentemente (ignorava), e ninguém te enchia. Era maravilhoso.

Vez por outra, dirigiam até Berlim Oriental, onde ainda havia a maior parte das mais belas casas históricas e museus da cidade; Tony Visconti raspou as cabeças de David e Jim ao estilo militar e, ao cruzarem o Checkpoint Charlie durante uma viagem, os guardas de fronteira normalmente sisudos se desdobraram de rir quando compararam os dois cavalheiros com cara de estudiosos em suas gabardinas com as fotos de passaporte, que estampavam as cabeleiras de astros do rock. Às vezes, David, Jim e Coco entravam na Mercedes de Bowie e seguiam rumo ao leste por dias a fio, ou se embrenhavam na Floresta Negra, parando em qualquer aldeia que lhes desse na telha.

Foi em algum momento após o término das gravações de *Low* que Angie Bowie apareceu para visitar o marido, que, obviamente, não tinha a menor intenção de se mudar para a casa que ela tinha alugado para a família em Corsier-sur-Vevey, perto de Montreux. Angie não ficou nada impressionada com a música "chata" que vinham compondo, e irritou-se ainda mais com o que considerou colonialismo cultural da parte deles:

– Duas mulherzinhas espalhafatosas jurando que estavam descobrindo a pólvora. Era uma prostituição cultural.

Numa das visitas, David disse a Angie que planejava se divorciar dela; pouco depois, a mulher subiu até o quarto de Coco, pegou todas as roupas que ela já tinha comprado para Coco e jogou tudo na rua. E, depois, foi embora. "Foi essa minha impressão sobre Berlim." Com tamanha e temida confrontação fora do caminho, a conduta de David visivelmente melhorou, e a vida na Hauptstrasse enfim parecia bem-aventurada, quase doméstica. Jim passava na casa de Esther para vê-la com certa regularidade e, às vezes, cantarolava músicas de Sinatra, como "My Funny Valentine", enquanto Norbert, um cirurgião vascular que também calhou de ser um talentoso pianista, acompanhava-o. Quando chegou o momento de fazer a foto de capa para *The Idiot*, Jim pegou emprestada a jaqueta de Esther. David tinha comprado os direitos de reprodução da obra "Roquairol", de Erich Heckel, um retrato desconcertante do perturbado mental Ernst Kirchner, mas, no último instante, decidiram que Jim arremedaria a pose numa fotografia por Andrew Kent. Com o cabelo tingido de preto para a foto, o jaquetão trespassado de Esther e sua pose desajeitada, a aparência severa e europeia de Jim sinalizava uma mudança radical em oposição à música do velho Iggy.

David, que havia idealizado o primeiro álbum solo de seu amigo, arranjou-lhe uma gravadora, mediando um acordo com a RCA. Por fim, organizou a primeira turnê solo de Jim e lhe arrumou uma banda: talvez, a única banda do mundo capaz de superar os Stooges, formada em torno do núcleo de dois irmãos malucos, os quais Jim tinha conhecido ainda durante seus anos perdidos em LA.

Hunt e Tony Sales tinham crescido saindo com Frank Sinatra e outros *hep-cats*[35]. Haviam tocado profissionalmente no Roulette, selo de Maurice Levy ligado à máfia, ainda no início da adolescência, e gravaram seu primeiro álbum, com Todd Rundgren, quando o baterista Hunt tinha dezesseis anos e o baixista, Tony, dezenove, antes de seguirem caminho a Los Angeles. David tinha conhecido os irmãos em Nova York, no ano de 1972, após o que lhe enviaram algumas fitas demo, e foi sua a ideia de telefonar-lhes. Viajaram a Berlim em fevereiro de 1977 a fim de começarem os ensaios para a turnê de divulgação do álbum *The Idiot*.

Durante o final de 1976 e o início de 1977, a atmosfera em torno da Hauptstrasse tinha sido, segundo a maioria, calma e otimista, com uma sensação geral de que as psiques avariadas vinham sendo curadas. Após a chegada de Hunt e Tony Sales, contudo, os adjetivos proferidos pareciam mudar: "maníaco" e "demente" eram dois dos mais frequentes. A partir do momento em que os irmãos se hospedaram no Schlosshotel Gerhus, os níveis de intensidade dispararam ao alerta vermelho, e lá permaneceram. Hunt Sales se lembra de ter ficado acordado por dias a fio: ensaiando até tarde da noite, retornando ao hotel para dormir por vinte minutos e, depois, passando a noite toda na bebedeira e nas drogas antes de partir direto para o ensaio seguinte.

– O clima era tipo a capa daquele disco dos Doors, *Strange Days*, cheio de vagabundos boêmios. Eu me lembro de estar sentado, certa noite, eu acho que no Tribe Bar, e tinha um anão em cima do balcão, dançando com uma garota.

Com Bowie tocando piano e Ricky Gardiner empunhando a mesma guitarra discretamente hábil de *Low*, o quinteto ensaiava na UFA, a gigantesca e semiabandonada rede de estúdios cinematográficos onde ainda havia arquivos cheios de papelada da era nazista, começando por volta das onze ou meia-noite e seguindo até as cinco da manhã. Depois de

---

35 Músico ou fã de swing e jazz, especialmente durante a década de 1940. [N. de T.]

## ONZE
*THE PASSENGER*

horas ensaiando, um reduto bastante estimado pela trupe era uma boate chamada Café Kees, cuja pista de dança era cercada por cabines telefônicas apaineladas, as quais tinham sido usadas, de acordo com Tony Sales, por oficiais da SS para marcar encontros amorosos com suas amantes na década de 1930. Tony e Hunt, apesar de sua descendência hebraica e piadas sobre serem transformados em abajures, compartilhavam a fascinação de Bowie pela atmosfera sórdida e suntuosa de Berlim, e o pequeno grupo de pronto entrou em sintonia. Dos dois líderes criativos da banda, parecia que David era o mais efusivo, aquele que se deleitava em fazer parte de uma família. Jim, ao contrário, mais filosófico, gostava de ser levado pelo impulso do momento, mesmo que não estivesse no comando, conforme conta Tony:

— Ele era tipo assim: tanto faz. Nem mostrava muita resistência à improvisação da coisa toda. Era meio que nem o jazz.

Após o implacável trauma emocional dos quatro anos anteriores, não surpreendia que Jim estivesse começando a encarar as perspectivas de sucesso e fracasso com igual indiferença. Todo e qualquer álbum gravado por ele antes tinha sido concebido num espírito de megalomania quase eufórica, e acabava simplesmente caindo no esquecimento com uma inevitabilidade de destruir a alma. Muito apropriadamente, agora que Jim Osterberg já era capaz de manter o sangue frio, ficou evidente que aqueles álbuns por tanto tempo negligenciados tinham inspirado uma nova geração de músicos, que, constatou-se, consideravam a música de Iggy tão iconoclasta quanto seu criador.

# DOZE

## HERE COMES MY CHINESE RUG

**POUCO A POUCO,** os discípulos dos Stooges espalhados de uma extremidade a outra do planeta vinham difundindo a mensagem. Em Nova York, Lenny Kaye, guitarrista e jornalista que escrevera uma das primeiras resenhas positivas sobre o disco de estreia dos Stooges, em 1969, havia formado uma banda com a poetisa Patti Smith; os dois tinham visitado Iggy e James no Coronet ainda em 1974 e, no ano seguinte, lançaram seu impressionante álbum de estreia, *Horses*, sob a alcunha de Patti Smith Group. Os Ramones, que em sua maioria também tinham comprado o primeiro disco dos Stooges e visto a banda no Electric Circus em maio de 1971, já haviam gravado seu próprio álbum de estreia sob os auspícios de Danny Fields, em fevereiro de 1976. Na Alemanha e em Paris, entre os fãs proeminentes estavam Harald Inhülsen (cujo fanzine *Honey That Ain't No Romance* publicou inúmeras fotos da namorada dele, Mechthild Hoppe, nua, embora estrategicamente dispostas de modo a contar a história dos Stooges), Marc Zermati, dono da loja de discos Open Market em Paris, e o fotógrafo e escritor Philippe Mogane, que inaugurou o fã-clube dos Stooges na França. Em Londres, a influência dos Stooges era ainda mais profunda. Brian James tinha escutado *Fun House* pela primeira vez em 1971 e, na sequência, acabou embarcando numa longa jornada pessoal. No início de 1976, conheceu um vocalista chamado Dave Vanian e escreveu a um amigo dizendo que sua busca tinha chegado ao fim: "Eu finalmente encontrei meu próprio Iggy!". Juntos, formariam a Damned, incluindo "1970", dos Stooges, em seu set, e lançariam o primeiro single punk legitimamentedo britânico, "New Rose", em outubro de 1976. Mick Jones, membro do público em King's Cross e brevemente membro da banda London SS ao lado de Brian James, formaria o Clash com Joe Strummer, ex-vocalista dos 101ers (banda de rock que se apresentava nos pubs da cidade), no verão de 1976. John Lydon era outro dentre o público em King's Cross. No verão de 1975, começou a frequentar a loja de roupas administrada por Malcolm McLaren na King's Road, a Sex, em cuja discoteca básica *Raw Power* era *hors concours*. Lydon se juntou aos Swankers, banda idealizada por McLaren, depois renomeada como Sex Pistols, e se autorrebatizou como Johnny Rotten. "No Fun", dos Stooges, se tornaria uma das pedras angulares de suas apresentações ao vivo e do lado B de seu terceiro single, "Pretty Vacant".

Foi durante sua visita ao CBGB, ainda em abril de 1976, que Jim tomou conhecimento pela primeira vez do que viria a ser denominado movimento punk (ele próprio atribui o primeiro uso do termo a Lenny Kaye, que descreveu o álbum de estreia dos Stooges como "música de punk atrás de hamburguer"). Nesse primeiro encontro com os frequentadores do CBGB, teve a sensação de que "algo estava prestes a estourar", o que só aumentou quando ouviu as fitas dos Sex Pistols e da Damned mais tarde, no mesmo ano.

Mas, mesmo com os primeiros singles de punk vazando no mercado, Iggy lançaria um álbum que mostraria a seus acólitos como a coisa toda devia ser feita. *Metallic KO* era uma gravação ao vivo do último e doloroso show da banda no Michigan Palace, parido por Nick Kent e Marc Zermati.

Nick tinha conseguido a fita do show, gravada por Michael Tipton, no final de 1974, por meio de James Williamson. Zermati, que tinha lançado seu próprio selo Skydog com um EP dos Flaming Groovies em maio de 1973, mais tarde obteve a gravação do primeiro show dos Stooges no Michigan Palace, e editou as duas fitas de modo a fazer um álbum de 39 minutos, lançado em setembro de 1976. Ainda hoje, na opinião de várias pessoas, *Metallic KO* continua sendo o maior disco de punk de todos os tempos: falho, a exemplo de tantos contemporâneos, patético em sua altiva inarticulação ("Um, dois, fodam-se vocês"), mas indescritivelmente majestoso quando a banda já estava a todo vapor em "Raw Power" ou "Louie Louie". Para Peter Hook, baixista de uma banda de Manchester que mais tarde se renomearia como Joy Division, *Metallic KO* seria tanto uma enorme influência quanto uma indicação de qual caminho ele próprio seguiria.

– Meio que soa exatamente como o tipo de show que a gente costumava fazer nos primórdios da banda, bem no fio da navalha. Por isso que era empolgante daquele jeito, o melhor disco ao vivo de todos os tempos, muito mais do que a maioria desses malditos CDs ao vivo em que todo mundo fica aplaudindo.

Sem dúvida alguma, a negatividade e a virulência de *Metallic KO* influenciaram o emergente movimento do punk britânico, incentivando cuspidas e garrafas voando, e para o próprio Jim, segundo Nick Kent, "foi um disco sombrio. Eu sei que o Iggy ficou assustado com ele".

Por mais sombrio que fosse, *Metallic KO* seria o primeiro álbum dos Stooges lançado num mundo enfim pronto para a banda. No Reino Unido, ambas as revistas semanais de música, *NME* e *Sounds*, tinham se reinventado na esteira do emergente movimento punk, e Nick Kent, da *NME*, e Giovanni Dadomo, da *Sounds*, defenderam o álbum e seu vocalista com consistência e devoção. Apesar das ameaças legais por parte de Tony Defries, que enviou cartas de advertência a Zermati alegando que os Stooges ainda estavam sob contrato com a MainMan, a gravação, já com três anos de existência, tornou-se um dos lançamentos-chave da cena punk do

Reino Unido em particular, vendendo mais de 100 mil cópias. Logo em seguida, foi lançado um single dos Stooges, "I Got a Right", masterizado a partir de uma demo da MainMan fornecida por James Williamson. Lançada em março pelo selo Siamese Dog, de Philippe Mogane, a faixa bate-estaca outrora rejeitada, e até então perdida, foi recebida com elogios extravagantes por toda a Europa.

Como a Inglaterra acolheu o passado de Jim, ele se mandou para lá a fim de mostrar seu presente, inaugurando uma turnê para divulgar *The Idiot* em 1º de março de 1977, na Aylesbury Friars, um pequeno clube a uma hora de Londres, predileto de David Bowie para lançamentos mais discretos antes dos shows de maior visibilidade em Londres. A turnê foi organizada pela MAM, agência de Bowie administrada por John Giddings e Ian Wright, os quais disseram ao produtor de Friars, David Stopps, que Bowie seria o tecladista convidado, embora o tenham feito jurar segredo. Naquela tarde, a banda estava tensa, com Iggy visivelmente bastante nervoso; em seu lugar, foi David Bowie, com calça de veludo marrom, camisa xadrez e boina, quem acabou sendo o epítome de uma afabilidade moderada, cumprimentando Stopps como se fossem velhos companheiros ("O que é que um cara inteligente que nem você ainda tá fazendo num lugar deste?"), mantendo-se tranquilo quando o equipamento da banda foi retido na alfândega e instruindo o produtor para que abrisse os portões e deixasse os fãs entrarem, mesmo que a banda fosse ter tempo apenas para uma sumária passagem de som.

– O David estava definitivamente se colocando em segundo plano em relação ao Iggy, e gostando disso – lembra Stopps –, se deleitando por não estar com aquele peso todo nas costas.

O show estava lotado e contava com a presença da aristocracia do punk londrino: Brian James, da Damned; Johnny Thunders e Billy Rath, dos Heartbreakers; Glen Matlock, dos Sex Pistols; e Nick Kent, o incentivador de longa data de Iggy – todos se encontravam lá, bem como os membros da Generation X e dos Adverts, que assistiram a um show primoroso, baseado em todos os três álbuns dos Stooges, além de *The Idiot*. Quando o público se deu conta de quem era o tecladista, uma massa se amontoou no lado do palco onde Bowie estava. Diante do lendário vocalista, que para muitos dos presentes era um ícone da agressividade e do comportamento excessivo, a maior parte da multidão estava em êxtase por vê-lo vivo e bem, ainda que um tanto desapontada por vê-lo dispensar as práticas que quase o levaram à morte ou à invalidez. "[O Iggy] foi fascinante", diz Brian James, que ficou um pouco perturbado pela presença de David Bowie nos teclados; Kris Needs, que resenhou o show para a revista *Roxette*, considerou Iggy "cativante, mas não o Demônio de Detroit pelo qual estávamos esperando". Após o show, Brian James entrou numa discussão com Johnny Thunders, que se queixou de que Iggy, apadrinhado por Bowie, tinha virado "mico de circo".

Praticamente a mesma reação positiva, embora um tanto comedida, foi observada quanto às subsequentes apresentações, bem como quanto a *The Idiot* em si, lançado no fim daquele mês e divulgado em conjunto com *Low*, de Bowie, lançado em janeiro. Alguns fãs esperavam que o novo álbum de Iggy soasse como o último e lamentaram a perda da agressividade de altas octanas da guitarra de James Williamson, muito embora restassem adeptos o suficiente para assegurar que, enfim, Iggy atingiria o topo das paradas musicais: *The Idiot* despontou num respeitável 30º lugar no Reino Unido (mais tarde, ficaria em 72º nos EUA). Apenas em retrospecto é que a maioria das pessoas perceberia a potência obscura de canções como "Nightclubbing" e "Dum Dum Boys", que prefiguravam a sonoridade do pop da década de 1980. Os sintetizadores sumarentos, os vocais funestos e o trabalho de guitarra gótico e sombrio estabeleceriam a tonalidade de bandas como Siouxsie and the Banshees, Magazine, Birthday Party e Bauhaus. Mais pungente, *The Idiot* seria o álbum favorito do vocalista inspirativo e emocionalmente perturbado do Joy Division, Ian Curtis; o disco ainda estava girando na vitrola de Curtis quando ele se enforcou em maio de 1980.

## DOZE
### HERE COMES MY CHINESE RUG

– Muito embora – conta Peter Hook, baixista e amigo de Curtis, com uma mistura de tristeza, compaixão e humor negro característico – eu não acredite que o Iggy possa levar a culpa por isso.

À medida que a turnê avançava, a zoeira de Iggy tornou-se cada vez mais desvairada, e a apresentação da banda no Teatro Rainbow, em Londres, impulsionada pelo ímpeto irrefreável dos irmãos Sales, foi brutalmente eficaz (Johnny Rotten deu as caras após o show para felicitá-lo). Ironicamente, ainda seriam vítimas de um certo conservadorismo punk emergente nas páginas da *Melody Maker*, em que Mark P, do fanzine punk *Sniffin Glue*, reclamou que Iggy não tinha ido tão longe a ponto de "se atirar na plateia e quebrar alguns assentos". Ricky Gardiner, em particular, era regularmente criticado na imprensa por sua falta de agressividade, embora, na verdade, isso fosse parte do plano: tanto a sonoridade retinente da Stratocaster de Gardiner quanto o piano elétrico de Bowie haviam sido escolhidos para conferir nova pureza à mistura e dar mais proeminência à voz de Iggy. Mas, se a banda ignorava uma certa convenção punk nas primeiras apresentações, conforme foram destruindo tudo pelo caminho nos 26 shows realizados em seis semanas, sobrou sanguinolência nos bastidores para complementar o profissionalismo no palco. Com frequência, Tony Sales se via "caminhando pelos corredores dos hotéis, nu e chapado".

– Não era uma festa. Era só estranho. Era um esgotamento inconcebível e, pra compensar esse esgotamento, o cara tinha que cheirar mais cocaína e, depois de um tempo, já não fazia efeito nenhum.

Hunt e Tony Sales estimam que cada qual perdeu uns dez quilos ao longo das seis semanas; conforme a turnê prosseguia, Tony se recorda de Iggy escalando um paredão de monitores antes de cair e se esborrachar de costas no palco.

– Ele não sentiu nada na hora, de tão alucinado que estava – avalia Bowie. – O consumo de drogas era *inacreditável*, e eu sabia que estava me matando, então essa era a parte complicada da coisa.

Quando a banda enfim foi aos Estados Unidos, de acordo com Hunt Sales, todos eles já se encontravam "bem sequelados", enquanto o vocalista, por sua vez, estava se tornando "muito instável, muito obsessivo, e não dava pra saber com quem a gente tava lidando de uma hora pra outra". Mas, apesar de todas suas manias e obsessões confusas e irritantes, ressalta Hunt, Iggy era "um soldado. Ele sempre fazia um grande trabalho em todos os shows".

Jim Osterberg também daria as caras em algumas performances fabulosas, particularmente no talk show vespertino de Dinah Shore, para o qual fora convidado, ao lado de Bowie, em 15 de abril. Gravou-se o programa nos estúdios da CBS na Beverly Boulevard, apresentando Iggy como o "criador do punk rock", e ele executou com elegância duas de suas canções: "Sister Midnight" e "Funtime", um pacote retesado de energia calistênica, mantido firmemente sob controle até o clímax emocionante de cada música. Mas é Jim Osterberg, com olhos mansos, tímido e juvenil, quem acaba por conquistar Dinah Shore, que suspira horrorizada com a perspectiva do que Iggy estaria fazendo fisicamente consigo próprio, antes de Jim interrompê-la, insolente, "e com os outros também", pestanejando os cílios carregados de rímel e fazendo charme com sua voz de Jimmy Stewart e seu sorriso maroto de Donald Sutherland. O mesmo charme atrevido era perceptível nas diversas entrevistas à imprensa concedidas por Jim ao longo do que foi sua primeira turnê mundial propriamente dita, organizada com o devido profissionalismo. Todos esses encontros tiveram dois pontos em comum: em primeiro lugar, o franco reconhecimento de seus vários erros, afora seu desembaraço para denegrir ou ridicularizar a si mesmo. Em segundo lugar, a crença quase que assustadoramente consistente em sua música, a noção de que tinha um destino manifesto a cumprir e a convicção de que sua música haveria de mudar o mundo. Talvez essa noção de destino tenha guiado o ato criativo seguinte de Iggy, possivelmente potencializado pelo ambiente artístico único e intenso de Berlim, pela suprema musicalidade de sua banda ou por uma emergente rivalidade criativa com David Bowie. A bem da verdade, todos os envolvidos na gravação de *Lust for Life* compartilham o mesmo sentimento: não foi possível analisar o que estava por trás da sensação de ser arrebatado por algo maior do que todos eles.

– Foi como um sonho – conta Tony Sales. – A gente era tudo sonâmbulo.

Para Iggy, um rito de passagem necessário antes da gravação de *Lust for Life* foi o aluguel de um flat que ele pudesse chamar de seu. E isso aconteceu logo após uma última aventura em Los Angeles no final da turnê de *The Idiot*, quando tomou banho de sol na praia, desfrutou um breve e romântico idílio com a escritora Pleasant Gehman e farreou no Whisky, justo na noite em que completou trinta anos de idade. Em seu regresso a Berlim, Jim assinou o contrato de aluguel de seu novo flat com a proprietária Rosa Morath, que também era dona do apartamento de Bowie; incrivelmente, era a primeira vez que Jim firmava um compromisso de locação a longo termo em seu próprio nome, pago com seu próprio dinheiro, graças a um novo contrato e um adiantamento de 25 mil dólares recebido da RCA, negociados ainda em janeiro. O flat ficava na parte de trás do prédio na Hauptstrasse, 155, em plena área do Hinterhof: apartamentos de teto baixo, os mais modestos possíveis, antigos estábulos que outrora teriam servido de alojamento aos empregados ou de oficinas de trabalho. O aluguel custava apenas 184 marcos alemães por mês; barato, pois o flat não dispunha de água quente, o que condizia com a nova filosofia de vida dele, sem frescuras e diligente. Era um novo começo, e Jim Osterberg "se sentia realmente bem".

Em relação a *The Idiot*, David Bowie havia contratado o tempo de estúdio e detinha a propriedade das fitas masters, segundo Jim, encontrando-se em melhor posição. Àquela altura, conforme ele acreditava, Bowie já estava bem farto do histrionismo roqueiro de Iggy, que já estava "bem farto das perspectivas de Bowie, então rolava muito atrito".

Mas ambos estavam entusiasmadíssimos com o projeto, e a irritação que cada qual sentia pelo outro foi fustigada com respeito:

— Era um atrito de ideias, e não uma questão pessoal — garante Jim.

A partir do momento em que o projeto foi debatido, houve uma intensa disputa entre os dois, que competiam para ver quem contribuía com mais músicas. Bowie ligou para Carlos Alomar a fim de lhe pedir que assumisse o comando da banda, o que, tratando-se dos irmãos Sales e, bem próvavel, de Bowie e Iggy também, era como ser convidado a domar um garanhão puro-sangue particularmente arredio. Alomar adorou o desafio de aproveitar o que chamou de "abandono gratuito" da parte deles, percebendo que poderia canalizar a natureza bravia dos Sales, mesmo sem a menor esperança de ligá-la e desligá-la como um interruptor de luz.

Tanto para Bowie quanto para Iggy, as sessões de *Lust for Life* foram o primeiro projeto concebido e concluído em Berlim, e o clima da cidade seria fortemente impresso nas ranhuras do disco. Os dois principais protagonistas, bem como os irmãos Sales, tinham mergulhado na decadência de Los Angeles, mas Berlim lhes proporcionava a oportunidade de transformar sua imoderação em arte, bem mais do que a balbúrdia desarraigada pela qual todos se sujeitaram na Califórnia; a cidade oferecia uma categoria superior de decadência, de um tipo que concentrava suas energias em vez de miná-las. Além do mais, por toda a parte havia a imagem do Muro de Berlim, que ainda era visível do Tonstudio 3, diz Carlos Alomar, com os guardas e sua guarita elevada agora ao nível dos olhos.

— E pra além disso, a desolação de um nada constituído por possíveis campos minados e, depois, mais ao fundo, a silhueta de alguns edifícios na linha do horizonte. Tudo muito sombrio, funesto e deprimente.

Tal imagem imporia sua presença agourenta ao próximo projeto de David, *Heroes*, infligindo-lhe uma certa limitação rija e farpada; mas, em *Lust for Life*, o espectro do Muro inspiraria uma gloriosa e festiva carnalidade, como a explosão da sexualidade que tinha engolfado Londres e Berlim nos tempos de guerra. E foi nesse isolado posto fronteiriço do Ocidente que

Jim, em particular, encontrou sua própria e curiosamente distorcida paz:

– Eu tava vivendo de pó, haxixe, vinho tinto, cerveja e salsichas alemãs, tinha meu próprio espacinho e tava dormindo numa cama dobrável com um chuveiro de água fria.

Iggy também estava, nas palavras de Tony Sales, "elétrico". Quando em junho as sessões enfim começaram, David já tinha concebido o grosso das músicas, algumas gravadas em fita, outras tocadas no piano elétrico para a banda, mas todas acabaram radicalmente reformuladas no estúdio, com o acréscimo de outras idealizadas do zero. A faixa-título do álbum bem definia a sessão; os acordes na introdução de "Lust for Life" foram inspirados numa corneta em staccato do tema de uma banda de metais da rede de TV das Forças Armadas, e, segundo Jim, criados num ukulele no apartamento de David. Hunt Sales de pronto assumiu a canção para si, cadenciando o ritmo distinto, exuberante, e puxando o resto da banda.

– Não dá pra tocar um contrarritmo naquilo – diz Alomar. – A gente só podia acompanhar. – As batidas da bateria soavam como os ritmos que os afro-americanos recém-libertos vinham tocando desde os idos de 1880 na região montanhosa de Mississippi, anunciando a quem quer que os escutasse a milhas de distância que uma festa estava prestes a começar.

Para Iggy, as sessões logo se tornaram uma corda bamba, um teste de sua capacidade de improvisar letras e melodias vocais tão depressa quanto os músicos martelavam as faixas de fundo. E, conforme Tony Sales observou, ele estava elétrico. A letra de "Lust for Life", de acordo com o que a maioria lembra, materializou-se do nada. O narrador é reconhecivelmente Iggy, mas denominado Johnny Yen, um personagem criado por William Burroughs em *The Ticket That Exploded*[36]; então, segue-se uma sucessão de imagens espantosas, a maioria de improviso.

---

36 Segundo livro da chamada Trilogia Nova ou Trilogia Cut-Up, série experimental de Burroughs, ainda sem tradução no Brasil. Publicado em 1962, após *The Soft Machine* (1961) e seguido de *Nova Express* (1964). [N. de T.]

— Quem mais fora o Iggy ousaria dizer: "I've had it in the ear before"[37]? – indaga Alomar. – O que diabos ele quis dizer? Será que ele hesitou na hora de falar? Não. Será que foi o David quem hesitou na hora de colocar no disco? Porra nenhuma.

Muitas canções foram compostas no local. No início do ano, Ricky Gardiner tinha desfrutado um momento de inspiração wordsworthiana enquanto caminhava pelo interior, "num campo ao lado de um pomar, num daqueles gloriosos dias de primavera com as árvores cheinhas de flor". Uma sequência de acordes cíclicos e inconfundíveis pipocou em sua mente. Quando David Bowie perguntou se Ricky tinha alguma ideia para uma música, ele se lembrou do riff, e Iggy fez o resto do trabalho, praticamente como tinha feito da primeira vez que ouvira Ron Asheton tocar a sequência de acordes de "I Wanna Be Your Dog". As letras foram, como em quase todas as outras músicas do álbum, escritas no estúdio ou durante a noite, exaltando as viagens nos ônibus de Berlim e o U-Bahn, onde passeava e passeava, contemplando as estrelas e as placas amassadas (o humor e o título da música, conforme mencionou posteriormente, foram inspirados num poema de Jim Morrison). A exemplo de "Lust for Life", "The Passenger" era uma mera exaltação à vida, às longas caminhadas feitas por aí enquanto absorvia o ambiente ao redor, desde os tempos de criança em Ypsilanti; uma reconciliação com o pequeno Jim Ostenberg dos olhos arregalados e um ato de repúdio a Iggy Pop, criatura que tinha cantado sobre uma "Death Trip".

O clima entre David e Iggy durante as sessões era competitivo e ligeiramente maníaco, pelo menos por parte de Iggy, mas também "muito carinhoso", de acordo com Alomar e os irmãos Sales. David botava Iggy para pegar no batente, embora tivesse uma habilidade implícita para canalizar o fluxo criativo, disposto a deixar de lado qualquer que fosse o trecho da gravação sempre que Iggy tinha uma ideia vocal que quisesse registrar

---

37 "Eu já me ferrei antes." [N. de T.]

em fita. Em certos pontos, Iggy insistia em fazer as coisas do seu próprio jeito; insatisfeito com a melodia original de David em "Sucess" (conforme se ouve na contramelodia da guitarra na versão final), a qual considerou soar como "uma merda de crooning", Iggy, na companhia dos irmãos Sales, chegou mais cedo ao Hansa a fim de afrontá-lo e reformulou a música, acrescentando uma harmonia mais otimista de seis notas e letra atraentemente simples: "Here comes sucess... here comes my chinese rug"[38]. O sentimento era semi-irônico, mas também semissincero, pois Jim tinha acabado de comprar tapetes chineses para seu modesto apartamento de água fria e vinha se regozijando com a perspectiva de, nas palavras dele próprio, ser "arrastado esperneando e gritando rumo a um bom desfecho". Em "Sucess" e em outras canções, há a presença quase palpável de Esther Friedmann, para quem Jim vinha telefonando regularmente nos últimos seis meses, apesar de ela ainda viver com o namorado cirurgião Norbert. Esther era não apenas a mulher ideal, como também sua musa: "In the last ditch... I think of you"[39]. O entusiasmo contagiante foi realçado pelos jubilosos vocais de apoio de Hunt e Tony, gravados ao vivo numa tomada ainda naquele mesmo dia, sendo essa a primeira vez que a maioria deles conseguiu analisar devidamente as letras de Iggy. É bem perceptível a empolgação descontraída dos dois ao repetirem letras como "Here comes my face... it's plane bizarre"[40]. (Bowie mencionaria mais tarde como veio a imitar a abordagem espontânea de Iggy na escritura das letras, anotando algumas palavras e improvisando o resto, em *Heroes*). A atmosfera eletrizante foi reforçada quando Edu Meyer teve a ideia de ligar o microfone de Iggy num amplificador Music Man de guitarra que se encontrava do lado de fora da sala de controle, o que conferiu uma rispidez apática e distorcida a sua voz.

---

38 "Lá vem o sucesso... lá vem meu tapete chinês." [N. de T.]
39 "Na última das valas... eu penso em você." [N. de T.]
40 "Lá vem meu rosto... é bem bizarro." [N. de T.]

A energia volátil e superabundante mal esmoreceu ao longo das sessões. "Some Weird Sin" e "Tonight", ambas com harmonia de Bowie e trabalhadas durante a turnê *The Idiot*, e "Sixteen", com harmonia de Iggy, mantinham a soberba carregada de confiança da faixa de abertura, embora, em retrospecto, "Turn Blue", a canção que Iggy e Bowie tinham desenvolvido em maio de 1975, com a ajuda de Warren Peace, fosse um caos inconsistente, único momento nada inspirado das sessões. "Fall in Love With Me", última faixa do álbum, também foi escrita no estúdio, com Hunt assumindo o baixo, Tony na guitarra e Ricky Gardiner na bateria. Uma tênue reflexão sobre o cansaço absoluto de cada membro da banda ao final da gravação soa um tanto insignificante ao lado de tão altiva companhia, mas seu charme pungente veio à tona mais tarde, quando figurou na trilha do filme *Um caso meio incomum* (*Slaves of New York*, no original), de 1989. Novamente, o fascínio amoroso de Iggy ("the way your eyes are black, the way your hair is black"[41]) evoca a imagem de Esther Friedmann, bem como a empolgação dele com o fato de que o amor, a exemplo do sucesso, está logo ali, dobrando a esquina.

À medida que as sessões avançavam ao desfecho, sobreveio uma convicção quase religiosa e compartilhada por todos os envolvidos de que tinham conseguido realizar algo especial. Na opinião de Carlos Alomar, só o fato de ver Bowie e Iggy trabalhando juntos já era em si um privilégio único.

– Ver os dois em plena parceria, que nem quando se divide um átomo e se obtêm dois outros idênticos.

David parecia ter desencadeado elementos novos em Iggy: a inteligência, o lado civilizado, intelectual, cosmopolita; ou seja, ele conseguira libertar Jim Osterberg e levá-lo a compartilhar os holofotes com Iggy. Esse aspecto foi salientado pela foto da capa de *Lust for Life*, tirada por Andrew Kent num camarim enquanto Jim esperava para destilar seu charme

---

[41] "A forma como seus olhos são negros, a forma como seus cabelos são negros." [N. de T.]

numa entrevista a BBC durante sua turnê pelo Reino Unido em março.
— Foi uma foto certeira — conta Kent. — Aquele era o Jimmy. O cara legal, um cara com quem você gostaria de sair.
Iggy, porém, teria sua desforra.

Há duas explicações, uma complexa e outra simples, para o fato de Iggy Pop boicotar repetidas vezes sua própria carreira, exatamente o que acabou fazendo no final de 1977. A explicação complexa é de natureza psicológica, relacionada a um sentimento de insegurança, ao medo do sucesso ou à depressão que por vezes atinge indivíduos criativos tão logo concluem sua melhor obra. A explicação simples, por sua vez, é a cocaína. Pouco depois de receber uma cópia finalizada de *Lust for Life*, Iggy Pop se trancou num quarto do Schlosshotel Gerhus, palácio digno de um conto de fadas construído pelo colecionador de arte Walther von Pannwitz, agora decorado com uma variada coleção de móveis dos anos 1960 e ainda cercado por casas bombardeadas. Não tirava os olhos do encarte, o tempo todo cheirando uma pequena montanha de pó, esperando para ver se gostava ou não da foto ali estampada. Cedo ou tarde, acabou chegando à conclusão de que a detestava. Escutou várias e várias vezes "The Passenger", esperando que a faixa avançasse mais depressa. Não avançou, e ele chegou à conclusão de que a detestava também. Todo o processo foi uma tortura, uma tortura insuportável, e Iggy continuou se torturando. Até que, finalmente, houve uma intervenção: David, ao descobrir o que estava acontecendo, pediu a Barbara e Tim de Witt que levassem Jim para uma temporada de férias em Capri. Mas Iggy tinha sido desacorrentado, e parecia não haver maneira alguma de colocá-lo de volta em sua jaula e resgatar Jim Osterberg.

# TREZE

# Desaparecido em ação

"**NÓS SÓ PRECISAMOS DO DAVID BOWIE.**" Essa frase foi repetida várias e várias vezes ao longo das reuniões de marketing e A&R, durante as quais o mandachuva da Arista, Charles Levison, vinha discutindo sobre a carreira fonográfica de Jim. Charles gostava de Jim, chegava até a se divertir com as conversas telefônicas às três da madrugada quando o vocalista, entediado ou aflito, ligava para ele a fim de debater um e outro pormenor. Por mais impassível que fosse, porém, a pressão em cima dele aumentava a cada dia. Clive Davis, chefe de Charles, potência criativa, fanático por música disco e cabra macho da porra (seu apelido na gravadora era "o Poderoso Chefão"), estava no cangote de Levison, e, muito embora Charles não deixasse de manter a cabeça fria, uma sensação de quase pânico começava a tomar conta do escritório. Davis estava convencido de que o vocalista era um fracassado, um vagabundo que tivera várias oportunidades nas mãos no auge da fama e que acabara desperdiçando cada uma delas. Charles e sua equipe se propuseram a provar que ele estava enganado. Até então, sem êxito algum. Agora, as inúmeras histórias e rumores

# TREZE
## DESAPARECIDO EM AÇÃO

que serpenteavam de volta à sede da Arista, próxima à Grosvenor Square, eram em sua maioria negativas. Problemas técnicos intermináveis, casos de armas sendo disparadas no estúdio e, o pior de tudo, Iggy parecia ter perdido a coragem. Estava com medo de cantar. E, se havia alguém capaz de persuadi-lo a se livrar desse pânico todo, Charles estava convencido de que era David.

O telefonema, quando veio, não foi às três da madrugada. Foi num horário sensato, talvez na hora do almoço, que Charles recebeu a notícia de que David Bowie tinha feito uma visita à isolada fazenda no País de Gales, em resposta a um pedido de ajuda. Mas, quando Julie Hooker, enviada para supervisionar as sessões, contou-lhe o que tinha acontecido, uma compreensão nua e crua dos fatos começou a nascer. Uma catástrofe obviamente tinha ocorrido. No entanto, por mais que Julie repassasse a história, Charles não conseguia entender o que diabos acontecera. Casos de paranoia e consumo abusivo de cocaína eram bastante comuns na indústria fonográfica. De igual modo, relatos sobre músicos engalfinhando-se não eram novidade alguma. Mesmo histórias de músicos sendo ameaçados com uma arma já lhe tinham chegado aos ouvidos antes. Mas como diabos tais sessões, justo as que deveriam salvar ou acabar de vez com a carreira de Jim, puderam ser arruinadas por David Bowie fantasiado de Scarlet Pimpernel, Princesa Margaret e um gângster de East End com um pau enorme?

É difícil desvendar as razões pelas quais a promissora carreira de Iggy Pop na RCA terminou em desilusão. Muitos dos funcionários da gravadora estavam genuinamente entusiasmados com Jim Osterberg; ele parecia o artista perfeito, prestativo, exuberante, talvez ainda mais encantador do que seu amigo David. Eram poucos, no entanto, que compreendiam sua música, enquanto o próprio comportamento errático de Iggy exacerbava a incompreensão mútua entre o músico e o selo. Entretanto, pelo que parece, a responsabilidade final acabou recaindo sobre o artista colega de RCA: Elvis Presley. Ironicamente, David Bowie tinha sido contratado pela RCA para que a empresa fosse capaz de se livrar do fantasma de Elvis Presley, que assegurou que, para a RCA, a década de 1960 nunca tinha existido. Por quase duas décadas, Elvis fizera o selo se tornar careta; tão careta, como Tony Defries gostava de zoar, que ele era mais conhecido por suas máquinas de lavar roupa do que por seus discos. Em 16 de agosto de 1977, porém, Elvis bateu as botas, tendo seu grande coração finalmente sucumbido ao duplo estrago causado por cheeseburgers e codeína, sentado na privada de seu banheiro em Graceland. De repente, o rei voltou a ser o artista mais importante da RCA, e a fábrica de prensagem da empresa passou a operar em turno extra para suprir a demanda pelo catálogo completo do artista. E, em algum ponto em meio a essa correria toda, *Lust for Life* desapareceu. O álbum tinha sido prensado em quantidades respeitáveis bem antes de seu lançamento em 7 de setembro, e alcançara a 28ª posição nas paradas britânicas, um hit considerável. Mas, quando a primeira prensagem esgotou, não houve uma segunda para repor o estoque:

– *Lust for Life* simplesmente desapareceu das prateleiras – lembra Tony Sales –, e foi isso, ponto final.

Embora *The Idiot* tivesse recebido uma generosa atenção por parte da imprensa, *Lust for Life*, o álbum mais abertamente comercial da carreira de Iggy Pop e seu jubiloso retorno à saúde e à felicidade, ficou relativamente carente de algumas linhas nos jornais. Então, durante uma coletiva de imprensa sobre o álbum, houve um certo rebuliço quando Iggy, num acesso de megalomania, disse a um jornalista: "É uma pena (que o Elvis morreu); eu sou o novo Elvis!". Aí, mijou no cesto de lixo sob a mesa do escritório cedido para a entrevista.

Com uma falta generalizada de interesse por parte da imprensa, só havia uma maneira de divulgar o álbum: a estrada. Os irmãos Sales, mais uma vez, foram o núcleo da banda, com Stacey Heydon ingressando na guitarra e o outrora Stooge Scottie Thurston escalado para os teclados, substituindo David, que passou a maior parte do outono divulgando *Heroes*; Esther também se uniu à trupe, persuadida a assumir um papel profissional como a fotógrafa da turnê, e os shows, realizados num ritmo extenuante (quarenta datas em pouco mais de oito semanas), de modo geral, foram considerados magníficos.

Nos bastidores, porém, as coisas pareciam um tanto diferentes. Já aos trinta, Jim aparentava um personagem sensato e de aparência quase colegial, com os cabelos pretos repartidos de lado e os óculos que usava para leitura. Era um bom "visual"; parecia simbolizar a inteligência e a sagacidade havia muito subjugadas, das quais seus colegas de escola seriam capazes de se lembrar. Esther gostava bastante. Iggy Pop também ostentava uma aparência fantástica, pintando o rosto de branco em alguns shows, o que lhe conferia o semblante de um malvado artista mímico europeu, junto com a calça de couro e um rabo de cavalo amarrado com um cinto de couro largo. Era a primeira vez que excursionava pela Europa, e havia uma evidente demanda reprimida por parte dos moleques que tinham descoberto a música dele por meio de fanzines, a imprensa musical mais convencional de todas, ou mesmo por meio de David Bowie. A maior parte das apresentações foi furiosamente vigorosa e profissional, com a banda primorosamente afiada, ainda que sua musicalidade óbvia e seu estilo cowboy cool distorcido não condissessem com a estética punk de praxe.

Alguém deve ter pensado que aquilo tudo estava a anos-luz dos dias de *Metallic KO*. Mas, para Scottie Thurston, cujos últimos shows com Iggy haviam ocorrido durante uma das turnês mais lendariamente desastrosas de todos os tempos, parecia que as coisas não tinham mudado tanto assim. A organização era mais profissional do que nos dias de Stooges; os shows, consistentemente bons, e Iggy sempre botava para quebrar no palco. Os irmãos Sales lhe pareceram "talentosos de verdade. E muito loucos. Especialmente juntos". Dessa vez, não havia heroína, nem Quaaludes, quanto menos um vocalista desmaiando. Porém, "eram os tempos do pó", conta Thurston, "o que não é uma droga das mais estáveis pra um vocalista". Scottie nutria um profundo afeto por Jim, um cara "muito charmoso, doce, era um prazer estar perto dele". Já tinha presenciado Iggy sofrendo, e sentia um imenso prazer em vê-lo alcançar certo sucesso. Mas, durante boa parte do ano seguinte, conforme Thurston notou, Jim se mostrou "meio rude e infantil. Nada divertido". Na época dos Stooges, Jim não costumava demonstrar autoindulgência alguma, tampouco amargura quanto à falta de sucesso. Agora, já aos trinta, tal resiliência parecia ter diminuído e, com frequência, nas palavras de Scottie (um homem justo, sem juízos de valor), Jim parecia "carente e exigente. E quando ele ficava desse jeito, era melhor evitá-lo".

Era uma ironia cruel. Durante anos, Iggy tinha suportado um destino implacável: ser original demais, muito à frente de seu tempo, e ser ridicularizado por isso. Ainda assim, escapara intacto. Agora, justo quando o sucesso lhe acenava, quando sua influência vinha sendo finalmente reconhecida (de fato, durante aquele outono, o título honorífico "o padrinho do punk" passou a ser regularmente associado a seu nome), ele parecia sucumbir à amargura que havia evitado por tanto tempo. Esther Friedmann enfim deixou o apartamento de Norbert no início de 1978; tinha encaixotado as coisas dela para a turnê, dizendo a Norbert que estaria de volta em duas semanas, e só retornaria sete anos depois. Esther amava Jim.

– Olhando pra trás, eu me pergunto se ele não foi o amor da minha vida – diz ela. – Ele era sensível, engraçado, inteligente, "um pensador". Mas, muitas vezes, ele acabava ficando doido de tanto pensar.

Os dois desfrutariam não só vários momentos insanos e agradáveis juntos, mas também noites tranquilas em seu apartamento Hinterhof, para onde Esther se mudou mais tarde, ainda naquele ano. Na maior parte do tempo, porém, Jim parecia simplesmente triste. Não era nada fácil fazê-lo rir.

– E era justo o que eu tentava fazer – conta Esther. – Eu tentava diverti-lo e fazia umas imitações pra ver se ele ria. Porque ele de fato parecia um pouco triste.

# TREZE
## DESAPARECIDO EM AÇÃO

Grande parte desse estado de ânimo se devia às drogas, uma vez que a cocaína levava ao álcool e os altos levavam aos baixos. Grande parte também se devia ao dinheiro, ou melhor dizendo, à falta dele. Jim nunca fora bom com finanças, mas, mesmo com quantias cada vez mais elevadas entrando no caixa, quantias maiores saíam, a maior parte destinada a despesas profissionais. Ao longo do primeiro trimestre de 1978, ele ganhou 71.436 libras esterlinas em adiantamentos da gravadora e cachês pelos shows, segundo lhe informou seu contador inglês. As despesas, porém, principalmente com os salários dos músicos e as contas do estúdio, foram de 75.892.

Para piorar ainda mais as coisas, havia o evidente sucesso de David com o qual Jim tinha de lidar. Sentia-se feliz por David, que sempre fora bondoso e atencioso com ele, mas às vezes essa bondade toda fazia Jim se sentir ainda mais fracassado.

— Eu acho que o David nunca foi tão famoso quanto naquela época e, mesmo assim, ele ainda era um cara normal e doce pro Jim — conta Esther —; mas, às vezes, quando as pessoas são boas pra você, isso só piora ainda mais as coisas.

Jim chegou a ser convidado para passar umas férias com David, tudo bancado pelo amigo; para um vocalista com o ego do tamanho de um arranha-céu, porém, era difícil aceitar tamanha generosidade. Misturada a esse complexo coquetel de emoções, estava a convicção de Jim quanto a sua música ser simplesmente melhor do que a de David.

Sem dúvida alguma, sob o respeito mútuo entre Jim e David havia um traço de inveja mútua; David admirava a intuição de Iggy, sua eletricidade e sua falta de autoconsciência; Jim se dava conta de que David detinha toda uma gama de aptidões profissionais que ele próprio precisava dominar. No entanto, enquanto David incorporava algumas das habilidades de Iggy, alcançando resultados magníficos, sobretudo no canto gloriosamente desenfreado de "Heroes" (seis minutos de pura inspiração que enfim baniram a ideia de que a música de David era inteligente, em vez de profunda), Iggy ainda parecia um novato sem a menor esperança de adquirir a habilidade primordial de David, a autossuficiência, e muito menos uma outra habilidade fundamental: fazer dinheiro. Os dois permaneceriam bem próximos ao longo dos anos seguintes, muito embora um jantar idílico de Natal, com um enorme ganso cozido preparado por Coco no apartamento de David – onde muitos conhecidos de Berlim, entre os quais Edu Meyer, estavam presentes – tenha sido a última grande festinha na cidade, já que Bowie se encontrava numa turnê que perduraria por quase todo o ano de 1978. Por fim, ele deixaria a Hauptstrasse, na primavera de 1979, para fixar base na Suíça, em Nova York e em Londres.

Ao longo de todo o processo de gravação de *The Idiot* e *Lust for Life*, conta Jim, fantasias de "vingança" lhe tinham tirado o sono:

– Toda noite, eu ia pra cama sonhando: assim que eu tiver uma chance, vou pegar um pouco disso, pegar um pouco daquilo, fazer isso com ela, fazer isso com ele.

E, provavelmente, foram essas fantasias de vingança que inspiraram uma jogada barata e contraproducente, levando Jim a perder o impulso dinâmico da carreira que havia trabalhado tão duro para gerar: nomeadamente um álbum ao vivo, gravado por uma ninharia, que lhe rendeu o cancelamento do contrato com a RCA e um breve afluxo de capital.

A partir do momento em que assinara com a RCA, Iggy foi considerado uma curiosidade à parte. A RCA tratava David Bowie com respeito, pois o retorno era certo e comprovado, além de a organização formidável de Bowie intimidar a empresa. A RCA, porém, considerava a explosão do punk uma aberração, ignorando-a completamente em favor de bandas de AOR[42] como a Sad Café, maior contratação do selo em 1977. *The Idiot*

---

42 Album-oriented rock ("rock orientado a álbum"), originalmente chamado de "album-oriented radio", é um formato das FM's norte-americanas com foco nas faixas dos álbuns de artistas de rock, desenvolvido em meados da década de 1970 por meio de pesquisas e programação formal a fim de criar um formato de álbum com maior apelo comercial. O rock progressivo de arena e, em especial, o hard rock melódico são as pedras angulares do AOR, que evoluiu (ou regrediu) até subgêneros como o emo e bandinhas de pseudo metal. [N. de T.]

## TREZE
### DESAPARECIDO EM AÇÃO

até havia recebido certa dose de apoio, mas, quando o assessor de imprensa de Iggy, Robin Eggar, escutou pela primeira vez um white label[43] de *Lust for Life* e pressionou a empresa a lançar "The Passenger" como single, assegurando-lhes que seria um hit, foi ignorado.

— Eu acho que o Iggy sabia que a RCA tava boiando — ele se lembra —, e eu suspeito de que ele se divertia um bocado torturando os caras.

Um álbum ao vivo, que cumpriria o contrato de Iggy e lhe renderia o mesmo adiantamento de um álbum cheio, parecia a maneira perfeita de tirar a forra. Montado a partir de gravações de mesa de som feitas durante as turnês de *The Idiot* e *Lust for Life*, as quais receberam uma garibada sonora por parte de Edu Meyer no Hansa, *TV Eye Live* foi lançado em maio de 1978 e, para a RCA, representou o canto do cisne de Iggy; pouco tempo depois, ele já estava se gabando de como o álbum, embora houvesse lhe custado 5 mil dólares para ser feito, tinha lhe rendido 90 mil (a quantia soa um tanto exagerada). Em novembro do ano anterior, Iggy se queixara publicamente sobre o álbum "de qualidade inferior" *Kills City*, lançado pelo Bomp Records nos EUA e pelo Radar no Reino Unido, a partir de fitas que lhes foram vendidas por James Williamson. No entanto, foi *TV Eye Live* que mais pareceu um piratão barato; ainda que as apresentações fossem boas, a evidente encheção de linguiça contratual parecia indicar que o vapor criativo de Iggy chegara ao fim.

No início de 1978, Jim tinha decidido demitir os irmãos Sales, que, por sua vez, se mostraram agressivamente assertivos e, muito embora fossem músicos inspirados, eram "problemas ambulantes", nas palavras de Esther Friedmann. De acordo com Tony, Iggy deu a notícia de uma maneira injustificadamente brutal:

— O Iggy me ligou no fim da turnê. Isso, depois de centenas de shows, tudo quanto foi tipo de merda, depois de a gente estar junto por dois anos. Aí, ele disse: "Eu não preciso de você!". E respondi: "Espero que

---

43 White Label Promo: edições promocionais de vinil com etiquetas em branco. [N. de T.]

tu 'teja brincando, cara!". Ele falou: "Vocês, irmãos Sales, são tipo heroína, e eu não preciso de vocês".

Hunt também ficou traumatizado.

– Ele fodeu todo mundo. Eu tava andando pela Sunset Strip e vi um disco na vitrine, *TV Eye*. Ninguém tinha me dito nada sobre aquilo, nem tinham me pagado nada. É bem surpreendente que alguém que tenha passado tanto aperto que nem o Iggy vire as costas e não leve em consideração as outras pessoas.

Esther Friedmann, em particular, chama a atenção para o fato de que Jim era extremamente generoso com seu dinheiro durante o período em Berlim e que sempre parecera dos mais escrupulosos quanto ao pagamento dos músicos; a bem da verdade, ele tinha abraçado a ideia de que *TV Eye Live* o tiraria de uma situação desesperadora. No entanto, aparentemente um pouco do despeito dirigido aos irmãos Sales teria sido motivado por um ato típico de autossabotagem. Se assim for, o masoquismo de Iggy acabou sendo recompensado com o tratamento recebido por parte de seus subsequentes músicos, a Sonic's Rendezvous Band, ou SRB. Formada pelo guitarrista dos MC5, Fred Smith, o vocalista dos Rationals, Scott Morgan, o Dum Dum Boy Scotty Asheton na bateria e Gary Rasmussen (que tinha tocado com o Up) no baixo, a SRB se tornaria o supergrupo perdido de Detroit, lançando apenas um único e lendário single, "City Slang", durante toda sua existência. Iggy já tinha tocado numa jam com a banda em Detroit durante sua turnê em 1977, e mais tarde os convidou para irem à Europa a fim de ajudarem a divulgar *TV Eye Live*, com o que concordaram, deixando Scott Morgan de castigo em Ann Arbor por todo o verão. Contratar a SRB parecia uma maneira perfeita de revisitar o rock pesado de Detroit dos velhos tempos, mas Fred Smith, um guitarrista diabolicamente talentoso, embora um tipo orgulhoso e taciturno, recusou-se a escutar qualquer um dos discos de Iggy, insistindo em reelaborar as músicas a partir do zero.

– Rolou um impasse – conta Scottie Thurston, que supostamente estava dirigindo os ensaios num estúdio congelante em Battersea, distrito ao sul de Londres. – Com a devida reunião, daria pra ter sido uma banda viável... Mas não foi o caso.

Durante uma sequência exaustiva de shows por toda a Europa, a banda desenvolveu um set pós-Stooges cabisbaixo que espezinhava sem dó o material de Iggy na RCA, transformando "Lust for Life" e até mesmo "I Wanna Be Your Dog" em rockers genéricos e maçantes, ainda que apresentando versões coléricas e agressivas de "Kill City" e de uma nova música chamada "Five Foot One". Vinha rolando um atrito contínuo e mesquinho entre Iggy e Fred Smith, e, quando Jim pediu que a SRB trabalhasse com ele nos EUA, a banda recusou a oferta, para o desgosto de Scott Asheton:

– Tinha um feriado chegando e fazia um tempo que eu não ia pra casa. Mas, se soubesse que aquilo significava tanto, eu juro por Deus que teria ficado.

Vinte anos se passariam antes que Iggy voltasse a tocar com o sujeito a quem frequentemente classificava como seu baterista favorito. A rivalidade com Smith se tornara particularmente desagradável quando Iggy ficou sabendo que Fred tinha ido até o apartamento de Esther para escutar alguns shows com ela. Pouco tempo depois, Iggy conseguiu entrar no apartamento enquanto Esther estava fora e, segundo ela, destruir tudo:

– Ele pegou umas lâminas de barbear e as colocou em tudo quanto é canto, nos abajures, por trás dos espelhos, por todos os lugares.

Ao longo dos anos seguintes, Esther aprendeu a aceitar a paranoia e a insegurança de Iggy, bem como seu comportamento desenfreado com as groupies na turnê:

– Depois de um tempo, você percebe que tudo isso faz parte da personalidade criada em torno do Iggy – observa, salientando que Jim Osterberg, o personagem com quem ela passou a maior parte de seu tempo, era doce e atencioso. Se tivesse dinheiro, compartilhava-o; era inteligente, romântico, sempre comprando presentes impulsivos ou flores. E também adoravelmente humilde quando necessário. Após uma discussão particularmente grave, por exemplo, Esther ouviu a porta da frente abrindo-se e, ao erguer os olhos, deparou com uma boneca de corda ridiculamente kitsch rebolando pelo corredor e gritando: "Volta, baby, volta".

— Como é que dá pra dizer não? — retruca Esther, rindo. — Aí, o jeito foi reconciliar. Não dava pra acreditar que ele realmente tinha se dado ao trabalho de procurar aquela boneca ridícula.

No outono de 1978, um clima confortável de certa domesticidade pairou sobre o apartamento Hinterhof, decorado por Esther com almofadas e obras de arte de bom gosto. Foi a primeira experiência regular de Jim vivendo com uma mulher, indo às compras, cozinhando, passando um tempo juntos ou fazendo visitinhas a amigos, como Martin Kippenberger, para tomarem o brunch de domingo. O retrato de Iggy pintado por David ocupava um lugar de destaque na sala de estar, ao lado de um aparelho de som, um gravador, uma televisão e uma Fender Telecaster novinha em folha, ainda com a etiqueta do preço pendurada. Iggy passaria horas e mais horas trabalhando em riffs, buscando inspiração numa cópia de *Some Girls*, dos Stones, e nas pílulas "Stern", um estimulante suave e legal usado pelos colegiais alemães na época de provas. Com o adiantamento por *TV Eye Live* em sua conta bancária, não havia maiores apertos financeiros, e Jim tinha um novo empresário negociando um novo contrato de gravação. Peter Davies, que tinha deixado seu cargo como executivo sênior no departamento internacional do escritório da RCA em Londres para assumir os negócios de Iggy, era um cara simples e benquisto, dedicado à música de Iggy, e Davies logo encontrou uma plateia acolhedora nas pessoas de Ben Edmonds, articulista e editor da *Creem* que tinha recentemente ingressado na Arista do Reino Unido como chefe de A&R, e Charles Levison, diretor executivo da empresa, ambos ávidos para contratar Iggy. Edmonds estava convencido de que Iggy seria capaz de fazer um grande álbum, comercial e agressivo a um só tempo, como se voltasse aos dias de *Kill City*, enquanto Levison considerava Iggy "esplendidamente digno de crédito, maravilhosamente carismático, um personagem intrigante, complexo, e um dos artistas mais brilhantes, mais inteligentes que eu já conheci".

Havia um único problema: o fundador da Arista, Clive Davis, o homem que fora persuadido a contratar Iggy Pop pela Columbia em 1971, não estava disposto a repetir o mesmo erro. De acordo com Levison, as objeções de Davis não tinham relação com os hábitos pessoais de Iggy:

– O Clive estava acostumado com esse tipo de comportamento rock'n'roll. As objeções dele foram de natureza puramente comercial.

Davis tinha contratado Levison em janeiro de 1978 para supervisionar todos os negócios da Arista fora dos EUA e, após algumas discussões ferozes, permitiu a Levison que fizesse as coisas de seu próprio modo. As objeções, expressas de forma reiterada e enfática, porém, acabaram por aumentar a pressão tanto sobre Levison quanto sobre Iggy.

A falta de entusiasmo por parte de Clive Davis representava um risco em potencial aos discos de Iggy nos EUA; mas, com o cheque do adiantamento dado pela Arista já descontado e uma pequena seleção de canções escritas, Jim estava feliz e pegando no pesado, radiante por ter garantido um acordo sob seus próprios auspícios. No outono, Scott Thurston viajou para Berlim a fim de desenvolver mais material; os parceiros estavam produtivos, compondo três novas músicas que entrariam na gravação final, recriando duas outras nas quais tinham trabalhado ainda nos tempos de vacas magras de *Kill City*, "Angel" e "Curiosity", e pelo menos quatro ou cinco mais. Parte do novo material acabou caindo no esquecimento; uma das melhores canções perdidas, de acordo com Thurston, chamava-se "Hey Coco", presumivelmente dedicada a Coco Schwab. Somente anos mais tarde, conta Scott, que passou a trabalhar com Jackson Browne e Tom Petty, é que se daria conta do quanto Iggy era um músico criativo:

— Eu diria que ele era bastante fabuloso. Bastante fantástico. Mas acho que eu não apreciava a música dele naquela época tanto quanto aprecio agora.

Hoje, Thurston pondera que simplesmente "não conseguia ter as manhas de compor" para fazer jus ao trabalho de Iggy, descrevendo os resultados como "não de todo malsucedidos. E não de todo bem-sucedidos". Essa opinião seria compartilhada pela maioria dos envolvidos no que se tornou o álbum *New Values*.

Foi David Bowie quem encontrou um baterista para Jim; ele chamou Klaus Kruger, um amigo de Martin Kippenberger que costumava sair pelos bares de Berlim com David e Jim, e que tinha acabado de gravar a bateria do álbum *Force Majeure*, da Tangerine Dream, no Hansa. Peter Davies e Jim tinham convocado James Williamson de uma hora para outra, e Ben Edmonds ficou entusiasmado com a ideia de contratá-lo como produtor, embora censurasse James por ter fugido com as masters de *Kill City* financiadas por ele em 1974:

— Eu nunca nem toquei nesse assunto — conta Ben. — Mas que jumento! — No entanto, ele destaca que, na época em que James pegou as fitas, elas não possuíam valor comercial algum.

Scottie Thurston levou o baixista Jackie Clark, que tinha tocado com ele em seu último show, de Ike e Tina Turner.

A banda e o produtor se reuniram em Los Angeles e até se deram bem durante os ensaios no Studio Instrument Rentals (SIR) e no estúdio do porão de Scottie Thurston. Formavam uma equipe hilariamente díspare: Klaus era dos mais sérios, com jeito firme e conciso de tocar, e passou boa parte dos ensaios com um fone de ouvido, escutando a marcação de tempo; Jackie Clark, até então, tinha sido basicamente um músico de R&B, mas "pegou o espírito da coisa" de imediato e encarnou um personagem country/western, vestindo um terno Nudie e um chapéu Stetson. Scottie, como sempre, era gracioso, receptivo e entusiasmado. Williamson também se mostrou diligente; vestia ternos lisos, investindo numa atitude mais organizada e profissional, numa nova imagem que era como uma fachada para esconder a própria insegurança; afinal, sua autoconfiança musical tinha sido afetada pela carreira desastrosa com os Stooges, e ele meio que tinha desistido da guitarra.

— Eu costumava me divertir tocando guitarra, mas isso sempre foi uma válvula de escape emocional pra mim — conta hoje, acrescentando o eufemismo de que "havia uma certa bagagem emocional associada a isso".

Williamson, compreensivelmente, dado o histórico entre os dois, era um tanto cínico quanto aos motivos de Jim. No final de 1978, seu único contato com Jim dava-se por meio de Peter Davies, que lhe telefonava regularmente para se queixar do seu envolvimento no lançamento de *Kill City*. Então, quando o álbum, creditado a "Iggy Pop e James Williamson", tornou-se um sucesso de crítica, pareceu que o nome de Williamson gozava de uma certa chancela comercial outra vez, e assim as chamadas telefônicas de Davies de repente ficaram amigáveis.

— O Jim tava esperando que eu fosse voltar com aquele mesmo sonho do rock — conta Williamson. — Mas, àquela altura, eu já tinha mudado meu ponto de vista. — Williamson estava determinado a evitar um envolvimento pessoal com seu amigo de outros tempos. — Foi um esforço estritamente profissional.

Com três quintos da antiga formação dos Stooges finalmente reunida num só lugar, sobraram déjà vus de seu antigo estilo de vida. A banda acabou sendo expulsa do Tropicana por atrair muitas groupies e fazer barulho demais; Iggy ficava sentado totalmente nu no quarto, tocando sua Telecaster num volume ensurdecedor às três da manhã. Peter Davies chegou acompanhado de sua namorada Clare, que se tornou amiga de Esther e sua companheira quando Iggy sumia atrás das groupies. Davies tinha organizado a viagem de maneira impecável, mas sua conduta profissional não durou muito, de acordo com Esther:

— O Peter era muito, muito centrado no início, mas infelizmente o cara desenvolveu uma tara por cocaína e acabou se tornando um caso perdido. Só que isso definitivamente foi o resultado de ficar saindo com a gente. Ele nunca tinha chegado perto dessa coisa antes.

Conforme o pequeno grupo de músicos ia sendo expulso de um hotel após o outro, o ambiente ao redor foi se tornando gradualmente mais miserável, até acabarem no Wigwam Hotel, um complexo hoteleiro kitsch da década de 1930, com chalés individuais ao estilo de tendas indígenas de concreto pintados em cores vivas, os quais se encontravam completamente dilapidados e quase desmorando; sua clientela então era formada basicamente por prostitutas e seus cafetões, que alugavam um chalé por hora.

Muito embora as quantidades de cocaína consumidas durante a gravação de *New Values* na Paramount Studios (onde James tinha sido treinado como engenheiro de gravação) fossem prodigiosas, as sessões acabaram eficazes, com Thurston dirigindo a banda e James trabalhando em estreita colaboração com Iggy nas letras e nos vocais. Nas melhores canções, "Five Foot One" e "I'm Bored", a sonoridade era firme e despojada, obviamente influenciada por *Some Girls* dos Stones, ainda que mais brutal e malevolente: havia uma nova sobriedade no canto de Iggy que só enfatizava a potência que ele tinha de reserva, e havia ainda novos experimentos intrigantemente minimalistas, como em "The Endless Sea". Outras canções promissoras, porém, acabaram se perdendo sob uma mixagem branda e inundada por instrumentos de sopro e backing vocals cafonas, levando Ben Edmonds à seguinte conclusão:

– O James era um bom produtor, mas ele estava tão preocupado em exibir suas qualificações profissionais que acabou mixando as músicas como se estivesse organizando uma papelada.

Apesar disso tudo, *New Values*, lançado em abril de 1979, foi um álbum modestamente impressionante que se tornou um sucesso modesto, alcançando a 60ª posição nas paradas musicais do Reino Unido. "I'm Bored" virou figurinha batida nas rádios de rock por toda a Europa e também nos EUA, especialmente nas estações da Costa Leste, como a

WBCN de Boston. Clive Davis, porém, preferindo se concentrar em seus próprios artistas, como Whitney Houston e Barry Manilow, recusou-se a lançar *New Values* antes do outono, quando o disco já era notícia velha, ficando apenas em 180º lugar nas paradas dos EUA.

Novamente, parecia que a melhor maneira de divulgar o álbum seria nos shows ao vivo, e Iggy pegou a estrada mais uma vez. Não raro, ao longo dos quatro anos seguintes, ele se sentiu como se nunca a tivesse deixado.

O ex-Sex Pistol Glen Matlock, cuja própria banda, os Rich Kids, tinha acabado de se separar, estava sentado em seu apartamento em Maida Vale, num belo dia, imaginando o que faria dali em diante quando o telefone tocou; era Peter Davies, perguntando se ele gostaria de falar com Iggy Pop. Alguns dias depois, durante um almoço com Jim Osterberg no Mayfair Athenaeum Hotel, ele aceitou entrar na banda de Iggy tocando baixo, com Jackie Clark assumindo a guitarra. Assim, passou os dois meses seguintes na estrada, levando consigo seu amigo Henry McGroggan, que tinha sido o diretor de turnês dos Roch Kids e, antes disso, da Slik, banda escocesa de glam; McGroggan acabaria se tornando o mais duradouro cúmplice da carreira de Iggy. Ex-Sex Pistol que mais compusera músicas de sucessos, como "Anarchy in the UK", "No Future" e "Pretty Vacant", Matlock parecia ser uma contratação das mais válidas, já que, até então, Iggy ainda não tinha conquistado o mundo com suas composições solo. Talvez por essa razão, Scott Thurston, que fora o principal parceiro musical de Iggy ao longo do ano anterior, tenha resolvido cair fora, levando junto seu amigo Jackie Clark (que faleceu alguns anos mais tarde). A gota d'água para Scottie ocorreu quando ele ficou sabendo que a banda gravaria outro álbum logo após a turnê no País de Gales.

— Aí, finalmente, eu explodi. Eu fiquei, tipo, por que caralhos a gente tem que trabalhar com o Glen Matlock? Por que é que vocês querem gravar no País de Gales? Por que ter o Peter Davies como empresário? Por que essa treta toda? Por que é que a gente simplesmente não faz alguma coisa que *preste?!*

Quando o verão de 1979 chegou, Iggy Pop já era um artista respeitado quase no mundo todo. Amplamente reconhecido como o arquiteto de boa parte do cenário musical da década de 1970, Iggy parecia, bem mais do que muita gente, ter progredido – a exemplo de *Lust for Life* e *New Values* –, deixando para trás o esquema básico do punk que muitos de seus acólitos ainda seguiam. Foi exatamente essa avaliação racional de sua carreira que pareceu denunciar a estratégia de "um último empurrão", que inspirou a gravação do álbum seguinte de Iggy, *Soldier*. "Um último empurrão", todos concordavam, poderia finalmente ajudar Iggy a alcançar o sucesso mais convencional; a "migrar", no jargão da indústria fonográfica. Mas, como qualquer historiador militar pode confirmar, a estratégia de "um último empurrão" invariavelmente precede um desastre.

No início de 1979, Ben Edmonds tinha abandonado a Arista em troca da EMI, deixando que o novo chefe de A&R da Arista, Tarquin Gotch, gerenciasse as carreiras das grandes contratações de Edmonds, Iggy Pop e Simple Minds. Havia, porém, pouca afinidade ou entendimento entre Gotch e Iggy. "Nós simplesmente nunca tivemos uma boa conversa, ou uma relação de fato", conta Gotch, que talvez tenha sugerido a Iggy que tocasse com uma banda britânica de "New Wave" e gravasse um disco no Rockfield, um estúdio caseiro no País de Gales com sede numa antiga fazenda perto de Monmouth. Mais uma vez, Williamson foi contratado como produtor. Apesar de ter ficado razoavelmente satisfeito com *New Values* ("O Jim chegou pra gravar com um monte de porcaria e a gente conseguiu transformar aquilo em algo meio decente"), ele sentia ter gasto uma enorme quantidade de seu próprio capital e de sua própria energia no trabalho. Da segunda vez, julgou impossível demonstrar o mesmo comprometimento, e ficou particularmente insatisfeito com o fato de ter que gravar no País de Gales, sem Scott Thurston.

– Em *New Values*, pude exercer um controle tremendo – lembra. – Dessa vez, o Iggy e o Peter Davies estavam tentando tomar esse controle de volta.

## TREZE
### DESAPARECIDO EM AÇÃO

Apesar de suas reservas, Williamson concordou em assumir o cargo, uma última vez.

No que dizia respeito a Glen Matlock e Klaus Kruger, os preparativos para *Soldier* começaram de forma promissora. Klaus pegou a estrada de Berlim a Londres, reuniu-se com Jim e James Williamson, ambos alugando apartamentos em Mayfair, e impressionou-se ao ver Williamson tocando guitarra nos ensaios:

— Ele plugou a Les Paul dele num amplificador Marshall de cinquenta watts, e a sonoridade daquilo era fantástica.

No entanto, apesar de toda a bravata e a agressividade de seus dias de Stooges, Williamson ainda não se sentia bem tocando guitarra, e, uma vez que Matlock apareceu com seu ex-companheiro de banda dos Rich Kids, Steve New, Williamson recuou, deixando que New tocasse todas as partes de guitarra. Matlock, contudo, notou a pressão sobre Jim, que fora convocado a compor todo um novo álbum imediatamente após abandonar a estrada, independente de a inspiração bater ou não, e sem uma banda com a qual conseguisse se entrosar.

O tecladista Barry Andrews, membro fundador da XTC, peculiar banda popster oriunda de Swindon, foi outro novato recrutado para agregar certa credibilidade New Wave. Ao deixar a XTC, Andrews tinha resolvido pendurar as chuteiras, vivendo num prédio abandonado e, segundo ele próprio, praticando "sexo extremo". Por um tempo, chegou a trabalhar meio período no Jardim Zoológico de Londres, e logo se tornou uma piada recorrente entre os músicos o fato de que Andrews estava lá para acrescentar uma certa dose de esquisitice inglesa. "Sacomé, esperar o quê, ele veio de um zoológico!" Em seu primeiro almoço com Jim e James, Andrews achou que Williamson parecia excepcionalmente careta, quase preocupado demais em ser o produtor eficiente, simpático com as rádios. Jim era encantador e sedutor de um jeito bizarro, "já que ele parecia estar com todos os moleques mais jovenzinhos", conta Andrews. Quando se juntou aos ensaios num estúdio perto de Borough Market, porém, ficou um tanto confuso ao ver como tudo parecia tão casual. Glen Matlock era a coisa mais próxima de um líder, a pessoa que explicava a todos quais eram as mudanças de acordes; mas, de modo geral, parecia haver mais interesse nas grandes caixas de isopor abastecidas com cerveja gelada do que em aprimorar o material. Tudo parecia muito deficiente, mal preparado e, o pior de tudo, como afirma Andrews: "Ninguém tava pilotando o avião".

A essa altura, ainda que tivesse sido uma luta arrumar inspiração para escrever as letras, Jim aparentava despreocupação. Até então, todos os seus álbuns tinham ganhado forma de última hora, e parecia não haver razão para que dessa vez fosse diferente. No entanto, quando as fitas rolaram no Rockfield Studios e a banda e Peter Davies se instalaram em seus respectivos aposentos, espalhados pela casa de campo logo saindo de Monmouth, nas colinas do vale Wye, o clima começou a ficar cada vez mais tenso.

James Williamson tinha orgulho de seu talento como produtor, e conversava cheio de si com Klaus Kruger sobre as sutilezas do posicionamento do microfone, conforme havia aprendido na Paramount; no entanto, no que dizia respeito aos músicos, sua noção de profissionalismo se limitava a ordenar retomada atrás de retomada.

– O James ia e dizia "vamos fazer de novo e de novo" como se fosse um teste do rigor dele enquanto produtor – lembra Barry Andrews. – O que não era o caso, claro; em vez disso, todo mundo tava ficando mais e mais cansado, e a coisa toda só soava cada vez pior.

À medida que os músicos foram ficando mais e mais cansados, o baixo de Matlock e a bateria de Kruger se tornaram mais e mais pesadas. Williamson, que nunca quisera gravar no País de Gales, percebeu que o projeto estava saindo do controle e, de acordo com Glen e Klaus, que o chamavam de "James Careta", ele passou a brandir uma garrafa de vodka e um revólver pelo estúdio.

– Diziam que ela tava carregada. Mas eu nem perguntei – conta Matlock, que previsivelmente não se queixava dos pedidos reiterados por mais um take. À medida que Williamson passou a entornar cada vez mais e mais vodka, também passou a ficar obcecado por conseguir sincronizar duas máquinas de fita a fim de obter uma gravação com 48 canais, o que acabou causando uma série de atrasos técnicos sem fim.

Julie Hooker era a A&R da Arista que diretamente supervisionava *Soldier*, bem como a Simple Minds, que estava gravando em outro estúdio do Rockfield. Afora isso, ela ainda tinha de dar conta dos telefonemas de Clive Davis, que vinha monitorado os mínimos detalhes. Julie gostava e respeitava Williamson, com quem concordava sobre prazos e orçamentos. A exemplo de Charles Levison, Hooker estava otimista em relação ao projeto; ouviu as fitas dos ensaios e elas soavam ótimas, mas, conforme as gravações foram se arrastando, frustrantemente devagar, ela se viu cada vez mais em meio aos conflitos entre o vocalista e o produtor. Em algumas dessas ocasiões, chegou a pegar Williamson disfarçando as lágrimas.

Ilhados no que parecia ser o meio do nada, os envolvidos tinham poucas opções de distração para aliviar a tensão que vinha obviamente crescendo. Apenas Barry Andrews, que era essencialmente um turista no mundo musical transtornado de Iggy, parecia imune àquilo tudo, perambulando pela zona rural com a jovem e atraente operadora de fita de nome Mariella Frostrup e mantendo-se atento aos cogumelos mágicos. Os demais, apesar de acharem Andrews um tanto enigmático, ficaram maravilhados quando as fitas rolaram, pela maneira como ele de pronto evocou uma variedade de árias inventivas e estonteantes no teclado. Até que houve alguns momentos de alívio, particularmente uma festa inebriante em comemoração ao aniversário de Julie Hooker, em 13 de setembro, na qual cada um dos músicos interpretou um esquete, embora Williamson parecesse constantemente preocupado com distrações que ameaçassem estourar o prazo final das gravações. Toda noite, durante o jantar, a banda reproduzia as mixagens do dia de trabalho num rádio portátil; vez por outra, Barry ou Glen gravava algo peculiar ou ridículo a título de experimentação ou tão somente pela risada. Sempre que isso acontecia, ou que alguém estava demorando demais para desenrolar uma ideia, Williamson se valia do hábito desenvolvido de dizer-lhes "deixa isso pra sala de jantar". Quando Iggy tentava cantar algo muito lunático, Williamson lançava mão do mesmo comentário.

– Música de sala de jantar era a música que o cara tocava pra ele mesmo, que, no fim das contas, é pura masturbação – explica Andrews, que notou Iggy ficando cada vez mais e mais irritado sempre que a frase era dirigida a ele.

As gravações já estavam bastante atrasadas quando três convidados apareceram no estúdio. Um deles chegou para tocar guitarra; dois, só para dar apoio moral. Ivan Kral tinha recebido um telefonema de um amigo, funcionário da Arista, que lhe dissera que Iggy estava atrás de um guitarrista. David Bowie e Coco Schwab deram as caras simplesmente para ajudar o amigo.

Segundo o relato de Jim Osterberg, David Bowie chegou de surpresa ao isolado estúdio parecendo o Scarlet Pimpernel, com direito a capa. Nem todos se lembram do traje teatral, mas todos se recordam de um drama no qual, quando as cortinas se abriram para o grande desfecho, vários dos atores-chave acabaram morrendo no final.

Pelo que consta, o plano original de David era simplesmente dissipar o clima melancólico em torno da gravação. Nesse sentido, pareceu tomar como exemplo os monólogos hilariantes de Iggy, que tanto cativaram os músicos envolvidos em *Low*. Após algumas conversas esparsas, que encantaram a maioria dos presentes (Steve New ficou particularmente fascinado, fitando David feito um filhote de cachorro em adoração, ao passo que dois membros da Simple Minds também tinham dado as caras para compartilhar a emoção), David reuniu uma pequena plateia em torno de si na sala de controle após o jantar. Todos escutavam com extrema atenção enquanto ele tagarelava e contava piadas, bebericando um copo de vinho tinto, antes de embarcar numa longa e cativante trama sobre uma figura chamada Johnny Bindon.

Bindon tinha sido um gângster que acabou fazendo a vida como ator e, a certa altura, trabalhou como guarda-costas do Led Zeppelin. David contou episódio por episódio da trajetória chocante e bizarra de Johnny, como o período em que trabalhou como capanga dos Gêmeos Kray e chegou a cortar fora a cabeça de um gângster num pub, ou a história de como ganhou da polícia uma medalha de bravura por ter resgatado um homem afogando-se quando fora o próprio quem tinha jogado a vítima no Tâmisa, para começo de conversa. A melhor parte foi sobre como Bindon possuía o maior pau de Londres, um atributo particularmente apreciado pela Princesa Margaret, que o tinha convidado a passar alguns dias com ela na ilha de Mustique, ou para "encontros amorosos" no Palácio de Kensington.

Todos os músicos estavam sentados em volta, rindo do incrível causo; todos, claro, com exceção de James Williamson, que permaneceu carrancudo. Passaram, então, a conversar sobre como ser um criminoso talvez fosse legal, bem melhor do que ser um músico, especialmente se o sujeito gozasse de conexões entre a realeza. Não demorou muito e logo os pensamentos se dispersaram, ocasião em que Iggy se apoderou da história, improvisando um rap sobre Bindon e a Princesa Margaret. Contaminados pelo entusiasmo, todos marcharam até o estúdio.

De repente, as sessões ganharam vida. James Williamson se manteve invocando todas as mesmas regras sobre fazer um disco de sucesso, só que agora Bowie estava mostrando como de fato devia ser feito: jogando fora o manual de regras e criando um ambiente estimulante. David era um criativo mestre do jogo, assumindo o controle com aquele jeitinho "posso tentar?" despretensioso. Foi comovente de se ver; David e Jim obviamente já tinham passado por muita coisa juntos, e lá estava David, regozijando-se com a criatividade de Iggy "daquele jeito como as pessoas criativas de verdade fazem, em que o talento de alguém não é uma ameaça, e sim uma coisa prazerosa", nas palavras de Andrews. James Williamson, entretanto, fervilhava de raiva com o que encarou como uma postura pretensiosa do intruso e, em retaliação por ter sua sessão sequestrada, esbarrou num interruptor da mesa de controle, produzindo um chiado agudo de feedback que inundou os fones de ouvido de David. Apesar de todo o empenho em contrário de Williamson, logo criaram uma música com um sintetizador de apoio enxuto, uma bateria explosiva, o refrão "I wanna be a criminal" e letras baseadas num discurso hilário de Iggy, juntamente dos versos "I wish I was Johnny Bindon with the biggest fuckin' dick in London and a private income..."[44]. Infelizmente, tal verso não chegou a entrar na versão final de "Play It Safe".

Pela primeira vez, pensou Andrews, parecia que estavam fazendo um disco do qual se orgulhar, e, internamente, ele especulava sobre quão legal seria ter Bowie produzindo o álbum, quando uma discussão eclodiu aos berros entre Iggy e James. James tentava explicar como competia a ele produzir um álbum que tocasse nas rádios, e como aquelas letras rudes sobre a Princesa Margaret estavam fadadas a fazer com que o disco fosse banido. E, a certa altura, proferiu:

– Deixa isso pra sala de jantar, Jim!

A resposta de Jim veio rápida:

– Foda-se a sala de jantar, James. E eu acho que o teu lugar não é aqui nesse projeto.

Bowie, por sua vez, olhava de lado com aquele jeitinho "isso tudo não tem nada a ver comigo", até que todos foram embora arrastando os pés, constrangidos, direto para a cama. Pela hora do almoço, no dia seguinte, James Williamson, David Bowie e a enigmática Coco Schwab já não estavam lá.

– Foi tipo uma peça de teatro quando todas as luzes se apagam – diz Andrews – e, depois que acendem de novo, tem três pessoas a menos em volta da mesa. E a sensação que dá é tipo: o que é que vai acontecer agora?

---

[44] "Quem me dera ser o Johnny Bindon com o maior pau de Londres e um rendimento privado..." [N. de T.]

## TREZE
*DESAPARECIDO EM AÇÃO*

O que aconteceu agora é chamado de "um trabalho de resgate". Charles Levison chegou ao País de Gales para trocar uma ideia com seu artista conturbado. Tarquin Gotch pegou a estrada no Ford Granada da empresa até lá e aproveitou para dar uma checada na Simple Minds, cujas sessões também enfrentavam problemas quanto à falta de hits. Os Simple Minds falaram poucas e boas na cara dele, como era a etiqueta de costume para com alguém do A&R naquela época, invadiram o Granada e esparramaram ovos caipiras e bosta de vaca fresquinhos por tudo quanto foi canto. (Por uma ironia do destino, Gotch viria a ajudar a parir o primeiro hit mundial da Simple Minds ao incluir "Don't You Forget about Me" na trilha do blockbuster de John Hughes, *Clube dos cinco*.) Enquanto isso, Peter Davies se desdobrava em dois com uma cara de "eu sou o próximo a rodar". O engenheiro do Rockfield, Pat Moran, ajudou a terminar a gravação; Iggy parecia ter sofrido uma perda de confiança, fracassando reiteradas vezes em acertar os vocais, tentando até mesmo gravar no terreiro em busca da vibe ideal. Ivan Kral adicionou alguns solos causticantes de guitarra, potencializando os efeitos das guitarras New Wave de Steve Now. Houve momentos ímpares de inspiração, quando Iggy descartou melodias vocais já prontas e retrabalhou as músicas do zero, embora as sessões se arrastassem cada vez mais e mais; o tédio teria sido aliviado apenas por uma discussão entre Iggy e Steve New, que havia declinado o convite para se juntar à banda ao vivo. Barry Andrews estava tão entediado que chegou a dirigir até uma escola local só para meninas e ficou do lado de fora, desesperado para ver alguns rostinhos joviais e felizes. Até que, enfim, as gravações foram consideradas concluídas, embora a mixagem tenha sido adiada mais um pouco. Julie Hooker estava tão preocupada com o projeto que nem mesmo avaliou se o álbum era bom.

– Só o fato de ter acabado já foi um alívio.

Houve ainda mais duas ou três reviravoltas menores na saga conturbada de *Soldier*, um álbum que, a exemplo de um clássico fracasso hollywoodiano, encontrava-se apinhado de colaboradores e coautores, nenhum dos quais disposto a assumir a responsabilidade por tão terrível confusão. A primeira reviravolta ocorreu em Nova York, alguns meses depois, quando Ivan Kral estava bebendo com Iggy no Mudd Club. Com uma cara séria, David Bowie o abordou e conversou algumas poucas amenidades antes de dizer:

— Ivan, você sabe que existe um grande respeito do povo britânico pela realeza e a coroa britânica. Ainda que tenha sido um grande take, será que você poderia me fazer o favor de não lançar "Play It Safe"?

Quando o álbum foi mixado por Thom Panunzio durante o feriado de Natal, as menções a Johnny Bindon e a Princesa Margaret, que tinham provocado o racha definitivo entre Jim Osterberg e seu amigo James Williamson, foram totalmente extirpadas. Ainda mais estranho, as partes empolgantes da guitarra tocada por Steve New também haviam sumido, o que fez com que o álbum soasse irregular e incoerente. Glen Matlock tinha contribuído com sua composição favorita dentre as mais recentes, "Ambition", e, no seu entender, a mixagem bizarra foi um ato de sabotagem da parte de Iggy, levado a cabo por vingança motivada pela recusa de New em participar de uma turnê com ele.

— Eu fiquei contrariado de verdade sobre "Ambition" — declara Matlock. — [O Iggy] cortou fora a parte do Steve na mixagem porque tava com rancor. Só que ele cortou logo o gancho da minha música. E foi por isso que eu não quis mais saber dele.

É difícil julgar qual diferença faria uma mixagem melhor, pois *Soldier* foi o primeiro álbum de estúdio de Iggy genuinamente sem a menor inspiração. Até havia algumas letras intrigantes, peculiares, e uma mixórdia de ideias interessantes, mas nenhuma delas chegou a ameaçar uma unidade num todo coerente. Totalmente expostos na ausência da guitarra elétrica de New, a bateria de Kruger e o baixo arrastado de Matlock parecem estar tocando músicas diferentes; há inserções de tom-tom, como em "Ambition", que soam como uma criança irascível atirando um kit de bateria por uma escada abaixo. A sagacidade e a inteligência de Jim Osterberg desapareceram para dar lugar a um balbucio maníaco e vazio, numa espécie de desespero que parecia dizer: "Num gostô dessa ideia? Ó outra mais doida aqui!". O pior de tudo é que a voz magnífica e admirável de Iggy Pop parece ter sumido totalmente e sido substituída por um ganiço qualquer, como em "Loco Mosquito" ou "Dog Food", ou, ainda, em "I'm A Conservative", um garganteio exagerado feito o mugido de uma vaca. Apenas os teclados atrevidos e chilreantes de Barry Andrews evidenciam algo como uma invenção musical, salpicados por todo o disco feito raspas de chocolate numa bosta de vaca.

As críticas foram complacentes, conforme convinha a um artista do status de Iggy, alternando palavras como "peculiar" e "interessante". A presença nas rádios foi, naturalmente, marcada por sua ausência, e ainda assim o álbum conseguiu alcançar, a duras penas, a 62ª posição nas paradas do Reino Unido (à maneira tipicamente perversa da indústria musical, Clive Davis optou por lançar *Soldier* de imediato nos EUA, onde o disco figurou brevemente na 125ª posição). A avaliação mais reveladora de *Soldier*, porém, partiu de Barry Andrews, que, mais uma vez, ao modo típico da indústria musical, teve de comprar sua própria cópia do álbum naquela primavera.

— Eu fiquei lisonjeado, meus teclados estavam por todo lugar — diz. — Aí, logo depois, eu me dei conta de que não tinha nenhuma das virtudes de um bom disco do Iggy Pop.

Por anos a fio, quando seus amigos descobriam que ele tinha tocado num álbum de Iggy e perguntavam empolgados em qual, ele respondia: "Aquele lá que veio *depois* dos melhores".

Por um instante, não reconheço James Williamson, o famoso e temido Lorde Negro dos Stooges. Não por causa dos cabelos grisalhos, da jaqueta esporte sobre uma camisa azul ou do comportamento discreto, pois é mais uma impressão geral de que o burocrata meticuloso com aparência condizente decerto não poderia ser a mesma pessoa responsável pelos riffs de guitarra impiedosamente agressivos ou pelo episódio irreverente da arma brandida no estúdio do qual tantas pessoas se lembram.

Já estávamos avisados, no entanto, de que se tratava do Dum Dum Boy, que, nas palavras de Iggy, "tinha encaretado", como se isso fosse a mais grave das acusações. Não obstante, durante o tempo que passamos juntos em fevereiro de 2006 num hotel em San Jose, em pleno coração do Vale do Silício, onde ele agora trabalha, incongruentemente conversando sobre a sucessão de desastres terríveis e implacáveis que assolaram sua banda, o desvio na carreira de James Williamson me pareceu um ato eminentemente sensível de autopreservação. Afinal, apesar de toda sua lendária crueldade, acabou se tornando óbvio que Williamson, um rapaz esperto e ambicioso a quem seus companheiros de banda se referiam como "um maníaco desvairado numa guitarra estrincada", estava longe de ser tão cruel quanto a indústria, ou mesmo o vocalista que o empregou. E isso porque, apesar de toda a rispidez contraída a partir do momento em que seu padrasto reacionário o mandou para um reformatório, James sempre se julgou pelos resultados. E esses, de seu ponto de vista, pareciam centrar-se em uma banda fracassada e em um melhor amigo que acabou por trai-lo.

— Talvez os Ashetons já soubessem disso, mas eu descobri que o Jim era muito ambicioso. Não importava como, ele só queria chegar lá. E, quando ele me atropelou em nome da carreira dele na MainMan, acho que isso acabou me mostrando que eu tinha que correr atrás da minha própria independência.

Parece ser a consciência de sua própria vulnerabilidade o fator que mais contribuiu para a atitude intimidadora de James. Chamado de volta por seu amigo Jim para um último trabalho de produção, James sabia se tratar de "uma péssima ideia". Quando perguntado sobre sua irreverência no estúdio, brandindo uma arma em volta, porém, ele estremece, parecendo terrivelmente magoado por quem quer que tenha se sentido ameaçado

## TREZE
### DESAPARECIDO EM AÇÃO

por aquele objeto que todos sabiam se tratar apenas da réplica de uma pistola de ar comprimido, antes de observar:

– Eu acho que tenho uma visão interna de mim mesmo bem diferente do que aparento ser por fora.

De todas as ironias na história dos Stooges, talvez a mais suprema de todas seja que James Williamson, um homem cujo trabalho foi reverenciado por gerações de guitarristas, simplesmente não acreditava que fosse tão bom. Não deixa de ser triste quando o cara se dá conta disso; aí, é só ter uma conversa normal e tranquilizadora com James, falar sobre a família, comida japonesa ou os prédios nas redondezas, para compreender o quão libertador pode ser dar as costas para o narcisismo, o egoísmo e o comportamento infantil da indústria fonográfica. E como, de todas as máscaras possíveis, a que se pretende ser normal e eficiente pode ser a melhor proteção de todas.

# CATORZE

## A LONGA, LONGA ESTRADA

**O PRIMEIRO JULGAMENTO** de Iggy Pop tinha sido o ato de resistência final dos Stooges: nove meses de desastres entremeados por uma singular apresentação edificante, seguida de humilhação, ostracismo e, depois, um ano dormindo ao relento. Mas, mesmo durante esses tempos sombrios, a música fora algo em que ele se agarrara.

O segundo julgamento de Iggy Pop duraria quatro anos. Ao longo desse período, houve uma certa dose de carinho e apoio que o reconfortasse, além de dinheiro suficiente para continuar sobrevivendo, e havia sempre a perspectiva de conquistar certo respeito ou aclamação em algum lugar como Paris ou Helsinque ou Sydney. Nenhum desses luxos, porém, conseguia apagar completamente a consciência de que, dessa vez, a música simplesmente não era lá Muito Boa. Só uma coisa era capaz de anestesiar tal consciência: o álcool. Mas o álcool tornava a música ainda pior. Essa simples equação resumia uma espiral descendente, impregnada de uma nova emoção: medo. E, mais uma vez, a loucura ficou à espreita.

## CATORZE
### A LONGA, LONGA ESTRADA

Quase que imediatamente depois de ter regressado de suas longas e tortuosas sessões de gravação no País de Gales, Jim seguiu até Londres com sua banda a fim de ensaiar para uma turnê norte-americana de divulgação do álbum *New Values*, que finalmente estava sendo lançado nos EUA. Parecia ridículo ser pressionado a gravar logo um novo álbum antes que seu antecessor fosse lançado em seu maior mercado, embora, caso isso o estivesse incomodando, ele não demonstrasse. Num encontro com seu mais recente guitarrista, Brian James, o formidável músico britânico adepto do estilo da guitarra brutal de James Williamson, Jim parecia a mais perfeita síntese do profissionalismo: consciencioso, abstinente de álcool e cigarros, para deixar sua voz nos trinques, e educado, ainda que sempre muito preciso quanto ao que desejava. A única surpresa no encontro foi o sutil sotaque Cockney[45] bowiesco que Jim parecia ter adquirido em Londres. Felizmente, Brian James já sabia o que esperar após ter sido escolado por seu amigo Nick Kent, que o orientara a como lidar com Jim, e a como lidar com Iggy.

— Ele me disse assim: "O Jim é tipo um acadêmico que conversa sobre coisas interessantes e tal. Aí, num piscar de olhos, ele vira o Iggy, e esse é um animal".

Brian logo se deu conta de que Iggy sempre mantinha uma relação estreita com seus guitarristas, e tinha desenvolvido uma série de técnicas para lidar com eles: às vezes, tratava-os com uma forte afeição, mais íntima; outras vezes, pegava-os desprevenidos de modo a lhes instigar uma certa agressividade que pudesse explorar.

Nos primeiros dias de ensaio, Jim bebeu apenas água. Cerca de cinco dias depois, instalou um grande espelho no estúdio de ensaios, perto da London Bridge, para treinar movimentos variados. Nos últimos dois ou três dias, começou a beber o uísque escocês de Brian James e andar completamente nu. E, então, foram embora.

---

45 Sotaque próprio dos bairros mais pobres de Londres. [N. de T.]

Brian James já tinha tocado com a Damned por dois anos frenéticos, mas os três meses com Iggy figurariam entre as experiências mais duras já passadas por ele.

– Foi um período embaçado. A gente viajava pra uma cidade, fazia o check-in no hotel, passagem de som, tocava, voltava pro hotel, acordava, viajava. Era como estar numa bolha, todo hotel era um Holiday Inn, e nunca dava pra saber onde se estava, nem mesmo que horas eram.

Seria essa a bolha que envolveria Iggy pelos quatro anos seguintes. Ivan Kral, o outro novato da turnê, compartilharia tal bolha por dois desses anos. Após chegar ao Rockfield Studios para os dias de encerramento das sessões de *Soldier*, ele passou uma noite sendo interrogado por David e Coco, que o questionaram sobre todos os aspectos de sua vida. Era um dos truques clássicos de David; ele gostava de compreender o funcionamento das pessoas e, claro, ficando na posição de quem faz as perguntas, poderia manter sua própria privacidade. Ivan, porém, achava que havia um motivo específico para os questionamentos de David:

– Eu sentia que o David queria jogar o Jim no meu peito. Tipo, "eu tô tentando ajudar o cara, mas ele sempre fode tudo, então, talvez, Ivan, vocês pudessem ser amigos e passar um tempo juntos".

Músico talentoso com um certo charme europeu, Kral tinha sido um membro fundamental do Patti Smith Group, mas acabara se frustrando por Patti não se entusiasmar em nada quanto à fama. Ele acabaria se tornando o principal colaborador musical de Iggy nesse período, tocando tanto os teclados quanto a guitarra, aproximando-se tanto de Iggy que a própria mãe de Kral descreveria os dois como praticamente irmãos. No entanto, apesar de Ivan se recordar dos "grandes momentos" que tiveram juntos, a exemplo de todos os futuros colaboradores de Iggy, sabia não passar de um empregado:

– Eu sabia até onde eu podia ir... Eu sabia que havia certas discussões em que eu tinha que deixar ele vencer. Então meio que só sorria e deixava que ele fosse o centro das atenções.

Essa seria a diferença crucial entre Iggy e o músico com quem ele fizera a melhor obra pós-Stooges, a saber: David Bowie, um sujeito capaz de genuinamente encantar seus músicos e, assim, tirar o máximo proveito deles. Brian James até gostava de Jim e apreciava os bate-papos com ele, embora tivesse consciência da hierarquia entre os dois. Depois de um ano lidando com os irmãos Sales, Iggy parecia não querer mais se aproximar de seus companheiros músicos outra vez. Consequentemente, tornava--se muito mais fácil para eles serem meros espectadores, acreditando nos causos da invencibilidade de Jim, conforme sua vida começava a sair do controle novamente.

Enquanto isso, na periferia, agora que tinha deixado Berlim, David Bowie parecia ficar de olho no que estava acontecendo, prontificando seu motorista, Stuey – famoso entre os fãs de Bowie por seu papel no filme *O homem que caiu na Terra* –, a conduzir a banda por aí e, ao que tudo indica, aparecendo para dar uns conselhos a Jim sempre que possível.

A turnê norte-americana de *New Values*, a exemplo da última excursão de Iggy com a Sonic's Rendezvous Band, contou basicamente com um distinto rock'n'roll para macho nenhum botar defeito, variando do desvairado material de *Raw Power*, como "Your Pretty Face Is Going to Hell", a versões sujas e entusiásticas de algumas das músicas do inédito *Soldier*. Ainda mais inesperada foi uma versão quase transcendental da música por excelência romântica de Sinatra, "One for My Baby". O clima solitário da canção, perfeito para dores de cotovelo, e a consciência de que havia uma longa, longa estrada pela frente eram assustadoramente apropriados, mesmo que o público nem sempre apreciasse a escolha. Glen Matlock tinha arquitetado a inclusão no set de uma de suas canções favoritas, "China Girl", e aquela era a primeira vez que Iggy a tocava desde a saída de Hunt e Tony Sales. O ar mais sofisticado que essas músicas acrescentavam, porém, foi um tanto prejudicado por uma prótese removível que Iggy usava num dos dentes da frente como parte de seu número no palco. Em pontos-chave durante a apresentação, ele retirava a prótese e olhava de soslaio para a plateia com o sorriso banguela e malévolo de um vilão de pantomima, o acompanhamento perfeito ao ataque pirático da música.

Para Brian James e Glen Matlock, que tinham liderado a revolução do punk britânico, esses dois meses de shows altamente enérgicos, noite após noite, foram muito mais intensos do que qualquer coisa que já tinham experimentado. Os níveis de energia do líder pareciam quase sobre-humanos, embora Brian, em particular, também ficasse ocasionalmente chocado com os níveis de agressividade, como quando Iggy saltava do palco até os moleques em plena adoração, esmagados na primeira fileira da plateia, e lhes dava uns tapas na cara, regozijando-se com o estado de choque e o caos subsequentes. Nos bastidores, a atmosfera poderia ser tão desvairada quanto. Pelas manhãs, Glen ou Brian conversava sobre literatura ou história com Jim, que mais parecia um jovial tiozão acadêmico. Então, à noite, Iggy Pop se deleitava em roubar-lhes as groupies bem debaixo de seus narizes.

Quando a turnê de *New Values* chegou ao fim com um show no Hurrah's, em Nova York, em 9 de dezembro de 1979, ambos os músicos ingleses já estavam fartos. Brian James queria voltar para sua própria banda, decisão resumida por sua frieza no tratamento dispensado ao vocalista em sua última noite no Mudd Club após o show. Matlock telefonou para Peter Davies durante a folga de Ano-Novo para lhe dizer que estava deixando a banda, logo após ter ouvido a mixagem finalizada de *Soldier*, a qual considerou um ato de sabotagem sonora que equivalia a Iggy "dando um tiro no pé". Para ser justo, no que diz respeito à mixagem de *Soldier*, é bem provável que tenha sido uma tentativa de minimizar os danos causados por uma vingança contra Steve New, embora o resultado conseguisse ilustrar a incapacidade de Jim para manter seus músicos – em particular, os compositores talentosos com quem precisava colaborar. Durante o mesmo período, o empresário Peter Davies sumiu de cena. Um homem delicado, atencioso, que comprava presentes de bom gosto para seus amigos (Charles Levison guardava a sete chaves uma primeira edição ilustrada de *A bela adormecida*, de Arthur

Rackham, que lhe foi dada de presente), Davies, engolido pelo caos que parecia rodear Iggy, já tinha sido cortado do circuito da Arista e, por fim, teve um bate-boca com Jim sobre dinheiro.

Mal houve tempo de ensaiar com substitutos de Matlock e James, o guitarrista Rob Duprey e ex-baixista dos Heartbreakers, Billy Rath, antes do início de mais uma turnê em fevereiro de 1980 para divulgar *Soldier*. A corrida das datas começou aparentemente bem, com um set ambicioso embalado por novas canções, entre as quais "Hassles", "Sacred Cow", "Joe and Billy" e "The Winter of My Discontent"; mas, após duas semanas de shows europeus, a banda empacou em Nova Orleans durante as duas primeiras noites de uma série de datas norte-americanas. Iggy, de acordo com Kral, resolveu descartar toda a seção rítmica, justificando: "O Klaus nunca sorri, ele é chato. E o Billy é um drogadito". Kral viajou para Nova York a fim de acompanhar um teste em busca de mais bucha de canhão, e encontrou Mike Page (fã de blues, ex-baixista da Chubby Checker e, por coincidência, um conhecido de Jim de San Diego) e o baterista Doug Bowne. Juntos, essa pequena equipe tocaria mês sim, mês não ao longo do ano seguinte, cruzando toda a América do Norte e a Europa. E, após dois terços do caminho até um total de cem datas redondas, conforme a maioria concorda, a coisa ficou "sombria".

Mike Page e Rob Duprey eram músicos jovens em êxtase pelo fato de estarem tocando com Iggy, e abraçaram a experiência de vida frenética de noitadas, groupies enfileiradas no camarim depois do show e beber até o sol raiar.

– Já era tarde demais quando eu me dei conta da vida nojenta que ele tava levando – conta Duprey –, de que ele tava só sobrevivendo mesmo. E do quanto a coisa ficou feia mais pro final.

Naquele ano, 1980, houve um show a cada dia ou dois ao longo de fevereiro, março, abril e maio, e depois outra sequência de datas a partir de setembro, com a apresentação da turnê *Nightclubbing*, organizada em locais menores, a qual, de acordo com Mike Page, foi planejada a fim de que Jim pudesse pagar uma dívida tributária junto a IRS.

— Foi aí que coisa toda ficou cansativa de verdade, quando a gente tinha que juntar toda nossa energia pra tocar nos mesmos lugares, uma noite atrás da outra. Aí, ficou um saco.

Em retrospecto, havia uma única vantagem nos calendários implacáveis das turnês em que Jim embarcou do fim dos anos 1970 até o início dos anos 1980.

— Eu investi muito tempo nas pessoas, excursionando pela Europa sem parar — Page recorda. — O povo jogava peixe na Escandinávia, lata de cerveja na Bélgica, pedra na Alemanha. Já até tacaram fogo numa bateria minha uma vez.

Pouco a pouco, Iggy foi formando uma nova base de seguidores, os quais apreciavam o fato de que, muito raramente, como Mike Page bem aponta, Iggy desse um show em que não estivesse nada menos do que totalmente entregue:

— Nos shows ao vivo, dava pra ver ele entrando num estado de consciência onde passado, presente e futuro não existiam. Ele se induzia a personificar um rock'n'roll puro e genuíno.

Mas, quando se despedia do público, Jim Osterberg ficava completamente desorientado. Com tanto frenesi no palco, só conseguia relaxar por meio do álcool ou do sexo. Por seguidas noites, sofria de insônia. Depois de meses na estrada, durante os quais Mike Page se tornou o companheiro de bebida mais constante de Jim, ele ligava para o quarto de Page no meio da madrugada, caso não conseguisse dormir, e perguntava-lhe: "Você tá com alguma garota aí? Tem como mandar ela pra cá?". Page diz que sempre obedecia:

— Eu não tava nem aí. Eu nunca descobria os nomes delas até o dia seguinte mesmo.

Com o tempo, Page ficou estarrecido com o número "absolutamente impressionante" de groupies que passaram pela banda, e resolveu se casar um ano depois. Para Jim, porém, álcool e groupies pareciam um vício. E se, quando mais moço, havia uma certa inocência, segundo os que estiveram presentes, em sua predileção pelas mais jovens ou mesmo pelas menores de idade, agora, já na casa dos trinta, aquela inocência tinha se perdido. Uma dessas meninas, aos quinze anos, cruzou o caminho de Iggy e descreve o quão inteligente ele era, o quanto "me ensinou um monte de coisas"; então se conclui que a principal parte da educação dela nas mãos do Henry Higgins do rock deve ter sido com base em técnicas bastante profundas.

Em 1980, Esther já tinha aprendido que era melhor não acompanhar Jim nas turnês. Ela não possuía um histórico lá muito rock'n'roll, e sequer tinha ouvido falar de Iggy antes de se conhecerem; foi por Jim Osterberg que ela se apaixonara, não por Iggy Pop.

— Eu acho que eu fui uma boa influência pro Jim por um bom tempo, porque eu vinha de um ambiente diferente. Eu era uma princesinha judia.

Um dia, Esther viu Iggy entrando no camarim depois de um show, apontando imperiosamente para as jovens garotas à espera dele e dizendo-lhes: "Você, você e você", para em seguida despachar o resto. Ali ela entendeu que aquele era Iggy, e não Jim, e aprendeu a não se ressentir.

Certa vez, Esther organizou um swing com um ex-namorado, cuja nova namorada, ela sabia, era desejada por Jim; ele, por sua vez, até gostou da ideia de se passar por um europeu decadente. Eles fizeram a troca e todos se divertiram à beça, mas, quando o outro casal foi embora, Iggy se virou para Esther e lhe disse:

— Não me mete mais nessa porra de ménage-à-trois lá da Europa de vocês. Você, que é uma putinha europeia, pode até gostar, mas esse tipo de coisa não acontece aqui e, se você fizer isso outra vez, eu te mato!

Isso comprovou que, lá no fundo, Iggy não passava de um bom e velho conservador do Centro-Oeste.

Outra tática de Esther era fazer amizade com quem quer que fosse a mais recente aventura de Iggy, o que era garantia de deixá-lo com ciúmes. Em alguns poucos casos, porém, ela aceita o fato de que, às vezes, ele até tinha bom gosto para meninas, que, na Europa, diz ela, "eram mais agradáveis. Dava até pra ter uma conversa com elas". Brian James chegou a testemunhar, estupefato, uma das saracoteadas de Iggy com uma mulher cuja presença nos bastidores foi tolerada por Esther, brandindo uma garrafa de champanhe. Brian tinha aparecido de supetão para uma reunião com seu ex-chefe após o show de Iggy no Rainbow Theatre de Londres. James foi apresentado à nova banda (ficou ligeiramente perplexo ao descobrir que uma bitoca nos lábios à la Bowie era a saudação *du jour* entre o novo line-up), e Jim o convidou para uma festa em Knightsbridge na noite seguinte. Tratava-se de um evento sofisticado, que contou com a presença de Marianne Faithfull e seu marido Ben Brierly, a atriz Eva Ferret, o ex-Sex Pistol Paul Cook e outras celebridades aristopunks; a anfitriã da festa era Francesca Thyssen-Bornemisza, mais tarde conhecida como Duquesa Francesca von Habsburg, a mulher que, não tivessem os Habsburgs renunciado a seu direito à monarquia em 1919, acabaria ganhando o título de Imperatriz do Império Austro-Húngaro. Após a festa, já tarde da noite, Brian levou Jim e Francesca a uma taverna que conhecia na Fulham Road, onde bebericaram vinho em canecas de café, e Jim deixou a baronesa encantada.

– Ele tava bem carismático, mas relaxado. E nem precisou ficar fazendo cena porque sabia que já tinha tirado a sorte grande – conta Brian James.

Esther, nesse caso em particular, até gostou de ter uma aristocrata por perto:

– Ela fazia bem ao ambiente. E dava grandes festas.

No início de 1980, a demanda sobre Jim Osterberg estava insuportável. Àquela altura, ele já tinha gravado oito álbuns, a maioria dos quais exigira um nível de comprometimento emocional absurdo, mas o estoque de ideias que o amparava foi gradualmente diminuindo até o ponto em que a pressão da gravadora teve de aumentar. Charles Levison até que havia sido compreensivo quanto ao fiasco de *Soldier*, que julgou ser um álbum "interessante", acreditando que a presença de Iggy conferia à Arista um certo respaldo no Reino Unido; no entanto, as sessões de *Soldier* tinham extrapolado o orçamento, e Levison vinha sendo cada vez mais pressionado por Clive Davis a justificar tamanho investimento. Jim e Charles mantinham uma relação excepcionalmente estreita, caracterizada por longos telefonemas no fim de noite, e Levison deixou claro que, para o próximo álbum, a empresa precisava de um sucesso comercial.

Compreensivelmente, Iggy preferiu fingir que aquela pressão toda não existia e, segundo ele próprio, resolveu passar um tempo pensando: "Onde será que eu posso dar uma trepada? Onde será que eu posso ficar chapado? Onde será que eu posso me divertir um pouco?".

No entanto, por mais que tentasse ignorar o problema, havia ainda outra pergunta perturbando Jim: "Quando será que vou poder compor uma música que tipo *pow*?". Em outros tempos, seria óbvio para Jim que esse "pow", a força motriz que sempre fora uma marca indelével de sua música, jamais poderia ser desencadeado no atual estado mental dele, com seu implacável calendário de shows e colaboradores musicais que não conseguiam fazê-lo concentrar suas energias. E, enquanto os músicos de Jim tendiam a ignorar os problemas do vocalista, uma vez que gastavam quase toda a energia em busca de diversão, ficava cada vez mais óbvio para algumas pessoas próximas a ele que a condição mental de Jim Osterberg se tornava mais terrível dia após dia.

Dayna Louise, catorze anos de idade, uma fã de música que morava em Austin, no Texas, tornou-se companhia regular de Iggy em suas visitas ao estado. Quando os dois se conheceram, no início de 1980, ele se mostrou zeloso e carinhoso.

— Ele me fez sentir muito inteligente e bonita numa época em que eu era mais nova que todo mundo e me sentia um pouco deslocada.

Dayna parecia resumir perfeitamente a crescente necessidade de Iggy por "adoração", algo que, com frequência, reclamava não obter de Esther, e que poderia exigir mais facilmente de meninas mais jovens. No entanto, durante suas visitas subsequentes ao Texas, Dayna notou que o estado mental de Jim parecia cada vez mais periclitante. Numa hora, ele era charmoso, atencioso, "amoroso de verdade", e, logo em seguida, de repente, encontrava-se à beira das lágrimas: "Tá tudo uma merda, nada disso presta, eu odeio minha vida". Não que houvesse uma sordidez proposital, mas a Dayna parecia que Jim nunca tinha aprendido a ser agradável com as outras pessoas, já que seu próprio estado de espírito era negativo.

– Ele é absolutamente sincero quando se mostra uma pessoa legal. Mas ele nunca é agradável quando (não se sente bem) e os momentos de baixo astral dele eram bem baixos. Ele era muito hardcore.

Dayna descreve o estado mental de Jim como uma "bipolaridade de garoto-propaganda"; com certa frequência, ele acordava de manhã bem sóbrio, cheio de energia e otimismo, num humor meio "a vida é bela". Em dias assim, sentia prazer em rabiscar algumas letras de música enquanto Dayna fazia coisas de menina, tomava um banho de espuma ou pintava as unhas, curtindo a vibe Humbert-e-Lolita. Às vezes, conseguiam manter esse clima feliz por três ou quatro dias, "e aí tudo virava um inferno. Era muito, muito extremo. Eu realmente acho que ele tava surtando".

Pela primeira vez, a energia maníaca de Jim (o que Vincent Van Gogh costumava descrever como a "eletricidade" que sustenta os períodos de intensa criatividade do artista) pareceu se voltar contra ele, em vez de estimular sua música ou seu carisma. Considerando-se que, em seus dias de Stooges ou *Kill City*, ele fora compelido a criar mesmo se encontrando nas profundezas do tormento mental, durante esse novo período até sua própria música estava se atrofiando. Enquanto isso, a força de sua personalidade conseguia convencer os músicos ao redor de que tudo estava bem.

– Eu nunca cheguei a notar [o Jim em apuros] nem por um microssegundo – conta Rob Duprey. – Nem que a situação dele tava se degradando por qualquer que fosse o motivo.

Foi nesse estado de espírito debilitado que Iggy se viu com data agendada para gravar o que teria de ser seu álbum de sucesso pela Arista. Durante o verão de 1980, Esther estava morando em Port Washington, no estado de Nova York, com sua amiga Anita Pallenberg, que passava por um doloroso fim de relacionamento com Keith Richards. Jim, por sua vez, passava uma semana razoavelmente tranquila no Haiti com Ivan Kral, ambos hospedados no elegante Hotel Oloffson, um dos favoritos de Jackie Onassis e outros grã-finos da alta sociedade, antes de se mudarem para o Hotel Iroquois em Nova York a fim de produzir material.

Ivan Kral se recorda do nascimento quase idílico do que se tornaria o álbum *Party*. Trabalhando nas canções com um sintetizador Prophet 5, ele depois levava as fitas cassete para Iggy, que trabalhava nas letras: "Letras boas de verdade". Essa, julgou Kral, era "a" oportunidade e esse era "o" material que tornariam Iggy "maior do que esse punk extremista, só pra um determinado tipo de pessoas". Ivan se lembra da dupla compondo um grande número de novas canções, motivada pela crença de que, finalmente, era a grande chance de Jim, como Charles Levison costumava dizer, "migrar".

As sessões foram agendadas no Record Plant, em Nova York, no fim do verão de 1980, com Thom Panunzio contratado como produtor. Panunzio já tinha trabalhado em conjunto com Jimmy Iovine a fim de ajudar Patti Smith a emplacar, em 1978, seu primeiro hit popular com "Because the Night", pela Arista, e havia a intenção de que *Party* fizesse o mesmo por Iggy. Talvez a ideia tenha sido de que a música de Iggy precisava apenas ter as arestas aparadas; talvez tenha sido a crença, típica das gravadoras nos anos 1980, de que um estúdio caro, uma sessão glamourosa de fotos e um som impressionante de bateria bastassem para emplacar um hit. A superficialidade do plano, porém, ficou evidente quando as sessões começaram; até mesmo a banda de Iggy se sentiu como mera coadjuvante do empreendimento, limitada a martelar sequências de acordes horrivelmente previsíveis, feito um bando de músicos autômatos.

Durante as primeiras sessões de *Party*, um material até simpático chegou a ser gravado, sobretudo "Pumping for Jill", baseada na sonoridade de uma guitarra abafada que lembrava a canção "My Best Friend's Girl", dos Cars, arquétipo de um hit New Wave "migratório". "My Best

Friend's Girl", todavia, possuía um refrão, necessidade conspícua ao material supostamente "comercial" de *Party*. As demais canções, em sua maioria, eram até competentes, embora eminentemente olvidáveis. "Happy Man", entretanto, não era, apesar dos esforços do ouvinte: a cançoneta servilmente simplista tinha uma letra risível, na qual o vocalista que, em outros tempos, engendrava a poesia tensa de um guepardo vagando pelas ruas, agora gania "I'm a happy man and she's my only romance"[46], contra o bom-borom capenga de uma banda de metais ao fundo, numa tentativa de ska. Um momento tão verdadeiramente lamentável que chegou a fazer os presentes na gravação estremecerem dos pés à cabeça; na avaliação de Mike Page, "ele de fato tava de quatro e levando na bunda". Page especulou sobre a possibilidade de as letras em maior parte lastimosas representarem uma tentativa de Iggy para "foder" a comercialidade do disco. Kral também acredita que Iggy tenha se disposto a "destruir o projeto", muito embora, para ser justo, a própria música insípida e datada de Kral deva levar pelo menos parte da culpa.

Embora Iggy deva assumir a responsabilidade final por esse álbum desoladoramente maçante, há algo inefavelmente triste sobre a história de *Party*. O álbum lembra um velho leão desdentado, outrora o rei altivo da selva, agora não mais do que um eco do passado, melancólico e pulguento, arrastando as patas em volta de um picadeiro ao estalar do chicote. *Party* segue sendo um aviso contra os efeitos medonhos da cocaína e do álcool no cérebro (caso alguém convenientemente se esqueça de que *Lust for Life* foi impulsionado pelos mesmos produtos químicos).

Havia, no entanto, ainda mais aviltamento a caminho. Tendo escutado as gravações originais, Charles Levison concluiu que "tínhamos perdido o fio da meada". De algum jeito, após sair em busca de um produtor de renome que pudesse salvar o projeto, a Arista conseguiu fechar com Tommy Boyce, que, em parceria com Bobby Hart, era mais conhecido por

---

46 "Eu sou um homem feliz e ela é meu único romance." [N. de T.]

ter composto "Last Train to Clarksville" e outros hits dos Monkees. Boyce havia encontrado um nicho rentável no mercado musical britânico, trabalhando com bandas revivalistas dos anos 1950, como a Showaddywaddy e os Darts, que emplacaram seus singles na lista dos mais vendidos durante o suposto auge do punk. Levison conhecia Boyce por seu trabalho na Arista com a Showaddywaddy e os Pleasers, banda pastiche dos Beatles, e, num ato de puro desespero, uma vez que o selo já tinha investido pesado em Iggy e que Clive Davis estava "no meu cangote", conta Levison, ele e Tarquin Gotch chegaram à conclusão de que Boyce era o homem certo para salvar o álbum de Iggy.

A chegada de Boyce ao estúdio, segundo Mike Page, foi "uma piada terrível". O produtor apareceu com "um corte de cabelo de LA, e um daqueles trajes bem clichês de LA, com direito até a pazinha dourada de pó em volta do pescoço". De acordo com Kral, a principal obsessão de Boyce era cheirar cocaína com Iggy, e os dois chegaram a trancá-lo num armário de cozinha a fim de impedir que ele interferisse na diversão. Boyce cismou com "Bang Bang", outra música de Ivan Kral com guitarras pulsantes ao estilo dos Cars, acrescentando cordas e uma batida disco. A canção era inofensiva, senão descaradamente chupada das músicas dançantes New Wave do Blondie, o que já é muito se comparado aos dois covers horríveis e melosos do disco, "Sea of Love", de Phil Phillips, e "Time Won't Let Me", dos Outsiders.

— Eu fui forçado, eu não tive escolha — Jim conta hoje sobre gravar as músicas. — E, rapaz, eu trucidei bonito as duas.

Mike Page, um homem generoso, positivo, que tem em alta estima seu trabalho com Iggy, descreve *Party* como ninguém ao dizer que "representou tudo o que o Iggy derrubou". Charles Levison admite sem pestanejar que o álbum "não colou. E quebrou a confiança que o Jim tinha em mim". A receptividade do álbum, ao ser enfim lançado em agosto de 1981, só confirmou as suspeitas de todos. Uma resenha especulou que Iggy tinha passado mais tempo telefonando para os Horns Uptown para reservar a sessão de estúdio do que escrevendo as letras de todo o álbum. Foi o primeiro disco de Iggy Pop a ser universalmente criticado, e alcançou apenas a 166ª posição nas paradas de sucesso dos EUA.

Enquanto as fitas de *Party* estavam na gaveta, aguardando o lançamento, a banda retomou sua incessante turnê, aprovada novamente por plateias em êxtase. Os shows não tinham unidade alguma, mas ainda eram poderosos, e Iggy ainda lembrava uma força potente, com poderes mentais que pareciam intactos nos momentos altos do show. Naquele fevereiro, Jim fez uma divertida aparição no talk show de Tom Snyder, em Nova York; já sem fôlego após tocar uma versão estridente de "Dog Food", ficou resmungando enquanto não recuperava as energias e, então, em resposta às perguntas previsíveis sobre ser uma caricatura do punk, retruca com uma explicação brilhantemente lúcida sobre a diferença entre a arte de Dionísio e a de Apolo, ao tempo em que, boquiaberto, Snyder só olha para ele sem entender nada. A entrevista ilustrou bem a amplitude da incompreensão geral acerca da própria arte de Iggy: a maneira como era celebrado pelos cacos de vidro e o sangue jorrando em vez de por sua música. Numa bela noite, por volta dessa mesma época, Jim caiu no choro, confessando a Mike Page o quão farto se sentia de estar virando "o Don Rickles do rock'n'roll", conhecido apenas por insultar seu público. Embora, na maior parte do tempo, afogasse as mágoas no álcool.

— Eu tinha que ficar bêbado no palco pra coisa soar bem, e essa foi a pior parte. Eu tinha medo de tocar se não 'tivesse bêbado. Porque não parecia bom o suficiente.

Infelizmente, com a maior parte dos adiantamentos pagos pela Arista torrada com as despesas da gravação, Iggy não tinha muita escolha a não ser continuar.

Na opinião de Ivan Kral, o disco de sucesso que esperava fazer para Iggy tinha se tornado uma paródia, e rolavam histórias entre a banda de que David o abordara nas ruas de Nova York e lhe perguntara: "Mas que porra você tinha na cabeça?". O sujeito sincero, passional, que, ao se juntar a Iggy, pensara "eu vou sempre estar aqui pra tomar conta dele", logo na primeira noite da turnê de divulgação de *Party* enfim se deu por satisfeito. Kral ficou enojado com o estilo de vida rock'n'roll, que "usava as mulheres como receptáculos", e ele próprio sentia-se numa montanha-russa emocional que não aguentava mais. Tinha contratado os Uptown Horns para abrir o show no Ritz Club, em Nova York, no dia 31 de julho de 1981, e, ao chegar para a passagem de som, conforme ele conta, deparou com Jim chorando feito um bebê depois de ter tomado um tablete de ácido. Foi aí que decidiu deixar a banda, telefonando para o diretor de turnês Henry McGroggan logo após a terceira apresentação.

Mais substituições foram chamadas a fim de preencher a brecha. Gary Valentine fora baixista do Blondie, autor do hit "(I'm Always Touched By Your) Presence Dear", e assumiu a guitarra na turnê de Iggy, enquanto o tecladista de Patti Smith, Richard Sohl, também se uniu ao grupo, ainda que permanecendo só até 3 de setembro. A exemplo de seus antecessores, Valentine acabou entendendo que uma turnê com Iggy não passava de uma "mancha desfocada", cheia de datas implacáveis, muitas das quais em "pés sujos minúsculos", abastecidas com álcool, e, em sua maioria, com performances empolgantes de Iggy, que ainda parecia em pleno desfrute de uma graça nijinskiana e era, mesmo num contexto tão empobrecido, "inequivocamente um dos melhores artistas que eu já vi".

– Eu não consigo me lembrar de uma só vez em que eu tenha saído de um show pensando: "Ele não tava no clima ou ele não botou pra quebrar". Só umas duas vezes a gente não conseguiu tocar bem, e ele falou pra caralho no nosso ouvido.

Até mesmo Carlos Alomar, que embarcou na turnê ao lado do baterista do Blondie, Clem Burke, em outubro de 1981, julgou que Iggy estivesse "bem controlado", muito embora fosse tudo muito distante da atmosfera requintada de uma turnê de Bowie. Carlos passou a se vestir com couro preto, concluindo que o material oferecia uma maior proteção contra a cerveja que a banda estava sempre derramando, e se lembra de uma apresentação em particular num barco em Nova Orleans, de onde, uma vez tendo deixado o cais, não havia como escapar.

— O Iggy apareceu vestindo uma camisetinha apertada, meias arrastão e com aquele pau de jumento que, mesmo sem sequer um terço da música executada, sempre endurecia, e lá ele ficava totalmente exposto e cantando pra caralho. A certa altura, eu acho que ele soltou um barro no palco bem atrás dos alto-falantes. E eu, tipo, que porra de fedor é esse? Foi escandaloso.

Carlos adorou a experiência, e Clem Burke mais tarde disse à banda que os três meses com Iggy foram a turnê mais prazerosa de sua vida. "Foi com certeza a mais debochada", diz hoje, enquanto, por sua vez, Gary Valentine se lembra, particularmente, da "clientela boca-suja" que fez fila na porta do camarim depois do show.

— Elas nem eram tão atraentes. Talvez pudessem atender às necessidades dele, sei lá. Mas eu me lembro de uma mulher em particular, num dos camarins, gritando "(Iggy), teu pau nunca teve um gosto tão bom até entrar na minha boceta". Ou algo do tipo. Era uma linguagem bem chula. Eu me lembro dessa outra menina lá, ainda muito nova pra aquilo tudo, e ela tava meio que "Ai, meu Deus!". Ela nunca tinha ouvido nada daquele tipo antes.

Mesmo em seu estado degradante, forçado a fazer turnê para pagar as contas, já consciente àquela altura de que seu contrato de gravação estava em risco e dependente do álcool ("O senhor Daniels já chegou?", era sua indagação habitual antes de um show), tanto Jim Osterberg quanto Iggy pareciam seguramente intactos. Nos bastidores, os óculos de lentes grossas e os cabelos despenteados de Jim revelavam-se uma camuflagem vital. Mas, mesmo quando era Iggy quem estava presente, ainda havia uma certa perspicácia em sua linha de raciocínio, tal e qual seu comportamento nos tempos de *Kill City*, o que levava qualquer um que o observasse a compará-lo a Rommel posicionando suas tropas, pronto para um ataque. Valentine notou a praticidade de Iggy ao lidar com a multidão nos bastidores, com os produtores e os hipsters que davam as caras com as suas humildes oferendas de drogas ou presentinhos.

— Ele simplesmente saía catando tudo. Ele simplesmente pegava e continuava pegando o que quer que tivessem pra lhe dar, e então as pessoas conseguiam talvez uns três minutos de conversa. Aí, ficavam paradas lá, de mãos vazias, e com uma cara de "o que foi aquilo?".

Tinham sido iggyzadas.

Na maioria dos casos, ninguém saía ferido, embora, ao longo desse período, Iggy tenha demonstrado um egoísmo cada vez mais pueril e uma total ignorância sobre as consequências de seus atos. E foi por isso que, conforme sugere Louise Dayna, parecia procurar intuitivamente as pessoas que ainda toleravam seu comportamento.

— Agora, já na idade adulta, eu consigo entender que uma mulher mais madura provavelmente seria capaz de sacar aquela depressão maníaca e dizer: "Cara, você tá muito fodido". Só que as mais meninas, mais mocinhas, acabavam ficando tão iludidas e apaixonadas por ele que não tavam nem aí.

Iggy tinha levado Dayna, então já com dezesseis anos, para Houston, no outono de 1981; no entanto, após uma discussão, abandonou a garota no hotel, deixando uns 200 dólares sobre a lareira para que ela voltasse para casa dos pais em Nova Orleans, onde se matriculou na escola. Tempos depois, Iggy conseguiu localizá-la, mandou-lhe flores e pediu perdão antes de, mais bizarro impossível, passar a morar com Dayna e os pais dela; sua "sogra" o botou para ajudar nos afazeres domésticos até que ele resolveu dar no pé, hospedando-se num hotel. Por um breve período, chegaram a fazer passeios românticos pelo French Quarter, já que Dayna passava pelo hotel de Iggy no caminho de volta da escola todo santo dia, mas ele acabou fascinado pelas praticantes de vodu do bairro, além de ter recrutado uma dupla de traficantes de heroína e hidromorfona como amigos. O clima logo se tornou dos mais desagradáveis; a mãe de Dayna atribuiu a situação às praticantes de vodu, Dayna pôs a culpa nos traficantes.

— Eles eram um povo bem barra-pesada, passavam o dia se drogando – conta Dayna. – Eu meio que dei uma experimentadinha de leve, mas acho que ele acabou entrando nessa de cabeça, porque começou a ficar muito grosso e violento de novo. E aí, um belo dia, eu fui da escola pro hotel e encontrei uma mulher na cama com ele. Eu fiquei, tipo, que porra é essa? Aí ele vai e diz: "Bem, baby, você foi substituída". E ficou lá trepando com ela enquanto eu arrumava minhas coisas e ia embora. E essa foi a última vez que eu o vi.

Algum tempo depois, pelo que parece, Iggy se arrependeu da rejeição impulsiva a Dayna e começou a telefonar para a casa dela. A mãe de Dayna, porém, que tinha prestado bastante atenção em como o vocalista tratava a filha em Nova Orleans, disse-lhe para ficar longe dela:

— Ela ficou bem magoada, cheri. E já era pra você.

Analisando o tempo que passou com Iggy, Dayna o descreve como "talentoso... mas atormentado", e, em seguida, "primitivo", antes de, após refletir melhor, resumir as ações dele como "vampíricas. Tipo um súcubo". Agora, já na casa dos trinta e tantos anos, Iggy parecia irrevogavelmente disposto a repetir o mesmo comportamento destrutivo de sua juventude, aparentemente sem a menor ideia de como sair daquilo. E apesar de os shows ao vivo continuarem empolgantes, subsistia o incalculável eco das antigas humilhações, a exemplo de quando ele fora escalado, a pedido de Keith Richards, para abrir duas noites dos Rolling Stones no Pontiac Silverdome, em Detroit, estádio com capacidade para 80 mil pessoas, a partir de 31 de novembro de 1981. Na segunda noite, Iggy apareceu no palco num vestido de bailarina, com o que parecia se tratar de uma semiereção, claramente visível através de sua meia-calça marrom e creme. Aparentemente em instantes, uma chuva de garrafas, isqueiros Bic e sapatos começou a cair no palco. Dessa vez, Iggy disse a sua banda que tamanha recepção era um sinal de afeto por parte de Detroit e, ao fim do set, o produtor Bill Graham leu em voz alta uma lista detalhada dos objetos, no lugar de um bis. Graham observaria em suas memórias que nunca, em nenhum evento em que chegou a trabalhar, tinha visto tantos projéteis quanto nesse show de Iggy. Era uma tragédia reescrita como farsa.

Ainda no verão de 1981, o contrato de gravação de Iggy já se encontrava obviamente em sério risco; Charles Levison, seu patrono na Arista, fora vítima de manobras políticas na empresa ao longo do ano, e acabou pulando fora do barco rumo a WEA, momento em que Jim foi oficialmente informado de que seu contrato com a Arista não seria renovado. Posteriormente, chegou a notícia de que o fundador do Blondie, Chris Stein, tinha aberto sua própria gravadora, a Animal, e estava disposto a financiar um novo álbum. No início de 1982, Iggy e seu guitarrista Rob Duprey começaram a trabalhar no material inédito, basicamente no estúdio caseiro montado no apartamento de Rob, na 6th Avenue. A essa altura, Jim já tinha se mudado para um novo apartamento em Bensonhurst, no Brooklyn, uma área pela qual tinha tomado gosto ao ver John Travolta em *Embalos de sábado à noite*, e cenas eventuais de uma vida quase doméstica passaram a ocorrer. A mãe de Eric, Paulette Benson, tinha decidido que o menino precisava passar mais tempo com o pai e, aos doze anos de idade, ele começou a visitar Jim e Esther com mais regularidade. O casal fez o melhor que pôde para tomar conta do filho dele, tratando de esconder o pó e os baseados, muito embora Eric, criado na Califórnia, quase certamente soubesse bem o que andava rolando. James e Louella também acompanharam Eric de perto, desfrutando os papéis de avós.

Na preparação para a gravação do álbum, Jim passou seis semanas no apartamento de Duprey, fazendo experiências com o novo material. Como de costume, ele foi um patrão generoso; tinha recebido um adiantamento de 50 mil dólares da Animal e dividiu os 10 mil destinados a bancar suas próprias despesas em partes iguais com Duprey, apesar de ainda viver "tipo um gato", nas palavras de Rob. Toda semana, recebia os royalties de sua agência, a FBI, e sumia por uns dias – muito embora, vez por outra, Duprey o visse levando "alguma loirona" para o quarto, com seu próprio single "Bang Bang" estourando nas caixas num volume ensurdecedor enquanto fazia "sabe-se lá o quê". Três ou quatro dias depois, o dinheiro de Jim acabava e, assim, ele ficava se esgueirando pelos cantos do apartamento, assaltando a geladeira atrás de comida, "sendo dos mais amigáveis".

– Tipo um gato. Aí, era só o dinheiro cair na quarta-feira seguinte, que ele ia embora de novo.

Quando se encontrava em seu próprio apartamento no Brooklyn, a vida de Jim era mais organizada; Esther o deixava com um orçamento diário de 20 dólares, entregando-lhe a quantia a cada manhã, a exemplo de como David costumava fazer em Berlim. Ele, então, mantinha um balanço dos gastos, anotando meticulosamente seu consumo de Big Macs (um para ele, outro para Rob Duprey), Coca-Colas e demais junk foods, além de 85 centavos para o cigarro, 4 dólares por um táxi e 4 por um saquinho de erva.

Até onde Duprey sabia, não havia uma amizade íntima entre ele e Jim:

– Ele de fato se aproxima de quem ele precisa se aproximar, mas eu não o chamaria de uma pessoa amigável, propriamente falando. – Ele simplesmente se sentia privilegiado por trabalhar com Iggy. – Eu era só um moleque malcriado, e fui tratado muito bem... mesmo que o *Zombie Birdhouse* tenha acabado sendo o disco mais pretensioso dele.

Na verdade, produzido com menos de 50 mil dólares no Blank Tapes, um estúdio barato de dezesseis canais em Nova York, com Chris Stein no baixo e Clem Burke na bateria, *Zombie Birdhouse* foi um álbum fraco, mas maduro, entremeado por momentos singulares de uma beleza serena, ligeiramente extenuada. Embora tenha sido dominado por exercícios declamatórios conscientes, como "Bulldozer", a weillesca "Life of Work" e a dolorosamente artística "Watching the News", o álbum também contou com experimentações intrigantes, como "The Ballad of Cookies McBride", uma narrativa grudenta, destoante, cantada à tirolesa com um típico irra sulista, e a desolada e vulnerável "Ordinary Bummer", uma das mais belas canções escritas por Jim desde os tempos de *Lust for Life*. Em última análise, o álbum seria considerado um fracasso (não sem razão, já que as quatro primeiras músicas são de fato estridentes e inaudíveis), mas, pelo menos, demonstrou um desejo de experimentar e desafiar as expectativas, talvez como David Bowie já tivesse feito com empreendimentos do tipo de *Baal* ainda no início do ano. Foi sem dúvida um desejo de "diversificar como o David" que o inspirou a trabalhar numa autobiografia, provisoriamente intitulada *Run Like a Villain*, por sugestão de uma velha amiga de Ann Arbor, Anne Wehrer, a mulher que, com o então marido Joe, tinha abrigado Andy Warhol e a Exploding Plastic Inevitable em Ann Arbor, ainda em março de 1966. De acordo com a Wehrer, o livro foi instigado com o incentivo de Bowie; Esther Friedmann, no entanto, lembra-se de Bowie aconselhando Jim com os dizeres "você só pode escrever sua autobiografia uma vez", talvez sentindo que, a exemplo do que vinha acontecendo com mais frequência nos últimos tempos, aquele seria apenas mais um projeto que acabaria abandonado pela metade.

Wehrer iniciara os trabalhos como ghostwriter durante a turnê no outono de 1981, muito embora, como era de se esperar, tenha encontrado certa dificuldade para realizar progressos substanciais, graças à variedade de distrações disponíveis. Às vezes, conseguia manter conversas tranquilas com Jim no hotel dele (ela se recorda de como ele conferia um toque de personalidade à decoração sem alma de seu quarto, colocando tapeçarias sobre o abajur e a cama), e, por fim, acabou construindo uma relação próxima com o ex-colega de escola de seu filho, Tom. Anne, mulher bastante refinada, perdera uma perna por causa de um câncer e, ao longo da turnê, passou a acreditar que Jim, como ela, era uma pessoa magoada e vulnerável; essa crença, conta ela, acabou aproximando os dois, que logo se tornaram amantes. De volta a Nova York, porém, os avanços diminuíram. Jim pegava o metrô até o loft onde Anne morava com a designer Wyn Loving e lá ficava deitado numa enorme banheira vitoriana, ditando às duas; mas suas anedotas, ainda que divertidas, eram um tanto desconexas, tornando difícil o processo de transformá-las numa história coerente. Não raro, em tardes mais amenas, Jim levava sua máquina de escrever recém-adquirida até a esquina ou ao parque mais próximo e produzia histórias ou reportagens num violento fluxo de consciência. Eram bastante imaginativas, intensas e ligeiramente assustadoras, sugestivas da obsessão dele. Num original datilografado, menciona como está se sentindo bem e conseguindo levar a vida sem Valium, que devia ter sido prescrito para acalmar sua depressão; as anotações são um sinal pungente de uma psique avariada e, talvez, um presságio da crise a caminho.

# QUINZE
## A NOITE DOS ZUMBIS

**COM O TÉRMINO DA GRAVAÇÃO** de *Zombie Birdhouse*, por volta de abril de 1982, Jim viajou para o Haiti a fim de terminar sua autobiografia com Anne Wehrer e, em seguida, tirar umas férias e as fotos para *Zombie Birdhouse* com Esther.

Conforme Wehrer pôde constatar, Jim era um desastre, "muito drogado, o tempo todo", mas ela fez o que podia e, depois, sumiu de volta para Nova York, feliz por ter visto Baby Doc Duvalier, que ancorou seu barco ao lado do bar local, cujo proprietário ofereceu drinques a todos por conta da casa e lhes disse, em especial a Jim, que jamais sequer passassem os olhos pelo notório ditador. Esther, que por lá ficou, acabou tendo uma experiência pouco gratificante. O casal já estava no Haiti havia três meses e, no entendimento de Esther, o que era para ter sido um período de férias se transformou numa apavorante espiral descendente, um pesadelo de vodu, zumbis e assassinos Tontons Macoutes.

— A gente foi ao inferno e voltou. E tudo porque o Jim resolveu antagonizar um sacerdote vodu. Era uma maldição vodu. Eu nunca teria acreditado se não tivesse visto com os meus próprios olhos.

Durante as primeiras semanas, as férias pareciam felizes, conta Esther, quando os dois se enclausuravam nas imediações luxuosas do Habitation LeClerc e se esbaldavam com a abundância de delícias disponíveis nas farmácias não regulamentadas de Port-Au-Prince. Sobretudo com o fato de que se podiam levar garrafas vazias de 1,5 litro de Coca-Cola e sair com elas cheinhas de paregórico (tintura de ópio canforado) por dois dólares para, então, incrementar as piña coladas ao longo de todo o dia e de toda a noite. Como de costume, Jim e Esther também conseguiram angariar fornecedores de substâncias alternativas ainda nos primeiros dias no Haiti.

Enquanto se esparramavam em volta do belo, embora ligeiramente deteriorado hotel (que, no período colonial, fora de propriedade da irmã de Napoleão Bonaparte, Pauline, sendo em 1930 comprado pela bailarina e antropóloga Katherine Denham, que mais tarde se tornou uma princesa vodu), a natureza surreal dos arredores, em meio a um enorme jardim botânico, foi realçada pela presença constante de um grupo cristão pregando o evangelho e distribuindo preservativos. Durante as primeiras semanas, aonde quer que Jim e Esther fossem, os cristãos pareciam estar lá também, sempre bem arrumados e assustadoramente virtuosos.

Foi um simples desejo de dançar que parece ter desencadeado a série angustiante de eventos. Após a partida de Anne Wehrer, Jim e Esther deixaram o Habitation LeClerc para passar um tempo em Jacmel, uma pequena cidade cheia de mansões em estilo colonial francês do século 19; era uma cidade costeira isolada, e a polícia local verificou os passaportes de ambos ao chegarem lá, controlando a entrada de todos os visitantes. Alguns dias depois, o casal conseguiu encontrar um nativo que se ofereceu para levá-los a uma sessão de vodu – tudo no mais absoluto sigilo, afinal, a prática do vodu fora proibida pelo regime de Baby Doc. Jim e Esther

## QUINZE
### A NOITE DOS ZUMBIS

sentaram-se na escuridão sob os olhares dos moradores locais, tomando algum tipo de bebida fermentada desconhecida, mas potente, e acreditando piamente que estavam prestes a testemunhar nada mais do que uma alegre dança num sábado à noite. Então, os músicos começaram a rufar os tambores e se entregaram a um ritmo hipnótico. Ao escutar os batuques, Jim se levantou num pulo, ignorando os apelos de Ester para que ficasse na dele, arrancou sua camisa, saltou no meio do círculo de foliões e começou a dançar; rapidamente ele atraiu um bando de garotas haitianas e todos dançaram juntos, mas, quando Esther olhou em volta, viu que sacerdote responsável pela cerimônia estava de olho em Jim. Resmungava algo, indignado com a interrupção da cerimônia. Esther foi correndo até Jim, gritou: "Vamos dar o fora daqui", e o arrastou de lá.

– Foi sinistro – lembra ela –, e aí... pelos próximos três meses, tudo começou a sair do controle.

A princípio cética, Esther passou a ficar cada vez mais assustada com o ambiente ao redor. À noite, havia sempre figuras misteriosas em volta, com apenas os olhos visíveis na escuridão, as quais ela se convenceu de que eram zumbis. Numa bela tarde, Esther bebericava um drinque quando um rato passou correndo por ela; um nativo saltou do nada e o esmagou com o pé, o tempo todo a encarando direto nos olhos. E, então, ela notou que Jim vinha distribuindo seus bens. Primeiro, foi a guitarra que sumiu. Em seguida, ele se desfez de boa parte do dinheiro e de quase toda a sua roupa. Logo, restavam-lhes seus últimos 200 dólares.

Certa noite, Esther acordou e viu que Jim, bem como o nativo contratado por eles para vigiar o quarto, tinha sumido. Ela catou suas roupas e saiu correndo, encontrou seu guia e os dois partiram, dirigindo noite adentro; finalmente, conseguiram localizar Jim num bar pé sujo, dançando com as prostitutas locais. Esther entrou correndo, aos berros: "Cadê o nosso dinheiro?". Conforme ela temia, tudo já havia sido distribuído e, apesar dos apelos que fez às mulheres ("Eu sei que você pensa que a gente não passa de uns americanos ricos e idiotas, mas aqueles eram nossos últimos 200 dólares. Por favor, pode ficar com a metade, mas me dê a outra metade de volta"), acabaram sem um tostão furado.

No fim das contas, Esther e seu ajudante enfiaram Jim no fusca alugado e seguiram de volta para casa, com o guia ao volante. O casal caiu no sono; então, quando ela acordou, percebendo que estavam numa estreita estrada de terra, olhou pela janela e viu vários rostos fitando-os.

— Eu berrava! Não parava de gritar: "Eles vão matar a gente!".

O motorista, alarmado com tamanha histeria, acabou virando o volante com tudo, e bateu o fusca num muro de pedra. Enquanto o carro ainda derrapava, Jim saltou, chocando-se contra o muro e, conforme mais tarde se constatou, quebrando três costelas. Enquanto o motorista segurava sua cabeça, ferida no acidente, Esther, aos berros, ordenava-lhe que saísse do carro; então ela assumiu o volante, com Jim no banco do passageiro, deixando o motorista para trás, manobrou o fusca bastante danificado, embora ainda dirigível, de volta para a estrada de terra e não parou um segundo sequer até que enfim chegassem ao hotel.

No dia seguinte, Esther decidiu que era melhor fazer um B.O. para explicar o dano à empresa de aluguel. Abordando o guia, que havia voltado ao hotel, foi com ele até a delegacia de polícia, deixando Jim no quarto. O comissário no balcão era uma figura corpulenta, intimidante, que fez Esther lembrar-se de Idi Amin, e, do outro lado da delegacia, havia, conforme ela se recorda, "uma cela com um cara pendurado lá dentro. Eu juro por Deus; era que nem num desses filmes ruins".

Esther, ao perceber que o guia estava se borrando de medo (olhou para baixo e viu que ele de fato tinha molhado as calças), apressou-se em dizer que era ela quem dirigia o carro no momento do acidente. Enfim, conseguiram obter o boletim de ocorrência e partiram; o guia ficou tão agradecido por não ter sido deixado nas garras da polícia e sua respectiva contraparte secreta, os temidos Tontons Macoutes, que acabou arrumando um tio ou primo que consertasse o fusca.

## QUINZE
### A NOITE DOS ZUMBIS

Ao longo das semanas subsequentes, Esther arranjou um emprego a fim de juntar algum dinheiro, auxiliando um dentista belga chamado Pierre, especializado em extrações populares a preço de banana.

– Custava um dólar sem nada, dois dólares com procaína e três dólares com uma dose de anestésico pra arrancar um dente.

Enquanto Esther estava fora, Jim ficava com uma nativa, sua numerosa prole e seu pai coxo, todos amontoados numa pequena cabana. A mulher era só uma amiga.

– Eu acho que não rolava nada indecoroso. – Mas lá ele passava o dia inteiro, com ela trançando-lhe os cabelos. Essa vida doméstica tão destoante durou até que o amigo dentista de Esther foi assassinado. – Os Tontons Macoutes deram cabo dele, porque ele tava competindo com o dentista local.

E, novamente, os dois se mudaram, fugindo de Jacmel no meio da noite após serem alertados de que alguém estaria à espera deles na única estrada para fora da cidade.

Foi aí que Esther acabou convencida de que o sacerdote vodu tinha jogado uma praga sobre eles. Ela buscou de todos os jeitos tirá-los de lá, mas, sempre que tentava ir ao aeroporto, algo os detinha, e, com o passar do tempo, Jim foi ficando mais e mais mentalmente perturbado; conta Esther:

– Ele tava doente. Tipo, doente de verdade.

Enfim, quando conseguiram chegar ao aeroporto, após despacharem a bagagem para Los Angeles, Jim desapareceu. Desesperada, Esther revirou o aeroporto do avesso.

– Aí, finalmente, um cara me aborda e diz o seguinte: "Se você tá procurando o seu namorado, ele acabou de sair num carro pra fazer alguma coisa". E aí foi pá, tira as malas do avião. E isso aconteceu pelo menos mais umas três vezes.

De Jacmel, os dois se mudaram para um bangalô na praia, alugado de uma americana expatriada que lhes deu crédito; os hóspedes, em sua maioria, pareciam ser agentes da CIA ou pessoas quaisquer com algo a esconder. Lá, ambos permaneceram por um mês ou mais antes de alugar outra casa. Jim levava as crianças para ver se conseguiam dormir numa cama; Esther perumbulava por lá, batendo papo com o dono das terras enquanto o homem lavava as éguas. A essa altura, ela já estava telefonando para todos os seus amigos do mundo inteiro, incluindo seu pai e o ex-namorado Norbert, e também os agentes de Jim, a FBI, a fim de que levantassem dinheiro para que pudessem pagar as dívidas e reservar outro voo de volta para casa. Enquanto isso, Jim ou estava viajando em alguma maldita escapadela maníaca ou caindo de bêbado, rabugento, incapaz de exercer as funções mais básicas. Ela começou a esconder as roupas dele, assim como Ron costumava fazer nos dias de Stooges, para garantir que ele não ficaria vagando à noite, sem que isso o tenha necessariamente impedido de alguma coisa. Certa noite, ele desapareceu, quase nu, senão por uma das saias dela, saiu com o carro alugado, mesmo não sabendo dirigir, acabou batendo e, aí, pegou uma carona até o Hotel Oloffson, de onde alguém ligou para Esther, implorando-lhe que o levasse embora.

Dali a alguns dias, Esther deu alguns telefonemas para levantar mais dinheiro e, dessa vez, conseguiu levar Jim de volta para casa no Brooklyn. Ainda assim, ele continuava perturbado. Incapaz de suportar a situação, Esther aceitou o conselho de um amigo do Haiti, que lhe disse que os dois, sem dúvida alguma, tinham sido vítimas de uma maldição vodu. Seguindo as instruções dele, ela pegou uma tesoura, curvou-se ao lado de Jim enquanto ele dormia e cortou de ponta a ponta a camiseta amarela que ele vinha usando desde o início das férias, puxando-a com delicadeza. Catando o resto das roupas que ele vestira durante toda a estada no Haiti, ela ateou fogo em tudo, quebrando o feitiço.

Esther ainda tinha de encontrar atendimento médico para Jim. Danny Sugerman conseguiu localizar o dr. Zucker, que então trabalhava no Hospital Northridge em Los Angeles; a mãe de Eric, Paulette Benson, concordou em aguardar Jim do lado de fora do avião e levá-lo ao hospital. A maior preocupação de Esther era que não autorizassem Jim a entrar no avião, pois ele estava literalmente delirando; ela sabia, porém, que as chances aumentavam substancialmente na primeira classe. Enfim, conseguiu comprar a passagem com um cartão de crédito emprestado, colocou Jim no avião para Los Angeles e lhe pediu que dormisse e não dissesse uma só palavra. Ela viu o avião decolar, e acabou ficando à espera dele já de volta no Brooklyn.

Jim passou algumas semanas no Northridge. Foi como voltar no tempo, até 1974, e novamente ele teve de ficar mais ou menos uma semana desintoxicando seu corpo do coquetel de drogas antes de ser capaz de se sentar e conversar com Murray Zucker, que admirava Jim, mas também trabalhava duro nas questões subjacentes que levavam o vocalista a preferir se destruir e se sequelar daquele jeito. Assim como da última vez, logo que Jim se livrou de seus hábitos rock'n'roll Murray o achou uma figura vulnerável, sensível e empática. Na mesma unidade em que Jim estava, havia um adolescente perturbado que sofria da distrofia de Duchenne, o que significava dizer que era um tanto deformado, só conseguia andar com certa dificuldade e tinha a expectativa de vida drasticamente reduzida. O garoto estava profundamente deprimido; Jim lhe deu seu casaco e transformou o estado de ânimo do menino. Uma coisa maravilhosa de se ver, Zucker pensou; muito mais eficaz do que qualquer outro tratamento que ele poderia ter prescrito; o ato espontâneo de compaixão acabou se revelando como os últimos momentos da vida do jovem. Em outra ocasião, durante a internação de Jim, um interno psicótico atacou uma enfermeira; Jim se levantou num pulo, por puro instinto, e derrubou o paciente no chão, salvando a enfermeira de possíveis ferimentos graves.

Foi provavelmente durante sua estada no Northridge que Jim tomou a decisão de dar um ponto final a seu estilo de vida destrutivo. Mas ainda havia a questão onipresente do dinheiro, ou da falta dele. E a única forma de fazer dinheiro era tocando ao vivo.

– O que mais me restava fazer? Eu nem pensei direito.

Em outubro, ele pegou a estrada outra vez, divulgando *Zombie Birdhouse* e sua autobiografia, *I Need More*. O livro se mostrou uma leitura divertida, embora vislumbrasse apenas lampejos ocasionais da inteligência e perspicácia de Jim, prejudicado pelas circunstâncias em que fora escrito. Esther contribuiu com dezenas de fotos, e Anne Wehrer e a designer Wyn Loving passaram semanas atrás de registros raros, mas os custos de se produzir tudo isso chegaram perigosamente perto de ultrapassar o adiantamento da modesta editora de Nova York, Karz-Cohl; além disso, o texto estava crivado de erros, eventuais fantasias grandiloquentes e ofensas gratuitas destinadas à maioria daqueles com quem Iggy já tinha trabalhado. Em Ann Arbor, o boato que rolava era de que Scott Asheton, o amigo mais próximo de Jim nos Stooges, organizara um churrasco e convidara amigos para assistirem a uma cópia do livro ser queimada numa fogueira no jardim.

Não foi surpresa alguma que as vendas de *Zombie Birdhouse* tenham fracassado e, ao fim da turnê de divulgação, cujo pontapé inicial fora dado em 13 de outubro, Jim se encontrava, conforme conta o resto da banda, mais doido do que nunca. O novo baterista, Larry Mysliewicz, estava aparentemente apavorado; Frank Infante, outro recrutado do Blondie, embarcou na experiência, que o fez lembrar *Os últimos dias de Pompeia*[47]. Certa noite, Iggy foi atingido em cheio na cabeça por uma garrafa de Heineken. Continuou cantando. A banda foi importunada pelos Hells Angels em Londres e, depois, numa breve viagem a Newcastle para gravar sua participação no programa de TV *The Tube,* Iggy só apareceu no fim da passagem de som e caiu de costas contra a bateria, arruinando a disposição dos microfones, tão cuidadosamente preparada. Então, ele voltou ao hotel antes da apresentação; um dos seguranças da casa ouviu ruídos

---

[47] *Gli ultimi giorni di Pompei*, no original, dirigido por Sergio Leone e Mario Bonnard (1959). [N. de T.]

# QUINZE
## A NOITE DOS ZUMBIS

suspeitos no quarto e decidiu investigar. Ao abrir a porta com uma chave-mestra, foi agraciado com o divertido espetáculo de um Iggy nu, fazendo força com um dos pés apoiado contra a parede, numa tentativa de arrancar o fio de uma tomada embutida, a qual, pelo visto, segundo considerou, daria um belo cinto. Henry McGroggan, já resignado com sua sorte, conseguiu convencer a gerência do hotel a deixar que o resto da banda permanecesse hospedado, desde que Iggy viajasse de volta para Londres assim que o show terminasse. Após uma curta pausa, a turnê foi retomada em janeiro de 1983, dessa vez profeticamente intitulada *The Breaking Point*. Em maio de 1983, houve um breve descanso. Jim e Esther tinham se mudado para um novo apartamento na Columbus Avenue, em Nova York, e ele recobrou o hábito de passar horas em sua máquina de escrever.

"Resolvi não dar bola pra hospitais este ano", escreveu. "Muita conversinha fiada, então prefiro correr o risco." E prosseguiu algumas linhas depois: "Acredito que eu seja um agricultor da música. Trato minhas plantações com devoção e ternura sem limites".

Apesar do entusiasmo inesgotável de Iggy pela música, parecia haver pouca chance de um novo contrato de gravação, mesmo com a ajuda, algumas semanas antes, do fundador dos Cars, Ric Ocasek, que tinha produzido algumas sessões de estúdio para ele em Boston, com o guitarrista do Ministry, Al Jourgensen. Havia boas notícias do Reino Unido, onde o álbum *Let's Dance*, de David Bowie, que contava com a versão de David para "China Girl", tinha alcançado a primeira posição nas paradas, acenando com a possibilidade de royalties de composição a caminho. Nesse meio-tempo, porém, as energias de Jim estavam concentradas numa turnê pelo Havaí, passando também pelo Japão e pela Austrália.

No voo para o Havaí, Jim trocou uma ideia com Mike Page, confessando-lhe estar preocupado com o alcoolismo do baixista. Mike lhe assegurou que tinha tudo sob controle. Jim o encarou com firmeza. "Não vem com mentira pra cima de um mentiroso", alertou-o. Algumas semanas mais tarde, em 20 de junho, no Sun Plaza, em Tóquio, Iggy vislumbrou uma atraente jovem de 22 anos na plateia e lançou mão de seu velho truque de cantar para a garota ao lado, provocando a outra. Ao fim do show, mandou Henry McGroggan encontrar a moça, mas ela não estava mais no auditório. Calhou, porém, de estar chovendo lá fora, e a mocinha, cujo nome era Suchi, entrou de volta para buscar seu guarda-chuva no guarda-volumes. Naquela mesma noite, ela se juntou a ele na turnê. Uma semana depois, a versão de David Bowie para "China Girl" alcançou o Top10, tanto no Reino Unido quando nos EUA. Três semanas mais tarde, Jim abandonou a turnê e embarcou num avião para Los Angeles com sua futura esposa.

O sol está castigando sem tréguas San Diego, a cidade impecavelmente cuidada que sempre pareceu um refúgio àqueles sem rumo na vida, viajantes que ficaram sem amigos em San Francisco e, então, LA, até que acabaram se vendo encalhados nesta última parada antes do México. Eu vinha ligando para Mike Page, um sujeito entusiasmado e energético, já fazia algumas semanas antes de deixar San Francisco, no verão de 1995, e ele me prometeu momentos de muita diversão: arranjaria para nós o melhor quarto no hotel mais chique da cidade, já que era amigo do gerente; comida e bebida de graça no Hard Rock Café, onde havia um de seus baixos pendurado na parede; e, em seguida, ele me apresentaria a alguns dos jovens músicos da cidade.

    Eu gostei do Mike; um grande cara, engraçado, aparentemente equilibrado, que me fez lembrar o célebre baixista da New Order, Peter Hook, e percebi por que ele tinha sido o companheiro mais próximo de Iggy naquelas turnês cansativas, noite após noite, enquanto o vocalista levava garrafas de Heineken na cabeça, esquivando-se de pilhas de PA desmoronando, ou fugindo apressado dos hotéis. Mike me contou que, tendo visto Iggy se safar de todos esses acometimentos, convenceu-se de que seu ex-patrão era indestrutível.

## QUINZE
### A NOITE DOS ZUMBIS

– O Iggy não é um ser humano normal – disse-me. – Eu tenho provas disso. Tenho fotos em que ele tá pulando no meio da multidão, sendo arranhado do ombro até a cintura, e dá pra ver as marcas. Eu tirei uma foto disso no ônibus da turnê, enquanto ele tava dormindo. Se fosse comigo ou com você, aqueles arranhões, feitos com unhas que poderiam estar realmente sujas, teriam ficado lá por uma semana, rasgando toda a pele. Mas com ele, depois de dois dias, não tinha mais nada.

Batemos um papo durante sucessivas rodadas de Beck's no Hard Rock Café, e a conversa até foi instigante, mas, a exemplo das histórias relatadas por Mike, a noite foi marcada por uma série de infortúnios. Mike ligou para o seu amigo, o gerente do hotel, que se desculpou, dizendo que o lugar estava lotado. Havia um novo gerente no Hard Rock que nunca tinha ouvido falar dele; paguei a contragosto a comida industrializada e superfaturada, apesar de suas objeções. Mais tarde, os planos do Mike de ser o anfitrião perfeito acabaram tomando um rumo ainda pior; estávamos sentados, taciturnos, num clube local de "rock alternativo", cujos clientes, apáticos e pálidos, não se mostraram nada impressionados com o jornalista inglês que Mike tinha levado. Aí, de repente, Mike sumiu. Seu amigo Steve, um advogado atualmente passando por um divórcio, me pediu que o ajudasse a procurar Mike nos banheiros, onde ele já tinha desmaiado na semana anterior, conforme Steve me disse; portanto, ele estava preocupado de verdade com a bebedeira do amigo. Finalmente, Mike acabou dando as caras, sem comentar nada sobre aonde tinha ido e, em vez de nos hospedarmos no melhor hotel da cidade, fomos dormir no chão do único quarto do flat de Steve.

Só que acabamos não dormindo nada. Em vez disso, passamos a noite cantando músicas dos Rolling Stones, revezando-nos num violão de plástico Maccaferri recém-comprado por Steve, até o sol raiar, quando fui embora para pegar meu avião. Curei a inevitável ressaca bebendo durante todo o dia seguinte. Ao longo de sucessivos meses, liguei para Mike várias e várias vezes, mas, pelo visto, ele tinha saído da loja de guitarras onde trabalhava. Os meses viraram anos, e eu sempre tive a curiosidade de saber o que tinha acontecido com ele, refletindo sobre o preço sinistro que o estilo de vida de Iggy tinha cobrado, particularmente, daqueles que, como Dave Alexander, Zeke Zettner e Jackie Clark, tocavam baixo. Quase dez anos depois, o telefone tocou no quarto onde eu estava hospedado, num motel de LA, e reconheci a voz de Mike. Rimos sobre nossa noite hilariamente desastrosa em San Diego e, conforme continuamos conversando, Mike contou como sua vida tinha seguido, desde então, um modelo doméstico, mas feliz. Havia parado de beber, passando a trabalhar na composição de trilhas sonoras, e sua carreira estava em alta. E, como numa típica parábola californiana, acabou descobrindo que as reuniões locais dos A.A. eram o melhor lugar para se construir uma rede de novos contatos comerciais.

# DEZESSEIS

## HIDEAWAY

*Eu descobri que, tendo um endereço fixo, daria pra perambular pra mais longe ainda. Eu tinha um lugar pra voltar e despencar no sono.*

Jim Osterberg

**NO FIM DAS CONTAS,** tudo se resumia a dinheiro. Levaria cinco anos até que o agricultor da música colhesse seus frutos, mas, em meados de 1983, a grana enfim começou a fluir. Havia os royalties da versão dos Sex Pistols para "No Fun", que tinham levado vários anos para chegar; depois veio o pagamento por parte de Grace Jones, que emplacara seu álbum de 1981, *Nightclubbing*, com canções de Iggy e David, no Top10 de dance music; durante esse mesmo período, Dan Bourgoise, da Bug Music, vinha pondo o catálogo de Jim em ordem, e a canção de Grace Jones foi a primeira pela qual os royalties começaram a chegar sem demora. Logo em seguida, pintou a grana da versão hit de David para "China Girl", que não tardou a pingar das transmissões de rádio e TV.

No avião de volta a Los Angeles, Jim se deslocou da primeira classe para falar com Mike Page. Jim estava um lixo, mas não tão lixo a ponto de não poder confessar a Mike que vinha pensando em dar um tempo de tudo. Então, disse:

– Ela acha que eu bebo demais. Você acha que eu bebo demais?

O resto da banda ainda estava em estado de choque; esperavam que a turnê fosse continuar rumo à Nova Zelândia, embora tivessem notado que Jim vinha se esquivando deles ao longo das últimas semanas e já estivessem razoavelmente resignados quanto à própria sorte. Esther Friedmann, também, aos poucos percebeu que Jim não voltaria mais, apesar de Louella e James argumentarem que se tratava apenas de uma separação certamente temporária.

– Quando ele olhava pra ela, ele não pensava em cheirar; quando ele olhava pra mim, ele provavelmente pensava – diz Esther, filosofando. – É o que acontece quando você se droga com as pessoas. Foi aí que eu me toquei de que já tava passando da hora de tomar jeito.

Jim disse a ela que ficasse com quaisquer bens que quisesse, inclusive seu retrato pintado por David. No entanto, David acabou indo ao apartamento de Esther em Kreuzberg, alguns meses mais tarde, e pediu o quadro de volta.

Ao retornar a Los Angeles, Jim entrou em contato com dois de seus confidentes dos tempos de *Kill City*, Murray Zucker e Danny Sugerman, e decidiu que era melhor passar um tempo na Califórnia antes de enfrentar Nova York outra vez. Zucker trocou algumas ideias com ele durante sua estada numa clínica de dependência química, enquanto Sugerman, por sua vez, fez-lhe uma encomenda intrigante: a faixa-título do próximo filme de Alex Cox, *Repo Man – A onda punk*, no qual Sugerman desempenhava a função de consultor musical. A mais crucial das terapias, porém, talvez tenha sido Suchi: pela primeira vez em sua vida, Jim Osterberg teve de assumir a responsabilidade por outro ser humano.

## DEZESSEIS
*HIDEAWAY*

Suchi Asano era fã de música, estilista e eventual modelo, e seu pai trabalhava no departamento de polícia de Tóquio. Tinha aprendido a falar inglês na escola e, assim que o casal chegou a Los Angeles, ela se matriculou num curso da Berlitz. Mas foi Jim Osterberg quem assumiu a responsabilidade de lhe ensinar o idioma. Como filho de um professor de inglês, fazia trinta anos ou mais que vinha esperando a chance de ensinar alguém a falar corretamente a língua.

– Eu sou o responsável por esse sotaque bom dela – declararia, orgulhoso, após um ano de aula. – Ela não engole as consoantes feito um monte de japonês por aí.

Nos primeiros seis meses de relacionamento, a comunicação entre os dois era bem básica; Jim julgava impossível explicar alguns dos dilemas e problemas que o atormentavam, o que o levou a uma conclusão crucial:

– Tá certo, não tem tanta necessidade assim de se fazer essa comoção toda em torno de cada coisinha que acontece todo santo dia.

Superar sua necessidade de caos e drama representaria uma reviravolta crucial.

Durante sua estada em Los Angeles, Jim tinha apresentado Suchi à maioria das pessoas de seu círculo musical numa festa no China Club, um restaurante top em Hollywood. O casal parecia alegre e otimista, com Jim visivelmente diferente da figura carcomida pelo tempo dos últimos tempos: olhos brilhantes e joviais, cabelos curtos partidos de lado e a elegância clássica de um casaco de lã vermelho e um chapéu de golfe de palha branca vazada (alguns de seus amigos começaram a chamá-lo de Bing pelas costas, pois seu traje casual os fazia lembrar Bing Crosby). Danny Sugerman parecia ser o guia permanente de Iggy pela sociedade de Los Angeles, deixando transparecer um entusiasmo servil quanto ao fato de estar saindo com o vocalista, que mais parecia seu irmão mais velho postiço. Sugerman também estava supostamente limpo; esse era o novo ethos em Los Angeles, que despertou, ainda que tarde, para os efeitos prejudiciais do abuso da cocaína. No entanto, com bastante frequência, como o fotógrafo Robert Matheu ressalta, "limpo" simplesmente significava que não era mais legal ficar dividindo seu pó por aí; em vez disso, todo mundo dava seu tirinho em particular.

Sugerman teve a ideia de botar Iggy para compor a canção-título em parceria com Chequered Past, o supergrupo recém-formado de LA, composto por Clem Burke, do Blondie, Michael Des Barres, da Silverhead, Nigel Harrison, baixista da Silverhead e do Blondie, e o ex-Sex Pistols Steve Jones, que recentemente havia largado a heroína com a ajuda de Sugerman e Harrison. Era uma formação inspirada, e o vocalista Michael Des Barres cedeu o lugar de bom grado, muito embora o quinto elemento do Chequered Past, Tony Sales, estivesse compreensivelmente chateado por não ser incluído, dado seu relacionamento prévio com Jim; a desfeita se agravou ainda mais pelo fato de Jim parecer evitá-lo.

Ao lado de Iggy, então com uma aparência distinta, arrumado, cantando e dirigindo os ensaios, o quarteto, todos versados e limpos, passou alguns dias trabalhando a música no estúdio de ensaio da EMI America, na Sunset Strip; Jim estava focado, e extravasou todo seu lado criativo de costume, pegando no pesado, trabalhando talvez em sete ou oito propostas de letras, como recorda-se Nigel Harrison, para o intricado arranjo da canção.

Apesar de sua nova imagem, bem mais distinta, descobriu-se que Iggy ainda era apaixonado pelo conceito de caos e drama e pelos conflitos que, não raro, tornavam sua música (e sua vida) mais emocionante. Houve até uma última escapadela, cujo início se deu quando ele mandou Robert Matheu e Steve Jones pegarem emprestado uma guitarra Les Paul de David Bowie. Os dois ficaram encantados não só com a missão, mas também com a visão da residência de David, logo passando a Sunset, decorada com móveis em estilo indiano oriental de muito bom gosto; David estava na cidade para tocar no Los Angeles Forum, e Jones bateu um papo de dez ou quinze minutos com ele. Mas, ao levar o guitarrista de volta ao estúdio, Matheu se deu conta da ginástica que teria de fazer, pelo menos em parte, para manter Jones, sob ordens expressas para continuar careta, longe de Danny e Iggy, que estavam "definitivamente tramando algo".

Assim que a sessão começou, conta Nigel Harrison, "Iggy tava a mil!".

– (Ele tava) com o nariz sangrando de tanto cheirar, suava frio, e tudo o que a gente tinha ensaiado foi jogado pela janela.

Começaram a gravar no estúdio Cherokee às quatro da tarde e, às quatro da manhã, a banda ensaiou quase trinta versões diferentes da canção. Na versão final, Iggy fez Harrison tocar duas linhas de baixo; aí, teve a ideia de mais outra estrofe e colaborou com uma performance vocal ensandecida. A gravação soou ainda mais emocionante pelo fato de ser possível ouvir os músicos acompanhando Iggy, na cola dele feito mísseis guiados pela trilha de um jato. Embora, como acontece com todas as músicas de Iggy, tal canção tivesse pouca afinidade com o blues, sua mutabilidade lembrava muito a maneira como os músicos de John Lee Hooker alternavam o ritmo para acompanhar o vocalista.

– Existe uma certa analogia entre a música do Iggy e alguém como o Hooker – diz Clem Burke –, no sentido de não haver uma exatidão no tempo e na métrica; ele lidera a banda pelo seu movimento e sua expressão, sendo primitivo. É uma filosofia do jazz. E trabalhar com a energia que ele emanava era incrível.

Com seus claustrofóbicos riffs semitonais, que vagamente remetem ao tema de *Batman*, as guitarras distorcidas de Jones e a cozinha porrada e galopante de Harrison e Burke, "Repo Man" era inegavelmente a melhor canção de rock gravada por Iggy desde *New Values*, além de assustadoramente apropriada para um filme tão destoante de LA, com roteiro inspirado no tempo em que Cox, nascido em Liverpool, passou estudando na UCLA, quando morou ao lado de um expert em reintegração de posse por conta própria. A canção foi o destaque de uma trilha sonora barulhenta e estridente que se amparava fortemente em bandas punk de LA, entre as quais a Black Flag e os Circle Jerks; foi bem significativa, também, na medida em que ilustrou como a música de Iggy soava tão contemporânea em meio ao cenário hardcore dos anos 1980 quanto soara no cenário punk da década de 1970.

"Repo Man" forneceu uma coda apropriada às experiências de Jim em Los Angeles, as quais já tinham inspirado tanto o otimismo pilhado de *Fun House* quanto o desenraizamento decadente de *Kill City*. Mas, enquanto ambos os álbuns haviam personificado uma crise atual ou iminente, "Repo Man", por sua vez, fazia uma celebração; nos anos seguintes, Iggy Pop basicamente só encheria a cara, segundo ele próprio, em "fins de semana e ocasiões especiais". Vários foram os fatores que geraram tal reviravolta na vida de Jim: a novidade que era a segurança financeira, o incentivo de Murray Zucker e de outros profissionais, a influência de Suchi, a própria inteligência de Jim e até mesmo seu narcisismo, tudo inequivocadamente lhe dizia: "Nada pior do que ser um fracassado aos quarenta".

Por mais iludido que tenha sido antes, conta Jim, houve um ponto em que foi forçado a perceber que "eu já tava passando dos limites, assumindo um comportamento picaresco. Eu tava me tornando um Dom Quixote. Existe uma linha tênue entre ser extravagante e ser um idiota. Eu já tinha me tocado de que tava me tornando um (antes), mas essa constatação não havia durado mais do que trinta segundos".

De forma impressionante, Jim descreve como, na vida, pouco a pouco, "você muda tanto quanto for preciso". No outono de 1983, ele enfim não teve escolha. Independente do epidódio de "Repo Man", fora forçado a reconhecer que os hábitos outrora combustíveis de sua música já o deixavam bem fragilizado. No lugar das drogas, o sucesso e a normalidade seriam as novas experiências de Jim, que os saborearia. Sem o amparo de uma terapia convencional, ou de um programa de reabilitação, ele simplesmente decidiu abandonar a bebida e a cocaína valendo-se exclusivamente de sua força de vontade. Não obstante eventuais recaídas, e mesmo alguns gastos desenfreados em momentos de puro frenesi, assim basicamente continuaria.

Após três meses em Los Angeles, já era tempo de uma terapia mais

## DEZESSEIS
### HIDEAWAY

tradicional: férias a convite de David Bowie, cuja turnê *Serious Moonlight* chegaria ao fim em Bangkok no dia 12 de dezembro. Jim e Suchi viajaram de avião até lá para se encontrar com David e Coco, e todos seguiriam viagem a Bali e Java tão logo a turnê terminasse. Os quatro passaram o Ano-Novo juntos e, ao longo das férias, David e Jim criaram uma nova música, "Tumble and Twirl", primeira colaboração de verdade entre os dois em sete anos e o início de uma parceria renovada que sustentaria os próximos discos dos dois artistas, embora se tratasse de um clima radicalmente distinto da energia criativa maníaca de *Lust for Life* e *Heroes*.

Jim e Suchi tiveram de fazer uma rápida viagem a Manhattan, em fevereiro de 1984, em busca de um novo apartamento; como qualquer pessoa normal, depararam com uma série de agentes imobiliários e propriedades superfaturadas, tudo muito chato, de modo que rumaram até Myrtle Beach, na Carolina do Sul, para onde James e Louella tinham se mudado no outono de 1982 para curtir a aposentadoria; lá, Jim passou boa parte do tempo jogando golfe com seu pai. De volta a Nova York, algumas semanas mais tarde, encontraram um apartamento para alugar na região do Gramercy Park, e Suchi e Jim aproveitaram para conhecer o bairro juntos, como dois turistas maravilhados, antes de partirem para o Canadá, em maio, onde David Bowie estava gravando o que se tornaria *Tonight*, sucessor do popular *Let's Dance* e seus milhões de cópias vendidas.

Talvez, pela primeira vez, David Bowie estivesse prestes a parir um desastre de álbum. Também pela primeira vez, David Bowie, cuja personalidade, assim como a de Jim, era movida por um entusiasmo contagiante, pueril, parecia entediado. E, de acordo com Hugh Padgham, que seria creditado como o produtor de um disco tão problemático, embora ironicamente um sucesso de vendas, a única mudança capaz de melhorar o resultado final seria uma maior colaboração de Jim Osterberg:

— Eu acho que o Jim ficou lá por uns cinco dias; ele foi uma influência bem inspiradora. Se ele tivesse ficado lá por mais tempo, a gente poderia ter feito um grande álbum, de verdade.

*Tonight*, ao que parece, foi um pouco como *Soldier* de Iggy, passando pelas mãos de dois produtores, sem um princípio orientador e com um material, de modo geral, mediano. Bowie tinha recrutado um novo produtor, Derek Bramble, que logo se mostrou inadequado à função. Padgham, que já tinha produzido grandes sucessos para o Police, só aceitou o convite como engenheiro, pois ansiava trabalhar com David e, portanto, acabou sendo a pessoa ideal para entrar em ação quando Bramble deixou a sessão após algumas semanas. No fim das contas, porém, Padgham considerou a experiência frustrante. David estava pilhado, fumando um cigarro atrás do outro com uma intensidade ligeiramente nervosa, mas a maior parte das energias dele parecia concentrada em distrações externas, e não nas canções. Estavam gravando num estúdio caseiro, o Le Studio, na estância de esqui um tanto chata e provincial de Morin Heights, em Quebec, e David parecia mais preocupado em pegar uma garota local que, invariavelmente, tinha um amigo a reboque. Jim, em comparação, era uma influência acalentadora.

– Ele era um cara tranquilo... *tão* tranquilo, que eu me perguntava se ele não tava tomando nenhum tranquilizante – conta Padgham, e os dois acabaram fazendo experiências com um material mais inventivo, extremista, que, caso tivesse sido incluído, teria melhorado imensamente os resultados finais, acredita Padgham.

No entanto, ainda dava para identificar grande parte da habilidade de David; o grande hit do álbum, "Blue Jean", era bem construído, e detinha um resplendor suntuoso que disfarçava a ausência de um refrão empolgante. Ainda assim, pela primeira vez, ele parecia sem ideias criativas. Em Berlim, na companhia de Jim, havia fundido a intensidade de uma espécie de expressionismo europeu com uma instrumentação eletrônica irregular e ritmos R&B, compondo uma música exepcionalmente emotiva e original. Dessa vez, o princípio orientador parecia o de gravar uma ampla variedade de covers numa toada meio reggae, enfeitada e sem graça. No entanto, certamente havia outro motivo em jogo, se considerarmos que cinco das nove músicas do disco levavam o nome de Iggy Pop nos créditos: as recém-compostas "Tumble and Twirl" e "Dancing with the Big Boys", além de "Tonight" (numa versão reggae xexelenta, em dueto com o vocal exagerado e estridente de Tina Turner) e "Neighborhood Threat", ambas de *Lust for Life*, e, por fim, "Don't Look Down", uma das últimas parcerias entre Iggy e James Williamson, de *New Values*.

David Bowie tinha agido de maneira louvável na relação profissional com Jim na época de Berlim, tomando o cuidado de salientar que eram iguais e evitar quaisquer sugestões paternalistas de que tinha salvado o amigo. E, muito embora a versão de David para "China Girl" tenha rendido enormes benefícios financeiros para Jim, a canção com certeza fora incluída em *Let's Dance* por seu evidente potencial comercial. No entanto, é complicado encarar as versões de "Neighborhood Threat" e "Don't Look Down", ambas boas canções, embora dificilmente comerciais, de outra maneira senão como um ato de caridade, impressão aprofundada pelas lembranças de Padgham sobre David, durante os momentos mais serenos em Morin Heights, dizendo-lhe todo orgulhoso: "Sabe, fui eu que salvei o Iggy". Padgham foi agraciado com um longo causo retratando toda a loucura de Iggy quando David passou a descrever como a turnê do ex-Stooge pela Austrália e Nova Zelândia fora cancelada devido às ameaças legais de uma mulher presente na plateia, a qual acidentalmente tinha sido ferida por Iggy, que lhe deu um chute no queixo e, no processo, fez com que ela arrancasse um naco da língua na mordida. (A história, diz o diretor de turnês Henry McGroggan, era apócrifa.) A conclusão parecia óbvia: Iggy era de fato tão confiável quanto sua imagem pública sugeria, muito embora fosse possível que se tratasse de um comportamento de igual modo admirável e risível. Certo é que, se Bowie pensava mesmo nesse período como sendo marcado por sua própria generosidade, em vez de uma parceria entre iguais, alguma verdade havia nisso: apesar de sua qualidade duvidosa, *Tonight* se tornou o álbum mais vendido de Bowie até então, conquistando o disco de platina em apenas seis semanas, e com a promessa de uma renda substancial a Jim ao longo do ano seguinte. Em meados de 1980, os royalties mecânicos pelo valor de um álbum cheio eram de cerca de cinco centavos por música, por cópia vendida, o que implicava ganhos de mais de 100 mil dólares só naquelas seis semanas; essa quantia provavelmente deve ter sido igualada pelos royalties provindos das transmissões em rádio e TV durante o mesmo período.

Naquele outono, a celebridade recém-descoberta de Iggy como colaborador de Bowie no álbum mais envernizado e sem graça do inglês até então o levou a ser um dos destaques da revista *People*, com fotos coloridas retratando o Padrinho do Punk comprando tecidos com Suchi em Manhattan, ou aspirando o pó de sua nova cobertura em Greenwich Village. Havia algo tocante na imagem de Iggy e Suchi como um casal de celebridades, bem como na ideia desse alienígena do Planeta Rock que tinha caído na Terra, tornando-se aos poucos familiarizado com as tradições cotidianas.

— Minha mão ainda treme quando eu preencho um cheque — ele disse ao escritor David Fricke —, ou minha vista fica embaçada e eu não consigo enxergar. É porque eu sempre só via gente de quem eu não gostava usando cheque.

Em quase todos os aspectos, a imagem de Jim e Suchi na residência do casal em Manhattan era de uma domesticidade das mais inocentes. Jim se levantava às cinco ou seis horas e ficava sem rumo em algum canto, viajando em seus pensamentos na quietude das primeiras horas da manhã. Hábito adquirido ao se mudar para o Brooklyn, datilografava algumas páginas de poesia, prosa ou ideias estranhas; costumava ler os jornais e recortar algumas histórias, sublinhando frases ressonantes ou bizarras que aproveitava depois, montando colagens ao acaso. Geralmente, dava um jeito na bagunça da noite anterior e separava os jornais e revistas; depois, comprava o café da manhã para os dois quando Suchi acordava, aspirava o apartamento e, às vezes, preparava hambúrgueres para o almoço.

— Eu cuido basicamente do lixo, passo o aspirador de pó na casa e dou uma arrumada aqui e ali, enquanto ela fica com a louça e as roupas;

## DEZESSEIS
### *HIDEAWAY*

os dois cozinham e eu ajudo com as compras – ele dizia ao descrever a divisão das tarefas domésticas.

À tarde, às vezes, fazia longos passeios no caminho de volta das compras para casa, enquanto Suchi ficava trabalhando numa das duas máquinas de costura que tinha colocado no apartamento, usando os tecidos escolhidos nas caminhadas pela cidade. A rotina de saltar num táxi para ver os amigos, como fazia no Brooklyn, era coisa do passado; em vez disso, ele e Suchi pegavam o metrô por Manhattan mesmo, tomando cuidado para que suas despesas não extrapolassem a renda.

Várias horas foram gastas, no final de 1984, preenchendo os intermináveis formulários de imigração para Suchi; a fim de regularizar a residência permanente dela, Jim explicaria posteriormente, os dois se casaram no ano seguinte; é possível sentir aquele constrangimento típico do Centro-Oeste nas palavras de Jim ao expressar seus sentimentos pessoais quanto à razão prática, quase negocial, do segundo casamento. Os dois formavam um casal meigo, quase pueril, como julgavam os mais próximos; um casal charmoso, não exatamente dois pombinhos, mas atentos um ao outro de um jeito carinhoso, inocente.

Em outros momentos, rolavam conversas breves e estranhas com os outros moradores do mesmo bloco, entre os quais o fotógrafo Robert Mapplethorpe, ou os frequentadores de uma academia local, seguidas de algumas horas em frente à TV pela parte da noite, ou talvez da leitura relaxante de algum romance de V.S. Naipaul ou Paul Theroux. Nas tardes ou manhãs mais tranquilas, Jim levava sua pequena máquina de escrever Brother EP20 para o parque e desenvolvia outras tantas ideias, às vezes durante três ou quatro horas ao dia. No fim de 1984, ele se matriculou num curso de teatro. E era essa a rotina, típica de milhares de nova-iorquinos com a sorte de ter uma pequena renda própria, que resumia a nova e serena vida de Jim Osterberg, apenas interrompida por uma temporada pontual de férias no México.

Em algum momento de 1984, Jim e David chegaram a discutir sobre a possibilidade de criarem um álbum juntos; de fato, em setembro, Bowie declarou à *NME* que a gravação de um álbum com Iggy seria sua maior ambição no ano seguinte, concomitante à escritura de algo "extraordinário e aventureiro" para seu próprio deleite. Mas, aparentemente, não havia pressa alguma em particular: a blitz criativa de 1976 e 1977 parecia coisa do passado, e durante boa parte de 1985 Bowie se ocupou com dois projetos cinematográficos: *Absolute Beginners* e *Labirinto* (*Labyrinth*, no original). Os esforços musicais de Bowie se limitavam, grosso modo, a gravar o lado B do single de caridade da Band Aid, "Do They Know It's Christmas", seguido de uma apresentação magistral no Live Aid em julho daquele ano.

Quando a primavera de 1985 chegou, no entanto, Jim já tinha bolado oito ou nove canções e, querendo fazer as coisas de seu próprio jeito, chamou Steve Jones, que estava solto na vida agora que a Checkered Past se dissolvera na esteira do mal recebido álbum de estreia dele. Na última vez em que Jim e Steve trabalharam juntos, dezoito meses antes, ambos se encontravam lutando contra o vício. Dessa vez, Jim viajou para Los Angeles, onde alugaram uma casa e trabalharam em canções novas durante todo o mês de junho, enquanto os dois se regozizavam com a experiência recém-descoberta da sobriedade, regrados e profissionais. Sempre que a inspiração faltava, em vez de "tomar algum remédio ou ficar bêbado", eles se dirigiam à praia. Ao longo do mês, trabalharam em mais de vinte canções, e começaram a gravar nove delas entre setembro e início de outubro, num estúdio caseiro em Hancock Park, de propriedade do fotógrafo de moda e glamour Olivier Ferrand. As músicas eram simples e fortes; as várias camadas das guitarras faiscantes de Jones e as faixas rítmicas despretensiosas de uma bateria eletrônica deixaram espaço de sobra para a voz de Iggy, que soou mais calorosa, límpida e quase afável. Jim saiu comprando as fitas por toda Nova York e já havia um certo interesse em torno do projeto, conta ele, quando recebeu um telefonema de David no início de novembro, dizendo:

## DEZESSEIS
*HIDEAWAY*

— Eu quero te mostrar umas demos.

A resposta de Jim foi:

— Beleza, eu vou te mostrar umas minhas também.

David adorou as canções, entre as quais "Cry for Love", "Winners and Losers" e "Fire Girl", mas, eminentemente prático como sempre, disse a Jim:

— Elas são todas mid-tempo, então você vai precisar de algumas mais rápidas e outras mais lentas. — E em seguida se ofereceu para preencher as lacunas.

Em dezembro, David, Jim, Suchi e, provavelmente, Coco se mandaram para a casa de férias de Bowie em Mustique, levando junto o estúdio portátil personalizado de David; depois, mudaram-se para outra das casas dele em Gstaad. Entre passeios de esqui, jantares festivos e algumas horinhas de descanso, David e Jim trabalhavam de forma intermitente na composição de mais canções, embora num ritmo suave, civilizado, demorando três meses até acumularem material suficiente para um álbum. Após uma curta pausa em março e abril, David agendou a gravação no Mountain Studios, em Montreux, um sofisticado estúdio com tecnologia de ponta, de propriedade da banda de rock Queen, o qual David tinha usado pela primeira vez para gravar *Lodger* no início de 1979. Era um lugar acessível a partir da casa de David em Lausanne, e ele passou a usá-lo com maior frequência para trilhas sonoras e suas demos. A ideia era que Steve Jones tocasse no álbum, mas, de acordo com Jim, acabou rolando um problema de última hora:

— Ele não sacava nada disso de visto, e não conseguia sair da América — conta ele — O David nem ficou muito chateado, já que eles não falavam bem a mesma língua.

Como alternativa, David chamou Kevin Armstrong, responsável pela direção musical da apresentação de Bowie no Live Aid e de seu dueto com Mick Jagger, "Dancing in the Street", e Erdal Kizilcay, um multi-instrumentista de formação clássica que já tinha trabalhado com Bowie em algumas demos de *Let's Dance* e coescrito "When the Wind Blows".

Eram tempos de paz e cordialidade, e, juntos, David e Jim criaram um álbum sereno e civilizado. Erdal Kizilcay e sua esposa haviam conhecido Jim e Suchi alguns meses antes num jantar com David e Coco, ocasião em que David expressara o desejo de ter Erdal supervisionando boa parte das canções. Erdal gostava de Jim e das piadas que ele contava: sua estranha mania de, por exemplo, se gabar de quantos sacos de batatas era capaz de carregar. Kevin Armstrong teve a oportunidade de conhecer Jim durante uma temporada de remo no Lago de Genebra; Jim estava usando óculos, ostentava um corte de cabelo curto, colegial, dizia "maneiro" com bastante frequência e sugeriu um passeio pela Villa Diodati, onde Lorde Byron tinha entretido Percy e Mary Shelley, e onde Mary escrevera *Frankenstein* para um concurso de literatura. Todo aquele ar de sofisticação high society, meio europeu, não era bem o que Armstrong, que tinha comprado a maioria dos álbuns de Iggy na adolescência, esperava; sua ligeira desorientação só aumentou com os modos de Jim: obviamente culto e inteligente, com uma postura elegante, quase militar. Tratava-se de uma grande mudança em relação aos Alien Sex Fiend, última banda com que Armstrong trabalhara, embora fosse, de alguma forma, revigorante assistir a Jim e David em pleno processo de amadurecimento, dando um jeito na vida e saboreando a condição de sobreviventes.

David parecia dedicado de corpo e alma ao bem-estar de seu amigo, e tomou conta das sessões munido de uma prancheta, riscando fora item por item de uma lista de músicas a serem gravadas a cada dia, dedicado à tarefa em mãos e imbuído de seu habitual e intenso nervosismo. Jim, por sua vez, parecia mais calmo, focado, feliz por estar imerso naquela pequena bolha criativa. A essa altura, David também tinha aparentemente banido até mesmo o uso ocasional de cocaína, mas, conforme Kevin Armstrong ressalta, isso não o deixou mais relaxado, pois fumava de sessenta a oitenta cigarros por dia, um no rabo do outro, e levava sua própria máquina de café expresso e seu estoque de café Java aonde quer que estivesse trabalhando.

— Ele ficava sugando café e cigarro, e a coisa toda era realmente muito neurótica e muito maníaca em volta dele. Além disso, ficar na cola de alguém tão tremendamente famoso, sei lá, tem uma espécie de aura eletrizante em torno deles, porque essas pessoas se comportam de um jeito diferente, né não?

Kevin Armstrong continuaria trabalhando com Iggy pelos próximos dezoito meses e, mais tarde, tocaria na Tin Machine ao lado de Bowie e os irmãos Sales. Ele se mostra bem ciente da natureza egoísta, neurótica, narcisista da indústria do entretenimento; ainda assim, ao ver de perto Bowie trabalhando com Iggy, acreditou estar testemunhando um altruísmo verdadeiro.

— Eu realmente acho que *foi* altruísta. A parceria com o Iggy sempre pegou bem pra ele, com certeza, mas eu acho que ele estava simplesmente ajudando um amigo. Era genuíno quando ele dizia: "Calma, o Iggy tá precisando de uma mão aqui, e eu sou o cara capaz de fazer isso, eu já fiz isso antes e vou fazer de novo".

Tal altruísmo foi sintetizado na música "Shades", composta por David após ver Jim dando um presente a Suchi.

— Ele virou a música do avesso — conta Jim —; transformou numa daquelas músicas tipo "tomei jeito na vida".

A letra relata a surpresa do narrador ao receber um presente ("I never thought I was worth much, or that anyone would treat me this way"[48]), enquanto a melodia em si baseava-se nas mesmas cinco notas de "Cry for Love", numa espécie de empatia tonal. A canção parece ser a metáfora perfeita de David para a reabilitação sonora de seu amigo, que por

---

48 "Nunca pensei que eu significasse tanto assim ou que alguém fosse me tratar desta maneira." [N. de T.]

tantos anos tinha sido considerado um pária pela indústria fonográfica. Ao lado de "Absolute Beginners", "Shades" acabou sendo a melhor balada escrita por Bowie na década de 1980, período em que sua sorte como um artista de singles parecia estar em declínio. Agora, simplesmente dava um de seus melhores feitos ao amigo.

Mesmo as canções mais primorosas de David, a exemplo de "Hideaway", com sua estrutura simples de três acordes e a batida fria de uma Linn Drum, exibiam uma efervescência e uma destreza que pareciam ter faltado no próprio disco de Bowie, *Tonight*, demasiado pomposo. Iggy também parecia tirar algo único da cartola, a exemplo de "Cry for Love", uma balada convencional, confessional, quase escorregadia, que marcou uma nova habilidade bowiesca em seu método de composição. Não obstante todo seu nível de profissionalismo, a canção era tocante e sincera; contou até com Steve Jones, que nunca saía de LA e cujo solo de guitarra na demo gravada em setembro acabou editado no take final. Mesmo velhos amigos, como Jim McLaughlin, do Iguanas, reconheceriam "Cry for Love" como um novo ponto de partida, uma comprovação de que aquele homem ambicioso e confiante também era vulnerável:

– Ele tá dizendo que tem uma alma e um coração que se machucam facilmente, e que ele se deixa ser usado só porque precisa pra caralho de alguém. Isso expôs ele de um jeito que eu nunca tinha visto, e eu passei a acreditar totalmente na música dele depois disso.

O álbum, que viria a ser intitulado *Blah Blah Blah*, foi sem dúvida uma obra caracterizada pelo profissionalismo em vez do excesso e pela ordem em lugar do caos, e, por isso, seria descrito pelos defensores de Iggy como um "álbum do Bowie com sabor de Iggy". No entanto, se for classificado como um álbum de Bowie, definitivamente se qualifica como o melhor trabalho dele na época, com composições melhores e mais energia do que *Tonight* e seu sucessor, *Never Let Me Down*, discos do próprio Bowie. A única interrogação considerável quanto a *Blah Blah Blah*, no entanto, referia-se à possibilidade de alcançar ou não seu principal objetivo: estabelecer Iggy Pop, então sem gravadora, como um artista comercial viável.

A resposta veio dali a semanas de fitas sendo distribuídas entre as gravadoras em Nova York. Richard Branson, que planejava criar o selo Virgin nos Estados Unidos, fez uma ligação pessoal para Iggy a fim de convencê-lo a assinar com a gravadora. Nancy Jeffries, da A&M, foi outra entusiasta:

— Eu adorei o disco. Chegou aqui praticamente finalizado, e era quase um disco do David Bowie que, como gravadora, você sempre quis ter, mas nunca conseguiu.

Jeffries, uma das A&Rs mais respeitadas de Nova York (que fizera nome ao descobrir Suzanne Vega), mais do que uma mera fã de Bowie, também era a ex-vocalista da Insect Trust, banda cult dos anos 1960, e detinha conhecimento íntimo da história de Iggy Pop, uma vez que sua banda exêntrica e eclética já havia aberto um show dos Stooges em Ann Arbor em certa ocasião. Assim, ficou surpresa e entusiasmada com o fato de que o álbum revelava uma nova faceta de Iggy:

— Olha, eu juro pela minha felicidade, e talvez eu esteja até falando só como uma mulher, mas o fato de aquele homem poder escrever aquelas canções tão belas, tão comoventes, e exibir aquela inteligência toda, era uma maravilha.

Jeffries também estava confiante de que o álbum poderia conseguir entrar nas rádios, embora houvesse um preço alto a se pagar (provavelmente uns 500 mil dólares, o que incluía o cachê de produção de Bowie) e ela tivesse primeiro de convencer o fundador da A&M, Jerry Moss. No fim das contas, a A&M levou a melhor sobre a Virgin, pois Jim se mostrou inclinado a assinar com uma empresa criada nos EUA.

— Era muito dinheiro – conta Jeffries –, mas com o nome do David Bowie vinculado, nem foi tão difícil quanto poderia ter sido. Todo mundo entrou com seus respectivos recursos, era tipo "Cá estamos, fomos nós que fizemos isso, nós somos as pessoas mais legais do mundo. Cá está algo que você pode vender, pode até usar nosso nome".

Tudo o que tinha dado tão errado em *Party* pareceu dar certo em *Blah Blah Blah*, com o auxílio inegável do charme de Jim, que deixou todos da equipe da A&M impressionados. Suchi, sempre solidária e particularmente boa em lembrar o nome das pessoas, contribuiu, ao lado do novo, eficiente e simpático empresário de Jim, Art Collins, para conferir um certo ar de profissionalismo ao grupo. Um peça-chave do sucesso de *Blah Blah Blah*, porém, era um fã confesso de Iggy no escritório de Londres da A&M, o gerente de marketing Jason Guy. Guy era da geração de moleques ingleses que tinham crescido tocando "Search and Destroy" em testes para bandas e, quando ouviu a fita pré-lançamento de *Blah Blah Blah*, começou na hora a matutar sobre a música de abertura do álbum: uma versão simples, pulsante de "Real Wild Child (Wild One)", o único grande hit mundial do rock'n'roller australiano Johnny O'Keefe nos anos 1950 (a música também tinha recebido covers dos roqueiros americanos Jerry Allison e Jerry Lee Lewis).

– Eu tinha um palpite de que "Real Wild Child" seria um bom single pra festa de Natal – conta Guy. – Todo mundo pensa que os grandes singles pras festas são de pop e R&B, mas, se a gente sentar e fizer as contas, o povo gosta mesmo é desse troço aí de rock'n'roll. Se você quiser ver o povo cambaleando por aí, bêbado no chão, é justo pra isso que essa coisa serve.

Um pequeno grupo de fãs de Iggy no escritório de Londres, entre os quais o diretor de arte Jez Pearce, o assessor de imprensa Chris Poole e o responsável pelo jabá Alan Jones, compartilhava do palpite:

– Isso pode ser um hit surpresa, era assim que a gente apresentava o single pra mídia e pras rádios. A gente sabia bem o quanto ele poderia acabar sendo um azarão no Natal, e meio que a gente tinha razão. Simplesmente bombou, e rápido bolamos um vídeo, o disco virou prioridade máxima e a gente saiu martelando a notícia em tudo quanto era lugar. Foi um daqueles momentos em que as estrelas estão todas alinhadas.

Uma das tradições mais clássicas do rock'n'roll diz que artistas americanos pioneiros, como Jimi Hendrix ou Nirvana, emplacam seus primeiros hits no mercado não conformista e nada regimentado do Reino Unido. Na mais deliciosa das ironias, Iggy Pop, o pária do punk rock, saboreou seu primeiro hit alcançando a décima posição nas paradas britânicas ao ser comercializado para contadores bêbados e outros escravos salariais que desfrutavam seu momento de rebelião simbólica na véspera intoxicada do Natal.

Uma certa picância extra foi adicionada quando Alan Jones, da A&M, cavou uma participação ao vivo no programa infantil de TV *No. 73*, veiculado aos sábados de manhã. Pulando e saltitando de maneira ridícula diante da plateia pré-adolescente presente no estúdio, Iggy foi o último número e, quando os créditos rolaram no final do programa, ele agarrou um enorme urso de pelúcia e passou a transar com ele.

– Os créditos estavam subindo e o anfitrião ficou meio que dançando junto com o resto do povo, como eles sempre faziam, e todo mundo com uma cara horrorizada, forçando um sorriso e tentando bater palmas enquanto ele ficava lá transando com um urso de pelúcia gigante. Foi um dos grandes momentos da televisão – recorda Jason Guy, com carinho. Por anos e anos a fio, a fita de Iggy simulando sexo anal com um ursinho de pelúcia enorme foi atração garantida nas festas de Natal da A&M.

Apesar de "Real Wild Child" ter sido escolhido como single pela A&M no Reino Unido, o time de Nova York ficou de quatro por "Cry for Love", como conta Nancy Jeffries:

– Eu já cansei de ver as gravadoras fazendo isso, quando ignoram um single óbvio só porque caem de amores por algo mais comovente. Aí, chega o fim do dia e eles não conseguiram vender nada para o povo das rádios.

"Cry for Love" recebeu atenção mínima por parte das transmissoras e, assim, vendeu muito pouco como single; no entanto as vendas de *Blah Blah Blah* foram bastante respeitáveis, se não deslumbrantes, alcançando a 43ª no Reino Unido, a 74ª nos EUA e chegando ao Top20 em vários mercados europeus, onde Iggy tinha construído uma sólida base de fãs com suas turnês contínuas. "O disco se saiu bem, mas não surpreendentemente bem" foi o veredicto de Jeff Gold, vice-presidente de Serviços Criativos da A&M em Nova York; ainda assim, o charme e a paciência de Iggy durante as inevitáveis e intermináveis coletivas de imprensa e os encontros casuais fizeram com que a equipe da A&M se sentisse bem por tê-lo em seu rol.

Mais uma vez, Iggy Pop pegaria a estrada para divulgar seu novo disco. Encarregado de montar uma banda de músicos ingleses, Kevin Armstrong selecionou o tecladista e guitarrista Seamus Beaghen, que já tinha tocado com a Madness, além do baterista Gavin Harrison e do baixista Phil Butcher. Em outubro, estrearam uma agenda vertiginosa que se alongaria por quase dez meses, com um breve intervalo ainda naquele Natal. Foram os shows mais longos que Iggy já tinha feito, muitos chegando a noventa minutos, além do fardo adicional de encontros intermináveis com a imprensa e os produtores locais. Pela primeira vez em sua vida, tocaria uma noite após a outra sem o auxílio de drogas ou álcool.

– E ele mergulhou de cabeça – conta Kevin Armstrong. – E eu nunca me senti como se estivesse me esforçando de verdade, nem me estressando; ele ficou exalando boas energias o tempo todo.

Para Seamus Beaghen, a exemplo de Jim, aprender a tocar sóbrio foi uma experiência totalmente nova.

– Eu achei bastante assustador no começo, mas acabei ficando empolgado; você fica totalmente ligado em tudo que tá acontecendo e, de repente, parece que tem tempo de sobra pra tudo.

Enquanto a banda viajava pela América do Norte em seu ônibus de turnê, Jim tratava de poupar suas energias, relaxando um pouco, sempre focado na apresentação da noite, embora invariavelmente pronto para bater longos papos após o show com fãs e celebridades que o visitavam no camarim, como Elmore Leonard, que apareceu no show de Detroit. Após os dois primeiros meses percorrendo toda a América do Norte e a Europa, houve uma maratona de três meses abrindo para os Pretenders em estádios lotados, a partir de janeiro de 1987; em praticamente todos os shows,

## DEZESSEIS
### HIDEAWAY

Chrissie Hynde beijava o palco onde Iggy tinha se apresentado ("apesar do fato de estar coberto de muco e outros fluidos corporais", ressalta Armstrong), como se não fosse digna de seguir seu herói. Aos poucos, a banda introduziu mais músicas dos Stooges no set, que foi ficando mais e mais intenso a cada noite, e, em abril, quando tocaram no Fender's Ballroom, em Long Island, sem os Pretenders, instalou-se o caos total, com gente demais se espremendo no clube – a maioria aparentemente em uma viagem com pó de anjo ou coisa pior – e uma pilha de PA acabou tombando. E, pela primeira vez, Armstrong viu Iggy festejando o caos.

– Ele tava curtindo tudo aquilo pra valer. E aí bateu um flashback de leve em que eu pensei: "Meu Deus, tem um demônio dentro dele".

Não que tenha sido o único flashback estranho da turnê: havia também os momentos fora dos hotéis, quando as groupies que tanto haviam entretido Iggy nas turnês anteriores davam as caras. Ele adorava provocá-las, zoando com sua banda sobre como elas desejavam o que estava dentro das calças dele, enquanto não parava de dançar de um lado para o outro provocantemente, quase como em seus dias de Prime Movers, aparentemente imune à tentação. Muito embora fosse vinte anos mais velho do que a maioria dos músicos de sua banda, Iggy gozava de um vigor físico e mental invejado por todos, com uma resistência e presença de palco que ninguém conseguia explicar. Em particular, possuía uma capacidade quase mística de acalmar os fãs mais enlouquecidos que conseguiam furar o bloqueio mínimo da segurança nos bastidores.

– Ele parecia ser capaz de transmitir alguma coisa pra eles num nível bem profundo – lembra Armstrong –, como se dissesse: "Eu já fui tão louco quanto você e até mais louco que isso, então entendo o que você tá passando". Ele lidava com as pessoas de um jeito sereno de verdade; ele dizia: "Fica calmo", e tocava nelas, ganhando tempo pra resolver a situação, e o povo relaxava na hora. Era tipo uma bênção.

Muito embora Jim exalasse serenidade e sensação de controle, após seis meses de turnê já havia uma atmosfera brutal, carregada de testosterona nos bastidores, e Armstrong, em particular, começava a se desestabilizar; o baixista Phil Butcher pulou fora do barco pouco antes de uma curta temporada no Japão, em abril de 1987, sendo substituído por Barry Adamson, que tinha acabado de sair dos Bad Seeds de Nick Cave. A certa altura, Armstrong abriu o peito para seu patrão, confessando-lhe que seu casamento estava desmoronando sob o peso de suas insaciáveis escapadelas com groupies.

— Eu fiquei falando da minha esposa, dos meus filhos, aí ele se virou e me disse: "Você tá melhor sem eles!" — Na opinião de Iggy: — É assim que tem de ser com todo guitarrista. Vai lá e pega todas.

Mesmo Seamus Beaghen, que alegrava o ambiente com suas paródias e piadas, acabou "esgotado" até o final de uma segunda e última turnê pela Europa em julho de 1987, enquanto Kevin Armstrong estava em vias de ser a nova vítima da corrida de demolição chamada Iggy Pop.

— No fim de tudo, francamente, eu já tava um bocado abatido. Destruído. Eu fui forçado a pensar sério em mim mesmo. E, aí, tive que reconstruir minha vida de volta, tijolo por tijolo.

Exaustos, mas ainda ligeiramente eufóricos com a experiência, a maioria dos membros da banda retornou a Londres, enquanto Jim e Suchi viajaram de volta para Nova York. A turnê de Iggy tinha conquistado várias resenhas de quase êxtase; ele se mostrara diligente e focado e, finalmente, emplacara seu primeiro hit. Ao que parecia, enfim poderia desfrutar certa segurança. Como de costume, porém, acontecimentos outros haveriam de provar o contrário.

Com um total de quatorze meses extenuantes de gravações e shows deixados para trás, Jim Osterberg retornou da turnê *Blah Blah Blah* e, pela primeira vez, pôde de fato gozar os frutos de um certo tipo de respeitabilidade. A noção de ter sido finalmente abraçado pela cultura popular foi intensificada pelo impressionante pontapé inicial em sua carreira de ator, que incluiu uma breve participação especial ao lado de Suchi em *Sid e Nancy* (*Sid and Nancy*, no original), dirigido por Alex Cox, e uma aparição como um trapaceiro de bilhar *wannabe* em *A cor do dinheiro* (*The Color of Money*), de Martin Scorsese. A impressão de que seu grande momento havia chegado foi potencializada pelo domínio no campo das artes por parte de todos os forasteiros que o admiravam, de Andy Warhol a John Waters, de Jim Jarmusch ao compositor avant-garde Robert Ashley, que tentou persuadir Iggy a cantar na ópera *Atalanta*. Para um sujeito com o ego do tamanho de um arranha-céu, a sensação de enfim ser reconhecido era poderosa e libertadora, ainda que tenha salientado seu comportamento evasivo acerca do mainstream ao se mudar de Greenwich Village, que parecia cheio de pessoas divulgando seus roteiros de cinema ou seus projetos de artes, para o edifício Christadora, na Avenida B em Lower East Side, o qual parecia, como Jim Osterberg, um pouco mais imprevisível, uma vida mais no limite.

Na opinião de várias pessoas envolvidas com Jim entre o final de 1987 e o início de 1988, os negócios com ele foram caracterizados por um profissionalismo impressionante. Trabalhando de forma constante já de olho em seu próximo lançamento, Jim decidiu que queria fazer um álbum de rock dominado por guitarras, contando com Steve Jones. A crucial escolha do produtor, de igual modo, parecia ser das mais simples. Tanto Jim quanto David Bowie haviam se maravilhado com a produção de Bill Laswell no disco *Album*, da PiL – uma obra controversa, pois, durante sua gravação, o descolado produtor e John Lydon tinham demitido todo o line-up existente da PiL, substituindo-o por músicos de estúdio. Para melhorar, descobriram que Laswell já havia andado pelas bandas de Ann Arbor, tendo inclusive visto a apresentação dos Stooges no pós-apocalíptico festival Goose Lake. Os dois se deram bem durante a produção de Laswell no álbum *Neo Geo*, de Ryuichi Sakamoto, ocasião em que Iggy contribuiu com um vocal caloroso na canção "Risky", e Laswell logo se tornou uma visita frequente a Jim, no apartamento na Avenida B, onde a dupla arquitetava seus planos. Quanto aos músicos, Jim manteve Seamus Beaghen em sua banda, recrutando o baixista Leigh Foxx para substituir Barry Adamson, que estava embarcando numa nova carreira solo pelo selo britânico Mute, e contratou o ex-baterista dos Psychedelic Furs, Paul Garisto. Jim parecia ter definido todos os aspectos do álbum em sua cabeça, desde o design do encarte, que ficaria a cargo do designer responsável pelos cartazes do Grande Ballroom, Gary Grimshaw, até a direção do videoclipe, missão para a qual escolheu Sam Raimi, diretor de *A morte do Demônio* (*Evil Dead*, no original), cuja estética deturpada, embora certeira, parecia perfeita para o disco de rock cru, de volta às origens, que Jim tinha em mente. Todos os colaboradores em potencial ficaram impressionados com o foco de Jim, bem como, a exemplo de Bowie, com sua alegria em delegar funções a pessoas em quem confiava.

– Ele tinha visão, mas não ficava controlando todos os pormenores; era perfeito de se trabalhar – lembra Grimshaw.

Mesmo os mínimos detalhes, como reservar as passagens de avião dos músicos e encontrar para eles agradáveis apartamentos perto da Avenue B, foram entregues aos cuidados de Art Collins e Suchi. Nada passou em branco. Afora as canções.

Todos os envolvidos na gravação de *Instinct* se recordam da atenção minuciosa dispensada ao som, com um zelo todo amoroso aos vocais de Iggy, gravados num estúdio de porão no Brooklyn em busca da devida ressonância calorosa, embora irrascível. A banda tinha feito experiências com os arranjos de cada música antes de entrar no estúdio, e Steve Jones, ao que parecia, tinha elaborado um esboço abrangente para cada um de seus overdubs de guitarra. Assim, cada parte de guitarra foi gravada várias vezes de modo a combinar uma sólida linha grave, timbres de uma tonalidade média potente e agudos descontínuos, uma abordagem com tecnologia de ponta para registrar um rock pesado mais ou menos inventado pelo produtor Mutt Lange em seus álbuns megavendidos com o AC/DC. No entanto, ao longo de todo esse trabalho tão meticuloso, ninguém pareceu se preocupar com o material estupidamente previsível. Talvez até fosse possível escutar o mais tímido dos ecos da parceria entre Iggy e Jones em "Repo Man" na faixa de destaque do álbum, "Cold Metal", com seu gancho vocal "I play tag in the auto graveyard"[49]; mas, de outro modo, o que se viu foi a sequência de uma canção mais monótona do que a outra num mesmo ritmo arrastado.

Antes de as gravações começarem, Laswell havia considerado a possibilidade de repetir a abordagem agressiva feita com a PiL:

— Eu provavelmente teria feito o que eu costumava fazer na década de oitenta, que era levar a banda, despedir a banda e fazer todas as músicas sozinho. A princípio, é bem provável que eu estivesse pensando em fazer um disco totalmente diferente, mas me toquei de que, pra fazer isso, teria que forçar uma situação tremenda com ele, o que de fato era arriscado. Não tinha nenhuma garantia. Poderia ter sido um desastre.

Em vez disso, pareceu muito mais lógico se valer das habilidades de Steve Jones e seguir a intuição de Jim no sentido de retomar a pegada rock que ele sentia ter abandonado em *Blah Blah Blah*. Os resultados de tão sensata abordagem, não obstante, foram um desastre: um exercício mortificantemente maçante de rock corporativo. Iggy já tinha feito discos ruins antes, mas era a primeira vez que fazia um disco chato. Até mesmo a empresa contratada para lançar o álbum perdeu boa parte do entusiasmo ao deparar com aqueles riffs sacais, datados. Apesar da turnê geralmente pesada (dessa vez, com uma banda "cabeluda" que contava com Andy McCoy, dos Hanoi Rocks, na guitarra, enquanto nosso herói, muito mal-assessorado, ostentava uma jaqueta de jeans sem manga e, ainda pior, um cabelinho de poodle lambrecado de laquê), *Instinct* afundou sem deixar vestígios, passando completamente ao largo do Top100 nos EUA. Nada impressionada com *Instinct*, a A&M acabou gastando significativamente menos para promovê-lo do que tinha investido em seu antecessor e, quando chegou a hora de um sucessor,

---

49 "Eu brinco de pega-pega no cemitério de automóveis." [N. de T.]

a empresa ofereceu metade do orçamento disponibilizado para a gravação de *Instinct*. A essa altura, Jim já tinha um novo A&R com quem lidar e, à medida que foram discutindo sobre o álbum, a situação ficou clara:

– Eu não gostava dele e ele não gostava de mim. E, no fim das contas, era só uma maneira de eu seguir em frente.

O contrato de Iggy foi abandonado de comum acordo, e o que parecera ser um promissor reinício de carreira chegava ao fim.

# DEZESSETE
## UNDEFEATED

**QUANDO 1987 ENFIM TERMINOU,** a carreira de Iggy Pop parecia mostrar que o simples profissionalismo era capaz de fazer uma tremenda diferença entre o sucesso e o fracasso. Com as habilidades certas, a voz correta, uma imagem rebelde reformulada, cativante, e um marketing eficiente, um período de prosperidade confortável parecia inevitável. Mas a vida real acabou não se mostrando tão simples. Os anos que, de fora, se vislumbravam tão confortáveis e seguros acabaram cheios de um trabalho incansável e com a certeza de que, a qualquer momento, tudo poderia desmoronar.

O fracasso comercial de *Instinct* fechou o que já era uma década horripilante para os discos de Iggy Pop. Um único álbum, *Blah Blah Blah*, poderia ser considerado um sucesso de verdade, mas boa parte do crédito fora para David Bowie. Além disso, a relação artística entre David e Iggy prometia retornos criativos cada vez menores em comparação com os tempos inebriantes e caóticos de *Lust for Life*, ao passo que as demais parcerias criativas de Iggy ao longo da década tinham se revelado fracassos artísticos e comerciais. Até mesmo o título de "Padrinho do Punk" era honorífico e vinha perdendo seu valor a cada dia, conforme a New Wave enfim retrocedia em prol do rock'n'roll lustroso, enfeitado e pré-fabricado por bandas escorregadias em busca de um almejado disco de platina, a exemplo de Van Halen e Bon Jovi.

Havia um único aspecto positivo: depois de ter passado grande parte da última década na estrada, investindo tanto de seu tempo em excursões intensas e cansativas, Iggy pelo menos podia se gabar de uma bela base de fãs devotados. No entanto, mesmo o novo Iggy regenerado descobriu ser impossível apagar totalmente a impressão da indústria fonográfica de que ele, lá no fundo, continuava sendo um fracassado sem rumo, desvairado, alguém que sempre tinha ameaçado "migrar", mas que nunca seria afiado o bastante para o mainstream. Ian Hunter, colega artista de Iggy dos tempos da MainMan, havia proclamado, em meados da década de 1970, que "o Iggy é o maior devia-ser-mas-não-foi de todos os tempos, e só porque ele não é bom o suficiente". Bem mais de uma década depois, tal opinião foi amplamente compartilhada, como Jim bem se lembra:

– Eu tinha uma reputação terrível nos EUA; terrível. Algo entre o Andy Kaufman e um serial killer.

Como se isso não bastasse, Jim já estava entrando em seus quarenta, uma idade dura para um homem que sempre tinha se deliciado com a própria beleza e se vangloriava de sua indestrutibilidade.

Se a autoconfiança de Jim Osterberg chegara a vacilar no fim da década de 1980, isso quase não transpareceu. Mesmo sem uma gravadora, ele teve a sorte de contar com um empresário persistente, mas simpático, que nunca pareceu desistir de seu protegido. Nancy Jeffries, a A&R que tinha assinado com Iggy pela A&M em 1986, ficou impressionada com Art Collins, cujo nome ficou famoso no período em que trabalhava na Atlantic e quem, mais tarde, se tornaria o presidente da Rolling Stones Records.

— Ele era sempre adorável — conta Jeffries. — Muito perseverante, mas, ao mesmo tempo, muito amigável.

Poucos meses depois de assinar com Iggy pela A&M, Jeffries acabou seguindo seu antigo chefe, Jordan Harris, e aceitou o emprego dos seus sonhos, formando um rol de artistas a partir do zero na recém-criada Virgin America. Cedo ou tarde, Jeffries receberia um telefonema de Art Collins, dizendo-lhe:

— Estamos livres. Você quer fazer alguma coisa?

Uma das primeiras contratações de Nancy Jeffries na Virgin tinha sido Keith Richards, como artista solo. Isso se provaria um movimento profético, ajudando o novo e agressivo selo dirigido por Jordan Harris e Jeff Ayeroff a, futuramente, cooptar os Rolling Stones e facilitar a venda da banda para a EMI, a um preço exorbitante — embora, na época, conta Jeffries, o acordo tenha sido alvo de críticas:

— As pessoas pensam que, depois que o cara passa de uma certa idade, ele não está mais autorizado a respirar, não está mais autorizado a fazer música, e deve simplesmente voltar pra casa.

Jeffries queria assinar com Iggy basicamente pelos mesmos motivos que o haviam levado a assinar com Keith Richards, ainda que não fosse uma contratação lá muito rentável. Um contrato foi firmado baseado em "termos muito, muito bons...", segundo o próprio Jim, "para eles. Royalties baixos, baixo orçamento, nenhuma cláusula de segurança ao meu favor, tudo só pra eles".

Na longa e pitoresca carreira fonográfica de Iggy Pop, todo e qualquer contrato de gravação já assinado por ele tinha sido permeado por uma onda de otimismo. Dessa vez, estava se juntando a um selo lançado por "um casal cabeça-dura da Califórnia que não tava nem um pouco a fim de ficar punhetando", e havia plena consciência de que, se o novo álbum fracassasse, "eles me abandonariam ali mesmo, na mesma hora". Pela primeira vez, se quisesse continuar sobrevivendo de sua música, Iggy produziria seu próximo álbum agarrado à crença de que "se não fosse um sucesso... tava tudo acabado".

Felizmente, também pela primeira vez na vida de Jim, sua gravadora sugeriu um produtor que era "bom! Com ele consigo conversar!".

Don Was e Jim Osterberg se atraíram mutuamente durante um típico jantar de negócios da indústria fonográfica, ocasião em que se descobriu que os Stooges tinham sido uma das primeiras bandas a "corromper" o jovem Donald Fagenson, como foi batizado, quando ainda estava na Oak Park High School, em Detroit. Os dois já haviam trabalhado juntos em "Livin' on the Edge of the Night" para a trilha sonora de *Chuva negra* (*Black Rain*, no original), filme dirigido por Ridley Scott (embora a canção tenha acabado não ganhando o espaço pretendido), e Don ainda nutria uma profunda reverência pela inteligência e eloquência surpreendentes de Jim Osterberg, e também pela música de Iggy Pop.

Àquela altura, Was já era um dos produtores mais badalados da América, tendo trabalhado com a então fracassada Bonnie Raitt no que acabou sendo o álbum mais vendido de toda a carreira dela, *Nick of Time*. Wax, porém, ainda não dispunha de um plano magistral e mirabolante para produzir Iggy de outra maneira senão focando-se em boas canções, que demonstrassem o intelecto de Jim Osterberg e a força primitiva de Iggy Pop.

— Eu sempre vi como se estivesse tirando uma foto preto e branco do Iggy, capturando o quanto ele era complexo, um personagem único, um cara profundo.

Desde o início, Was decidiu usar o mesmo grupo formado pelos músicos de estúdio com quem tinha trabalhado em vários projetos recentes, em especial o baterista terrivelmente hábil Kenny Aronoff (que tinha feito seu nome com outra grande descoberta de Tony Defries, John Cougar Mellencamp). As principais gravações foram realizadas com o usufruto da tecnologia de ponta da Ocean Way Studios, em Los Angeles, um

## DEZESSETE
### *UNDEFEATED*

lugar onde, segundo Jim, "aqueles astros do rock americano extremamente caros e influentes fazem discos fantasticamente chatos". A combinação de um estúdio elegante e músicos sofisticados como Aronoff, o baixista Charlie Drayton e os guitarristas David Lindlay e Waddy Wachtel era assustadora; apesar de confiar em Don Was, Jim se encontrava assolado por dúvidas. Assim que as gravações começaram, no entanto, os dois desenvolveram uma nova técnica de trabalho: Jim tocava sua guitarra no estúdio e ensinava aos músicos cada uma das canções, até que se sentissem mais confortáveis para gravar um take. Os nervos de Jim se acalmaram quando dois outros músicos convidados a tocar no álbum, Slash e Duff, dos Guns N' Roses, chegaram ao estúdio vestidos com cotas de malha e tachinhas, reclamando que tinham acionado todos os detectores de metais no aeroporto, num estilo genuinamente Spinal Tap.

Assim como a gravação de *Brick by Brick* pareceu abraçar as convenções do mercado, o mesmo pode ser dito quanto às canções: baladas maduras e reflexivas como "Main Street Eyes", ou rocks blueseiros como "Home". Era esse o Iggy Pop amadurecido, embora ainda um rebelde excêntrico, tudo numa só embalagem segura que, não obstante, era refrescante sem frescuras e quase mínima em comparação a todo o exagero do rock no fim dos anos 1980, com suas viradas de bateria e solos estridentes de guitarra. Pela primeira vez, Iggy soava de seu próprio tempo; não à frente de seu tempo, como em *Fun House* ou *The Idiot*, nem ultrapassado, como em *Instinct*; e, embora houvesse, sem dúvida alguma, certa sensação de que se tratava de um Iggy mais aceitável, era óbvio que ele tentava fazer algo novo em vez de simplesmente se repetir. Ao que parecia, Iggy ainda passava boa parte do tempo lutando para descobrir qual era seu lugar no mundo. "I Won't Crap Out" é a história de um homem que sempre fora um marginal da música e que agora está em busca de novos valores num mundo corporativo; "Candy", um dueto com Kate Pierson, dos B-52s, é um triste lamento para Betsy Mickelsen, a "menina linda, linda do Norte", que, segundo ele próprio, ainda o persegue. Para "The Undefeated", Iggy chamou seu filho Eric Benson e um grupo de amigos dele de LA, incluindo o guitarrista Whitey Kirst e o baixista Craig Pike, os quais Iggy apelidou de "os Delinquentes Sanguessugas", para passar um tempo e cantar no estúdio. Com a canção pronta e a sessão quase no fim, Iggy se permitiu um breve retorno aos seus velhos hábitos, cheirando uma enorme carreira de cocaína estendida na mesa de mixagem antes de levar Whitey e os amigos ao Club Vertigo, onde Debbie Harry estava tocando naquela noite. Quando Iggy e o jovem guitarrista entraram no recinto, a multidão se abriu para deixar Iggy e sua comitiva passarem, e a banda de Debbie começou a tocar "I Wanna Be Your Dog", aquecendo-se para um dueto. Iggy e Debbie se esfregaram até cansar no palco, e naturalmente todos desfrutaram uma grande noite.

Lançada como single no início de 1991, "Candy" seria o primeiro hit de Iggy nos Estados Unidos, e entrou raspando no Top30. *Brick by Brick* ganharia um disco de ouro, alcançando números consideráveis em aparentemente todos os territórios fora do país, permanecendo nas paradas dos EUA por 37 semanas e tornando-se de longe o álbum mais vendido de Iggy Pop. A sensação de um retorno merecido foi potencializada pelo sucesso de "Did You Evah", um dueto maluco com Debbie Harry no disco *Red Hot + Blue*, tributo a Cole Porter em prol das pesquisas na área do HIV.

Havia, é claro, uma suprema ironia no fato de que *Brick by Brick* acabaria vendendo mais do que todos os álbuns incandescentes que ajudaram a fazer de Iggy uma lenda. O álbum estava cheio de eventuais demonstrações de uma sutil perícia profissional e de letras inteligentes e, ainda hoje, soa muito mais cativante do que os álbuns lançados na época, digamos, por Robert Plant ou Mick Jagger. No entanto, o fato de *Brick by Brick* ter vendido mais do que *Lust for Life*, por exemplo, um disco muito mais criativo e melodioso, em retrospecto, é ridículo. Tão rídiculo quanto *Lust for Life* ter sido ofuscado pelo ataque repentino de Elvis em seu trono.

## DEZESSETE
*UNDEFEATED*

Enquanto Jim Osterberg viajava ao redor do mundo para uma série de entrevistas à imprensa e em programas de TV a fim de promover *Brick by Brick*, pairava um sentimento de que sua histórica vingança final era das mais doces. O fervor maníaco e assustador de seus dias de Berlim era coisa do passado, bem como a síndrome de grandiosidade um tanto lamentável que Jim ostentava no início dos anos 1980. Pelo contrário, agora ele chegaria a confessar suas preocupações quanto a trabalhar com Don Was e teceria uma narrativa fascinante dos eventos picarescos de sua vida, zombando de seu próprio comportamento ridículo, ainda que permanecendo impetuosamente orgulhoso de sua música, o tempo todo louvavelmente modesto ao discorrer sobre os diversos músicos que então pagavam tributo à sua produção. A impressão era de estar diante de um homem que tinha perdido a maioria de suas batalhas, mas, após 21 anos, havia acabado de saber que ganhara a guerra.

Um sinal bastante significativo de que o mundo estava voltando sua atenção para Iggy Pop foi seu primeiro grande show naquele verão, o Gathering of the Tribes, no Shoreline Amphitheatre. O show contou com uma banda de Seattle, o Soundgarden, que tinha lançado seus primeiros EPs pela Sub Pop e recentemente assinado com a A&M. No verão seguinte, o mesmo local sediaria a primeira turnê do Lollapalooza, sinalizando a morte das hair metal bands, que haviam supurado as ondas de rádio ao longo dos últimos cinco anos, e o surgimento de uma nova geração de bandas lideradas por Jane's Addiction, Red Hot Chili Peppers, de Los Angeles, e Nirvana, cujo bombástico *Nevermind* alcançaria o Top10 britânico em 1991 e o Top10 dos EUA em janeiro do ano seguinte, acabando por vender mais de 7 milhões de cópias.

A ascensão dessas bandas marcou o momento em que os valores do punk finalmente impregnaram o mainstream americano, e todos os principais arquitetos da cena pareciam citar Iggy Pop. O Jane's Addiction e os Chili Peppers emergiram de uma cena musical em LA na qual covers dos Stooges, como "Search and Destroy" ou "I Got a Right", eram recorrentes nos shows das bandas; em que Perry Farrell botava "Fun House" para tocar nos bastidores e o guitarrista dos Chili Peppers, John Frusciante, diria sobre os Stooges que "tudo o que eles fizeram me deixou louco. Não dá mais pra fazer música com aquela mesma atitude hoje em dia".

Em junho de 1987, Iggy se juntou ao Sonic Youth no palco do Town and Country Club, em Londres, para tocar "I Wanna Be Your Dog".

— Foi um endosso crucial do Iggy como a icônica divindade do punk americano por parte de uma nova geração — afirma Keith Cameron, que se tornaria um dos principais jornalistas a documentar a trajetória do Nirvana e de outras bandas da Sub Pop na *NME*. — Antes disso, eu acho que o Iggy era alguém respeitado por seu trabalho no passado, mas com mínima relevância contemporânea.

Dois anos mais tarde, a influência dos Stooges no emergente mainstream ficou ainda mais evidente quando o Nirvana tocou a mesma música em jams com Tad e Mudhoney no Astoria, pequena casa de espetáculos em Londres; Kurt Cobain confessaria em seus diários que *Raw Power* foi seu álbum favorito de todos os tempos e comporia uma música, "Talk to Me", em homenagem a Iggy, enquanto Thurston Moore do Sonic Youth fantasiaria:

— Eu gostaria muito de ver o Nirvana como banda de apoio do Iggy; isso seria legal demais.

Sem dúvida alguma, o nome de Iggy tinha se tornado descolado, mas a influência dos Stooges estava longe de ficar só da boca para fora: o drone da guitarra de "I Wanna Be Your Dog" era facilmente discernível na sonoridade das guitarras reverberantes do Sonic Youth e do Dinosaur Jr, enquanto a pegada agressiva, ainda que concisa, da guitarra de James Williamson era mais obviamente reconhecível no estilo de John Frusciante. O imaginário lírico e visual de Iggy era bastante onipresente nas canções repletas de tédio e alienação ("oh well, whatever, nevermind"[50]); na apropriação do visual descamisado de Iggy nos tempos de *Fun House* por parte de Anthony Kiedis (junto com letras proclamando que "we

---

50 "... enfim, que seja, deixa pra lá" ("Smells Like Teen Spirit", do Nirvana). [N. de T.]

can dance like Iggy Pop"[51]); nos jeans rasgados que a maioria das bandas de Seattle ostentava; ou ainda no mosh e na quebra de barreiras entre artista e público, invenção de Iggy. Tudo isso se tornara parte integrante de toda performance de rock. Em meados dos anos 1990, quase todos os principais elementos estilísticos de Iggy e dos Stooges já tinham sido absorvidos pelo mainstream americano.

Crucialmente, a maioria das bandas que dominaria os cenários "alternativo" e grunge nos EUA ao longo da década de 1990 veria Iggy como uma força ainda vital e um artista empolgante ao vivo, em vez de um mero número nostálgico. O único rival à altura de Iggy como o pai espiritual desse novo movimento era Lou Reed – ainda que, àquela altura, Lou tivesse se tornado notório por fazer shows sem a menor energia, tediosos, como Black Francis, dos Pixies, os precursores vitais do grunge, bem coloca:

– Eu quero descobrir o rock'n'roll mais puro e genuíno disponível nesse determinado período, digamos que entre 1968 e 1977, e o Iggy é isso. Eu amo o Lou Reed, mas quem é que tem o espírito mais roqueiro dos dois? É ele. É muito mais puro.

A exemplo de John Frusciante ou Thurston Moore, Francis estudara as faixas descartadas e os bootlegs mais obscuros dos Stooges; finalmente, tais obras perdidas que eles tinham sido obrigados a realizar, mesmo quando não existia perspectiva alguma de algum dia serem ouvidas, haviam encontrado um público. Após descobrir *Lust for Life* e *The Idiot*, o que mais chegou a comover Francis foi uma coleção de demos, entre as quais "I Got a Right" e "Johanna", lançada pela Bomp:

– Na minha opinião, esse é o disco mais tesudo, adrenalizado, simplesmente extremo... porque não tem ninguém lá. Não tem ninguém lá a não ser eles. Assombroso é a palavra que melhor define aquelas demos.

De uma espécie de totem do punk old-school na Virgin, comprada pela EMI em 1992, Iggy Pop estava se tornando um dos nomes mais badalados do selo, dividindo o headline em festivais internacionais com gente

---

51 "A gente pode dançar que nem o Iggy Pop" ("Coffee Shop", dos RHCP). [N. de T.]

do naipe do Sonic Youth e Nick Cave. Quando a Virgin considerou ser a hora de lançar o próximo álbum de Iggy, *American Caesar*, em 1993, houve uma certa soberba no tom do discurso sobre o artista: "Nascido em uma cabana de madeira à beira do rio Detroit em 1862, Iggy Pop, o pioneiro do punk, limpou o terreno, matou ursos e tubarões e mudou a sonoridade da música americana com seu poderoso machado elétrico e seu bando de Stooges".

*American Caesar* foi gravado com uma banda fundamentalmente nova (o baixista Craig Pike, da turnê *Brick by Brick*, tinha morrido num acidente de carro em 1993), que contava com o guitarrista Eric Schermerhorn, vizinho de rua de Jim em West Village e ex-membro da Tin Machine, e o companheiro de quarto de Eric na faculdade, o baixista de cabelos encaracolados Hal Cragin, além do baterista Larry Mullins, um fã de longa data que tinha "stalkeado" Iggy no fim dos anos 1980 e que enfim se juntou à banda em 1990. Jim iria abordar as sessões de gravação com uma ética de trabalho incansável, obviamente, no amor com os estimulantes que tinham abastecido seus dias de glória, mas com impressionante autocontrole.

— Ele bebia meio copo de vinho, aí dizia: "Pô, cara, isto aqui é bom, hein", e deixava o resto sem beber — conta Schermerhorn. — A mesma coisa com o cigarro; ele tragava profundamente talvez umas duas vezes, e dava mesmo pra ver que tinha um efeito de verdade sobre ele, aí apagava.

Jim levantava cedo todas as manhãs e passava mais ou menos meia hora praticando qigong, um ramo do Tai Chi que o ajudava a manter o corpo esguio em forma, antes de caminhar até o apartamento de Schermerhorn, por vezes imbuído de uma alegria infantil pelo que notava de estranho no caminho; então, trabalhavam no material novo. As músicas desenvolvidas pelos dois mostravam Iggy mais liberado, confiante e pronto para realizar novas experiências, além de refletirem as leituras atuais dele, como *Declínio e queda do Império Romano*, de Edward Gibbon ("E nem era a versão resumida", diz Schermerhorn).

## DEZESSETE
### UNDEFEATED

Ao longo dos dois anos seguintes, o círculo mais íntimo de amizades de Jim acabou incluindo Johnny Depp, com quem Iggy se encontrara casualmente num show na Flórida, em 1980; Depp tinha se mostrado um verdadeiro pentelho, berrando obscenidades após o show, e foi recompensado ao dar de cara com seu herói, que caminhou até ele e gritou: "Seu escrotinho de merda!". Daí em diante, Depp foi presença regular nos shows de Iggy no início dos anos 1980 (Esther Friedmann com certeza reparou nele) e, finalmente, veio a conhecer Jim durante as filmagens de *Cry-Baby*, filme de John Waters de 1989. Dois outros amigos presentes na vida de Jim eram o tatuador Jonathan Shaw, filho do frontman Artie Shaw, e Jim Jarmusch, que tinha filmado Iggy com Tom Waits para seu projeto *Sobre café e cigarros* (*Coffee and Cigarettes*, no original), em 1992. Pouco a pouco, a amizade de Iggy com David Bowie parecia passar para segundo plano. Surgiram insinuações de que teria havido uma briga sobre dinheiro quando Jim comprou de volta as masters de *The Idiot* e *Lust for Life* a fim de relançá-los pela Virgin, mas o próprio Bowie ofereceu a explicação mais perspicaz de todas já no final da década, ao aludir candidamente à situação:

— Eu acho que houve um momento em que o Jim chegou à conclusão de que não era capaz de aparecer na porra de uma reportagem sem que meu nome fosse mencionado. E eu acho que não deve ser uma sensação lá muito confortável. — Havia certa pertinência na crença de Bowie quanto a Jim ter se ofendido com o fato de ser incessantemente associado ao nome de seu suposto mentor. — É uma pena, pois eu teria gostado de continuar mais próximo dele.

A amizade de Jim e David tinha sido única na música popular, mas, talvez, a exemplo de muitos relacionamentos, os egos de ambos não puderam ser mantidos sob controle para sempre.

— Eu acho que, em qualquer amizade mais íntima, dá pra usar a palavra amor —diz um observador, íntimo dos dois —, e, em muitas amizades mais íntimas, dá pra ver que uma pessoa ama mais a outra do que a outra ama ela. E eu acredito que o David amava mais o Jim do que o Jim amava o David. E, no fim das contas, acho que o Jim descobriu que podia viver sem ele.

A complexa interação de dois homens egoístas foi marcada pela admiração mútua e pela rivalidade.

— Todos os dois tinham o que o outro cara queria — diz Eric Schermerhorn.

Ainda assim, em última análise, parece que o respeito de Bowie por Iggy era mais profundo do que o respeito de Iggy por Bowie. Além disso, em meados da década de 1990, a visão mais cerebral e intelectual de Bowie sobre música já não era mais, covers do Nirvana à parte, referência de nada em comparação à abordagem visceral e intuitiva de Iggy. E havia outras amizades a serem feitas.

Quando Bowie se retirou do círculo público de admiradores de Iggy, logo surgiram novos substitutos, dentre os quais se destacava Henry Rollins, o outrora vocalista da Black Flag cuja produção diversificada se estendeu a performances de spoken word[52] e à poesia (e mais tarde ele supervisionaria uma reedição da autobiografia de Iggy, *I Need More*, por sua própria editora, a 2.13.61). Rollins seria um defensor-chave de Iggy na década de 1990, exaltando tanto sua efusão punk-demente quanto sua eloquência.

Foi sob o fulgor do reconhecimento geral e da total segurança financeira que Iggy seguiu para Nova Orleans, em setembro de 1992, a fim de gravar *American Caesar* com o produtor Malcolm Burn e sua nova banda, a que se referiu como "semelhante àquela com que eu comecei, três almas perdidas que não se encaixavam em lugar nenhum". O plano era que, a exemplo do que aconteceu com os Stooges, a gravação pudesse incitar uma sensação de crise e pressionar toda a turma até o limite. E isso funcionou, já que sobraram discordâncias nos bastidores, as quais, de alguma forma, contribuíram para o álbum mais provocativo e ousado

---

52 Performance artístico-literária em que as letras de músicas (bem como poemas e histórias curtas) são declamadas em vez de cantadas. [N. de T.]

de Iggy em uma década ou mais. "Wild America" era uma dura reflexão semideclamada, sustentada por um riff de guitarra sujo e repetitivo que registra o sentimento de Iggy quanto a ser repelido pela complacência de seu país, um local em estado de puro nervosismo; a um só tempo, é original e evoca toda a intensidade e a claustrofobia de *Fun House*. "Hate" estabelece fantasias de vingança numa sequência de acordes arpejados, góticos e imprevisíveis, enquanto "It's Our Love", por sua vez, é uma balada etérea com uma bateria ecoante e cordas resplandecendo a distância. Em outros momentos, canções meio fora do lugar, embora cativantes, lançam mão de batidas circenses ("Highway Song") ou criam um fluxo de consciência imagético em contraste com um fundo Jug Band[53] ("Fuckin' Alone").

Com a sensação de dever cumprido, Iggy entregou as fitas para a Virgin e, de acordo com ele próprio, acabou ouvindo: "Nós amamos o álbum... mas onde estão os hits?". Aconteceu em seguida, conta ele, o devido chilique artístico antes de acatar a sugestão do selo de gravar uma versão de "Louie Louie", e, então, vasculhar antigas fitas em busca da demo de "Beside You", balada gravada com Steve Jones na fase preparatória de *Blah Blah Blah*.

Se havia algo deprimente em recorrer a uma fórmula batida e gravar "Louie Louie", Iggy não chegou a admitir, conforme conta o baixista Hal Cragin:

— Eu achei que foi uma grande decisão. Era uma canção muito íntima e querida pra ele, sabe, era tão crua e solta... A magia dela meio que moldava mesmo a carreira dele.

A bem da verdade, o empenho de Iggy e sua banda ao revisitarem o velho clássico garageiro que lançou Iggy, o baterista-cantor,

---

53 As "Jug Bands" eram bandas que se valiam de instrumentos caseiros, por exemplo, garrafas, colheres, tábuas de lavar e o jug, moringa de barro em cujo gargalo o músico soprava, tirando um som parecido com o de um trombone. Violão e bandolin, geralmente fabricados pelos próprios músicos, também eram usados por algumas "Jug Bands". Tiveram seu auge nas décadas de 1920 e 1930, sendo frequentemente citadas como precursoras do blues. [N. de T.]

é assustador e emocionante a um só tempo (mesmo que, após 1978, seja difícil dissociá-lo da música perturbadoramente semelhante de John Travolta e Olivia Newton John, "Summer Nights"). "Beside You", num estilo power ballad dos anos 1980 que lembra "With or Without You", do U2, é estereotipada e afetada em igual medida, de alguma forma satisfazendo os desejos da Virgin ao entrar raspando no Top50 do Reino Unido. No entanto, *American Caesar*, que foi o álbum mais criativo de Iggy nos anos 1990, apesar de duas ou três faixas para encher linguiça, acabou vendendo em quantidades pouco respeitáveis, alcançando a 43ª posição no Reino Unido, mas deixando escapar o Top100 nos EUA.

As vendas fracas de *American Caesar* não chegaram a ser um problema terminal, pois, pelo que Hal Cragin ressalta, os shows de Iggy estavam rendendo "uma tonelada de dinheiro", assim como seu catálogo também vinha gerando um bom lucro. Pelo resto da década de 1990, porém, a vida de Jim se estabeleceria numa rotina tranquila, com o álbum seguinte gravado em mais ou menos dez dias, dentro de orçamento e ambições modestos, e, em geral, surpresas e emoções igualmente modestas. Por tudo isso, sua influência continuaria a permear novos cantos da cultura mundial, sobretudo quando Iggy Pop passou a ser considerado um totem maneiro do rock'n'roll, mais inadequado e ainda mais sequelado do que Keith Richards. A imagem de Iggy como uma personalidade subversiva do mainstream se disseminou ainda mais por meio de suas participações especiais num programa da Nickelodeon voltado para crianças mais descoladas, *As aventuras de Pete e Pete* (*The Adventures of Pete and Pete*, no original), além de papéis em *Tank Girl, O Corvo: A Cidade dos Anjos* (*The Crow: City of Angels*, no original) e uma sequência hilária no filme *Rugrats: Os Anjinhos*, no qual emprestou sua voz a um bebê recém-nascido, ao lado de Patti Smith, Beck e Laurie Anderson.

Oportunamente, assim que Iggy Pop começou a se tornar uma celebridade do mainstream, Jim aprendeu a assumir sérias responsabilidades

# DEZESSETE
## UNDEFEATED

como pai. Ele e Esther tinham começado a cuidar de Eric em semanas alternadas, aqui e acolá, no início de 1980. Tempos depois, Eric chegou a praticar contabilidade e se esforçou para entrar numa faculdade, mas, até 1990, já tinha deixado seu cabelo crescer e vinha planejando uma carreira como vocalista de rock, saindo com o povo das bandas em LA; seu pai lhe arranjou aulas de canto e, segundo o filho, fez "tudo errado". Finalmente, Eric acabou enfrentando seus próprios problemas por abuso de substâncias químicas; Jim pagou a terapia para o filho, e não, nas palavras dele, "por causa de uma preocupação paterna ou afetuosa qualquer. Eu encarei a parada porque tinha que encarar".

Murray Zucker, que permaneceu amigo da família, enfatiza que a relação entre Jim e Eric demonstrava "lealdade, obrigação e (um) sentimento de conexão que se perpetuou ao longo dos anos". Dr. Zucker, com certeza, é o mais objetivo dos observadores, embora seja difícil conciliar suas observações com as próprias declarações de Iggy quanto ao filho, às vezes perturbadoramente frias:

– Quando ele tava na reabilitação, todo mundo me culpava, e esse é o tipo daquela coisa americana que eu não aceito. Tipo aquela merda lá de "vamos analisar sua família".

Jim acabaria empregando o filho como assistente pessoal, mas Eric nunca parecia digno de receber elogios do pai. Eric Schermerhorn, como muitos músicos que trabalharam com Jim, recorda-se da generosidade dele em, por exemplo, repartir os royalties de composição, mas não se impressionava com as queixas do pai sobre o filho:

– Ele ficava resmungando sobre ter que jogar dinheiro fora com o moleque. Era uma coisa tão egoísta... E se o moleque quisesse ir pra Harvard? O que só piora quando a gente pensa no quanto os pais dele mimaram o cara.

Sem dúvida alguma, Jim se esforçou para ser um bom pai, mas simplesmente não tinha as habilidades necessárias para tanto, e jamais as teria.

O próprio Jim reconhecia a influência de seus pais. ("Uma coisa que eu não posso deixar de dizer é o quanto eles já me apoiaram", disse em 1993, "e é por isso que eu venho espontaneamente usando mais o sobrenome Osterberg nos últimos anos, em honra do nome deles.") Quando Louella adoeceu gravemente antes de morrer em 1996, Jim, devastado, caía em prantos em certos momentos, canalizando sua tristeza em canções despejadas em fitas. Jim Osterberg Senior, totalmente abatido, era quem consolava o filho Jim ao telefone, como conta Nick Kent.

– Eu falei com Jim sobre o pai dele, porque a mãe dele tinha acabado de morrer e o pai quase ficou completamente doido de tanta dor. Só que o pai foi capaz de se recuperar. – Jim conversava por horas e horas sobre seu pai, lembra Kent. – O pai dele é uma pessoa solitária, um intelectual, alguém que conseguiu chegar longe apesar das situações mais improváveis, e não teve uma vida fácil. Ao mesmo tempo, o pai de Jim encontrou certo conforto e paz no relacionamento com a esposa, porque os dois eram mesmo um daqueles casais inseparáveis. O Jim sempre ficava admirado com isso.

Conforme Jim ia se aproximando dos cinquenta, como muitos de sua geração, aquela rebeldia juvenil foi dando lugar ao respeito pelo que os pais tinham conquistado. Parecia mais fácil perceber isso agora que tinha herdado a dedicação e a ética profissional de seu pai, pois, mesmo num período em que a renda dos shows já não era mais assim tão vital, ele continuou trabalhando na estrada, um ano após o outro, evangelizador quanto à música dos Stooges e ainda insuflado pelo mesmo espírito de competitividade que exibia em Detroit.

Schermerhorn, Cragin e Mullins formavam uma pequena banda fraternal, assessorados por uma pequena equipe chefiada por Henry McGroggan e o roadie pessoal de Iggy, Jos Grain, e, muito embora seu líder pudesse muitas vezes sumir camarim adentro depois de um show, paranoico quanto à resposta do público não ter sido suficientemente eufórica, ainda era uma força centrada, motivacional. Com frequência, dava

# DEZESSETE
## UNDEFEATED

conselhos a seus músicos assumindo uma figura paterna bizarra, advertindo-os sobre não beber cerveja oferecida por bandas rivais em festivais porque ela poderia estar batizada, ainda imbuído com a mesma agressividade dos tempos de "Batalha de Bandas" em Detroit. Durante as turnês, abastecia seu corpo com carne vermelha, e nunca assistia à TV em dias de show, temendo que sua energia acabasse minada. Muito embora, nos últimos tempos, Schermerhorn e Cragin entrassem em discussões constantes com Jim sobre dinheiro e adiantamentos, ainda havia um vínculo emocional incrível entre o vocalista e a banda: durante um show em Varsóvia, registrado pela escola de cinema de Lodz, Schermerhorn estava próximo a um Iggy empapado de suor quando o vocalista levou um choque de alta voltagem da mureta metálica de proteção. Eric o encarou bem nos olhos, tentando imaginar o que diabos estava acontecendo, até que Jos puxou Iggy, afastando-o da mureta. Mais tarde, Jim lhe disse que, depois de todos os famosos duelos com os cacos de vidro e os motociclistas de Detroit, aquele episódio fora o mais próximo que já tinha ficado da morte. E pareceu um tanto pragmático quanto ao fato.

Noite após noite, Iggy se entregava num nível que provavelmente nenhum outro vocalista alcançou, antes ou depois. Independente do drama que estivesse acontecendo em sua vida pessoal, isso sempre servia de combustível para seu desempenho; durante a turnê de *American Caesar*, ele e Suchi vinham brigando muito e, quando Iggy subia ao palco, conta Larry Mullins, "era que nem uma guerra". Certa noite, Hal Cragin quase foi trespassado pelo pedestal do microfone lançado contra seu peito por Iggy; algumas noites depois, Eric Schermerhorn anunciou que estava partindo após ser vítima de um ataque similar. Jim se encontrava pesaroso e um tanto confuso ao término do show, pouco se lembrando do que tinha feito no palco.

O fotógrafo Bob Gruen era um dos amigos de Jim e de Suchi no início dos anos 1990; às vezes, saíam para jantar ou iam a uma boate juntos, e Gruen gostava da sagacidade e das tiradas de Jim. Em junho de 1996, Gruen viajou para Londres a fim de comparecer ao tão festejado show em que Iggy dividiu o headline com os então recém-reunidos Sex Pistols, cuja ascensão Gruen tinha documentado vinte anos antes. Gruen e Jim chegaram a trocar algumas palavras naquela tarde e, minutos antes de Jim ter que subir ao palco, Gruen avistou o cantor caminhando até um cantinho mais tranquilo. O fotógrafo estava prestes a abordá-lo e oferecer-lhe algumas palavras de incentivo, quando Art Collins o chamou de lado e avisou: "Eu não faria isso agora". Ao se voltar novamente para Jim, Gruen o viu profundamente imerso em algum tipo de exercício respiratório.

– E aí, de repente, foi como assistir ao Hulk, quando uma pessoa normal, a identidade secreta, se transforma numa criatura incrível. – Gruen ficou observando uma onda após a outra de uma energia quase sobre-humana percorrendo o corpo do músico. – Dava quase pra ver ele ficando mais forte e mais poderoso. O Jim tinha se transformado no Iggy e se apropriado de toda aquela massa, aquele poder. E logo o cara se tocava de que não era hora de ficar no caminho dele e que o melhor a se fazer era não chegar nem perto de onde ele estivesse.

O show daquela tarde foi insano, com Iggy contorcendo-se todo e simulando um coito com o back-line de Marshalls, determinado a roubar a cena no retorno dos Sex Pistols aos palcos. Finalmente exausto, saiu do palco rumo à área dos bastidores e se viu bem ao lado de Glen Matlock, com quem não falava havia quinze anos ou mais. Jim Osterberg lançou a Glen seu característico sorriso forçado, ligeiramente pateta, antes de perguntar: "E aí? O que é que vocês 'tão fazendo lá atrás? Vomitando?".

– Deu pra ver que ele entendeu implicitamente como é que a gente tava se sentindo – conta Glen Matlock –, que a gente tava se cagando por estar prestes a entrar no palco de frente pra 30 mil pessoas. Que aquilo era uma coisa e tanto pra gente.

Jim também tinha, segundo Matlock, aberto mão de "No Fun" em seu setlist, de modo que os Pistols pudessem guardar a canção para o bis deles.

A essa altura, em 1996, Iggy era vocalista praticamente de uma nova banda, com Eric Schermerhorn substituído na guitarra por Whitey

# DEZESSETE
## UNDEFEATED

Kirst, que já tinha tocado por um breve período com ele na turnê *Brick by Brick* (e, segundo se diz, deixou os cabelos do diretor de turnê, Henry McGroggan, brancos no processo), e Pete Marshall ingressando na segunda guitarra. O som ficava cada vez mais e mais trash, com um setlist baseado no enérgico, ainda que lamentavelmente previsível álbum novo *Naughty Little Doggie*. O novo A&R de Iggy, pelo visto, teve a brilhante ideia de formar uma parceria entre Iggy e Thom Wilson, que tinha produzido a grande banda punk daquele ano, Offspring.

– A cada disco de cada ano, a Virgin dizia: "Ah, nós vamos botar o Iggy pra trabalhar com esse cara da hora – conta Hal Cragin. – O Thom Wilson sabe como fazer uma produção de rock feijão com arroz... E foi exatamente isso o que a gente acabou fazendo.

Previsivelmente, os 8 milhões de compradores do último álbum do Offspring permaneceram na mais bem-aventurada ignorância acerca da existência de Iggy; tanto menos previsível foi o fato de uma nova geração de fãs ter se interessado por sua música em função do aclamado filme *Trainspotting*, lançado em julho daquele ano. Baseado no romance de estreia de um fã fervoroso de Iggy, Irvine Welsh, a abertura exuberante do filme mostra os junkies Ewan McGregor e Ewen Bremner fugindo da polícia ao som da bateria insolente e hedonista de "Lust for Life". Iggy é onipresente ao longo do filme na música-tema de Renton, o anti-herói viciado em heroína de McGregor, enquanto outro personagem importante termina com sua namorada e se torna um viciado depois que ela lhe diz: "Ou eu ou o Iggy Pop"; assim, a música "Lust for Life" se tornaria a pedra angular da intensamente divulgada e extremamente bem-sucedida trilha sonora do filme. Reeditado como single no Reino Unido, "Lust for Life" alcançou a 28ª posição nas paradas de singles e motivou um Best Of pela Virgin, *Nude and Rude*, que contou com uma fotografia de Iggy, nu e junkie, tirada em 1971 por Gerard Malanga e judiciosamente cortada na medida para fazer a capa.

A surpresa de ver "Lust for Life" nas paradas de sucesso ilustrou um dos benefícios de nunca ter se mantido por muito tempo no mainstream;

o episódio demonstrou que sempre haveria um público para quem a música de Iggy seria um território não mapeado e ainda por ser descoberto. E durante a década seguinte, entre os meios de comunicação que ajudaram a disseminar a música dele, incluíam-se dezenas de filmes, de *Basquiat* a *Grandes Esperanças* (*Great Expectations*, no original), de *A vida marinha com Steve Zissou* (*The Life Aquatic with Steve Zissou*) a *Escola de rock* (*School of Rock*), e uma variedade cada vez mais ampla de comerciais de TV, mais notoriamente "Search and Destroy" pela Nike em 1996 e "Lust for Life" pela Royal Caribbean Cruise, este eleito como o uso mais inadequado de uma canção de rock num comercial de TV pelos ouvintes da NPR em 2005. Muitos fãs se deliciaram com a ironia de uma canção escrita sob a influência da heroína sendo veiculada no meio dos Jogos Olímpicos, ou de um hino à manguaça e à cocaína divulgando cruzeiros de família; comentaristas de blog ao redor do mundo proclamaram que Iggy tinha se vendido. E o vocalista justificou a cessão com base no fato de que aquelas eram canções que o mundo nunca tivera a oportunidade de ouvir.

Considerando as provações quase sem precedentes, quase insuportáveis a que Iggy tinha sobrevivido em busca de sua música, que permaneceu ignorada nos Estados Unidos por décadas, até que se tratava de uma desculpa plausível. No entanto, nem mesmo o vendedor de banha de cobra com a melhor lábia do mundo seria capaz inventar uma explicação razoável para a turnê ROAR, na qual Iggy e banda embarcaram no verão de 1997, financiada pela US Tobacco na esperança de vender fumo de mascar da marca Skoal por todos os EUA a uma juventude desiludida. Iggy, a certa altura, alegou que a turnê lhe oferecia a oportunidade de tocar para multidões maiores em vez de fazê-lo nas mesmas boas e velhas casas de espetáculo de médio porte de sempre, mas, à medida que a turnê prosseguiu, tal justificativa virou pó. Mesmo que ninguém se chocasse com o cinismo de Iggy ao ajudar no repasse de nicotina a adolescentes, não daria para disfarçar a surpresa diante de sua ingenuidade em se prestar a um

## DEZESSETE
### UNDEFEATED

empreendimento obviamente fadado ao fracasso desde o início.

O clima em torno da turnê ficou ainda mais sombrio por causa dos problemas cada vez mais óbvios que afligiam o casamento de Jim. Ele amava Suchi, profundamente, mas, com o passar dos anos, tinha adquirido o hábito de tratá-la feito uma lacaia, desfilando pelos aeroportos mundo afora com as mãos nos bolsos, enquanto a pobre penava com as sacolas, os músicos só observando. Quando brigavam, ele geralmente retrucava feito um adolescente, humilhando-a ao flertar com a mulherada que, inevitavelmente, se congregava nos bastidores. Logo que 1996 enfim chegou, Jim já estava sub-repticiamente convidando outras namoradas para as turnês (naquele ano, o guitarrista Pete Marshall ficou incumbido de ser a babá tanto de Suchi quanto da nova rival, a argentina Alejandra), e, por volta de 1997, Suchi finalmente anunciou estar farta e se mudou para um apartamento que Jim tinha comprado perto da 7th Street, na tentativa de uma separação temporária. Algumas pistas sobre o estado emocional de Suchi podem ser deduzidas a partir de seu romance de estreia, *In Broken Wigwag*[54], publicado naquele outono pela United Press. O livro narra a melancolia de emigrantes japoneses em Nova York, foragidos da repressão em Tóquio, ainda que dolorosamente vulneráveis em seu novo habitat. A certa altura, o narrador explica como um casal "jamais goza de certa igualdade de poderes. Há sempre quem conte as histórias e quem as ouça". Suchi não estava mais disposta a pagar uma de groupie, e a dor de Jim era tão evidente que o baterista Larry Mullins se mudou para um apartamento mais próximo ao dele no intuito de ficar de olho no amigo.

– Ele tava caindo num estado de extrema negatividade, extrema depressão. E a coisa começou a ficar meio assustadora.

A turnê Revelations of Alternative Rhythms, ou ROAR, contou com um heterogêneo line-up que incluía Reverend Horton Heat, Bloodhound Gang, Tonic, 60 Ft. Dolls, Sponge e a futura compositora de

---
54 Ainda sem tradução no Brasil. [N. de T.]

Pink e Christina Aguilera, Linda Perry, bem como com uma "Aldeia de Entretenimento e Estilo de Vida" onde as crianças poderiam desafiar seus coleguinhas para uma luta virtual de sumô ou de boxe num ringue inflável. Assim que a turnê foi anunciada, em abril de 1997, os grupos de pressão antitabaco começaram a emitir comunicados de imprensa denunciando as más práticas do conglomerado. Tendo inicialmente investido uma enorme quantia de dinheiro na turnê, a US Tobacco passou a refrear os gastos com publicidade e, em pouco tempo, as bandas passaram a tocar em grandes estádios onde o número de seguranças ultrapassava o da multidão; em pânico, os organizadores mudaram alguns locais de apresentação, provocando a visão ridícula de doze enormes ônibus de excursão enfileirados do lado de fora de um clube minúsculo como o Stone Poney, em Nova Jersey.

À medida que foram tocando para casas cada vez mais vazias por todo o território dos EUA, Iggy passou a ficar obcecado pelo vocalista da Sponge, uma banda de covers terrível de Detroit que tinha pegado o bonde do grunge já andando e que por sorte ganhara um disco de ouro. Em pouco tempo, o venerável Padrinho do Punk estava envolvido num jogo de superioridade em que contava vantagem aos novatos do grunge--de-ocasião.

— Qualquer coisa que o Jim fizesse numa noite, o vocalista da Sponge fazia na noite seguinte — conta Hal Cragin rindo. — Numa noite, ele vai e sobe na caixa de PA lateral, aí, na noite seguinte, o garoto vai e sobe na caixa de PA lateral. E em vez de dizer: "Puta merda, doido", ele só fica ainda mais excitado.

O baterista Larry Mullins começou a temer que houvesse algo mais sério acontecendo no trabalho:

— Ele estava conseguindo me deixar assustado de verdade. Apresentava um comportamento cada vez mais bizarro a cada noite... Parecia que ele queria mesmo se matar no palco, fazer alguma coisa maluca de verdade, ou até violenta.

O duelo com o vocalista da Sponge se tornou uma obsessão para

## DEZESSETE
### UNDEFEATED

Iggy, provavelmente numa tentativa de apagar os problemas de seu casamento e da turnê obviamente maldita, na qual um público de cem ou duzentas pessoas dava as caras em anfiteatros com capacidade para 15 mil lugares. Apesar dos esforços da banda no sentido de acalmar a rixa ("A gente ficava dizendo: 'Tenta relaxar, eles são só a porra duma banda de covers'", conta Pete Marshall), Iggy estava determinado a "pagar pra ver", até que, numa bela noite, ficou cara a cara com uma pequena multidão no enorme Polaris Amphitheatre, em Columbus, no estado de Ohio. A banda deu o pontapé inicial com "Down on the Street" para um bando de moleques confusos que estavam tentando descobrir quem ele era.

– Parecia mais que eles tinham ido lá pra ver a Britney Spears ou algo do tipo, só que tinha um carinha com um olhar de maníaco e uns músculos saltando de tudo quanto era canto, e ele acabou deixando a molecada com medinho – conta Whitey.

Tanto Whitey quanto Cragin ficaram analisando a pequena multidão, que parecia paralisada de medo e confusa com aquela manifestação bizarra, até que Iggy saiu correndo direto para a beira do palco e se lançou no ar.

– Eu fiquei observando a cara da molecada em estado de choque bem na hora que ele voou pra cima deles – conta Cragin –, e eles apenas se dispersaram.

Iggy bateu de cara contra uma fileira de cadeiras com um impacto que, só de olhar, dava náuseas.

– Foi feio – lembra Whitey.

Enquanto os músicos continuavam tocando, tentando entender o que tinha ocorrido, Jos Grain saiu correndo para levar o cantor de volta ao palco. O sangue escorria do rosto dele e um de seus ombros estava penso, formando um ângulo bizarro alguns centímetros abaixo da clavícula. Por alguns minutos, Iggy ficou de joelhos no palco, agarrado ao pedestal do microfone, "com um olhar todo estranho, em algum lugar estranho", conta Whitey. Durante certo tempo, pareceu estar cantando alguma música bizarra, desconhecida. Hal imaginou que talvez fosse algo em espanhol.

— Seja lá o que tenha sido, soou legal pra caramba — continua Whitey —, mas definitivamente não era "Down on the Street".

Enfim, Jos chegou à conclusão de que Iggy tinha de fato sofrido danos graves e o apoiou nos ombros, carregando-o até a coxia. A banda terminou de tocar a canção antes de deixar o palco sob algumas vaias tímidas.

Eric Benson tinha ingressado na turnê como assistente de seu pai, e acompanhou Jim na saída do consultório médico, ao passo que Henry McGroggan se encarregou de explicar a situação à banda. Jim tinha rachado a cabeça e deslocado o ombro de um jeito horrível (pareceu ter ocorrido algum problema com o anestésico indicado para colocá-lo de volta no lugar, tal era sua tolerância ainda heroica a opiáceos), e acabou tendo de usar uma tipoia pelo resto da turnê. Na apresentação seguinte, Iggy entrou pulando no palco com a tipoia, que ficou frouxa em questão de segundos, deixando o braço solto, sacolejando. Jos, o aspirante a paramédico, apareceu com um rolo de fita isolante, firmando o membro machucado ao corpo de Iggy, que, assim, foi capaz de terminar o set.

A turnê seguiu aos trancos por mais nove apresentações, metade em casas de espetáculo minúsculas como a House of Blues. Em 5 de julho, finalmente foi cancelada, sob a alegação de que o ombro deslocado de Iggy era responsável pelo fato de os quarenta shows inicialmente planejados terem sido cortados pela metade. Muito embora Henry McGroggan houvesse conseguido negociar uma substancial contrapartida da US Tobacco, ficou óbvio que a tentativa de Iggy Pop de se vender tinha encontrado seu destino habitual.

Algum tempo após a lesão, Jim se consultou com um médico que lhe disse:

— Em decorrência de o seu braço estar todo enrolado, você teve uma série de danos nos nervos e a circulação parou… Não sei dizer se esse braço algum dia vai voltar a funcionar.

Uma vez concluída a turnê, Jim retornou ao Christadora, ainda sem mexer o membro afetado. Várias semanas se passaram antes que, instintivamente, enquanto lia jornal, ao estender a mão e pegar uma caneca de café com o braço avariado, tivesse certeza de que não havia danos permanentes.

Por mais cínico que o fato de Iggy aceitar os dólares da US Tobacco tenha parecido à mídia norte-americana, a dedicação dele ao trabalho, que resultou em ferimentos graves, pareceu ajudá-lo a emergir com a credibilidade intacta. E isso foi reforçado por seu único lançamento em 1997, uma edição remixada de *Raw Power*. As fitas masters, ao que parece, vieram à tona na Europa, onde um fã as entregou a Henry Rollins Band; Rollins aparentemente queria colaborar na nova edição, mas Iggy optou por remixar o álbum sozinho. Dessa vez, o vocalista se mostrou educado quanto à mixagem de Bowie, sem maiores menções a uma sabotagem por parte "daquele maldito água de salsicha". Pelo contrário, afirmou que a nova edição tinha desencadeado o som de "uma banda superpesada soltando fogo pelas ventas com injeção direta de nitroglicerina pura em que ninguém neste mundo jamais será digno de encostar o dedo". A nova mixagem foi mais coerente, senão mais unidimensional, com uma sonoridade intensificada que muitas vezes sangra distorção, tendo sido sua acuidade glam original totalmente extirpada. Assim que a Columbia lançou a edição remixada, tirou de veiculação a mixagem original de Bowie, o que significava que a versão de *Raw Power* que tanto inspirara toda uma geração de bandas punk se tornara inalcançável. Esse ato de revisionismo histórico levou Ron Asheton a observar que "agora, todo mundo que escuta (o remix) diz a mesma coisa: Eu amo de verdade aquela mixagem original do David Bowie!".

Posteriormente, houve ainda uma outra onda de interesse pela era *Raw Power* no período que antecedeu o lançamento do filme *Velvet Goldmine*, de Todd Haynes, vagamente baseado na relação entre Bowie e Iggy; apesar do entusiasmo fervoroso da mídia, o filme sumiu de circulação sem causar muito impacto e foi ridicularizado pela maioria dos que fizeram parte da história, com exceção de Angie Bowie, que o declarou como um retrato fiel da época. O filme marcou o retorno à vida pública de Ron

Asheton, que recentemente ocupava a maior parte de seu tempo atuando em filmes B, acompanhado por Mark Arm, do Mudhoney, Thurston Moore, do Sonic Youth, e o baixista Mike Watt, do Minutemen, que gravaram "TV Eye" e outras canções para a trilha sonora. O grupo incorporou ainda a banda de apoio de Curt Wild, personagem inspirado numa combinação de Iggy Pop e Lou Reed, interpretado por Ewan McGregor. Com Ron tocando o material dos Stooges outra vez, surgiram rumores de que ele e Iggy enfim poderiam resolver suas diferenças, hipótese que se tornou mais recorrente quando se soube que o über-produtor Rick Rubin tinha discutido sobre a possibilidade de produzir a banda reformada. Assim que o assunto foi levantado, porém, Iggy acabou fazendo as mesmas velhas piadas sobre Ron ainda viver com a mãe, dizendo aos entrevistadores que não tinha interesse algum em tocar os antigos sucessos: "E, além disso, eu nem preciso".

Então Iggy preferiu não se reunir com os Stooges e levar adiante um novo projeto musical em que pretendia gravar, conforme saiu espalhando para todo mundo, covers de "algumas pérolas". Já haviam decorrido quase trinta anos desde que cantara pela primeira vez "Shadow of Your Smile" ao vivo para plateias desinteressadas e introduzira a clássica versão de Sinatra para a canção romântica de Johnny Mercer, "One for My Baby", em seu set, ainda em 1978. Além do mais, estava firme com uma nova namorada, que nutria um gostinho todo especial pela bossa nova. A primeira vez que Jim notou Alejandra foi quando ela conheceu o filho dele, Eric, durante a turnê *American Caesar* em Buenos Aires, comendo-a com os olhos numa visita posterior. Ela lhe ensinou espanhol (ele aprendia rápido), e ele cantarolaria versões de "Insensatez", sob o título de "How Insensitive", do maestro Antônio Carlos Jobim, ou do clássico "Autumn Leaves", de Mercer/Kosma, com uma base acústica no estúdio caseiro de Hal Cragin. Era o tipo de música que o destroçado Frank Sinatra provavelmente entoaria durante o processo de separação com Ava Gardner, e dos mais apropriados a um período em

## DEZESSETE
### UNDEFEATED

que o próprio Jim vinha negociando um acordo de divórcio com Suchi. A separação o deixou "muito, muito mal", conta Larry Mullins:

– Muito embora tenha sido culpa dele em grande parte, foi um golpe bem duro, pois o casamento era uma das coisas a que ele mais tinha se dedicado a longo prazo. Representou uma perda enorme.

Em última análise, ao que parece, o divórcio com Suchi foi razoavelmente amigável, já que depois ela chegou a visitá-lo em turnê, embora o papel (muito bem documentado) de Suchi na reabilitação profissional de Jim significava que ela tinha direito a um acordo de divórcio bastante considerável.

Como já fizera tantas vezes antes, Iggy canalizou seus problemas na música, chamando Don Was, que nutria um enorme desejo em colaborar num álbum com pano de fundo em grande parte acústico para a voz de Jim. Nos meses que antecederam o início da gravação, em maio de 1998, Jim deu um duro danado, ensaiando as pérolas junto de Cragin, com o apoio rigoroso de um contrabaixo e um violão:

– Foi bem legal... – diz Cragin. – Mas, no fim, ele acabou ficando paranoico com isso.

Para quem tinha acompanhado a carreira de Iggy, a ideia de uma compilação de baladas tristes e românticas era das mais envolventes; existiam precedentes em sua própria obra, em particular na sonoridade lúgubre e um tanto europeia de *The Idiot*. Havia pouco tempo, Nick Cave, que tinha começado ao lado da Birthday Party tocando um rock altamente influenciado pelos Stooges, veio a atingir o ápice de sua carreira com *The Boatman's Call*, uma compilação melancólica de baladas acústicas minimalistas; Johnny Cash, mais tarde, sustentaria o retorno de sua própria carreira com o despojado e arrepiante *Solitary Man*. No entanto, quando Iggy começou a trabalhar em *Avenue B*, o álbum que registraria justo a ruína emocional de sua própria vida, pareceu simplesmente perder as estribeiras, reencontrando-as por meio da cortesia da Blue Note Records, que disponibilizou seu ultratalentoso trio de jazz, Martin Medeski e Wood. Por trás de toda a maquiagem sonora e dos bongos bem ao gosto da pequena burguesia, no entanto, havia um universo sombrio impondo-se. "Nazi Girlfriend", a canção mais certeira do álbum, mostra um narrador intimidado por uma mulher com salto de dez centímetros e olhar desolador, em contraste com acordes quebrados cristalinos. "I Felt the Luxury" conta com letra sólida feito diamante em que o herói especula friamente sobre a próxima tentativa de suicídio de sua amante em pele de leopardo: "If cold's what I am, I'm cold to the end"[55]. (A canção parecia tanto um aviso às futuras amantes quanto uma ameaça a Eric, caso acumulasse mais dívidas junto a seu terapeuta.) Em outro ponto, o cover primoroso da canção de Johnny Kidd, "Shaking All Over", exemplifica bem uma situação das mais cruciais: com a velhice, sempre vem a competência, embora um certo grau de idiota eloquência seja perdido.

Quando *Avenue B* enfim foi lançado, em setembro de 1999, Alejandra (tema de várias das canções) já tinha partido após outra separação complicada, a poeira do divórcio já tinha baixado e Jim já tinha trocado Nova York por Miami.

– Eu não me importo de ser milionário; só não quero viver perto de outros milionários – conforme ele justificou aos mais próximos, tipicamente alardeando, numa mesma frase, sua própria fortuna e a crença persistente de que era um excluído.

Como era de se prever, *Avenue B* foi comercializado como um "álbum de divórcio" e, como era de se prever, foi lançado sob críticas diversificadas. Algumas decretaram se tratar de um exercício de autocomplacência, incapazes de reconhecer a brutalidade emocional do disco, e, conquanto a maioria das pessoas presumia que Iggy Pop tinha construído um novo refúgio, acolhedor e aconchegante, em North Beach, Miami, a vida não andava assim tão bela. Para a turnê *Avenue B* daquele outono, a qual combinava de maneira bem eficaz reflexões existenciais acústicas

---

55 "Se eu sou frio assim, sou frio até o fim." [N. de T.]

## DEZESSETE
### UNDEFEATED

com versões vazias para clássicos dos Stooges, Jim resolveu roubar as mulheres de seus músicos como nos velhos tempos; um "predador sexual sem proteção", define Hal Cragin. Porém, houve crises emocionais menores, como quando ele pegou uma menina na Suécia e acabou por descobrir que o pai dela era um grande fã da música de Iggy, uma justaposição de gerações de que ele não gostou nada. O encontro ilustrou bem como, desde o primeiro revival da carreira de Jim, em meados da década de 1970, já se passara um quarto de século. Mas, em certo sentido, o fato de estar já bem avançado na casa dos cinquenta mudava pouca coisa: aquela inocência pueril sempre se associara a uma excentricidade meio pirada, o jeito como conversava com estranhos de aparência esquisita na rua, ou chamava as pessoas de "senhor".

    Nos primeiros dias morando no Christadora, Jim chegou a apreciar a mistura excêntrica de boutiques, de um lado, com traficantes de crack a dois quarteirões na outra direção; entretanto, depois que a área toda foi limpa pelas autoridades, o East Side perdeu a graça para ele. Miami oferecia uma versão mais exótica daquela mistureba excêntrica, onde podia passar tardes inteiras nas mais remotas e miseráveis praias, ou sair por aí dirigindo seu Cadillac conversível de 1969, espiando as velhinhas WASP com três décadas de aposentadoria nas costas recebendo massagem de tipos fortões que ganhavam a vida com atividades intrigantemente vagas, sem dúvida ilegais. E, claro, as garotas de Miami. Foi numa dessas voltinhas pela cidade que notou, numa pizzaria, duas mulheres espetaculares com pinta de latino-americanas. Estacionou, saiu do carro e foi caminhando ao encontro das duas para dar um oi; pensou melhor e, então, deu meia-volta rumo ao Cadillac, entrou nele e, por fim, ofereceu-lhes uma carona. Nina Alu era meio irlandesa, meio nigeriana, uma aeromoça esculpural, metade de uma cabeça mais alta do que Jim. Como um amigo bem coloca, ela era "de fazer o trânsito parar", e logo se tornou companheira regular de Jim. Formavam um casal doce, por vezes cochichando aos pés um do ouvido do outro ou compartilhando uma cara garrafa de vinho tinto à noite.

Iggy e sua banda tiveram um ano tranquilo em 2000, restringindo seus shows aos enormes e lucrativos festivais europeus de costume. Hal Cragin tinha deixado a banda após a turnê *Avenue B* e foi substituído pelo baixista da Body Count, Lloyd "Mooseman" Roberts, que se juntou a Whitey e Pete Marshall nas guitarras. O irmão de Whitey, Alex, havia ingressado como baterista para a turnê *Avenue B*; Jim gostava da vibe de mais uma vez ter dois irmãos na banda e resolveu batizar o conjunto de "os Trolls"; isso quando não os chamava de "minha bandinha", como se não passassem de empregadinhos domésticos.

A essa altura, já tinha aberto mão da rotina de audições com novos músicos; normalmente, Art Collins se limitava a pedir-lhes que pirassem um pouco, pois Jim se mostrava mais preocupado com a atitude dos músicos do que com suas habilidades propriamente. Não à toa, o desempenho de Whitey tinha sido notoriamente ruim em sua primeira turnê com Iggy (Henry McGroggan disse que, quando Whitey entrou, pensava que a banda estivesse trabalhando num material novo, pois não era capaz de distinguir sequer uma única música), mas pouco a pouco começou a realizar uma contribuição vital a músicas como "Corruption", de *Avenue B*. Quando o inverno de 2000 enfim chegou, Whitey já estava arranhando a maioria dos principais riffs para os quais Jim faria os arranjos, e a bandinha ensaiou e gravou todo um novo álbum em menos de duas semanas, com produção de Iggy. *Beat 'Em up* não era nem de longe inovador, mas se tratava de um autêntico metal bate-cabeça desmiolado, com diatribes maníacas de Iggy atacando os trapaceiros, impostores e pulhas do showbiz que ousavam xavecar sua namorada, e, na maior parte do tempo, um fluxo de riffs e tiradas obscurecendo a falta de ideias originais. A faixa mais memorável, "VIP", foi um exemplo quintessencial de Iggy zoando a mão que o alimenta, um ataque de sete minutos à cultura das celebridades inspirado na performance da banda, a convite pessoal de Donatella Versace, num lançamento da marca em janeiro de 1999.

Quando *Beat 'Em up* enfim foi lançado, em julho de 2001, seu bai-

## DEZESSETE
### UNDEFEATED

xista já tinha se tornado uma vítima da agressividade que parecia permear o álbum. Mooseman retornara a Los Angeles após a gravação e, aparentemente, estava consertando um carro em sua garagem em South Central quando foi assassinado por uma bala perdida, disparada de um carro em movimento durante um tiroteio, em 22 de fevereiro.

Mooseman foi mais um nome a constar de uma lista sinistra: Dave Alexander, Zeke Zettner, Jackie Clark e Craig Pike, todos tinham tocado baixo para Iggy e acabaram morrendo, ao passo que Tony Sales fora encontrado quase sem vida após um acidente de carro em 1979, com uma engrenagem enfiada no peito, e ficou em coma no Cedars Sinai Hospital por dez semanas antes de se recuperar (Bowie foi visitá-lo; Jim nunca nem telefonou). Foram inúmeros os casos de músicos que acabaram prejudicados ou definhando por conta da carreira ao lado de Iggy; seguir em frente, porém, representava uma questão de orgulho. Era ao mesmo tempo impressionante e inexplicável (David Bowie usou a palavra "obsessivo" para descrever a compulsão de Iggy por turnês), embora houvesse uma certa lógica interna. Jim sabia que tinha produzido suas melhores músicas nos primeiros dez anos de carreira, e também acreditava piamente que havia estragado tudo. Muitas vezes, chegou a culpar os Ashetons (mesmo em 2000 ou 2001, ainda trazia à tona com frequência a preguiça ou a predileção de Ron pelas drogas), mas ele sabia que seus próprios excessos ou sua simples falta de resistência psíquica haviam sido uma das razões fundamentais para o fim dos Stooges. Agora, ainda tinha de provar sua resistência de modo a compensar as deficiências de trinta anos atrás. Nas entrevistas, Jim era infalivelmente charmoso, mas houve um raro momento de impaciência quando um entrevistador deu a entender que ele era um roqueiro canastrão:

— Escuta aqui, cara — retrucou. — Eu faço isso há trinta anos. Os primeiros quinze anos foram altamente criativos e contaram com um nível de disciplina baixíssimo. A segunda metade foi o inverso, com uma criatividade de modo geral menos impressionante, mas bem mais disciplina.

Foi uma situação clássica, o velho "não te faz de doido senão o pau te acha". Iggy Pop tinha ganhado a guerra, mas ainda lutava para apagar as recordações da batalha perdida 25 anos antes. E continuou na luta durante a maior parte de 2001, batalhando contra toda e qualquer banda com quem dividia o cartaz num festival ou numa casa de espetáculo ao longo de abril, maio, junho, julho, outubro e novembro. Muito embora os shows tenham sido, na maioria das opiniões, geralmente soberbos, aqueles não foram meses nada fáceis. As mesmas boas e velhas brigas entre irmãos, as mesmas peripécias de músicos enlouquecidos de álcool ou drogas (o que, de fato, ficava ainda pior quando confinados num jatinho particular), tudo estava lá – além de novíssimos aborrecimentos, a exemplo de um bate-boca de Jim com seu filho Eric, recém-promovido a diretor de turnês e já desaparecido logo na sequência de uma discussão após o talk show de David Letterman em Nova York, que depois disso se distanciou do pai. Ao fim da turnê, a maioria da banda se encontrava num estado de paranoia total, tentando adivinhar qual deles, senão todos, seria demitido.

Não era só a banda de Iggy que estava preocupada com o futuro no emprego. Em março de 2002, a EMI anunciou que vinha tendo um baixo desempenho no mercado norte-americano e planejava uma demissão em massa de milhares de seus funcionários por todo o mundo, seguida de um corte drástico em seu catálogo de artistas. Era inevitável que a empresa checasse de perto o quanto Iggy vinha contribuindo com os cofres corporativos.

Por volta da mesma época, Jim adquiriu o hábito de acumular seus próprios CDs em casa. Formavam uma grande pilha. No mundo inconstante e transitório do entretenimento, o fato de aquela pilha só aumentar a cada dois anos, mais ou menos, sempre representou uma fonte de orgulho. Agora, Jim começava a pensar em como ficaria se dividisse os CDs em duas pilhas, uma dedicada aos grandes álbuns e outra aos medíocres. Porém, ele era esperto o suficiente para perceber que a última pilha seria muito mais alta. E, em algum momento, começou a dizer para si mesmo: "Se é para aumentar a pilha, melhor que seja por uma boa razão".

# DEZOITO

## A CASA DOS RÉPTEIS

**JIM OSTERBERG** caminha silencioso por seu modesto refúgio de um único andar em Miami, com o entusiasmo e a vivacidade de um filhote, recebendo as visitas com uma cordialidade à moda antiga: cheio das cerimônias, perguntando se não queremos uma bebida gelada, checando se o sol implacável da Flórida não bate em nossos olhos.

Antes de nos sentarmos, com uma polidez sulista, ele nos leva para conhecer sua pequena casa de um quarto. Um vasto jardim com a grama dura da Flórida, um par de palmeiras e quatro ou cinco arbustos de rododendros protegem o bangalô com fachada de madeira da rua. Um Rolls Royce Corniche preto se abriga do sol no alpendre da garagem adjacente à casa. Ela em si é pequena, quase de brinquedo, e, embora haja um bom número de obras de arte – pinturas naïf haitianas, estátuas russas, um desenho de Brion Gysin, uma pintura dos Stooges da própria autoria de Jim (baseada numa foto que uma fã lhe enviou), um trono normando... – a impressão geral é de que sobra espaço, como no retiro de um monge.

Há algumas poucas caixas de CDs visíveis, empilhadas numa sala minúscula onde Iggy escreve suas letras sentado a um piano de brinquedo. Num armário com portas de vidro ali por perto, encontra-se uma bateria de brinquedo Woodstock, em tom vermelho vivo, com cerca de 45 centímetros de altura. É essa a bateria usada pelo vultoso, do alto de seu 1,82 m, Scott Asheton, "Action Rock", o Dum Dum Boy trombadinha, quando os Stooges, reformados, ensaiam no bangalô de Iggy, num bairro latino nos limites da cidade. Imagino poucas coisas mais cômicas do que a visão de três homens amigos de infância aos sessenta anos de idade, reunidos mais de trinta anos depois para ensaiar e trocar reminiscências nesta salinha minúscula, agachados sobre instrumentos de brinquedo.

Em uma mesa próxima à porta dos fundos, há um mural afetuosamente convencional de fotos de família: uma fotografia de Louella ao lado de outra, semiformal, em preto e branco, de James, o pai, vestido com o uniforme da Força Aérea e exibindo um sorriso cativante. Jim ainda mantém contato regular com o pai, que agora se encontra numa casa de repouso em Myrtle Beach. No entanto, não há fotos à vista de Eric ou da nova neta de Jim, a quem, pelo visto, ele nunca chegou a conhecer. Próximo à fotografia do pai, há um instantâneo desfocado, amador e kitsch de um senhor idoso com um sorriso beatífico abraçado a uma namorada da Amazônia cujos "air-bags" estão na altura da cabeça dele. Levo alguns segundos até perceber que se trata de uma foto terrivelmente ruim de Iggy, no que poderia ser um instantâneo de qualquer milionário da Flórida, parecendo um velhote ao lado de Nina. Há algo comovente na falta de autoconsciência dele. Mais ao lado, a célebre fotografia de Gerard Malanga: um Iggy nu em seu auge; outra moldura está posicionada de maneira estratégica a fim de lhe ocultar o impressionante pênis. Por alguns instantes, conversamos sobre a foto, ocasião em que menciono o fato de que usá-la na capa de uma edição particularmente depravada da revista *MOJO*, por mim editada, fora um dos meus momentos de maior orgulho. Ele me encara, aparentemente horrorizado, e diz: "Eu sei; não dá pra acreditar que

## DEZOITO
### A CASA DOS RÉPTEIS

você fez isso". Analiso seu semblante duro para ver se ele não está me enrolando, mas não há sinal algum. Isso define o tom de nossa tarde: discutindo depravação, traição, vingança e a vida numa instituição para doentes mentais com um inocente amadurecido, bem-educado, que fala como se tudo isso tivesse acontecido com outra pessoa, ou como se fosse Cândido, simplesmente levado pela correnteza desatinada da história.

Esta não é a única casa de Jim (há um apartamento maior que divide com Nina no centro de Miami, bem como uma casa de férias no México e outra propriedade comprada mais recentemente nas Ilhas Cayman), mas é seu refúgio, o local onde trabalha e se senta sozinho para contemplar a natureza, e, com frequência, maravilhar-se feito uma criança com a beleza da serena paisagem, ainda que um pouco poluída. Às vezes, alguns peixes-boi passam nadando devagar pelo riacho nos fundos da casa, e ele dá um pulo numa empolgação pura, simples, cada vez que avista uma tartaruga ou uma garça: "Olha lá meu amiguinho!". Na parte de trás do jardim, há uma cabana havaiana (um gazebo com cobertura de folhas de palmeira construído em apenas um dia por uma turma parruda de El Salvador) onde, não raro, ele se senta às três da manhã e fica ouvindo Dean, um Hell's Angel que vive do outro lado do riacho, consertando carros. De vez em quando, passa um trem no outro lado da estrada, logo no início da manhã, "e dá pra ouvir um apito nostálgico", como os ruídos dos quais ele se lembra que faziam os trens para além dos campos Leveretts em Ypsilanti. O lugar lhe proporciona o tipo de tranquilidade que desfrutaria numa caminhada pela vastidão de Coachville, diz ele, antes de construírem uma rodovia de quatro pistas atravessando o terreno.

Ele me conta que uma iguana de um metro e meio vive numa árvore às margens do terreno de Dean; com frequência, ele a vê torrando ao sol. Fico imaginando se seu metabolismo também desacelera nesse lugar idílico, quanto tempo é reservado à mera contemplação e quanto à reflexão sobre os acontecimentos passados. Mas é evidente que, como um réptil, Jim nutre uma visão bem pragmática da vida. Não gasta um pingo de energia com arrependimentos, ou por suas próprias agruras, ou pelas baixas deixadas para trás.

Jim se expressa com simplicidade e entusiasmo sinceros, em uma conversa cheia de vozes imitadas, risadas profundas e momentos de silêncio, quando me encara nos olhos com extrema atenção, ouvindo uma pergunta ou ponderando uma resposta. Aquele Jim Osterberg aos cinco anos de idade, descrito por seus amigos (tímido, engraçado, mestre em incorporar a linha de raciocínio de seu interlocutor e nela se deter a fim de construir uma certa empatia), é reconhecido na hora. O Iggy Pop que eu tinha visto antes (olhar inquisitivo, elasticidade muscular, tão magnífico e assustador quanto um cavalo selvagem) hoje só se mostra presente vez por outra, embora Jim mencione a certa altura como talvez ele de fato seja Iggy, agora que já encarnou o personagem pela maior parte de sua vida. Às vezes, corrobora essa dualidade, essa ideia de um alter ego; em outros momentos, faz pouco caso. De modo geral, tem-se a sensação de que Iggy Pop era um lugar aonde ele precisava ir a fim de realizar sua arte; um lugar de onde, no passado, não era sempre que conseguia voltar, mas que hoje é mais seguro, pois foi mapeado. Agora, ele já sabe onde se encontram os limites desse mundo e corre um risco menor de cair.

Mais tarde, cheguei a discutir esse mesmo assunto com Murray Zucker, que ainda no NPI, em 1975, tinha diagnosticado Jim Osterberg com transtorno bipolar, mas que agora se pergunta, dada a estabilidade atual de Jim, se aquele talento, aquela intensidade, a perceptividade e os extremos comportamentais não eram tão somente quem de fato ele é, e não uma doença: no comportamento de Jim transparecia simplesmente sua maneira de desfrutar o alcance de seu cérebro brincando com ele, explorando diversos personagens, a ponto de "não saber quando eu tava bem ou não". Com a moléstia descartada como causa, ficamos, portanto, a sós com alguém que foi à beira da loucura só para ver como era, em nome de sua arte ou pelo prazer de explorar. E alguém que retor-

## DEZOITO
## A CASA DOS RÉPTEIS

nou desse mesmo caminho, a beira de um abismo, só porque parecia a hora; alguém que simplesmente, recordam seus amigos, resolveu abandonar a bebida e a cocaína com uma força quase sobre-humana de vontade. Em algumas entrevistas recentes, eu vi o Jim (ou era o Iggy?) regalando-se com certo ar de triunfo. Seus colegas de escola me falam de uma entrevista, transmitida recentemente pela PBS, em que o vocalista descreveu o quanto, às vezes, eles conseguiam ser desagradáveis, e se gabou de como Iggy tinha feito dele um homem rico, observação com certeza destinada aos filhos dos arquitetos e dos corretores de imóveis, que, segundo acredita, olhavam-no de cima. Hoje em dia, pelo contrário, ele se regala, com certa serenidade no olhar, de que sua fama está assegurada, de que uma aposentadoria tranquila o aguarda e de que tenha feito em certo grau as pazes com o mundo e os irmãos Asheton, aqueles meninos estranhos, perdidos, que ajudaram Jim Osterberg a criar Iggy, quarenta anos atrás.

Sua honestidade ao falar dos Asheton é cativante; daquele seu jeito darwiniano, descreve como a lógica comercial, e não a mera camaradagem, foi capaz de uni-los outra vez. Fato é que seu contrato de gravação na Virgin estava sob revisão e, quando sugeriu que incluíssem os Stooges em *Skull Ring*, álbum de 2003 cheio de convidados ilustres, seu A&R se animou com certo atraso. Os Asheton, por sua vez, vinham excursionando com total êxito ao lado de J. Mascis e Mike Watt, o que fez Iggy parar de pensar em Ron como alguém que ainda morava com a mãe, passando a vê-lo como alguém que seguia os próprios passos. Ao discorrer sobre trabalhar com eles outra vez, passa a analisar a situação em termos quase comerciais, destacando como na América em particular "as pessoas gostam de revivals, gostam de ver que você não se esqueceu dos amigos, e há algo de muito básico nisso". É intrigante a forma como atribui tal sentimentalismo caloroso aos outros, e não a si mesmo, mas é óbvio que, por trás dessa aparência reptiliana, há uma profunda empatia pelos dois sujeitos, que, em vários aspectos, são seus próprios irmãos malucos, perdidos.

Tardiamente, esse homem ambicioso, sempre impulsionado pela necessidade de mais amor, mais carinho e mais respeito, mostra-se finalmente satisfeito com o acolhimento que vem recebendo:

– Dá pra sentir de verdade esse carinho. Ninguém merece o tanto de reconhecimento que eu venho ganhando. Às vezes, as pessoas me escrevem algo adorável sobre o que a gente já viveu e eu fico pensando em por que não os Seeds, por que não os 13th Floor Elevators? E a resposta é muito óbvia: o que tem rolado agora desperta a atenção das pessoas pro que você fez antes. Então, pra mim, tem sido muito, muito, muito bom. É um bom ciclo.

Ao longo de toda aquela tarde quente, desenterramos os eventos mais remotos do passado de Jim, em geral com uma rara franqueza, muito embora ele seja mestre em tergiversar quando necessário: é só perguntar sobre sua destreza na equipe de debates da escola e ele muda de assunto na hora, dizendo o quanto isso o preparou para ser um vocalista de rock. Quando fazemos uma breve alusão a Bob Koester, o homem que o abrigou em Chicago e foi recompensado com um copo cheio de mijo, sua cara fecha: "O que foi que ele disse de mim?", pergunta com uma carranca estampada no rosto. Respondo de forma vaga, afirmando que Bob tinha me dito que ainda eram amigos; ele reflete por um tempo, parecendo se perguntar se valeria a pena entrar numa história de fundo mais detalhada, antes de me dizer, com certo pesar, que não há uma "mentalidade de gangue" predominante no rock'n'roll; depois, acusa Scott Richardson de liderar a zoeira:

– O Scott representa um certo tipo de expediente musical... Ele zombava do Bob, o povo não era nada legal com ele, e eu não fazia nada pra impedir.

Jim parece triste, e me ocorre que talvez seja mesmo assim que ele se recorda do episódio, da forma como todos nós apagamos da memória brigas desagradáveis de família. Em outros momentos, ele se mostra surpreendentemente honesto. Ao discutirmos sobre os derradeiros dias

DEZOITO
A CASA DOS RÉPTEIS

dos Stooges, período em que James Williamson suplantou Ron Asheton no papel de seu coprotagonista musical, pergunto se ele chegou a notar a mágoa de Ron por ter sido rebaixado a tocar baixo, relegado a mero coadjuvante na banda cofundada por ele. Jim fica em silêncio por um bom tempo antes de responder, sem maiores subterfúgios:

– Não. Eu nunca notei nada. Eu tava muito ocupado tentando fazer o que eu tava tentando fazer. Então, simplesmente nunca notei.

Ele parece livre de quaisquer paranoias, aberto a questionamentos intrusivos, talvez até se regozijando com isso; sabe que pode se alongar contando um longo causo, e saboreia a oportunidade de espanejar uma nova história; então, fica fácil esquecer que se trata de um conto muitas vezes trágico, cheio de fracassos e com a possibilidade do ostracismo. Em determinado ponto, menciono a observação de Michael Tipton sobre aqueles últimos dias dos Stooges serem cômicos de verdade, e vislumbro uma ponta de mágoa em seus olhos.

– Deve ter sido meio engraçado... pro público... Pelo menos, a gente sobreviveu.

Aí, penso em todas as pessoas que riram de sua depressão e de seu estado de miséria – Flo e Eddie zombando dele na rádio, figurinhas de Hollywood apontando-o como um fracassado nos bastidores do Whisky – e me sinto culpado por um instante, como se tivesse confessado gostar de um snuff movie, antes de continuar pressionando-o sobre a história dos dias de escuridão dos Stooges. E mais uma vez me surpreendo, como tantos outros, com sua falta de autocomplacência e sua óbvia noção de que sempre houve algo de missão histórica em seu trabalho, em seu destino em si. Pois, como Jim pergunta sobre Slade ou Peter Frampton ou Blue Öyster Cult ou qualquer outra banda que tenha triunfado quando os Stooges patinhavam: "Onde é que eles 'tão agora?". Mesmo quando confessa as atuais rixas entre os Stooges, problemas que "surgem e ressurgem", declara-se, na maior calma, abençoado por esse tipo de paz ter levado tanto tempo para chegar:

— Eu me considero um cara de sorte, de verdade. Quem mais, nessa altura da minha vida, com minha idade, ou o que quer que seja, poderia dizer que já passou por esse tipo de ascensão?

Retornos nunca são confortáveis. Na verdade, de modo geral, retornos no mundinho da música pop simplesmente não são lá muito bons. Talvez o caso homólogo mais próximo ao dos Stooges tenha sido o do Velvet Underground, que voltou para uma turnê de reunião nada inspirada, em 1992, com toda sua agressividade e frustração substituídas por um profissionalismo enfadonho, manchando sua reputação no processo. E o mesmo pode indiscutivelmente ser dito quanto ao primeiro registro da reunião dos Stooges, as quatro músicas barulhentas, mas sem o menor foco, presentes em *Skull Ring*, álbum em geral nada impressionante de Iggy lançado em novembro de 2003. Nessa mesma época, porém, o mote principal era a participação dos Stooges no Coachella, num domingo, 27 de abril, imprensados entre os White Stripes e os Red Hot Chili Peppers.

Houve certa impassibilidade na apresentação. Numa noite clara e seca no deserto da Califórnia, os Stooges subiram ao palco para realizar um show primoroso, à moda de Detroit, como se o fato de serem headline de um festival, tocando para 33 mil pessoas, trinta anos após o fim, não fosse assim lá grandes coisas. A única concessão à nostalgia foi a camiseta do baixista Mike Watt, um presente de Scott Asheton com a imagem de Dave Alexander estampada ("Pra que todos estivessem lá", diz Ron). O verdadeiro encanto da presença dos Stooges no Coachella, porém, não estava no fato de até terem se redimido bem, com praticamente o mesmo gás de antes, nem na participação surpresa do saxofonista Steve Mackay, mas simplesmente na constatação de que, naquele cenário, as músicas já com trinta anos de idade soavam tão atuais quanto as das outras bandas no headline. Não houve alarde, nenhuma alusão àquele momento ter levado trinta anos para chegar; ali era só mais uma banda de rock'n'roll, mas que calhou de ser,

## DEZOITO
### A CASA DOS RÉPTEIS

conforme a *Billboard* declararia, "a mais suja, mais sexy, mais crua" banda do festival. Para Jay Babcock, que cobria o show para o *Los Angeles Times*, o desempenho foi considerado um "milagre no deserto":

– Até hoje, eu me lembro do entusiasmo com que escrevi aquela resenha, tô sentindo agorinha mesmo – diz Babcock. – Foi incrível. Eu ainda acho que é um milagre.

Houve, de fato, um ligeiro bate-boca de última hora nos bastidores. Pete Marshall vinha esperando tocar baixo com os novos Stooges desde que Ron começou a enviar fitas para Iggy no fim dos anos 1990; Iggy também endossou o nome dele, justificando que queria a seu lado alguém com quem estivesse familiarizado, mas acabou recuando e concordou que Watt assumisse o cargo sob a condição de que fosse "sem tapping, nem tríades... e nada de ficar Fleando no palco", em alusão à amizade de Watt com o baixista funky dos Chili Peppers, Flea. Em retrospecto, a decisão foi a mais acertada, pois Watt não só deu uma nova impulsão ao som da banda, mas também um novo leque de fãs provindos de seu próprio séquito no cenário punk do selo SST de Los Angeles, além de se mostrar totalmente dedicado a dar continuidade ao legado dos Stooges. Chamado para tocar de uma hora para outra no meio de uma turnê com a Secondmen, durante a qual acabou assolado por problemas de saúde, Watt tinha se desdobrado em dois de tanta dor nos preparativos para o Coachella, escondendo sua situação de Iggy por temer que isso minasse sua confiança. Iggy, ao que pareceu, esteve com a bola toda durante os ensaios, de maneira quase assustadora, sendo bem específico sobre o que queria; assertivo, ainda que diplomático. Quando o show de fato começou, Watt ficou paralisado de medo, sentindo-se "pálido de verdade, mais branco do que uma mortalha". No entanto, assim que chegou o momento do solo de Ron em "Down on the Street" e ele viu Iggy pulando em cima do amplificador para começar a encarcá-lo, foi tomado pela adrenalina e conseguiu segurar a onda.

No ano seguinte, os Stooges foram headline no Coachella, o que, enquanto se preparavam para subir ao palco, pareceu um terrível engano, pois a maioria do público tinha decidido evitar engarrafamentos e partir tão logo terminasse o set dos White Stripes, o qual ainda fora marcado por problemas técnicos. Quando os Stooges tocaram os três primeiros acordes de "Loose", milhares de fãs cansados já estavam voltando ao estacionamento...

– Aí, deu pra ver bem quando todo mundo parou. Fez silêncio. Escutou – conta um membro da plateia, Andrew Male –, e, aí, todo mundo voltou. Meio que começou com o povo pensando que o festival tinha pisado na bola, o público tava se perguntando quem era aquele cara velho no palco. Aí, a maré toda mudou. Deu pra sentir uma movimentação, tipo um vento soprando atrás da gente, milhares de pessoas correndo na direção do palco. Por tudo quanto era canto, dava pra ver claramente a euforia no rosto da molecada curtindo a experiência, todo mundo se virando pra quem tava do lado com um sorriso enorme, olhando bem nos olhos uns dos outros.

Depois do show, Iggy permaneceu nos bastidores a fim de tirar uma foto com Jack White, o novo porta-estandarte do rock de Detroit, para a capa de uma revista. White segurou Iggy nos braços numa pose quase sacra, como Maria Madalena contemplando Jesus na deposição da cruz (mais tarde, o fotógrafo Mick Hutson ponderou: "Havia amor naquele olhar, e não um bromance qualquer!"). Em conversa com a figura semelhante a Cristo, algumas semanas depois, White lhe disse:

– Eu sempre achei que o sangue que corre nas suas veias é tão mais denso do que o das pessoas normais que nada é capaz de contaminá-lo. Foi essa a vibração que eu senti em você.

Fã descarado, White tinha sacado algo compartilhado por muitos: apesar do caos que tantas vezes o engoliu, a devoção de Iggy Pop a sua música, que resultou em todos os cortes e cicatrizes ainda visíveis, acabou conferindo-lhe o dom de um estranho tipo de pureza.

E assim a coisa continuou, "feito um sonho ou sei lá", diz Ron Asheton, um sentimento de legitimação "tão especial que parecia até bom demais pra ser verdade. Dava até pra pensar: Uepa, deixa eu acordar agora e voltar pro bar pra tocar por dez dólares a noite". Para Ron e Scott Asheton, tratava-se de uma experiência quase mística, inigualável; após uma gestação de trinta anos até sua música finalmente se infiltrar em cada canto da cena rock contemporânea, viviam seu momento no centro das atenções. Todavia, não seria nenhum passeio, pois, a cada show, vinha o nervosismo junto, e a ansiedade *post mortem*, à medida que os Stooges iam aos poucos seguindo de headline em headline por toda a Europa e os EUA.

Para os três fundadores dos Stooges, um rito de passagem crucial se deu num show no Hammersmith Apollo, em Londres, em agosto de 2005, primeira vez que tocavam na cidade desde julho de 1972. Um dos destaques naquela edição do All Tomorrow's Parties, a banda tocaria *Fun House* na íntegra. O produtor de *Fun House*, Don Gallucci, tirou alguns dias de folga em sua agência imobiliária para marcar presença no evento, por conta do qual, apesar de todos os anos de experiência, tanto Iggy quanto Mike Watt passavam mal de tão nervosos.

Ao longo do evento, o sonho continuou. Iggy entrou saltitando no palco enxuto do Apollo, com a vivacidade e a energia de um cordeirinho primaveril, gritando um bem-vindo sucinto antes de dar um pulo para cima da pilha de Marshalls do baixista Mike Watt e começar a se esfregar nela, enquanto os Stooges davam o pontapé inicial com "Down on the Street". E, de repente, todos aqueles anos, todas aquelas feridas, todas aquelas humilhações simplesmente sumiram com Iggy dançando, ágil, gracioso, despreocupado e incólume à história. A banda parecia quase que incrivelmente confiante: o compasso maleável da bateria de Rock Action, acompanhando a música em vez do ritmo, e o estilo frenético de guitarra de Ron Asheton, que parecia mais inteligente e refinado.

Iggy e suas várias bandas de apoio, em particular os Trolls, sempre realizaram números de rock superiores, mas os Stooges representavam algo muito mais inconvencional: experimental, no limite, como um acontecimento artístico, mas impulsionado pela barragem sonora das guitarras. Iggy, de igual modo, parecia menos um vocalista de rock e mais um dançarino: leve, balético, fluente. Enquanto ele conduzia o Sturm und Drang, comandando seus companheiros ("Segura as pontas!"; "Diminui um pouco!"), ou imperiosamente ordenando outro violento tsunami sonoro, era como ver um mágico conduzindo uma tempestade ou separando os mares. Após tocarem *Fun House* na íntegra, subiram ao palco novamente para uma sequência de canções de *The Stooges*: "1969", "I Wanna Be Your Dog", "Real Cool Time"; então veio a hecatombe, quando uma invasão coletiva de palco saiu do controle com membros fraturados, dentes quebrados e Ron Asheton, lá do fundo, observando com certa curiosidade a loucura ao redor de seu vocalista, que acabou se sentando com toda tranquilidade no meio do caos, feito um rei cercado por tão heterogêneo séquito. No bis, pisaram no freio para uma versão mid-tempo e intimidante de "Little Doll", com Ron tirando um riff minimalista carregado de bend de sua guitarra Reverend e Mackay chacoalhando as maracas, enquanto, mais ao alto, num camarote, meninos beijavam meninas num clima romântico, alto astral, de um jeito que jamais teria acontecido 35 anos atrás. Enquanto saíam do palco, Don Gallucci gritou para mim: "Eu acho que eles mataram a pau".

 Após Iggy ter entrado mancando, com bastante dor, nos bastidores a caminho do camarim, como de costume, interrogou quem o rodeava:
 – Como é que foi? O que foi que o povo achou?
 O fotógrafo de Detroit, Robert Matheu, estava presente, como em várias das primeiras apresentações dos Stooges, e lhe disse:
 – Foi que nem os Stooges no auge da carreira.
 Hoje em dia, Matheu aponta a performance como superior aos shows no Ford Auditorium, "onde eles eram incríveis até não poder mais". Dessa vez, num auditório insuportavelmente quente, a música "entrava fisicamente nos corpos da multidão"; ali estavam o lugar e o público para os quais aquela música tinha sido feita. Don Gallucci também ficou tão surpreso com o desempenho quanto ficara no show dos Stooges no Ungano's, em fevereiro de 1970:

## DEZOITO
### A CASA DOS RÉPTEIS

— Por incrível que pareça, eu não me senti como se fosse um evento nostálgico. Parecia mais coisa daquela época, fresquinha. E eu olhava em volta e via uns moleques, duas gerações mais jovens, curtindo aquilo como se fosse a primeira vez também.

Após o show, Gallucci se reuniu com Ron Asheton. Era uma visão surreal: Ron, mais corpulento do que em seus áureos tempos, mas ainda com uma certa presença, conversava com seu ex-produtor sobre o último encontro dos dois, quando os Stooges haviam sido descartados pela Elektra.

— E aí, Ron... — diz Gallucci —, você se lembra de quando a gente foi a seu quarto? Com todos aqueles uniformes alemães?

Jim já sumira para beber em paz um copo de vinho com Nina, como acontece na maioria das noites. Portanto, Gallucci tem de se contentar com um abraço caloroso de Steve Mackay e uma breve foto com Rock Action, que, para variar, parece o Stooge mais imprevisível. É o único a agradecer a Gallucci pelo trabalho dele em *Fun House*, o álbum que tinham apresentado naquela noite ("Sem você, Don, nada disto teria acontecido"), mas, quando Don lhe pergunta como vai a turnê, Rock começa a agradecer aos patrocinadores, como se estivesse sendo entrevistado no tapete vermelho da MTV. Dá para perceber por que sempre houvera certa percepção generalizada dos Asheton como pessoas adoráveis, mas desligadas do mundo, pois é exatamente isto o que são: inocentes.

Não é difícil imaginar o clima sério e surreal na reunião da banda durante o final de 2006, todos debruçados sobre instrumentos de brinquedo, ou reunidos num estúdio de ensaio em Chicago. Ao longo dos próximos meses, junto com Iggy, irão se dedicar ao registro de suas gravações mais importantes até agora. Rick Rubin, responsável por inúmeras produções de sucesso, acabou se retirando da disputa, incapaz de compatibilizar sua agenda com a dos Stooges. Em seu lugar, Steve Albini, cujo próprio currículo estelar inclui nomes como os Pixies e o Nirvana, vem supervisionando *The Weirdness*, que está sendo gravado por Iggy, Ron, Scott, Mike Watt e Steve Mackay no estúdio de Albini, o Electrical

Audio. Todos os envolvidos estão entusiasmados com os resultados, mas, mesmo para uma banda que sempre contrariara as expectativas, uma pesada responsabilidade lhes recai sobre as costas. Nick Kent, o homem que praticamente sozinho proclamou a importância da banda na Europa ainda no começo da década de 1970, acredita que os Stooges estão à altura dos desafios que os esperam:

– Eu acho que os irmãos Asheton vão assumir a responsabilidade pra si e fazer a coisa rolar de verdade. Porque já conviveram tempo demais com os próprios arrependimentos. Eles entendem bem a situação.

Na verdade, é provavelmente impossível que qualquer álbum isolado faça frente aos eventos desvairados e picarescos de quarenta anos atrás, desde que Iggy e seus Stooges se reuniram pela primeira vez após o retorno de Chicago e resolveram montar uma banda. Nem mesmo um grande álbum poderia representar um novo começo; é bem mais plausível que represente um fim, uma aposentadoria tranquila de todos os envolvidos, provavelmente pontuada por um discurso ímpar em que Jim Osterberg talvez demonstre todo seu talento para contar histórias hilárias. E, apesar de uma nova geração de fãs adorar os Stooges, parece que eles sempre serão outsiders. Em 2007, a banda foi indicada pela sexta vez, sem sucesso, ao Hall da Fama do Rock'n'Roll, instituição que já acolheu nomes como Bill Haley, Four Seasons e Lynyrd Skynyrd, todos perfeitamente aceitáveis, mas nenhum cuja música ressoe até os dias atuais. Como alternativa, Iggy e seus Stooges seguem vendo discípulos como os Ramones e os Sex Pistols ganharem os elogios que continuam a abandoná-los. No entanto, conforme muitos observaram, a essência da genialidade de Iggy e seus Stooges reside na forma como sempre foram compelidos a fazer sua música, independentemente de quem se importasse ou não.

E, no fim das contas, apesar de todo o sangue, de todas as drogas e de toda a dor, um simples milagre faz tudo parecer ter valido a pena: o momento em que um senhor amável, bem falante e de aparência idosa, visivelmente mancando, conecta-se com alguma coisa primal e primitiva

## DEZOITO
### A CASA DOS RÉPTEIS

que emana de um kit de bateria e de uma pilha de amplificadores Marshall. Então, esse senhor entra pulando no palco com a alegria descontraída de uma criança, levado pelas ondas ininterruptas da música. De repente, toda essa devoção à música, que tantas vezes pareceu estupidez, ganha uma tremenda magnificência. Aí, embarcamos todos num passeio pelas belas canções, o passado é deixado para trás, e tudo o que existe é a glória do agora.

# NOTAS E FONTES

**PRÓLOGO**

O material de abertura deste livro se baseia nas entrevistas conduzidas pelo autor com Jim Osterberg, James Williamson, Ron Asheton, Scott Asheton, Scottie Thurston, Michael Tipton, Don Was, Peter Hook, Brian James, Nick Kent e outras fontes citadas no Capítulo 9. A descrição da conduta de Jim Osterberg se refere à entrevista que fiz com ele em 1990.

**CAPÍTULO 1: O MAIS PROMISSOR**

As fontes do autor são entrevistas com Jim Osterberg (JO) e os citados a seguir. A cena de abertura, relativa ao acidente de carro, foi contada a mim por Lynn Klavitter. Início da vida (trailer-park, escola de ensino fundamental): Duane Brown, Sharon Ralph, Brad Jones, Patricia Carson Celusta, Mary Booth, Mrs Rachel Schreiber, Michael Bartus, Irvin Wisniewski e Mike Royston. Fontes de como era James Osterberg Senior como professor: Randy Poole, Robert Stotts, Sherry e Bob Johnson, e Joan Raphael. Fontes sobre a Tappan Junior High: Jim McLaughlin (JMcL), Mim Streiff, Denny Olmsted, Arjay Miller, John Mann, Sally Larcom, Cindy Payne, Don Collier, Dana Whipple e Ted Fosdick. Fontes sobre Ann Arbor High: Mike Wall, Ricky Hodges, Ron Ideson, Jannie Densmore, Clarence Eldridge, John Baird, Scott Morgan e Jimmy Wade. Fontes não citadas sobre informações de suporte incluem Joan Raphael, Connie Miller, Mike Andrews, Glenn Ziegler, Dennis Dieckmann, Janie Allen, Francie King, Pat Huetter, Nancy McArtor, Bobbie Goddard Lam, Bill Kurtz, Joan Campbell, Jim Carpenter, Ron Ideson, Dan Kett, Ted Fosdick, Pete Fink, Bob Carow e Carol Martin. Informações de suporte sobre Ann Arbor e Universidade de Michigan foram tiradas do site www.umich.edu. Alguns detalhes (the Atomic Brain, the Bishops) foram tirados de *I Need More*, de Iggy Pop.

*James Newell Osterberg Senior:* os relatos da adoção foram contados pelo pai de Iggy, James, a Esther Friedmann. Informações de suporte sobre o pai foram obtidas pelo pesquisador de história Alfred Hahn.

***Comprometido, capaz e justo.*** Joan Raphael foi uma das alunas de inglês do senhor Osterberg que conseguiu convencê-lo a permitir que as performances de clarinete dela contassem como créditos. Osterberg concordou apenas depois que Joan submeteu à classe uma justificativa verbal detalhada, pesquisada na biblioteca da Universidade Wayne State, sobre a base cultural de seu projeto. "Ele era uma pessoa muito criativa e também um dos meus professores preferidos", diz Joan nos dias de hoje.

***Louella Osterberg, née Kristensen.*** De acordo com uma entrevista para o livro *The Wild One*, de Per Nilsen, o pai de Louella era dinamarquês e a mãe, metade sueca e metade norueguesa. Estranhamente, Louella Osterberg insistia que os pais adotivos de James Senior não eram judeus, mas James informou a Esther Friedmann que as duas irmãs que o adotaram eram judias, de ascendência sueca.

***Os pais podiam deixar suas crianças livres para brincar no [trailer] park.*** Sharon Ralph Gingras: "Eu sinto que um dos motivos que fizeram os Osterberg ficarem no trailer foi a segurança do local. Sempre havia adultos tomando conta das crianças".

***Os professores da escola elementar sentiam muito carinho por Jim.*** "Ele tinha olhos brilhantes e alertas. Receptivo, com um grande senso de humor", diz a senhora Rachel Schreiber, que guarda boas lembranças de Jim e do pai dele.

***Jim absorvia as histórias sobre a exploração da América.*** A frase "Daniel Boone e Jim Bowie" é da entrevista que David Fricke fez com JO em 1984.

***Arjay Miller... suportou o fardo... da situação econômica difícil [da Ford].*** De acordo com *Wheels for the World*, uma excelente história da Ford escrita por Douglas Brinkley, quando Arjay chegou à Ford, dizia-se que a companhia adivinhava o quanto tinha de dívidas pesando as pilhas e pilhas de contas numa balança.

***A quedinha de Kenny Miller por Jim.*** A maior parte dos colegas lembra-se do filho do chefe da Ford com carinho, apontando que, ao contrário de muitos outros garotos de classe média, ele não era esnobe. Parecia mais encantado por Jim do que qualquer outro de seus contemporâneos; diz Danny Olmsted: "Kenny foi pra um colégio interno na décima série, mas no junior high tinha uma quedinha por Osterberg". Talvez seja necessário apontar que "quedinha" nos anos 1950 significava apenas admiração mesmo.

*O queridinho da professora.* "Eu me lembro das aulas de inglês da senhora Powrie, nas quais ela expressava bastante entusiasmo pelo vocabulário de Jim", lembra Mike Andrews. "Ele tinha escrito uma história curta, mencionou 'os homens do clero' e utilizou a expressão de forma correta. Ela expressou seu prazer de forma pública... Acho que ele era seu preferido."

*Jim parecia excessivamente envergonhado de sua origem.* "Jim tinha complexo de inferioridade", diz Bob Hallock. "Ele fazia alguns comentários sobre sentir vergonha de morar em um trailer. E nunca falava positivamente sobre os pais e nem nos convidava para ir à casa dele." Muitos colegas de classe, como John Baird, conheciam outras pessoas que viviam em trailer-parks: "Gente da arte e do artesanato; alguns eram professores, educadores, não era muito esquisito".

"Eu tinha alguns amigos que viviam em outro trailer-park na rua Packard", diz John Mann, "então não me lembro de ficar chocado com isso".

Até mesmo conhecidos casuais ouviam Jim reclamando de morar num trailer. "Era um problema mais pra ele do que pra nós", diz Danny Olmsted, cujo pai, engenheiro, ganhava mais ou menos o mesmo que o pai professor de Jim.

*Uma figura impressionante, que sem dúvida pertencia ao ilustre grupo das pessoas com classe.* Bill Kurtz, como muitos, considerava Jim "um pouco acima de mim na escala econômica. Certamente andava com a turma legal, usava um casaco esportivo de algodão texturizado".

"Eu me lembro especialmente dos seus suéteres com jacarezinhos!", ri Francie King.

*Não parecia ser mais tão dependente da aprovação dos colegas.* A linha que divide autoconfiança infantil de arrogância é difícil de traçar, e Jim ficava sempre no limite entre os dois espaços. Nancy McArtor sentava-se próxima a Jim na aula de Estudos Sociais e passou muito tempo conversando com ele, aproveitando o jeito engraçado e a forma como via as coisas. Nancy estava no conselho estudantil, foi rainha do baile e era uma das garotas mais populares da classe. Algumas vezes os dois tinham longas e animadas conversas pelo telefone durante à noite. E então "abruptamente, sem nenhuma gentileza ou despedidas, ele dizia: 'Tá bom, tchau'. Ou ele não tinha gostado do rumo que a conversa havia tomado ou estava entediado – provavelmente a última coisa. Aí ele desligava".

## CAPÍTULO 2: A NOITE DA IGUANA
As fontes principais são entrevistas feitas pelo autor com JO, JMcL, Don Swickerath, Nick Kolokithas, Brad Jones, Lynn Klavitter, Michael Erlewine, Dan Erlewine, Bob Sheff ("Blue" Gene Tyranny), Ron Asheton (RA), Kathy Asheton (KA), Pete Andrews, Cub Koda (CK), Jeep Holland, Lynn Goldsmith, Scott Richardson, John Sinclair (JS), Vivian Shevitz, Barbara Kramer, Charlotte Wolter, Joan Boyle, Lauri Ingber, Bill Kirchen (BK), Dale Withers, Janet Withers, Dave Leone, Sam Lay, Al Blixt.

A história de Bob Koester que abre o capítulo se baseou em relatos de Koester, Ron e Scott Asheton e Scott Richardson, todos consistentes. Jim Osterberg diz hoje em dia: "Eu não era horrível [com Koester], mas eles eram, principalmente Scott Richardson. Eles não eram legais com Bob, mas eu não os impedia... Existe um elemento de gangue em toda banda de rock... e, bom, algumas vezes eu largava mão e *laissez-faire*..."

*[Os Iguanas] agendaram um horário nos estúdios da United, em Detroit.* As gravações dos Iguanas foram lançadas pela Norton Records, como *Jumpin' with the Iguanas*, e incluem demos da maior parte do set da banda, gravados na casa de Jim McLaughlin, além do single "Mona".

*A perspectiva do serviço militar durante a guerra do Vietnã.* O relato da aparição de Iggy no local do alistamento, feito por Jeep Holland, difere daquele contado em *I Need More*, em que Iggy alega ter saído do lugar com uma ereção. Usei o relato de Jeep porque, ainda que menos conhecido, é mais plausível. A versão de Iggy, como muitas histórias em *I Need More*, não está bem de acordo com os fatos, e inclui um relato fictício da morte do baterista dos Rationals Bill Fig, na Guerra do Vietnã. Para piorar, Iggy culpa Bill por sua própria morte, dizendo que ele temia pela desaprovação alheia e por isso não fugiu do recrutamento.

***Iggy e Big Walter Horton.*** O "Velho, eu posso fazer qualquer coisa que você fizer, então vê se me deixa" foi citado de uma entrevista com Iggy Pop na rádio WHFS de Bethesda, MD, em 1980.

***"Foi um pesadelo horrível."*** Hoje, Koester diz que não era gay e não sentia qualquer desejo sexual por Iggy. "E, mesmo que eu fosse gay, por que seria uma justificativa para aqueles caras agirem daquele jeito?"

## CAPÍTULO 3: OS DUM DUM BOYS

Fontes: entrevistas feitas pelo autor com JO, JMcL, RA, KA, Scott Asheton (AS), Bill Cheatham (BC), Jeep Holland, Ron Richardson, Jimmy Silver (JS), Wayne Kramer (WK), BK, JS e Russ Gibb. A entrevista com Jeep Holland é de 1996. A data de 20 de janeiro de 1968, estabelecida como o dia da estreia profissional dos Stooges, vem de um recorte de jornal cedido gentilmente por Ben Edmonds; outras datas úteis estão listadas em www.motorcitymusicarchives.com. Ben também desencavou a origem da inspiração dos Stooges para a música "1969", nos Byrds, em uma entrevista para a *MOJO* com Ron Asheton sobre sua primeira viagem de ácido. Scott Morgan primeiro me apontou a semelhança entre "I Wanna Be Your Dog" e "Eastern Market", de Yusuf Lateef. A descrição de abertura dos Stooges em julho de 1969 é baseada em um relato de Cub Koda.

*A estreia profissional [dos Stooges] foi em 20 de janeiro de 1968.* Os Stooges citam invariavelmente Blood Sweat & Tears (3 de março de 1968) como seu primeiro show. No entanto, tocaram com o SRC e a Apple Pie Motherhood Band naquele sábado de 20 de janeiro e foram resenhados por Steve Silverman em um artigo chamado "'The Grande: Fun, Phantasmagoria", na semana seguinte.

*A banda tocou abrindo para a James Gang, num evento que originalmente contava com o Cream [21 de abril de 1968].* Jim Osterberg se lembra distintamente de sua desastrosa performance de aniversário, quando os Stooges abririam para o Cream. Na verdade, o Cream não se apresentou naquela noite – seu show foi adiado para o meio de junho e, em seu lugar, chamaram a James Gang. O fato de Jim não perceber que o Cream não havia se apresentado talvez seja explicado pelas duas doses do LSD Owsley Orange Sunshine que ele tomara.

*"Os faraós nunca vestiam camisa."* O relato de Jim Osterberg sobre seu traje de palco inspirar-se no antigo Egito vem da entrevista que ele deu a Terry Gross, "All Things Considered", *NPR*, em julho de 2004.

*A prisão de Iggy em Romeo, Michigan.* A história deste show infame se baseou principalmente no relato detalhado de Luke Engel – para quem o show representou o fim de uma promissora carreira como produtor.

*A reivindicação do Partido dos Panteras Brancas acerca da explosão.* O Partido dos Panteras Brancas alegou ter explodido um edifício da CIA. Entretanto, investigações revelaram que o dano causado se limitava a uma janela quebrada.

## CAPÍTULO 4: OH MY, BOO HOO

As fontes são as mesmas consultadas para os capítulos anteriores, além de Danny Fields (DF), Jac Holzman (JH), John Cale, Lewis Merenstein, Joel Brodsky, Ben Edmonds (BE), Steve Harris (SH), Natalie Schlossman (NS) e Hiawatha Bailey (HB). Também devo apontar que a pesquisa de Per Nilsen sobre as datas das apresentações dos Stooges foi imprescindível para os capítulos envolvendo a banda, especialmente sobre 1971. Junto com outra papelada, incluindo a newsletter *Popped* e itens da coleção de Jell Gold, acredito que consegui apresentar todos os triunfos e desastres dos Stooges pela primeira vez na sequência correta.

*22 de setembro de 1968.* Fields disse ter visto a banda no salão de festas da Universidade de Michigan, em Ann Arbor, na tarde de 22 de setembro, um sábado – a banda também se apresentou nesta data no Grande. Essa informação é coerente com as datas listadas no site motorcitymusicarchives.com. Per Nilsen e Loren Dobson acreditam que, na verdade, Fields viu os Stooges em um show no domingo, dia 23, quando efetivamente se apresentaram na universidade.

*A Elektra assinou com a banda em 4 de outubro de 1968.* John Sinclair escreveu no *Fifth Estate* que a Elektra assinou com ambos, o MC5 e os Stooges, em 26 de setembro de 1968. A papelada da Elektra que sobreviveu aos anos, agora com Jeff Gold, revela que os Stooges assinaram em 4 de outubro; é provável que o MC5 também tenha assinado nesse dia, e, como concorda Jimmy Silver, Sinclair "se precipitou". Não existem registros sobre quando Holzman e Harvey viram os

Stooges no Fifth Dimension, mas, já que foi em um sábado à noite, a data mais provável seria 28 de setembro.

*Jimmy Silver enviava bilhetes para Danny Fields, adiando as sessões de gravação do álbum até que a saúde de Iggy melhorasse.* Detalhes das crises de asma de Jim foram eliminados das cartas de Jimmy Silver para Danny Fields, agora parte da coleção de Jeff Gold: "Ele está muito mais saudável hoje do que no dia em que parti, mas ainda desanimado por ter estado tão doente; vai demorar um pouco até que se sinta em forma novamente. Ele disse que consegue fazer uma boa performance [na sessão de gravação] na semana que vem, e temos fé nele".

*Fun House.* Detalhes exatos sobre quais pôsteres ficavam na parede da Fun House vêm da newsletter *Popped* sobre os Stooges, em matéria publicada por Natalie Schlossman. Detalhes sobre a geografia interna da casa vêm de Jimmy Silver e Bill Cheatham.

*Fields estava procurando um produtor para o primeiro álbum dos Stooges.* Jim Peterman foi citado como um produtor sugerido para Fun House; Jimmy Silver insiste que ele foi sugerido para o primeiro álbum. Faz sentido; Peterman também trabalhava no setor de promoção da Elektra, e a cópia do disco que ele entregou para a revista Rolling Stone estava "danificada", diz Ward, "porque ele [Peterman] odiava tanto aquele disco". Duvida-se de que ele teria se divertido produzindo Fun House, quando Peterman decidira que odiava os Stooges.

*Danny Fields apresentou os Stooges a toda uma cornucópia de prazeres da cidade.* Per Nilsen revelou que os Stooges tinham visitado Nova York no meio de novembro de 1968; na verdade, essa é a única ordem plausível dos acontecimentos, já que Nico filmou o clipe promocional de "Evening of Light" em Ann Arbor no inverno de 1968.

*A fofoca de que a música "Ann" foi inspirada por Anne Opie Wehrer.* Anne Wehrer era a esposa de Joe Wehrer, da Universidade de Michigan, e foi objeto de uma memorável performance artística feita pelo grupo Once, intitulada apenas Anne Opie Wehrer; de acordo com Bob Sheff, a performance incluía encenações de vários aspectos de sua fascinante vida.

*Silver e Bomser foram ver Holzman [para renegociar o contrato dos Stooges].* Essa história contradiz totalmente os relatos de Iggy Pop, incluindo uma entrevista de 1982 com Scott Isler, na qual ele alegou que "encantei Holzman e o convenci a nos dar 25 mil dólares fazendo uma lista... Ele viu a lógica". A reunião de Iggy com Holzman pode ter ajudado a convencê-lo, mas deixei a versão de fora na medida em que é coerente com sua megalomania durante aquele período; em uma época em que sua vida estava fora de controle, ele se agarrava à ilusão de que estava *sempre* no controle.

*As sessões de gravação começaram no dia 1º de abril.* A maioria dos relatos dos Stooges data as sessões de gravação como tendo começado em junho de 1969, mas a newsletter de Natalie Schlossman, *Popped*, publicada na época, apresenta a data do primeiro dia do mês de abril. Os horários originais eram das 13 às 19h, de 17 a 21 de março, nos estúdios Record Plant, e foram cancelados provavelmente por conta da saúde de Jim, ou das renegociações do contrato.

*A banda retornou ao hotel Chelsea e escreveu "Little Doll", "Not Right" e "Real Cool Time".* Ron Asheton: "Fomos com 'I Wanna Be Your Dog', '1969', 'No Fun', eu estava tipo 'ah, sim, nós temos músicas'. Eram os tempos áureos dos Stooges, em que eu podia simplesmente me sentar e criar aquela merda toda. Então fomos lá e tocamos o que a gente tinha, mais 'We Will Fall', que era o hino de Dave. Fiquei sentado no hotel Chelsea por uma hora e criei 'Little Doll', 'Real Cool Time' e 'Not Right'; as músicas tinham que ser simples, e Iggy veio e disse: 'Okay, sim', e nós ensaiamos uma vez e gravamos no dia seguinte, um take para cada música".

*Iggy afirmaria: "John Cale teve pouco ou nada a ver com o som. Ele não devia estar presente lá".* A rivalidade entre Iggy e Cale tem sido traçada com base nos pronunciamentos de Iggy: "Ele era alguém mais adulto, mais cosmopolita, vinha de uma banda que eu respeitava... Alguém com peso e sensibilidade e que nos tolerava! Isso me ajudou a ter mais confiança" (Em entrevista ao autor, em 1992). Ou "John Cale teve pouco ou nada a ver com o som. Ele não devia estar presente lá!" (Em entrevista a Scott Isler, em 1982). Mas ele sempre manteve a versão de que remixou o disco com Jac Holzman, um relato certamente confuso pela neblina da guerra – ou haxixe, nesse caso. Para ser justo, Jac Holzman se lembra de poucos detalhes do tempo dos Stooges com a Elektra, então, apenas o fato de ele não se lembrar de um remix não é conclusivo. Mas, como aponta Lewis Merenstein: "A versão correta é a de Cale. Não sei por que machucaria Iggy admitir isso, ele era um artista incrível, liderou a banda muito bem". E quando Fields fala sobre a opinião de Iggy a respeito de Cale ser "injustificada", ele acrescenta: "Veja bem, no outono de 1968, quem na face da Terra poderia afetar vocês? Não uma das pessoas com mais destaque e avant-garde no universo musical!".

*"[Wendy] era virgem. Eu apenas tinha que possuir ela de qualquer jeito."* Essa citação vem de I Need More e eu confiei no relato sobre como Jim conheceu Wendy, embora em todos os outros lugares as lembranças dele sejam muito suspeitas. Por exemplo, Jim sugere que ela se apaixonou por ele depois de ouvir seu álbum de estreia e ficar impressionada, mas na verdade eles se casaram um mês antes de o álbum ter sido lançado. Ele também alega que Wendy o influenciou a gostar de Velvet Underground, quando, na verdade, ele tinha visto a banda em 1966. Detalhes biográficos de Louis Weisberg foram tirados de seu obituário, publicado no jornal Cleveland Jewish News, em 2004. Iggy escreve em I Need More que deixou Wendy por Betsy Mickelsen; na verdade, ele embarcou em um breve affair com Kathy Asheton antes de começar a relação com Betsy.

*Louis Weisberg pressionou pela anulação do matrimônio... "Tudo foi feito sob o pretexto de que Jim era homossexual."* Embora os papéis do casamento de Jim e Wendy, preenchidos em Washtenau County, sejam a fonte dos detalhes aqui descritos, não foi possível localizar a papelada requerindo a anulação para confirmar as lembranças de Ron.

*A resenha da* **Rolling Stone.** Durante anos, a resenha da Rolling Stone sobre o álbum de estreia dos Stooges tem sido citada como "bichos-preguiça chapados fazendo música para gente chata e reprimida" graças a Lester Bangs, autor da frase na épica resenha de Fun House para a revista Creem. Entretanto, a resenha original que saiu na Rolling Stone, escrita por Ed Ward, foi positiva. A resenha da Rolling Stone geralmente é creditada a alguém chamado Chris Hodenfield – que, na verdade, resenhou o disco para a Go, descrevendo-o como sendo uma merda, exceto por uma faixa, "We Will Fall".

*O álbum vendeu cerca de respeitáveis 32 mil cópias.* Margem de vendas citada por JO para a Zig Zag em 1983.

*A forma como Ron Asheton tocava guitarra era... única.* Jim Osterberg uma vez disse: "Se alguém nos dissesse que ou tocávamos Chuck Berry ou morreríamos, íamos ter que morrer". O estilo da guitarra de Ron Asheton, diferente do de seu sucessor e rival, James Williamson, é vazia de qualquer estilismo convencional do blues, embora, em alguns cantos do norte do Mississippi, seu "modal" soe familiar. A maior parte dos estilos do blues orbita em torno dos acordes I, IV e V (os três acordes usados em "Louie Louie"); "I Wanna Be Your Dog", "Real Cool Time", "Not Right", "Dance of Romance" e até mesmo "1970", de Fun House, todas orbitam em uma estrutura completamente diferente do I e do sem graça III – hoje em dia, uma mudança clássica do stoner rock.

## CAPÍTULO 5: FUN HOUSE
### PARTE I: EU TÔ DE BOA

As fontes são as mesmas do capítulo anterior, além de Leo Battie, Dave Dunlap, Steve McKay, Esther Korinsky (EK), Don Galucci, Leee "Black" Childers, CK, Dave Marsh, Rumi Missabu, Tina Fantusi e Ed Caraeff. Muitas datas cruciais, por exemplo a data em que a banda voou para Los Angeles, foram retiradas da newsletter *Popped*.

*Iggy era a coisa mais maravilhosa que muitas mulheres já tinham visto.* Tina Fantusi viu Iggy se apresentar no mês de maio em Fillmore. "Ele foi o primeiro cara por quem eu me atraí fisicamente daquele jeito, um corpo absolutamente lindo. Foi a primeira vez que a aparência de um homem me atingiu no nível físico. Dei por mim apreciando a forma masculina, aquela linda definição muscular."

*"Eu sei que isso é só o começo..."* Da entrevista com John Mendelssohn para a *Entertainment World*, em maio de 1970.

*Seis anos ou mais se passariam antes que ele parasse de cair.* O auge dos Stooges foi no Cincinnati Pop Festival, em 13 de junho de 1970. Em 8 de agosto, Iggy demitiu Dave Alexander, e mais ou menos no dia 18 de agosto já estava procurando heroína em Nova York. Isso marcou o começo de uma queda que continuou até pelo menos 1976 e a gravação de *The Idiot*.

*Ensaios preparatórios no SIR.* Alguns dos entrevistados lembraram que os Stooges ensaiaram com Galucci antes das sessões para a Elektra. Entretanto,

Ben Edmonds disse que tinham trabalhado lá em suas notas para o encarte do box set de *Fun House* feito pela Rhino.

*Galucci determinou que a banda devia gravar uma música por dia, em função do set ao vivo.* É muito provável que tenham ocorrido alguns ajustes no set normal da banda, principalmente o fato de "Down on the Street", a música mais comercial, ter sido gravada primeiro, em vez da que geralmente abria as apresentações, "Loose". A banda também tentou um take de "Lost in the Future", que era tocada ao vivo, mas foi rejeitada para o disco. Uma versão aparece no relançamento em CD duplo de *Fun House* pela Rhino.

*"Então é só todo mundo aqui cheirar um monte de pó."* Ed Caraeff: "Acho que foi outra pessoa [que deu cocaína para a banda]. Tenho quase 99% de certeza de que eu nunca tinha usado cocaína até aquele momento, comecei depois". Embora não se possa colocar a culpa em Ed – já que os Stooges teriam experimentado cocaína uma semana depois de qualquer maneira e Jim também poderia conseguir a droga por Danny Fields – Jim Osterberg e Steve McKay se lembram especificamente de ter usado cocaína na sessão de fotos usadas na capa de *Fun House*.

*No dia 13 de junho, em Cincinnati.* A maioria dos sites e livros escritos por fãs diz que o nome do programa televisivo era *Cincinnati Pop*, quando na verdade era *Cincinnati Garden*, em 26 de março. Summer Pop aconteceu no Crosley Field em 13 de junho, um sábado. Stiv Bators, vocalista dos Dead Boys, diz que ele foi o fã que deu a Iggy o vidro de manteiga de amendoim, embora não exista nenhuma evidência da veracidade do episódio e, quando contatei fãs que estavam com ele nesse show, todos foram evasivos. Quem testemunhou Iggy sendo levantado pela multidão na performance de março em Cincinnati foi Cub Koda.

## CAPÍTULO 6: FUN HOUSE
### PARTE II: ESTA PROPRIEDADE ESTÁ CONDENADA

Fontes: as mesmas dos capítulos anteriores e mais Bill Williams, Nick Kent, Dan Carlisle, Wayne Kramer, James Williamson (JW), Michael Tipton, Hiawatha Bailey, Steve Paul, Rick Derringer, Liz Derringer, Gerard Malanga, John Mendelssohn e Lisa Robinson.

*Iggy foi convidado no programa de rádio de Dan Carlisle na WKNR.* A primeira entrevista de Carlisle com Iggy pode ser ouvida em www.keener13.com/wknrfm1970.htm.

*Na soturna lista de espera da heroína, Adams e McKay foram os primeiros da fila.* A maior parte dos pequenos detalhes sobre o envolvimento da banda com heroína vem de Steve McKay e Bill Cheatham.

*Doc, o periquito incontinente.* O nome de Doc surgiu em uma entrevista de Brian J. Bowe com Iggy, impressa no excelente box set *Heavy Liquid*.

*Jim Osterberg: "Eu preciso mesmo falar com você, de verdade".* Transcrição por cortesia de Danny Fields.

*Nesse ponto, já tinham desenvolvido um set com material novo.* Nessa época, o set dos Stooges incluíam as músicas "I Got a Right", "You Don't Want My Name", "Fresh Rag", "Do You Want My Love" e "Big Time Bum". No final de 1970, a banda anunciou no *Motor City Rock and Roll News* que "Big Time Bum" seria seu próximo single. É possível que o set list também incluísse a música "Dog Food". Existe em CD uma gravação pirata não muito boa do show da banda na Factory, em St. Charles, no dia 27 de maio de 1971; entretanto, já escutei uma fita ainda não lançada do show em Chicago, que é muito mais brutal e impressionante.

*Jac Holzman escreveu a Danny Fields recomendando uma clínica de reabilitação... A Elektra pediu a devolução dos 10.825 dólares.* Meu agradecimento especial vai para Jeff Gold, da Record Mecca, que me deu acesso aos arquivos de Danny Fields. Neles há muitas informações intrigantes, incluindo a sugestão de que se encontrasse uma clínica de reabilitação para Iggy, feita por Jac Holzam, e a exigência da Elektra sobre o cachê que os Stooges ganhariam com seus shows ir direto para o selo. Uma carta datada de 29 de setembro de 1971 também é interessante; enviada por Bill Harvey a Jim Osterberg, ela lhe informava que: "Temos prazer em aconselhá-lo a... de acordo com nosso contrato, assinado em 4 de outubro de 1968, estamos exercendo nosso direito de entrar em um contrato com você sobre seus serviços individuais como um artista de gravação". No fim de setembro de 1971, essa carta era irrelevante, pois Iggy já tinha se comprometido com a MainMan, mas o cantor não tinha ideia de que a Elektra havia tentado mantê-lo no selo até que, em 2005, Jeff contou a ele sobre a carta. A notícia, segundo me disseram, "o deixou impressionado".

***Jac Holzman se desculpou... e deu a Jim uma câmera Nikon de presente.*** O fato foi mencionado na entrevista que Iggy deu para a *Trouser Press* em 1982. Até esse momento, embora Jac Holzman ainda presidisse a Elektra, tinha vendido a companhia para a empresa que viria a ser a Warner Communications Group, pela quantia que relatou ser 10 milhões de dólares.

***Ron, Scott e Jimmy Recca fizeram um último show com Steve Richards no lugar de Iggy.*** "Eu gravei o show", diz Michael Tipton, que também gravou *Metallic KO*. "Era Jimmy Recca no baixo, Ron na guitarra e Scott na bateria, é claro. Um cara chamado Steve Richards, de Riverview, Michigan, entrou e cantou umas seis ou sete músicas." É essa gravação que Tipton fez da banda sem Iggy que se acredita estar incluída em vários *bootlegs*, tocando as músicas "Rons Jam" e "What You Gonna Do".

***Iggy fazia planos com a percepção distorcida de um viciado em drogas.*** Isso pode não soar muito generoso, mas Iggy estava se comportando exatamente como todos os outros junkies. Segundo Wayne Kramer: "Todos os maníacos drogados traem uns aos outros o tempo todo. No mundo do rock, isso pode até soar excitante ou romântico. Mas não é. Esse negócio é totalmente mundano, mortalmente entediante e completamente previsível".

***David queria conhecer Iggy.*** Todos os relatos sobre aquela noite, quando Bowie foi com os Robinsons ao Max's Kansas City e ao Ginger Man, são, segundo me contou Lisa Robinson, "como *Rashomon*. Todas as sete pessoas se lembram da ocasião de sete maneiras diferentes". Lisa acredita que Jim tenha aparecido no Ginger Man durante o jantar logo no início da noite. Entretanto, Danny, Jim e Tony Zanetta concordam que David se encontrou com Jim no Max's, e, como aponta Fields: "Nós todos tivemos muita preguiça de ir a pé ao Ginger Man". Embora eu tenha optado por não seguir a sequência de eventos reportada por Lisa, gostaria de agradecer a ela a paciência que demonstrou ao discutir a noite, durante uma longa conversa que também incluiu seu marido Richard e Danny Fields.

## CAPÍTULO 7: STREET-WALKING CHEETAH
Fontes: Tony Zanetta, Lisa Robinson, JO, RA, SA, JW, Hugh Attwooll, Nick Kent, Michael Des Barres, John Newey, John "Twink" Alder, Mick Farren, Dave Marsh, Richard Ogden, Wayne County, Angie Bowie, Cherry Vanilla e Leee "Black" Childers.

*Havia certa inocência no encontro entre os dois jovens de 24 anos [Iggy e Bowie].* Tony Zanetta: "David era muito apaixonado por música e teatro. Estava excitado sobre sua carreira. Mas ele era mais inocente do que como é retratado hoje em dia".

*A performance de Iggy era tão clássica, considerando-se seu estilo, quanto qualquer outra coisa já vista no Ungano's ou no Electric Circus.* "Foi como se uma luz se acendesse, e instantaneamente Iggy tivesse visto que a associação com Bowie e Defries era boa para ele", diz Zanetta. "Ele era americano; os outros, dois ingleses e fascinados por qualquer coisa relacionada à América. Naquele dia, Iggy usou bastante o fato de ter vivido no trailer."

*A ideia de que Clive Davis pudesse ser bem-sucedido onde Jac Holzman tinha fracassado fazia bem para o ego do chefão da Columbia.* Steve Harris [chefe de marketing da Columbia]: "Tentei explicar [para Clive Davis] que ele tinha que promover esse cara de uma forma diferente. Ele não entendeu. Ele apenas viu a chance de pegar um artista que não tinha tido sucesso e, depois que ele fosse para televisão e acabasse emplacando algum hit, ele iria dizer: 'Viu? Eu consegui fazer o que eles não conseguiram'".

*Você cantaria Simon & Garfunkel?* Tirado de uma entrevista dada por Iggy a Lester Bangs, publicada na revista *Creem* em 1974.

*O adiantamento da Columbia seria de 100 mil dólares, o que, no entanto, era só mais um dos típicos exageros de Defries.* Espero que mais detalhes surjam sobre esse assunto em um futuro próximo. Zanetta acredita que o adiantamento tenha sido de 25 mil ou 37.500 dólares por álbum. Peter e Leni Gilman, que aparentemente tinham acesso à papelada da Gem, disseram 25 mil dólares.

*Nenhuma cozinha inglesa era agressiva o suficiente.* David Bowie tinha ligado para Twink, dos Pink Fairies, chamando-o para um teste com Iggy e James. Twink retornou a ligação, e os dois lhe disseram que estavam voltando para os Estados Unidos e não precisavam mais de um baterista. Bowie também sugeriu chamar o outro baterista dos Pink Fairies, Russel Hunter, que me conta: "Eu posso dizer com a mais absoluta certeza que nem eu nem Sandy fomos chamados para fazer qualquer coisa com ele ou com a sua futura banda" (por coincidência, Russel fez um teste para a banda de Johnny Thunders alguns anos depois). Jim Avery, baixista da banda World War Three, também confirma que nem ele nem o baterista Paul Olsen fizeram testes para entrar nos Stooges.

*"A intensidade toda dos Stooges era sensacional, tipo um lança-chamas."* Citação do livro *Punk Rock: An Oral History*, de John Robb

*"Meu nível de insanidade estava tão alto naquela época que nada soava alucinado o bastante... nunca."* Tirado de comentários feitos por Jim a Brian J. Bowe para as notas incluídas no box set *Easy Action*, que contém as versões olímpicas de "I Got a Right".

*Uma matéria na revista* Time *cuja manchete era "Search and Destroy".* A edição relevante é de 4 de setembro de 1972. Iggy lembra que o assunto da manchete era a guerra do Vietnã, que, é claro, estava na capa em quase todas as semanas, notavelmente uma foto famosa, tirada por Nick Ut, retratando Kim Phuc depois de um ataque com napalm no fim de junho.

*Williamson exclamava "Morram, vietcongues" para pontuar o riff.* Da entrevista feita por Arthur Levy com Jim, incluída das notas do remix de *Raw Power*.

*As sessões de gravação começaram em 10 de setembro.* A data de gravação vem de uma folha de horários da MainMan, guardada pelo escritor Kris Needs, que no passado administrava o fã-clube do Mott the Hoople. As sessões acabaram em 6 de outubro. Isso significa que músicas como "Search and Destroy", que foi inspirada pela manchete da *Time*, foram escritas e gravadas apenas algumas semanas depois da caminhada de Iggy no Hyde Park.

## CAPÍTULO 8: SHE CREATURES OF HOLLYWOOD HILLS

As fontes mais importantes são: JO, RA, JW, AS, Leee "Black" Childers, Angie Bowie, Rodney Bingenheimer, Evita Ardura, Lori Maddox, Lonnie, Annie Apple, Kathy Heller, Cherry Vanilla, Tony Zanetta, Jayne County, Nick Kent, Bob Sheff, Mark Parenteau, Ricky Frystack e Kim Fowley.

*"Aquele porra de cabeça de cenoura."* Essa citação sobre Bowie vem de uma entrevista de 1974 para a revista *Creem*, feita por Lester Bangs com Iggy e James. Na entrevista, James também sugere que "David esperou cinco meses para mixar o álbum em *apenas três dias e meio*; era tão complicado". Esse período de tempo não se encaixa nos fatos confirmados. Em 2006, Williamson confirmou que se lembrava de o álbum ter sido mixado em outubro de 1972, logo depois de gravado. Em 1991, Bowie contou à *International Musician* que "ele tinha uma gravação da banda, a guitarra principal em outra, e ele cantando em uma terceira. De 24 gravações, só 3 foram usadas. Ele disse: 'Vê o que dá pra fazer com isso', e eu disse: 'Jim, não tem nada pra mixar aqui'".

*Iggy... à deriva no planeta heroína.* Muitas entrevistas sobre onde a cabeça de Iggy estava foram feitas com Nick Kent, Bob Sheff, Kathy Heller, Leee Chilers, Nancy McCrado, Evita, James Williamson e Lonnie. Obviamente, também entrevistei James, Scott e Ron sobre esse período, mas as lembranças não são extensas, pois naquela época já tinham parado de prestar atenção no comportamento errático do vocalista de sua banda.

***Show no auditório da Ford.*** Baseado em relatos de Robert Matheu, Ben Edmonds, Bob Baker e Skip Gildersleeve. Ben Edmonds recorda-se de que a performance foi comparativamente controlada, os Stooges comportando-se o melhor possível, apenas animados pelo piano maluco de Bob Sheff. Robert e Skip lembram-se de James Osterberg Senior e Louella, ambos em suas melhores roupas, no meio da plateia quando Iggy anunciou a música "Cock in My Pocket" como "coescrita pela minha mãe".

***Warren Klein.*** Embora o tenha localizado, Klein nunca retornou minhas ligações, e provavelmente deseja esquecer sua história como um Stooge momentâneo. Ele agora contribui com seu trabalho de bom gosto em discos de Marshall Creenshaw, de Peter Case e, mais notavelmente, no álbum de Beck, *Mutations*.

## CAPÍTULO 9: CHUTANDO CACHORRO MORTO

As fontes são as mesmas dos capítulos anteriores, e mais Doug Currie, Scott Thurston, Jeff Wald, BE, Don Waller, Steve Harris, Michael Tipton, Natalie Schlossman, EK, Lenny Kaye, Bob Czaykowski (Nite Bob), Bebe Buell, Dave Marsh, Phast Phreddie Patterson, Robert Matheu, Joel Servin, Bob Baker, Skip Gildersleeve e Hiawatha Bailey.

Citações de abertura: todas vêm de entrevistas conduzidas pelo autor.

*"Não fode comigo, que eu te quebro."* Jeff Wald: "Eu era muito intimidador. E lutaria a qualquer momento, com qualquer um, policial ou o que fosse. O meu comportamento era insano, ser preso por atacar as pessoas continuamente. Eu não aturava merda de ninguém".

*"Você deveria se considerar sortudo."* Esse relato é de segunda mão, mas foi contado por Danny Sugerman a vários de seus amigos, incluindo Ben Edmonds na época.

*Diretor de turnê com uma arma.* Bob Sheff: "Esse garoto realmente foi ao banco descontar o seu cheque com uma arma, porque ele tinha medo de que alguém tentasse roubar o seu dinheiro. Eu não sei se foi o Danny Sugerman... mas foi muito idiota".

*Ensaios no Max's.* Tanto Ron Asheton quanto Michael Tipton mencionaram que Iggy tinha perdido três voos consecutivos de Los Angeles para o Max's, e, assim, chegou atrasado para os primeiros shows. Mas a maioria das outras testemunhas parece recordar-se dos ensaios da Columbia como tendo ocorrido antes desse show, por isso construí a cadeia de eventos baseado nessa informação.

*Ashley Pandel.* O nome de Pandel apareceu em uma entrevista com Iggy para a revista *After Dark*, com Henry Edwards, em novembro de 1973.

*A história de Watergate.* Fontes principais incluem Bebe Buell, Scott Thurston e JW.

*A chegada do New York Dolls a LA em 29 de agosto.* Agradeço a Kris Needs toda a informação sobre o New York Dolls e as citações de Syl Sylvain, cenas tiradas de *Trash*, o livro de Kris sobre o New York Dolls.

*Shows no Whisky-a-Go-Go. Entrevistas e informação.* Don Waller, Phast Phreddie Patterson, Tom Gardner e Jeff Gold.

*O palácio de Michigan, outubro.* Agradeço a Michael Tipton e Natalie Schlossman os relatos detalhados sobre essa noite caótica. Para manter a credibilidade, preciso reconhecer que Natalie aponta que "na maioria das noites não era louco desse jeito – geralmente só via Jim com uma mulher só", embora ela também tenha ido além e mencionado que "Mas eu me lembro de três garotas tentando pegar o Jim ao mesmo tempo". Foi Michael Tipton que contou que a banda reintroduziu "Louie Louie" ao seu set no Michigan Palace: Michael gravou "Raw Power", "Head on", "Gimme Danger", "Search and Destroy", "Heavy Liquid" e "Open up and Bleed" na segunda noite de shows, e essas gravações já apareceram em vários CDs; as três primeiras músicas foram incluídas no lançamento original em vinil de *Metallic KO*, e a gravação foi lançada inteira depois como *Metallic KO X 2*.

*Iggy estava pedindo um milhão de dólares a um produtor de Nova York a fim de cometer suicídio.* O rumor espalhado pelo Rodney era que, de acordo com Kim Fowley, Iggy disse a um promotor associado a Gary Stromberg, que, se ele conseguisse garantir a ele um milhão de dólares para se apresentar no Madison Square Garden, ele cometeria suicídio no palco. Contatei Stromberg, que disse que essa conversa nunca existiu.

*A notícia da morte de Zeke Zettner.* Zeke, que tocou baixo com os Stooges durante alguns poucos meses, morreu em 10 de novembro de 1973, no Bi-County Community Hospital, em Michigan. A causa da morte foi um edema cerebral causado por uma overdose de heroína. Zeke, aos 25 anos, tinha retornado ao leste de Detroit, onde trabalhava e vivia com seus pais.

*Rock and Roll Farm, Wayne, Michigan.* Ken Settle era um fotógrafo que frequentava diversos shows no Rock and Roll Farm, incluindo Bob Seger, naquela mesma semana. "Os Scorpions eram uma gangue de motoqueiros durões do lado oeste de Detroit. Eles pareciam se encontrar no R and R Farm; acho que o dono do lugar gostava que eles ficassem por lá porque agiam como seguranças grátis, e colocavam pra fora qualquer um que estivesse fazendo bagunça". O lugar era na Michigan Avenue, 34828.

*"Acabou, bora cair fora daqui."* Ron Asheton: "Um cara enorme, vestido com couro e rebites derruba Jim, que cai, se levanta, se vira pra mim e diz: 'Acabou, bora cair fora daqui; desconecta tudo, vamos embora'. Nós voltamos para o camarim e de repente um monte desses caras motociclistas começam a entrar...". Em *I Need More*, Iggy se recorda de terem tocado "Louie Louie" no final, mas Ron diz que eles não tocaram.

*Isso não os impediu de aparecer na estação de rádio WABX de Detroit para desafiar os Scorpions.* Infelizmente, apesar das minhas entrevistas com os DJs da WABX, incluindo Mark Parenteau e Dennis Frawley, ninguém se lembra do programa em que o desafio foi ao ar.

*Suja e um pouco esfarrapada.* Ben Edmonds: "Olhando de longe, as fantasias eram impressionantes. De perto, obviamente não estavam em seus melhores dias, e a banda precisava que alguém lavasse suas roupas".

*Os Stooges requisitaram a ajuda dos God's Children, uma gangue de motoqueiros de Ypsilanti.* Hiawatha Bailey: "A sede dos God's Children era em Ypsilanti, e eles eram como uma força policial da revolução. John Cole era um cara muito legal. Para entrar na gangue, você tinha que dar o Beijo da Irmandade. Todos os motoqueiros ficavam bêbados, vomitavam, e depois te davam um beijo de língua. Em seguida, eles apertavam a sua mão e você era um deles".

*"Ele se divertiu com aquilo."* A fita de Michael Tipton foi a usada para o álbum *Metallic KO.* "Existia muito mais antagonismo entre a plateia e a banda do que aparece no disco; tem um monte de silêncio entre as músicas, Iggy ficava falando um monte de besteiras que eu editei".

## CAPÍTULO 10: KILL CITY

As fontes principais para este capítulo incluem JO, JW, RA, BE, Philippe Mogane, Ray Manzarek, Danny Sugerman, Jim Parret, Thom Gardner, Michael Tipton, Annie Klenman (conhecida como Apple), Doug Currie, Harvey Kubernik, Pamela Des Barres, Don Waller, Nigel Harrison, Rodney Bingenheimer, Michael Des Barres, Tony Sales, Brian Glascock, dr. Murray Zucker, Nick Kent e Mike Page. As informações e citações de Danny Sugerman vêm de uma entrevista conduzida por Chris Carter e George Hickenlooper, em um take para o filme *The Mayor of the Sunset Strip*, a quem eu tenho que oferecer meus mais sinceros agradecimentos. Também usei informações do livro de Danny, *Wonderland Avenue*. Graças a essas fontes, acredito ter traçado todos os movimentos de Jim nesse período, pela primeira vez. Em particular, a história de suas misteriosas viagens para San Diego, que nunca tinham sido contadas antes. Entretanto, a natureza inconsequente da existência de Jim significa que é difícil ter certeza de que todos os eventos estão em sua ordem correta.

*[Iggy] estava convencido de que havia uma maldição [sobre ele e os Stooges].* Nick Kent: "Tive algumas conversas com ele em 1975 em que ele me disse que sentia que os Stooges estavam amaldiçoados. Tinha uma maldição neles. Ele se tornou supersticioso depois disso e sentia que não havia saída".

**New Order.** Os principais músicos do New Order incluíam o ex-baixista dos Stooges Jimmy Recca, Dennis Thompson, do MC5, na bateria, e Dave Gilbert, que antes tinha cantado com Ted Nugent.

**Danny Sugerman vira produtor de Jim.** Em *Wonderland Adventure*, Sugerman relata que Iggy sugeriu que ele se tornasse seu empresário e que se juntasse a Ray. Ray lembra-se de que na verdade foi Danny que convenceu Iggy e Ray a se envolverem no esquema.

*"Vocês querem ver sangue?"* Detalhes desse diálogo foram contados por Ron Asheton.

**Atacando a Maserati com uma machadinha.** Danny cita esse fato como tendo acontecido na manhã após a entrevista de Rodney com Carter e Hickenlooper. Entretanto, pode ter acontecido em algum outro ponto, já que, assim como outras histórias em *Wonderland Avenue*, é possível que ele tenha retrabalhado algumas para acrescentar um pouco de drama, ou então tenha se confundido. Na verdade, já que se trata de um período de tempo em que a maior parte dos participantes dos eventos estava usando heroína pesadamente ou Quaaludes, momentos no tempo podem parecer elásticos, para dizer o mínimo.

**Scott Morgan foi chamado para tocar gaita.** Entrevistei Scott duas vezes sem ele ter mencionado que tinha tocado gaita no show no Hollywood Trash. Fui inspirado a entrevistá-lo novamente pela excelente história sobre a Sonic Rendezvouz Band, formada por Morgan e Fred Smith, do MC5, publicada no *I-94 Bar*.

*O show [no Hollywood Trash] foi competente.* A maior parte dos fãs, incluindo Jim Parrett, Don Waller e Greg Shaw, achou que o número parecia uma banda de bar competente; alguns, entretanto, acharam que eles soavam como uma banda de bar apenas semicompetente. Nick Kent: "Eles decidiram 'vamos acabar com o New York Dolls', e foi o que fizeram. Foi bom. Eram basicamente os Stooges com Ray Manzarek no teclado; foi fantástico".

*A crescente dependência de Danny em Quaaludes e heroína.* Várias pessoas insistem que o vício de Sugerman em heroína nunca foi uma coisa muito séria, como descrito em seu livro de memórias *Wonderland Avenue*. Mas Ray Manzarek, embora reconheça que o livro tem uma licença poética dramática, concorda que Sugerman estava "completamente chapado" o tempo todo.

*Um pouco depois do show no Palladium.* A única evidência independente que eu tenho é o livro de Danny, *Wonderland Avenue*, já que em todos os outros relatos o tempo é inconsistente, mas a sequência de eventos de Danny parece se encaixar.

*"Alô. Aqui é o dr. Zucker."* Esse diálogo se baseou no que foi lembrado por Danny em *Wonderland Avenue*. Dr. Zucker: "Eu não sei se a primeira visita foi involuntária ou não, mas ele certamente não teve nenhum problema em ficar até que estivesse estável; não era passível de contestação que ele estivesse ali".

*Jim Osterberg teve sorte de ir para um dos melhores centros psiquiátricos do mundo.* O hipnotizante livro de memórias da dr. Kay Jamison, *An Unquiet Mind*, sobre suas batalhas contra o transtorno bipolar, que incluem seu tempo no NPI, foi uma ótima leitura para informações de suporte. Seu segundo livro, *Touched with Fire*, analisa as ligações entre o transtorno bipolar e o temperamento artístico. Ela cita como exemplo mais de oitenta poetas que se acredita terem sofrido de distúrbios de humor, incluindo Baudelaire, John Berryman, Blake, Burns, Chatterton, John Clare, Coleridge, T.S. Eliot, Thomas Gray, Victor Hugo, Keats, Robert Lowell, Vladimir Mayakovsky, Pasternak, Plath, Edgar Allan Poe, Pushkin, Delmore Schwartz, Shelley, Tennyson, Dylan Thomas e Walt Whitman; tanto a lista de novelistas como a de músicos é vasta. Recentemente, foi apontado que Vincent van Gogh, um célebre bipolar, pudesse ter sofrido de alguma desordem no lobo temporal.

***O diagnóstico foi de hipomania, um transtorno bipolar.*** Em 2005, John Gartner teorizou em seu livro *The Hypomaniac Edge* que a hipomania move muitos dos empreendedores dos Estados Unidos; Gartner sugere que a hipomania e o transtorno bipolar são muitos mais comuns em sociedades imigrantes, que têm menos aversão a riscos, e que existe uma vantagem evolucionária nesse tipo de comportamento.

***Bowie foi um dos poucos a quem se concedeu permissão para entrar... acompanhado do ator Dean Stockwell.*** Jim Osterberg: "Bowie veio me ver um dia, totalmente chapado em sua roupinha espacial, com Dean Stockwell, aquele ator. Eles estavam tipo 'queremos ver o Jimmy, deixa a gente entrar'. A regra de não deixar ninguém de fora entrar era severa: havia ali um asilo de pessoas insanas. Mas os médicos ficaram impressionados com gente famosa, então deixaram eles entrar. E a primeira coisa que disseram foi: 'Ei, quer um pouco de pó?'; eu até cheirei um pouco, foi muito desagradável fazer isso lá. E foi assim que voltamos a manter contato" (1996, da edição especial de *MOJO*, de David Bowie, 2003). Kevin Cann data a primeira visita de Bowie de mais ou menos junho de 1975, mas deve ter sido muitos meses antes disso, antes de trabalharem juntos em estúdio em maio, que se seguiu o encontro na Sunset Boulevard. Em minha entrevista com Jim Osterberg em 2005, ele menciona que Bowie estava prestes a começar a trabalhar em *The Man Who Fell on Earth*, e tocava para ele gravações de *Station to Station*. De acordo com a maioria das cronologias de Bowie, a mais informada sendo a de Kevin Cann, isso também parece impossível, então é possível que Jim tenha se confundido e juntado dois períodos, ou que as gravações fossem demos. Embora a maioria das revistas date a gravação de *Kill-City* do meio do ano de 1975, as sessões foram completadas antes que Edmonds tocasse os primeiros mixes para Seymour Stein no fim de janeiro de 1975.

***No fim de 1975, Williamson se afastou mais uma vez de Jim.*** Essa informação vem de uma entrevista feita com James por Ken Shimamoto. Ron Asheton mencionou repetidas vezes que a formação original dos Stooges se separou por causa da tentativa de James de que Jim assinasse um contrato, mas acredito que ele tenha confundido os eventos. Existe uma quantidade abundante de testemunhas, incluindo James e Doug Currie, confirmando que todos os Stooges tinham decidido parar antes de retornar a LA, depois da performance incluída em *Metallic KO*; a disputa em torno do contrato tinha sido depois da gravação de *Kill City*.

**Bowie se mudou para Nova York no natal de 1974.** Data tirada de Gilman, p. 493.

**Fred Sessler e Lisa Leggett.** Esse componente da vida de Jim nunca tinha sido mencionado em nenhum outro meio antes; vem de uma entrevista que conduzi com Jim em meados de 1993, durante a qual ele mencionou seu tempo em San Diego e um homem de negócios escusos, que ele preferiu não nomear. Por coincidência, descobri a história completa de Lisa Leggett durante uma longa e louca noite com Mike Page alguns anos depois. Jim então preencheu as lacunas de minha entrevista com ele em 2005, além de incluir detalhes saborosos, como o fato de Lisa ter lhe pagado para que fosse a uma palestra motivacional. Fred Sessler era uma pessoa muito amada; morreu em 2001. Lisa Leggett, de acordo com Mike Page, depois se casou com Willy DeVille, da banda Mink DeVille, que faleceu em 2009.

## CAPÍTULO 11: THE PASSENGER

Principais fontes incluem JO, Andrew Kent, Carlos Alomar, Roberta Bayley, Laurent Thibault, Kuelan Nguyen, Phil Palmer, Tony Visconti, Edu Meyer, Esther Friedmann (EF), Klaus Kruger, Angie Bowie, Tony Sales e Hunt Sales. A cena de abertura foi baseada em um relato de Jim Osterberg.

**[Iggy]** *"não tão duro e experiente e sabe-tudo e cínico. Alguém sem a menor ideia do que faz... mas com belos insights."* Tirado de uma entrevista com Edmonds com Bowie para *Circus*, datada de abril de 1976, e conduzida durante os ensaios para a tour de *Station to Station*.

**Bowie... mantendo Iggy "sob seu domínio".** Tirado de uma carta de Harald a Ben Edmonds, de 17 de maio de 1976.

***Mick Ronson considerava que o antigo patrão estava de quatro por Iggy.*** Entrevista do autor no Dominion Theatre, em Londres, fevereiro de 1989.

Não estou sugerindo que Ronson não tivesse interesse algum por trás desse comentário, mas sua visão parecia a de que Iggy tinha ignorado a opinião de Bowie e vice-versa.

*Foi discutida a possibilidade de Bowie produzir um álbum para Iggy em Musicland... em Munique.* Iggy mencionou a possibilidade de gravar em Musicland em uma entrevista para a revista *Punk* em abril de 1876. Todos os outros detalhes foram retirados de minha entrevista com JO em 2005.

*Por causa de uma audiência à qual teve de comparecer com Bowie no dia anterior.* As datas foram obtidas da cronologia da vida de Bowie feita por Kevin Cann e de recortes de jornais disponíveis no site Bowie Golden Years.

*Pela primeira vez em sua vida, Iggy disse não.* Jim: "E se eu tivesse me chapado com ele naquela semana, não estaria aqui conversando com você. E essa foi a primeira vez que eu virei o jogo e comecei a adquirir alguma resistência. E isso era muita coisa... como uma lâmpada que acenderia e apagaria por mais alguns anos depois disso".

*[A] misteriosa viagem de trem a Moscou.* A maior parte dos livros sobre Bowie data sua viagem a Moscou bem no começo de sua viagem pela Europa. Parece-me mais lógico que a visita de Bowie à cidade tenha sido quando já estava havia algumas semanas viajando, entre os shows dos dias 17 e 24 de abril em Bern e Helsinque, respectivamente. Embora se repitam frequentemente histórias de que alguns livros de Bowie tenham sido confiscados, junto a uma citação dele dizendo que comprou o livro como material de referência para um filme sobre Goebbels, os fatos parecem cheios de incongruências, com uma data impossível e uma rota errada. Não achei nenhum relato contemporâneo detalhando tal evento, e suspeito de que tenham exagerado ao recontar a história. Não há dúvidas de que David e Jim tinham algum interesse no nazismo, mas – uma decepção para aqueles que queriam um bom assunto para conversa, eu sei – é claro, de uma informação vinda de terceiros, incluindo a namorada (judia) de Jim, Esther Friedmann, que o interesse de Bowie em Hitler era sobre sua mitologia, seu design gráfico, design de palco e como forma de chocar os entrevistadores. A declaração de Bowie mais específica sobre Hitler foi a Cameron Crowe, em torno de maio de 1975, a qual, apesar de não ter sido mencionada na história de Crowe para a

edição de fevereiro de 1976 da *Rolling Stone*, foi incluída no perfil que fez para a revista *Playboy* em setembro de 1976. A declaração foi: "Hitler foi o primeiro *rock star*", uma citação que imagino ser plagiada de Ron Asheton.

*As faixas rítmicas de* The Idiot. A versão final de *The Idiot* incorpora partes de Davis, Murray, Santageli e Thibault. É possível distingui-las com alguma dificuldade, de acordo com o som. O tarol de Dennis Davis era menor e afinado mais agudo; a guitarra de George Murray era mais aguda do que a Rickenbacker de Thibault. Davis e Murray parecem audíveis em "Sister Midnight" e "Mass Production"; Santageli e Thibault parecem ter sido os escolhidos para o mix final de, por exemplo, "China Girl" (com seu soberbo baixo que soa como Joy Division) e "Baby", embora em todos os casos o mix cheio de efeitos torne difícil reconhecer quem é quem – e em várias músicas você pode ouvir o som de dois taróis diferentes ao mesmo tempo. "Nightclubbing" exibe uma bateria eletrônica Roland e uma parte de baixo tocada no sintetizador Arp Axe de Bowie.

*Quando Palmer se preparava para acescentar sua guitarra.* Relatou-se que a versão gravada de "Sister Midnight" foi tocada por Carlos Alomar, provavelmente de uma gravação inicial feita durante as sessões de gravação da trilha sonora de *The Man Who Fell to Earth*, no Cherokee, em Los Angeles. Palmer tinha certeza de que reconhecia seu próprio trabalho no álbum, enquanto Carlos Alomar diz ser perfeitamente plausível que suas partes na guitarra tenham sido tocadas por outro músico: "[David] fez isso comigo um milhão de vezes. Eu fazia três ou quatro guitarras, e ele ia e contratava outro guitarrista, e então uma dessas partes que eu fiz apenas vai a outro guitarrista, e tem uma outra pequena diferença nisso".

*Estúdios Hansa, em Kurfürstendamm.* Algumas vezes é confundido com o "Hansa ao lado do Muro". Existiam dois prédios dos estúdios Hansa; o em Kurfürstendamm tinha apenas um estúdio no quarto andar e abriu em 1971; o estúdio na Köthenerstrasse, no muito mais luxuoso edifício Meistersaal, foi comprado pela família Meisel em 1973 e localizava-se em frente ao Muro de Berlim. Inicialmente abrigava dois estúdios: Tonstudios 2 e 3, e outro que foi adicionado mais tarde.

*As mixagens originais de Thibault.* Laurent acredita que suas mixagens originais foram usadas em pelo menos duas músicas. "Sister Midnight" contém um respingo de feedback da mesa de mixagem do Musicland, o qual pode ser ouvido claramente [em 1:05] na versão do álbum; enquanto "Mass Production", de acordo com Laurent, usa seu tape loop e soa como se tivesse sido mixada com a marca registrada dele, o método que consiste em mixar uma seção de cada vez e depois entrelaçar a versão final por uma série de edições na fita.

**Citação musical de Gary Glitter.** "Rock and Roll Part One" tem uma batida e um ritmo funéreo idênticos.

**Lugares preferidos [em Berlim] para passar o tempo.** Essa informação vem principalmente de JO, Esther Friedmann, Wolfgang Doebeling (que tinha um escritório no Hansa e via Bowie frequentemente nas lojas de discos), Edu Meyer, Klaus Kruger e Tony Visconti. A visão de Bowie acerca do Exil e suas citações posteriores sobre Berlim vêm de uma entrevista para a revista *Uncut*. Também agradeço a Ed Ward, que me ajudou em Berlim. O Schlosshotel Gerhus, para futuros visitantes, agora é um hotel-boutique de Karl Lagerfeld, chamado Schlosshotel Vier Jahreszeiten, e aparentemente muito limpo. O Café Exil agora é o Horvath Bar.

**Mais tarde em agosto de 1976.** A cronologia de Bowie feita por Kevin Cann diz que Bowie e sua equipe começaram a trabalhar em *Low* em 1º de setembro; entretanto, de acordo com os registros de Edu Meyer no Hansa, as sessões foram deslocadas para o Hansa 2 em 21 de agosto, então suponho que eles devam ter começado o trabalho no chateau em agosto, uma data confirmada pela recordação de Visconti de que toda a equipe do chateau francês estava em férias de verão, que terminariam no fim do mês de agosto.

**"Uma alegria só, caindo aos pedaços e confortável."** Bowie em *Uncut*.

**O Hansa parecia encarnar a grandiosidade em ruínas de Berlim.** As informações sobre o Hansa vêm de Edu Meyer e do livreto que celebrou a restauração do estúdio 2 como um *concert hall* em 1994. No prédio, agora ocorrem principalmente performances clássicas, mas permanece o estúdio Hansa, acrescentado, depois, no quarto andar. Agradeço a Alex Wende por ter me levado a uma excursão pelo estúdio e pelo prédio.

*Os irmãos Sales haviam tocado profissionalmente para o Roulette, selo de Maurice Levy ligado à máfia.* Maurice Levy era uma figura intrigante e um pouco assustadora, o tipo de gente que construiu o início dos negócios do rock'n'roll. Ele era o agente de Chuck Berry, foi a inspiração para o mafioso Hesh, personagem da série *A família Soprano* (*The Sopranos*, no original) e também esteve envolvido na bizarra saga do álbum *Rock and Roll*, de John Lennon, em que Lennon fez versões de várias músicas de artistas do selo de Levy para evitar um processo sobre ter "emprestado" a melodia e um pouco das letras da música "You Can't Catch Me", de Chuck Berry, e tê-las usado na música "Come Together", no álbum *Abbey Road*.

*Foi ideia de David ligar para os irmãos Sales.* Jim: "Hunt e Tony sempre tinham sido seus garotos. E conseguiram esse trabalho comigo pó rque submeteram algumas fitas a ele".

## CAPÍTULO 12: HERE COMES MY CHINESE RUG

As fontes são as mesmas que as usadas nos capítulos anteriores, além de Ricky Gardiner, Marc Zermati, Nick Kent, Kris Needs, David Stopps, Brian James e Glen Matlock (GM).

*"Música de punk atrás de hambúrguer."* Essa teria estado na resenha de Lenny Kaye de *The Stooges*; além de ser crucial como guitarrista e compositor no Patti Smith Group, Lenny também foi responsável pelo soberbo *Nuggets*, uma revolucionária compilação que agrupou muitos clássicos de garagem que influenciaram os Stooges, os Ramones e outros.

*As revistas semanais de música.* A terceira publicação musical semanal do Reino Unido foi a *Melody Maker*, que, assim como a *NME*, era propriedade do IPC. A *NME* conseguiu se diferenciar de sua publicação irmã por focar-se em punk; as reações contrastantes das duas publicações aos Stooges foram exemplificadas pela comparação entre a matéria habilmente pesquisada e escrita que Nick Kent fez para uma edição de maio de 1975 da *NME*, "The Mighty Pop versus The Hand of Blight", e a resenha de Chris Charlesworth para uma edição da *Melodymaker* de 1973, na qual o autor, ultrajado, pergunta: "O quão baixo o rock and roll pode chegar?". "Não sei o nome das músicas", desdenhou Charlesworth (obviamente tendo feito sua pesquisa pré-show), "mas todas apresentam mais do que um punhado de linguagem forte de propósito, segundo minha opinião, apenas para insultar a audiência". Na mesma página, o venerável jornal guarda seus elogios a Stackridge e às habilidades revolucionárias no saxofone de Tommy Whittle, Kathy Stobart e Jimmy Skidmore.

**Bowie recorda "o consumo de drogas era inacreditável."** Em entrevista à revista *Q*, em 1993.

**Jim Osterberg apresentaria performances maravilhosas na TV.** Sobre o assunto, também existe uma hilária entrevista com Peter Gzowski nos arquivos da Canadian Broadcasting Company.

**Um romântico idílio com Pleasant Gehman.** Pleasant tinha conhecido Iggy em 1975, quando ele era uma clássica estrela caída do rock, vivendo em um apartamento decadente em Flores, perguntando a qualquer visitante: "Você tem alguma droga?", logo que entrava pela porta. Ela o encontrou novamente em 1977, alguns dias depois de ele ter rolado alguns degraus; tinha o pulso engessado, o rosto inchado e com hematomas. Jim a reconheceu e a levou para longe de todos os seus amigos, e eles passaram algumas semanas idílicas em uma casa de frente para a praia em Malibu. "Estávamos fumando maconha, tomando vinho tinto e saímos para o píer. Falávamos sobre qualquer coisa, sobre os Romanovs e a Revolução Russa, sobre pintura e coisas abstratas, sobre comunismo, sobre a vida. Fizemos muito sexo, mais do que eu já tinha feito na vida. Ele era uma pessoa incrivelmente atenciosa. E tinha um corpo ótimo e na manhã seguinte me perguntou se eu queria ir morar com ele... Fui tratada como a realeza." Durante o mesmo período, Jim também andava com os Germs e outros, e posou para algumas fotos excelentes tiradas por Jenny Lens.

**Novo flat e detalhes de contrato.** As informações vêm de papeladas de posse de Esther Friedmann, que ela gentilmente me permitiu examinar, para a identificação de algumas datas cruciais.

**A irritação que cada um sentia.** Isso de acordo com a memória de Jim. Pode ser que David Bowie não sentisse irritação alguma com Jim; infelizmente, ele declinou meu pedido de entrevista.

*Em junho as sessões enfim começaram.* Os registros parciais de Edu Meyer sobre os detalhes da gravação no Hansa apontam o período de 8 a 12 e 14 de junho, com a masterização em julho. Isso contrasta com a maior parte das outras cronologias, que datam as sessões como ocorridas no final de abril. Muitos dos músicos recordam que as sessões de gravação duraram dez dias.

*Ukulele.* Essa história foi contada por Jim diversas vezes; perguntado pela *Uncut* se o relato estava correto, David respondeu: "Absolutamente".

*"Esperneando e gritando."* JO: "Sim, ["Success" foi escrita] de uma maneira irônica. E, para mim, só para ter um tapetinho chinês. Mas também de uma forma não irônica... Isso acontece comigo algumas vezes quando me sinto ameaçado, eu meio que costumo bater o pé, entrar em uma zona ou situação bem-sucedida e aí começar a reclamar. E eu meio que tenho que ser arrastado gritando e chutando para o resultado final ser bom. Mas meio que só senti, naquela música em particular... tivemos uma boa fricção no estúdio... e inventei aquele vocal levemente demente, e você ouve uma diferença muito grande entre os vocais dos dois álbuns [*The Idiot* e *Lust for Life*], o rock estava começando a se instalar, e eu estava começando a reverter, mas existia um bom balanço entre as coisas. E ele [Bowie] estava de saco cheio da coisa toda naquele ponto e só queria acabar logo aquele maldito negócio. Mas se saiu bem".

*Warren Peace.* Warren Peace, também conhecido por Geoffrey MacCormack, era cantor de apoio de Bowie e, mais tarde, companheiro de viagens, até ser substituído por Iggy. JO: "David estava procurando um novo *sidekick* [em 1976], ele gosta de fazer as coisas do jeito dele, e Warren Peace se tornou mais hollywoodiano do que o considerado bom para a amizade deles".

## CAPÍTULO 13: DESAPARECIDO EM AÇÃO
Fontes principais: JO, Charles Levison, Julie Hooker, Tarquin Gotch, Tony Sales, Scott Thurston, EF, Robin Eggar, Edu Meyer, Hunt Sales, Gary Rasmussen, AS, BE, Klaus Kruger, JW, GM, Kingsley Ward, Barry Andrews e Ivan Kral (IK).

A abertura é baseada em relatos de Charles Levinson, Tarquin Gotch e Julie Hooker, todos da Arista Records. Hooker aponta que, embora muitos do staff chamassem David de "o Poderoso Chefão", isso não era um comentário sobre suas práticas de negócios, mas um reflexo da intimidade dele com a indústria.

***Lust for Life* desapareceu.** Robin Eggar, da RCA: "A fábrica de prensagem da RCA era, eu acredito, em Hayes, e eles voltaram sua produção não só 90% para a prensagem de discos do Elvis – foi mais uns 95%; uma visão incrivelmente pouco inteligente".

***Mijou no cesto de lixo.*** JO: "Eu acho que eu disse alguma coisa terrível na RCA depois que o Elvis morreu, tipo 'É uma pena, eu sou o novo Elvis', e acho que mijei no cesto de lixo debaixo da mesa do escritório que eu estava usando durante a entrevista". Entrei em contato com alguns membros do departamento de artistas e repertório da RCA no fim dos anos 1970 e eles não se lembraram do incidente, embora um deles declare sucintamente: "Eu estava tão chapado que não me lembro de nadinha. Todos estávamos fora de órbita o tempo todo, naquele tempo". O episódio paranoico de Iggy causado por cocaína no Gerhus tinha acontecido pouco tempo antes ou pouco tempo depois desse incidente.

**"Carente e exigente."** Scottie Thurston, quando perguntado se Jim estava melhor em 1977 do que em 1973: "Bom... não sei. Realmente não sei. Você entende... vivíamos na era da cocaína, que não é uma droga muito apropriada para um cantor. Ele poderia ter se saído melhor. Mas todos poderíamos ter nos saído. Eu não olho pra trás como se fosse um período cheio de arrependimentos; eu só acho... que, honestamente, todos nós poderíamos ter nos saído muito melhor".

***Kill City* [foi] lançado pela Bomp.** O álbum *Kill City* completou as faixas gravadas no estúdio de Jimmy Webb com duas músicas, "Lucky Monkey" e "Masterchange", gravadas numa mesa de quatro canais na casa de Scottie Thurston, durante um período em que ele tinha achado para Jim um apartamento perto em Venice Beach, provavelmente na primavera de 1974. Todas as faixas foram remixadas por James Williamson – de acordo com Ben Edmonds, a versão original era muito mais durona e mais parecida com os Stooges.

**A Sonic Rendezvouz Band lançou um único e lendário single, "City Slang".** Tal esquecimento histórico foi corrigido no final de 2006 com um extravagante box set de material do SRB lançado pelo selo Easy Action. Há uma excelente retrospectiva do SRB, feita por Ken Shimamoto no *I-94 Bar*, com uma hilária história da vez em que uma descontrolada plateia escandinava jogou um peixe na banda. Muitos fãs de Iggy consideram o SRB uma das melhores bandas de apoio, mas algumas de suas performances e arranjos musicais devem ser a absoluta antítese do manifesto musical original de Iggy; as versões de "Lust for Life" e "Little Doll" em particular soam como horrorosas versões copiando o estilo dos Yardbirds – isso veio de um homem que criticou Bowie por ter copiado a mesma banda.

*Charles Levinson, diretor executivo da Arista.* Tinha sido dada a Levinson a posição de diretor executivo da Arista Worldwide, que cuidava de todo o resto da companhia fora dos Estados Unidos. Sua principal tarefa junto a Edmonds era a de estabelecer a companhia como uma enorme potência nos Estados Unidos, trazendo talento novo, mais na moda, tentando quebrar os contratos com artistas assinados pelo escritório central da Arista em Nova York – em particular Barry Manilow – e tentando fazer render as carreiras de dois artistas que o braço da companhia no Reino Unido tinha herdado, principalmente *retro-glamsters* Showaddywaddy e os outrora ídolos da garotada Bay City Rollers. Levinson era um homem encantador e amado; morreu em 7 de julho de 2006, devido a complicações em decorrência de um ataque cardíaco.

*"Peter era muito centrado no início."* Passei muitos dias tentando localizar Peter por meio de ex-colegas da RCA, amigos e outros conhecidos, para ouvir sobre suas próprias recordações dos eventos, sem sucesso. Universalmente respeitado por aqueles que lidaram com ele nos dias de outrora, infelizmente, como Barry Andrews e outros se lembram, foi engolido pelo caos que começou a rodear Iggy nesse período.

*Bindon tinha sido um gângster que acabou fazendo a vida como ator.* Barry Andrews: "O Bowie estava fazendo juízo de valor mesmo e falando sobre a Princesa Margaret ter transado com Johnny Bindon, que tinha o maior pinto de Londres e cortou a cabeça de um cara fora em um bar, e todas essas histórias de Johnny Bindon que agora todos sabemos. E surgia na conversa: 'Qual é a coisa mais segura que você poderia ser? Um criminoso'. O relato de "Play It Safe" aqui presente se baseou em lembranças de Andrews, que estava lá durante a sessão, parece que mais sóbrio do que os outros músicos e sem qualquer interesse oculto ao falar isso. James Williamson, entretanto, mesmo reconhecendo que detestava a intromissão de Bowie, lembra-se de que a última confusão foi sobre os vocais de Iggy. Desse mesmo período, também tem uma eletrizante história contada em detalhes por Glen Matlock, de como Steve New encontrou David Bowie falando com Patti

Palladin, namorada de Steve, e bateu em Bowie, acreditando que ele estava dando em cima dela – apenas para descobrir que Bowie meramente perguntava se ela poderia lhe dar um cigarro. Entretanto, Glen estava em Londres durante a visita de Bowie ao estúdio, e, segundo relatos, New ficou supostamente intimidado com Bowie, então fui obrigado a omitir essa história, e me arrependo.

### CAPÍTULO 14: A LONGA, LONGA ESTRADA

Entrevistas principais: JO, EF, IK, Brian James, GM, Charles Levison, Tarquin Gotch, Mike Page, Rob Duprey, Carlos Alomar, Frank Infante, Dayna Louise, Margaret Moser, Anne Wehrer (entrevistada em 1996) e Gary Valentine. Também agradeço ao dr. Murray Zucker pelas informações de suporte. Datas de turnês foram cortesia de Per Nilsen.

*"Eu sentia que o David queria jogar o Jim no meu peito. Era tipo 'eu tô tentando ajudar o carae, mas ele sempre fode tudo.'"* Note que isso é o que Ivan *pensou* ser a intenção de Bowie, mas não necessariamente a intenção real de Bowie. Certamente Ivan pensou que Iggy não apreciava, ou talvez não merecesse, a ajuda de Bowie, mas essa não é necessariamente a percepção de David.

*"One for My Baby".* A música apareceu pela primeira vez no set com o SRB, mas se tornou permanente durante a turnê do *New Values.* Mais tarde foi gravada, com um arranjo bastante engessado, durante as gravações de *Party.*

*Iggy Pop se deleitava em roubar-lhes as groupies bem debaixo de seus narizes.* Glen Matlock: "Havia essas três meninas bonitas [em Toronto]. E os caras da banda estavam sentados por ali bebendo, estávamos tentando dar em cima delas. Não chegamos a lugar algum. E aí meio que percebemos pela primeira vez que sempre faltava uma menina diferente. Todas elas já tinham ido até o quarto de Iggy e voltado. Mas rimos por último porque na manhã seguinte ele estava com um humor péssimo, pois uma das mulheres estava com o DIU mal colocado, o que acabou causando um corte bem feio no pinto dele. E, na apresentação naquela noite, não apenas ele colocou o pinto pra fora, como faz normalmente, mas ainda estava enrolado em lenços de papel. Ele ficava puxando pedaços de lenço de papel do pinto e jogando na plateia. Sabe quando dizem que a banda por trás da stripper sempre tem a melhor vista? Bom, foi horrível".

*"Dando um tiro no pé."* É claro que é possível que os mixes de *Soldier* tenham ficado uma bagunça por outras razões.

*Boyce era o homem certo para salvar o álbum de Iggy.* Charles Levinson tem sido culpado pelo recrutamento de Tommy Boyce, mas sua lembrança era de que "isso foi provavelmente sugestão do Tarquin, embora eu estivesse envolvido na decisão". Ao mesmo tempo, embora não se lembre especificamente, Tarquin diz: "Fico feliz em assumir a culpa se ninguém mais o fizer, mas pensei que tinha sido sugestão de Charles, porque esse é o tipo de coisa de conexão antiga americana".

## CAPÍTULO 15: A NOITE DOS ZUMBIS

Esse capítulo se baseou principalmente no relato de Esther sobre o desastroso feriado que passou com Jim no Haiti. É a primeira vez que essa história sai em alguma publicação impressa, e me sinto extremamente grato a Esther por ter compartilhado o fato. Ela me contou que também relata a versão completa, que tem duas horas de duração e episódios bizarros que não foram mencionados aqui, o que é sinal de garantia de uma audiência fragilizada e emocionalmente exausta. Mal posso esperar para ouvi-la. Embora obviamente interessante, como muitas histórias envolvendo Jim Osterberg, é também trágica, terminando com nosso herói sucumbindo à loucura e um espectador morto. Em resumo, escrevi que Jim sucumbiu à loucura, mas essa não foi a palavra que ela usou; ela disse "doença". Minha intenção não é exagerar. Ocorre que essa é a palavra usada por psiquiatras especialistas como Kate Jamison para descrever o tipo de comportamento que Jim exibiu no Haiti. Outras fontes incluem Mike Page, Rob Duprey, Anne Wehrer, Murray Zucker, Ric Ocasek, e a entrevista com JO feita por David Fricke, também citada no Capítulo 16.

*Pilhas de PA desmoronando.* Frank Infante se lembra desse show como tendo ocorrido em Portland; Mike Page se lembra dele em Santa Monica, no Pacific Auditorium. A menos que a informação que possuo sobre essa turnê seja incorreta, a formação que incluía Infante não tocou em Santa Monica.

## CAPÍTULO 16: HIDEAWAY

Fontes principais: JO, Nigel Harrison, Robert Matheu, Clem Burke, dr. Murray Zucker, EF, Kevin Armstrong, Erdal Kizilcay, Seamus Beaghen, Nancy Jeffries, Jeff Gold, Olivier Ferrand, Dan Bourgoise e Bill Laswell. Sobre os anos de Jim fora dos holofotes, nossa fonte inestimável foi uma entrevista conduzida em outubro de 1984 para a revista *People* por David Fricke, da *Rolling Stone*. David demonstrou uma incomparável combinação de generosidade e organização – guardando uma fita da entrevista e depois a localizando vinte anos depois. Agradecimentos enormes a Kris Needs por ter fornecido uma cópia de sua entrevista de 1986 para a revista *Creem*, o que me ajudou a preencher muitas lacunas desse período.

*A turnê de Iggy foi cancelada por conta de ameaças legais.* De acordo com o diretor de turnê Henry McGroggan, essa história está incorreta, e a turnê no Extremo Oriente foi cancelada devido à exaustão de Iggy.

*Olivier Ferrand.* Segundo Ferrand, Iggy e Jones gravaram oito músicas: uma versão suave de "Purple Haze", "Get to the Point", "Fire Girl", "Warm Female", uma versão muito sem graça de "Family Affair", "Cry for Love", "Beside You" e "Winners and Losers". É possível que entre essas músicas também esteja incluída "When Dreaming Fails" e uma versão bagunçada da música "It's My Life", do Animals.

*Álbum de Bowie com sabor Iggy.* Isso foi mencionado em uma resenha compassiva feita por Richard Riegel para a revista *Creem* em fevereiro de 1987.

*Novo empresário Art Collins.* Art era parte de uma dupla de empresariamento com Barry Taylor, mas Art é a pessoa de quem a maior parte dos funcionários da A&M se lembra; depois ele empresariou Iggy sozinho, e era muito amado. Art morreu em julho de 2005; o empresário de estrada de Iggy por muito tempo, Henry McGroggan – também conhecido por seu trabalho com os Corrs – tomou para si a tarefa.

*Iggy agarrou um enorme urso de pelúcia e começou a transar com ele.* Em enquetes sobre os melhores momentos da TV, essa ocasião foi listada como tendo aparecido no programa *Motormouth*, mas na verdade foi no programa infantil da ITV *N°. 73*. Espera-se que eventualmente o vídeo apareça no Youtube.

*Uma maratone de três meses abrindo para os Pretenders.* Para os shows com o Pretenders, Andy Anderson substituiu Gavin Harrison na bateria.

*Iggy tinha feito discos ruins antes, mas com* Instinct *era a primeira vez fazia um disco chato.* Nick Kent, que naturalmente respeito por conta de suas opiniões críticas, escolheu Blah Blah Blah como alvo de seu desdém pessoal: "Realmente dormi enquanto eu escutava pela primeira vez, então não fiquei impressionado". Entretanto, eu escolheria Instinct como o álbum mais soporífero de Iggy, com suas intermináveis guitarras abafadas e mid-tempo, riffs tão previsíveis que anestesiam a mente, solos estéreis e letras esquecíveis. Não importa o quanto eu tente me concentrar nesse álbum, sempre sou distraído por alguma atividade mais estimulante, como arquivar recortes de revistas e jornais ou arrumar a gaveta de talheres na cozinha.

## CAPÍTULO 17: UNDEFEATED

Fontes principais: JO, Nancy Jeffries, Don Was, Whitey Kirst, Charles Francis, também conhecido como Black Francis, Eric Schermerhorn, Hal Cragin, Larry Mullins, Bob Gruen, Glen Matlock, Pete Marshall.

*"Livin' on the Edge of the Night"… não ganhou o espaço pretendido em* Chuva negra. Embora a música apareça na trilha sonora, Don Was e Iggy mencionaram que a versão original não foi usada.

*"Did You Evah".* Ajudada por um estiloso videoclipe feito por Alex Cox, o single alcançou o número 42 no Reino Unido.

*"Tudo que eles fizeram me deixou louco."* Tirado de "Heroes", entrevista para a revista Guitar em 1992, por Cliff Jones, assim como a citação de Thurston Moore: "Eu gostaria muito de ver o Nirvana como banda de apoio de Iggy".

*A cena "alternativa" e grunge americana da década de 1990.* Agradeço a Jenny Bulley, da MOJO – que estava no show de 1989 do Nirvana no Astoria – a Keith Cameron e a Andrew Perry pela discussão sobre a influência de Iggy e dos Stooges sobre o grunge.

*"Seu escrotinho de merda!"* Johnny Depp: "Na verdade nos conhecemos em 1989, no set do filme *Cry-Baby*, de John Waters. Mas eu já conhecia ele de muito antes. Estávamos em um bar em 1989. Nessa época, aos dezessete anos, eu fazia parte de uma banda que tocou na primeira parte do show dele. Foi em Gainesville, na Flórida. Depois do show, todos nos reunimos em um bar, e eu queria mais que tudo chamar a atenção dele pra mim. Quando fecharam o bar, eu estava totalmente bêbado e comecei a gritar obscenidades pra ele. No começo ele não reagiu; depois de um tempo, Iggy veio bem perto de mim, me olhou bem nos olhos e disse: 'Seu escrotinho de merda!'. Depois foi embora. Eu me senti no topo do mundo – pelo menos agora ele sabia que eu existia. Isso foi ótimo". (Entrevista por Christophe d'Yvoire.)

*"Eu acho que houve um momento em que o Jim chegou à conclusão de que não era capaz de aparecer na porra de uma reportagem sem que meu nome fosse mencionado. E eu acho que não deve ser uma sensação lá muito confortável."* Bowie ainda disse: "Eu entendo completamente – eu realmente, realmente entendo. Infelizmente, acho que Jim tomou isso como uma coisa pessoal, o que é uma pena, pois eu gostaria de ter continuado um amigo próximo dele". Para Robert Phoenix, <gettingit.com>, outubro de 1999.

**Henry Rollins.** Rollins tinha um monólogo hilário sobre sua admiração e rivalidade com Iggy, baseado na tentativa de jogá-lo do palco em performances sucessivas; está presente em um extra no DVD *Live at Luna Park*.

*"Beside You".* É claro que a "Beside You" original vem antes da música do U2, "With or Without You". A demo original feita pelo Padrinho do Punk e seu tenente inglês aparentemente tinha muitas semelhanças com uma música do Police – possivelmente "Every Breath You Take".

*"[Eu fiz] tudo errado [com Eric]".* A maior parte das citações de Jim sobre o assunto e outras informações vitais sobre o relacionamento de Jim com Eric vêm da excelente entrevista para a revista de sábado da *Times*, feita por Garth Cartwright em setembro de 1999. Embora, para ser justo, Eric não tenha resultado de uma concepção planejada por seu pai, Iggy é perturbadoramente brutal sobre o filho quando se considera o devotado apoio que recebeu de seus próprios pais.

Sobre o Iggy que conheceu em 1999, Garth diz: "O que me impressionou mais nele foi um certo aspecto reptiliano – ele tinha absoluto sangue-frio ao falar sobre o filho, a ex-mulher ou os Stooges".

**O lamentavelmente previsível Naughty Little Doggie.** De acordo com Hal Cragin, Iggy tinha trabalhado em material um pouco mais aventureiro antes de se retrair a um "rock chato" no estúdio. As músicas no álbum, competentes enquanto punks genéricas, praticamente repetem os temas do começo de carreira: "I Wanna Live" funde a sequência de acordes de "Real Cool Time" com "You Really Got Me Now", do Kinks; "Innocent World" evoca "Gimme Danger"; a abertura de "Knucklehead" soa como "Your Pretty Face Is Going to Hell" encaixada em "Stepping Stone" dos Monkees; "Pussy Walk" retorna ao assunto de "Pussy Power", de *Brick by Brick*. "É sobre ir até escolas de ensino médio, ver garotas jovens e imaginar que tipo de bocetas elas têm debaixo das saias", diz Cragin. "Ele achou que se tornaria um bom single." A última música, "Look Away", que recorda a história de Johnny Thunders e Sable Starr, é um dos momentos mais intrigantes do álbum, mas, como frequentemente acontece em todas as músicas do álbum, soa feita pela metade, caindo em uma horrivelmente previsível sequência de três acordes estilo Ramones. Em virtude de a produção do disco ser em geral cheia de claridade digital, é de se perguntar por que o produtor Thom Wilson não cortou os vocais nervosos e fora do tom de Iggy.

**As músicas [de Iggy] foram incluídas em dezenas de filmes.** Existe um bom sumário da presença de Iggy e dos Stooges nas trilhas sonoras de filmes em www.imdb.com/name/nm0006563/.

**Iggy alegava que a turnê [ROAR] lhe oferecia a oportunidade de tocar para multidões maiores.** Iggy justificou a turnê ROAR dizendo a Colin McDonald: "Sempre me arrependi de não ter tido a oportunidade de tocar em lugares como Pittsburg, Davenport, Milwaukee, Huntsville, em um bom palco, com um bom som. Eu nunca tive essa chance, e queria mostrar para as pessoas o que faço antes que não consiga mais fazer". Considerando a convicção com que Iggy Pop consegue expor os mais ultrajantes argumentos, é de se suspeitar que nosso herói já soubesse que não tinha mais como vencer.

***Turnê ROAR.*** Skoal anunciou originalmente que a turnê ROAR iria alcançar quarenta cidades dos Estados Unidos. O número real de shows feitos, registrado no site do baterista Larry Mullins (www.tobydammit.com), foi vinte. Informações sobre a ROAR presentes aqui vêm de Pete Marshall, Hal Cragin, Whitey e Larry Mullins; a informação da suspeita de os nervos danificados de Jim vem de Ron Asheton. Para outras recordações da banda sobre a condenada turnê ROAR, visite www.baboonland.com/sstories_iggy1.htm.

***Jos Grain.*** Grain agora tem seus próprios fãs na web, graças ao hilário rider (*) de dezoito páginas que escreveu para os Stooges, o qual pode ser encontrado em www.thesmokinggun.com/archive/100406Liggypop1.html.

***"Além do mais, não preciso fazer isso."*** De uma entrevista com Colin McDonald, em 1997.

***Iggy... pareceu simplesmente ter perdido a coragem.*** Lidei com *Avenue B* brevemente aqui antes, já que parece ter sido um álbum que pareceu afundar sem deixar vestígios, embora para mim tal trabalho seja uma das maiores oportunidades perdidas do final da carreira de Iggy. Coincidentemente, durante algumas entrevistas recentes com Jim, discutimos Nick Cave, Tom Waits, Kurt Weill e *Only the Lonely*, de Sinatra, debatendo como um álbum intenso, simplificado e baseado principalmente no piano conseguia juntar tanta musculatura emocional quanto uma gravação elétrica. Sobre esse assunto, acredito que as tentativas de Don Was de tornar o álbum mais de bom gosto diluiu todo o apelo que talvez tivesse.

***Para a turnê de*** *Avenue B* ***naquele outono.*** A partir dessa turnê, o irmão de Whitey, Alex Kirst, assumiu o lugar de baterista antes pertencente a Larry Mullins, que agora estava tocando com várias pessoas diferentes, incluindo os Residents.

***David Bowie usou a palavra "obsessivo" quando falou sobre a compulsão de Iggy por turnês.*** "Eu acho que ele sai em turnê muito, muito mais do que eu. Gosto de fazer turnês, mas não gosto de ser tão obsessivo [quanto ele]." Bowie a Robert Phoenix, em <gettingit.com>, dezembro de 1999.

***"Escuta, cara", ele retrucou.*** Essa citação vem do *Chronicle* de São Francisco, abril de 2001.

*As mesmas velhas brigas... eram cada vez piores quando confinadas em um minúsculo jato particular.* Whitey: "Nós iríamos tocar nas montanhas, na região dos Pireneus, então Jim alugou um helicóptero. Nós olhávamos pra baixo nas montanhas e víamos cavalos selvagens perseguindo cavalos selvagens. Isso foi superlegal. Então depois teve um tempo em que ele decidiu que queria voar em jatos particulares, e isso parece uma ideia legal, mas aí você pega quatro caras suados meio fora de si, Jim com um corte na cabeça feito sabe Deus como, e coloca eles em uma caixa juntos, continua dando vinho pra eles, e fica bem maluco".

## CAPÍTULO 18: A CASA DOS RÉPTEIS

Fontes principais: A entrevista descrita na casa de Jim foi realizada em 26 de abril de 2005, na mesma época em que comecei a escrever este livro, e foi comissionada pela revista *MOJO*. Fico triste em dizer, mas a Cabana Tiki foi demolida pelo Furacão Katrina.

*Murray Zucker diagnosticou Jim Osterberg com transtorno bipolar, mas agora se pergunta...* "Eu sempre tive a sensação de que ele gostava tanto do seu cérebro que iria brincar com ele até o ponto em que não soubesse mais o que estava bem e o que estava ruim. Algumas vezes ele parecia ter total controle sobre a habilidade de ligar e desligar isso ou aquilo, brincando com diferentes personas, sendo mais Bowie que David Bowie, como uma amostra da variedade de seu cérebro. Mas então algumas vezes você tinha a sensação de que ele não estava no controle – apenas pra cima e pra baixo com aquilo. Não era apenas falta de disciplina, não era necessariamente bipolaridade, só Deus sabe o que era." Jim Osterberg desde então confirma que sua aparente bipolaridade resultava de seu estilo de vida e que essa condição parece ter desaparecido.

*Força de vontade sobre-humana.* Eric Schermerhorn foi um dos muitos que observou: "Esse cara ficou sóbrio por conta própria, ele tinha sua própria força interior, e então, bum, simplesmente para de beber... Foi incrível". Schermerhorn ainda discutiu mais sobre Jim, incluindo seu metabolismo sobre-humano, antes de apenas concluir: "Ele é uma aberração!".

*Seu contrato com a Virgin estava sendo reexaminado.* Eu não quis incluir a história completa de *Skull Ring* aqui, já que na minha visão é um álbum descartável em que estrelam cantores convidados. Suas músicas com os Stooges, eu sugeriria, são bagunçadas e sem foco; para saber como eles realmente soam, deveriam checar as duas versões de "You Better Run", a sua soberba contribuição a *Sunday Nights*, o álbum tributo de Jr Kimbrough. Jim explica sua reunião da seguinte forma: "A Virgin tinha acabado o contrato com diversos artistas, e naquela época eu não queria deixar a gravadora... Então propus que eu fizesse um ménage com convidados! Você deveria ter visto as caras deles quando eu disse: 'Quero Justin Timberlake, quero Puff Daddy!'. Mas eu estava falando sério! Eles nunca foram atrás desses caras. Então os Stooges pareceram cada vez melhores para mim. E eu não imaginava a reação, ninguém imaginou, o A&R estava meio que deixando aquilo acontecer de má vontade e só ia nos dar um orçamento minúsculo para uma música, e aí ele recebeu uma ligação no seu escritório de A&R da *Rolling Stone*... e tudo mudou! Repentinamente se tornou amigável porque ele estava recebendo atenção e percebeu que havia interesse naquilo... E, antes que terminássemos de mixar, tínhamos uma proposta para uma apresentação. Eu continuava dizendo que não... mas eles não paravam de me perturbar, então eu desisti e fiz a apresentação [no Coachella]".

**Watt estava se contorcendo de agonia no período antes do Coachella.** Existe um cativante diário que cobre os shows de Watt com os Stooges em www.hootpage.com. Para as fascinantes recordações de Watt sobre a primeira apresentação no Coachella, incluindo as sugestões de Iggy sobre como tocar e também instruções do que usar, vá até: www.hootpage.com/hoot_thecordthattourdiary4.html.

**Falando com a figura estilo Cristo algumas semanas depois.** Jack White estava entrevistando Iggy para a revista *MOJO* em maio. Agradecimentos a Andrew Male por ter me fornecido a transcrição completa da conversa.

# DISCOGRAFIA

### 1. THE STOOGES ★★★★★
**Gravado:** Hit Factory & Mastertone Studios, Nova York, 1–10 de abril* de 1969; **Lançado:** Elektra, agosto de 1969 (Estados Unidos), setembro 1969 (Reino Unido). **Posição de pico nas paradas:** – (Reino Unido), 106 (Estados Unidos); **Banda:** Iggy Stooge (vocal), Ron Asheton (guitarra), Dave Alexander (baixo), Scott Asheton (bateria); **Produtor:** John Cale; **Engenheiro:** (Mastertone) Lewis Merenstein.

Rock'n'roll despido até sobrarem apenas os essenciais vitais ao gênero, este álbum ainda soa mais novo e extremo do que a maior parte dos lançamentos punks e alternativos que inspirou ao longo dos anos. Letras que dispensam o intelectualismo em favor de uma visão documentarista do tédio e da alienação cantadas de forma certeira sobre a música imponente, monumental. Descrito desta forma parece simples, mas cada elemento da estrutura monolítica foi encaixado com dolorosa paciência, especialmente os riffs memoráveis e precisos de Ron Asheton em músicas como "No Fun", "I Wanna Be Your Dog" e "Not Right".

### 2. FUN HOUSE ★★★★★
**Gravado:** Elektra Sound Recorders, La Cienega, LA, 10–25 de maio de 1970; **Lançado:** Elektra, agosto de 1970 (Estados Unidos), dezembro de 1970 (Reino Unido); **Posição de pico nas paradas:** – (Reino Unido), – (Estados Unidos); **Banda:** a mesma que em *The Stooges*, além de Steve MacKay (saxofone tenor); **Produtor:** Don Gallucci; **Engenheiro:** Brian Ross-Myring.

---

* Datas de gravação e outras informações com * são estimadas. Datas de gravação fornecidas por: newsletter *Popped* (*The Stooges*), Elektra Records (*Fun House*), agenda da MainMan (*Raw Power*), Ben Edmonds (*Kill City*), Laurent Thibault e Edu Meyer (*The Idiot*), Edu Meyer (*Lust for Life*), Julie Hooker (*Soldier*), Kris Needs/*Creem* (*Blah Blah Blah*), Jim Osterberg para Paul Trynka (*Brick by Brick*), Larry Mullins (*American Caesar*, *Naughty Little Doggie*, *Avenue B*), Virgin Records (*Beat 'Em Up*) e *Creem* (*Skull Ring*).

Em seu álbum de estreia, os Stooges sentiam-se encurralados pela gravadora Elektra, restringidos pela própria inexperiência quanto a gravar "musiquinhas muito, muito melosas", nas palavras de Ron Asheton. Em seu segundo disco, a guitarra de Asheton progrediu de um charmoso som primitivo para algo que soava muito mais poderoso e conciso. Graças à produção inspirada de Don Galucci, tecladista em "Louie Louie", que determinou que a banda tocaria o set de sempre, como em um álbum ao vivo, Iggy contorcendo-se no chão segurando o microfone, *Fun House* capturou todo aquele poder fundamental do som dos Stooges em seu auge. Mesmo que o álbum se esbalde em riffs dementes feitos cuidadosamente ("Loose", "1970"), o som também tem sofisticação e malícia. Quando McKay entra com seu saxofone na quinta música, "1970", o ataque sonoro chega ao limite da emoção do rock'n'roll.

### 3. RAW POWER ✮✮✮✮✮

**Gravado:** CBS Studios, Whitfield St, Londres, de 10 de setembro a 6 de outubro de 1972; **Mixagem:** David Bowie, outubro de 1972, Western Sound Recorders, LA; **Lançado:** CBS, maio de 1973 (Estados Unidos), junho de 1973 (Reino Unido); **Posição de pico nas paradas:** – (Reino Unido), 182 (Estados Unidos); **Banda:** Iggy Pop (vocal), James Williamson (guitarra), Ron Asheton (baixo), Scott Asheton (bateria); **Produtores:** James Williamson e Iggy Pop; **Remix:** Iggy Pop na Sony Music Studios, Nova York, 1996.

*Raw Power* foi o desesperado ataque final da banda contra a indústria musical, que ainda se mantinha inabalada pelo charme dos Stooges; um último suspiro, que, como as letras contavam, estava condenado ao fracasso. O guitarrista bad-boy James Williamson trouxe ao som a agressividade de Detroit, sua guitarra rápida soando mais maníaca, mesmo que mais convencional que a de seu predecessor. Ron Asheton, relegado ao baixo, transformou-se em um dos exponentes da banda, mesmo que os companheiros se importassem tão pouco com a seção rítmica a ponto de não se incomodarem em gravá-la direito. O álbum segue uma estrutura rígida sugerida pelo chefe supremo da MainMan, Tony Defries, com músicas de abertura rápidas ("Search and Destroy", "Raw Power") de cada lado, seguidas por uma balada ("Gimme Danger", "I Need Somebody"). A despeito dos esforços de Defries, o álbum ficou uma bagunça, com guitarras sobre guitarras, letras semicoerentes sendo berradas e aquela bateria inaudível. Mas ainda assim uma bagunça magnífica, inspiradora, a metáfora perfeita para o estado cada vez mais enlouquecido daqueles que o tinham feito. Em 1996, Iggy remixou o álbum, o que significa que a versão original, mixada por Bowie, que tanto promoveu a cena punk do Reino Unido, infelizmente não está mais disponível.

### 4. METALLIC KO ✰✰✰✰

**Gravado:** Michigan Palace, 6 de outubro de 1973 e 9 de fevereiro de 1974; **Lançado:** Skydog Records, setembro de 1976; **Posição de pico nas paradas:** – (Reino Unido), – (Estados Unidos); **Banda:** Iggy Pop (vocal), James Williamson (guitarra), Ron Asheton (baixo), Scott Asheton (bateria), Scott Thurston (piano).

Uma ruína magnífica. *Metallic KO* mostra a aura patética, mas ainda assim grandiosa dos Stooges em sua amaldiçoada última turnê, documentando esplendorosamente a evaporação de todas as ambições e energias da banda: "Não odiamos você, nem mesmo nos importamos". Inclui versões poderosas de "Raw Power" e "Search and Destroy", músicas novas inspiradoras e desesperadas, como "I Got Nothing", descartáveis e com letras obscenas, como "Rich Bitch", e a brilhantemente idiota "Louie Louie". O disco assombrou Iggy Pop por muitos anos, convencendo-o de que existia uma maldição sobre os Stooges; lançado na época em que o punk explodiu na Europa, marcou sua reabilitação.

### 5. THE IDIOT ✰✰✰✰✰

**Gravado:** Chateau d'Herouville, Paris, Musicland, Munique, Hansa 1, Kurfürstendamm, Berlim e Cherokee Studios,* LA (para "Sister Midnight"), principalmente junho–julho de 1976; **Lançado:** RCA, março de 1977; **Posição de pico nas paradas:** 30 (Reino Unido), – (EUA); **Banda:** Iggy Pop (vocal), David Bowie (piano elétrico Baldwin, guitarra, sintetizador Arp Axxe, caixa de ritmos Roland), Phil Palmer (guitarra, na maioria das músicas), Carlos Alomar (guitarra, "Sister Midnight"*), Laurent Thibault, George Murray (baixo), Michel Santageli, Dennis Davis (bateria); **Produtor:** David Bowie; **Engenheiro:** Laurent Thibault; **Mixagem:** Tony Visconti, Laurent Thibault*.

*The Idiot* parece mais ser um álbum aclamado criticamente do que um favorito do público, mas está entre alguns dos melhores, e mais subestimados, trabalhos de Iggy e Bowie. Seu humor, coragem e inventividade o fazem ser facilmente equiparado ao *Low*, de Bowie, para o qual *The Idiot* serviu de teste. A atmosfera é seca e severa, com sintetizadores sombrios e uma guitarra obscura e gótica. Praticamente todas as músicas são pérolas: "China Girl", uma tocante balada em que ele avisa a amada sobre seus problemas, "Dum Dum Boys", uma homenagem torta aos Stooges; "Nightclubbing", direta e contida, impossivelmente lenta, mas alegremente robótica.

## 6. LUST FOR LIFE ✯✯✯✯✯

**Gravado:** Hansa Tonstudio 3, Köthenerstrasse, Berlim, junho de 1977; **Lançado:** RCA, setembro de 1977; **Posição de pico nas paradas:** 28 (Reino Unido), 120 (Estados Unidos); **Banda:** Iggy Pop (vocal), Carlos Alomar, Ricky Gardiner (guitarra), Tony Sales (baixo), Hunt Sales (bateria), David Bowie (piano); **Produtor:** David Bowie; **Engenheiros:** Edu Meyer, Colin Thurston.

Desde os primeiros momentos de sua alegre música de abertura, agora familiar a todos por conta do filme *Trainspotting* e alguns comerciais, *Lust for Life* é autoproclamadamente o trabalho mais efervescente e otimista de Iggy Pop – que contava com seu colaborador, David Bowie, em seu auge como compositor –, acompanhado por uma banda maravilhosamente criativa. Enquanto *The Idiot* tinha sido influenciado por Bowie, *Lust for Life* era definitivamente um álbum de Iggy, gravado em duas semanas, movido a schnapps e cocaína no Hansa Tonstudio 3, perto do Muro de Berlim. O otimismo e a eletricidade gerados nessas sessões ficam claros durante o fade-out final de "Success", com Iggy cantando improvisadamente sobre comprar tapetes chineses, enquanto os irmãos Sales tentam não cair na risada.

Infelizmente, muito do otimismo do álbum foi dissipado, sofrendo morte por hambúrguer nos Estados Unidos, quando a RCA direcionou suas fábricas de prensagem a cuspir álbuns de Elvis Presley depois que o Rei morreu sentado na privada em sua mansão Graceland.

## 7. KILL CITY ✮✮✮✮

**Gravado:** Jimmy Webb's Home Studio, Encino, LA, além de duas faixas gravadas no apartamento de Scott Thurston, Venice Beach, dezembro* de 1974; **Lançado:** Bomp, novembro de 1977; **Posição de pico nas paradas:** – (Reino Unido), – (Estados Unidos); **Banda:** Iggy Pop (vocal), James Williamson (guitarras), Scott Thurston (guitarra, teclado, baixo), Brian Glascock (bateria), Hunt e Tony Sales (backing vocal, além de bateria e baixo em "Lucky Monkeys", "Mastercharge"); **Produtor:** James Williamson; **Engenheiro:** Gary Webb.

Desesperadamente triste, e ainda assim perversamente inspirador, *Kill City* foi gravado por uma mixaria em um estúdio caseiro durante a época em que Iggy Pop era um pária, parecendo condenado a vagar pelas ruas de Los Angeles como uma patética alma perdida. Músicas como "Kill City", "Beyond the Law" e "I Got Nothing" documentavam cruelmente essa sua vida no limite. Graças a suas origens, uma demo para a Rocket Records, o álbum é desconexo em alguns pontos, mas conta com um remix delicado de James Williamson (que tinha, de acordo com Iggy Pop, "virado um cara de Hollywood") e é um emocionante trabalho do fim desse período. De acordo com o escritor da revista *Creem*, Ben Edmonds, que financiou as sessões, a mixagem original, agora perdida, "rocked like a mother".

## 8. TV EYE LIVE ✮✮

**Gravado:** Cleveland, 21–22 de março, e Chicago, 28 de março de 1977 (I); Kansas, 26 de outubro de 1977 (II); **Lançado:** RCA, maio de 1978; **Posição de pico nas paradas:** – (Reino Unido), – (Estados Unidos); **Banda:** Iggy Pop (vocal), David Bowie (piano I), Hunt Sales (bateria), Tony Sales (baixo), Ricky Gardiner, Stacey Heydon (guitarra I e II respectivamente), Scott Thurston (piano II); **Produtor:** Iggy Pop.

Um álbum ao vivo que despudoradamente exibe o fato de ter sido feito apenas para preencher o número de discos estipulado no contrato. Gravado por uma quantia irrisória, resolveu temporariamente os problemas financeiros de Iggy, mas deixou aqueles que o compraram sentindo-se enganados, o que interrompeu todo o impulso que Iggy tinha tomado durante os dois anos anteriores.

## 9. NEW VALUES ✮✮✩✩
**Gravado:** Paramount Studios, LA, 1978; **Lançado:** Arista, março de 1979 (Reino Unido), outubro de 1977 (Estados Unidos); **Posição de pico nas paradas:** 60 (Reino Unido), 180 (Estados Unidos); **Banda:** Scott Thurston (guitarra, teclados), Jackie Clark (baixo), Klaus Kruger (bateria), James Williamson (guitarra, apenas em "Tell Me a Story"); **Produtor:** James Williamson.

A última colaboração bem-sucedida entre Iggy Pop e o ex-Stooge James Williamson, esse álbum minimalista, de volta aos básicos, é recheado de súbitos prazeres. A atmosfera lembra a de *Kill City*, a última parceria da dupla, mas, em vez de desesperança e confusão, apresenta otimismo e coerência; "Five Foot One", "I'm Bored" e "Endless Sea" estão entre as melhores músicas de Iggy Pop, de todas as suas fases. Frustrantemente, Williamson extraiu performances maravilhosas de todos os envolvidos, mas mixou o álbum com um MOR, e perdendo um material que teria sido muito bom, incluindo "Angel" e "Don't Look Down", e soa abafado e excessivo.

## 10. SOLDIER ✮
**Gravado:** Rockfield Studios, Wales, julho–setembro de 1979; **Lançado:** Arista, março de 1980; **Posição de pico nas paradas:** 125 (Estados Unidos), 62 (Reino Unido); **Banda:** Iggy Pop (vocal), Glen Matlock (baixo), Barry Andrews (teclado), Klaus Kruger (bateria), Steve New (guitarra), Ivan Kral (guitarra, teclado); **Produtor:** James Williamson (gravações iniciais), Pat Moran.

Uma bagunça. *Soldier* começou sem um plano concreto, apenas uma vaga ideia de juntar Iggy com um bando de new-wavers ingleses. A voz é, em geral, horrível; a bateria e o baixo, muito pesados, as músicas são um aglomerado de ideias dispersas em busca de um tema; e a guitarra nem aparece – segundo o baixista Glen Matlock, um ato de autossabotagem por parte de Iggy depois de uma discussão com o guitarrista Steve New. "Play It Straight", dirigida por Bowie, é intrigante, mas foi a causa da briga final entre Iggy e seu colaborador de longa data, James Williamson.

## 11. PARTY ✮

**Gravado:** Record Plant, NY, agosto* de 1980; **Lançado:** Arista, junho de 1981; **Posição de pico nas paradas:** 166 (Estados Unidos), – (Reino Unido); **Banda:** Iggy Pop (vocal), Ivan Kral (guitarra, teclado), Rob Duprey (guitarra), Michael Page (baixo), Douglas Bowne (baterias); **Produtores:** Thom Panunzio, Tommy Boyce.

Um álbum visivelmente banal, resultado da pressão colocada pela gravadora em emplacar um hit. Alguns fãs consideram as músicas "Pumping for Jill" e "Bang Bang"; as duas certamente soam como clássicos se comparadas a "Happy Man", uma tentativa risível de compor um reggae, com letras que indicam morte cerebral e acompanhamento de um oompah característico de brass bands, cortesia dos Uptown Horns; sem dúvida, a pior música já gravada por Iggy Pop.

## 12. ZOMBIE BIRDHOUSE ✮✮

**Gravado:** Blank Tapes, NY, maio de 1982; **Lançado:** Animal Records, setembro de 1982; **Posição de pico nas paradas:** – (Reino Unido), – (Estados Unidos); **Banda:** Iggy Pop (vocal), Rob Duprey (guitarra, teclados), Chris Stein (baixo), Clem Burke (bateria); **Produtor:** Chris Stein.

Neste álbum, os vocais de Iggy estão imundos, o pitching suspeito, e muito do material é pretensioso e indulgente, cheio de imitações ruins de Kurt Weill, com os arranjos completamente randômicos. Ainda assim, por detrás de toda a intoxicação alcoólica, é possível localizar o Iggy criativo de *The Idiot* ou *Lust for Life*: "The Horse's Song" é uma brincadeira fajuta; "The Ballad of Cookie McBride", uma canção caipira bizarra, embora cativante; "Platonic", mesmo com vocais ocasionalmente erráticos, tem uma atmosfera onírica e meditativa; e "Ordinary Bummer", uma linda balada quase transcendental, encharcada de uma rebeldia digna de Judy Garland.

## 13. BLAH BLAH BLAH ✮✮✮

**Gravado:** Mountain Studios, Montreux, maio de 1986; **Lançado:** A&M, novembro de 1986; **Posição de pico nas paradas:** 43 (Reino Unido), 75 (Estados Unidos); **Banda:** Iggy Pop (vocal), David Bowie (teclados, programação), Kevin Armstrong (guitarras), Steve Jones (guitarras, "Cry for Love"), Erdal Kizilcay (baixo, teclados, programação); **Produtor:** David Bowie.

"Não é o meu álbum preferido", diz Pop, "mas saíram alguns hits, então talvez devesse ser". *Blah Blah Blah* foi uma demonstração de eficiência quase deslumbrante da parte de David Bowie, que libertou seu parceiro de um atoleiro de problemas financeiros e falta de credibilidade comercial, altruisticamente doando a ele algumas de suas melhores composições na época. Se você consegue suportar a ideia de um Iggy Pop feliz, que é um hábil compositor ("Cry for Love"), curte férias ensolaradas ("Hideaway"), e é a *doyenne* das festas do escritório ("The Wild One"), vai amar esse álbum.

## 14. INSTINCT ✮

**Gravado:** Sorcerer Sound, NYC, BC Studio Brooklyn (vocals), inverno de 1987; **Lançado:** A&M, junho de 1988; **Posição de pico nas paradas:** 61 (Reino Unido), 110 (Estados Unidos); **Banda:** Iggy Pop (vocal), Steve Jones (guitarra), Seamus Beaghen (teclados), Leigh Foxx (baixo), Paul Garisto (bateria); **Produtor:** Bill Laswell.

Não foi surpresa alguma quando, após o brilho high-tech de *Blah Blah Blah*, Iggy lançou um álbum baseado em guitarras, uma volta ao som básico dos Stooges. A surpresa foi o fato de os resultados serem bem mais sem graça e com cara de estúdio do que o trabalho anterior. *Instinct* é um álbum de rock corporativo chato, que hoje soa apenas como uma imitação vagabunda de AC/DC ou ZZ Top. A guitarra tristemente previsível e a bateria entediante foram gravadas com maestria pelo produtor Bill Laswell, mas a eficiência técnica não consegue esconder a enorme falta de inspiração presente nas letras. A música mais memorável do álbum, "Cold Metal", é uma versão bem feita, mas nada impressionante, de "Raw Power", em que toda a tensão e a esquisitice da música foram retiradas com precisão cirúrgica.

## 15. BRICK BY BRICK ★★★

**Gravado:** Ocean Way e Hollywood Sound, LA, março de 1990; **Lançado:** Virgin, agosto de 1990; **Posição de pico nas paradas:** 50 (Reino Unido), 90 (Estados Unidos); **Banda:** Iggy Pop (vocal, guitarra), Kate Pierson (vocal em "Candy"), Slash (guitarra), Duff McKagan (baixo), Kenny Aronoff (bateria) e outros; **Produtor:** Don Was.

Don Was queria construir um disco que revelasse tanto Jim Osterberg como Iggy Pop, aumentando a agressão boba com letras inteligentes e perspicazes. O álbum é dominado pela presença de músicos de estúdio classe A, o que lhe dá um ar direto e prático; a produção chamativa exibe as habilidades consideráveis de Iggy como cantor e compositor de rock convencional, embora, sem surpresa, seja um álbum agradável, em vez de eletrizante. "Candy", a canção de amor para Betty Mickelsen, é uma balada convencional com um toque de New Wave, que se tornaria o primeiro single de Iggy a virar hit nos Estados Unidos.

## 16. AMERICAN CAESAR ★★★★

**Gravado:** Kingsway Studios, Nova Orleans, outubro–novembro de 1992, Bearsville Studio, cidade de Nova York, fevereiro de 1993 ("Louie Louie", "Sickness", "Beside You"); **Lançado:** Virgin, setembro de 1993; **Posição de pico nas paradas:** 43 (Reino Unido), – (Estados Unidos); **Banda:** Iggy Pop (vocal), Eric Schermerhorn (guitarra), Hal Cragin (baixo), Larry Mullins (bateria), além de convidados, incluindo Henry Rollins e Lisa Germano; **Produtor:** Malcolm Burn.

Um álbum subestimado, que não conseguiu alcançar o sucesso de *Brick by Brick* nas paradas de sucesso, *American Caesar* é um trabalho infinitamente superior, o trabalho fundamental de Iggy durante seu período na Virgin Records. A faixa título é movida por um riff de guitarra pesado; é bagunçado e imprevisível, muito mais perto do espírito original dos Stooges do que qualquer outra coisa em *Instinct* ou *Naughty Little Doggie*; nas outras faixas existem experimentações intrigantes, em baladas etéreas como "Jealousy" e a raivosa e cheia de autocomiseração "Fuckin' Alone". "Beside You", uma balada com jeito de hino que data dos tempos das demos de *Blah Blah Blah*, e "Louie Louie", que foram adicionadas a mando da Virgin, acrescentam variedade e um toque histórico ao álbum, que, apesar de ter algumas músicas sobrando e ser muito longo, é em geral intrigante e vivo.

### 17. NAUGHTY LITTLE DOGGIE ✭
**Gravado:** Track Record, N. Hollywood, LA, de 20 de junho a 1 de julho de 1995; **Lançado:** Virgin, março de 1996; **Posição de pico nas paradas:** – (Reino Unido), – (Estados Unidos); **Banda:** a mesma de *American Caesar*, além de Whitey Kirst (guitarra); **Produtor:** Thom Wilson.

Os ensaios de *Naughty Little Doggie* foram repletos de experimentações e inventividade, aparentemente abandonadas durante a gravação em favor da produção de um entediante, chato e comum álbum de rock. "I Wanna Live" chega perto de ser memorável; baseia-se em três acordes similares aos de "Real Cool Time", mas sem sua malícia e originalidade.

### 18. AVENUE B ✭✭✭
**Gravado:** 262 Mott Street, The Theatre, e Hal Cragin's Studio 12A, Nova York, maio – junho de 1998; **Lançado:** Virgin, setembro de 1999; **Posição de pico nas paradas:** – (Reino Unido), – (Estados Unidos); **Banda:** Iggy Pop (vocal), Whitey Kirst e Pete Marshall (guitarra), Hal Cragin (baixo), Larry Mullins (bateria), além de convidados, incluindo Martin, Medeski, Wood (na bateria, órgão Hammond e baixo); **Produtor:** Don Was.

Um álbum em parte fascinante e corajoso, ilustra a bagunça da vida emocional de Iggy Pop e seu relacionamento conturbado com Alejandra, sua namorada na época. *Avenue B* tinha a intenção de evocar grandes lançamentos outonais, como *September of My Years*, de Frank Sinatra. Infelizmente, o elegante acompanhamento de jazz acaba, por vezes, tornando-se entediante, e os fãs fiéis de Iggy passaram bem longe do álbum.

### 19. BEAT 'EM UP ✭✭
**Gravado:** Hit Factory Criteria, Miami, dezembro de 2000; **Lançado:** Virgin, julho de 2001; **Posição de pico nas paradas:** – (Reino Unido), – (Estados Unidos); **Banda:** Iggy Pop (vocal), além do grupo The Trolls: Whitey Kirst & Pete Marshall (guitarra), Lloyd "Mooseman" Roberts (baixo), Alex Kirst (bateria); **Produtor:** Iggy Pop.

Assim como em *Instinct*, *Beat´Em up* era uma tentativa transparente e previsível de retornar ao rock bruto que Iggy agora considerava seu ponto forte. No álbum, pelo menos é possível encontrar performances cheias de energia, raiva e, nas melhores músicas ("Mask", "VIP"), as tiradas de mau gosto de Iggy entretêm, como um bêbado falando sobre teorias da conspiração. Mas, no fim, todos os clichês do submetal, com riffs reciclados de "Kashmir", do Led Zeppelin, ou de "In a Gadda Da Vida", do Iron Butterfly, se tornam anestesiantes e repetitivos.

### 20. SKULL RING ✯✯

**Gravado:** Hit Factory Criteria, Miami, janeiro–fevereiro de 2003; **Lançado:** Virgin, novembro de 2003; **Posição de pico nas paradas:** – (Reino Unido), – (Estados Unidos); **Banda:** Iggy Pop (vocal), além de convidados, incluindo os Stooges (Ron e Scott Asheton), The Trolls, Blink 182, Green Day e Peaches.

*Skull Ring* foi celebrado como a tão esperada reunião de Iggy com os irmãos Ron e Scott Asheton; suas quatro primeiras músicas juntos em trinta anos são competentes, mas lhes falta o foco sonoro firme de trabalhos clássicos (corrigido em "You Better Run", contribuição estridente ao tributo a Jr Kimbrough em 2005, *Sunday Nights*). Seis músicas com os Trolls superam seu trabalho em *Beat 'Em up*, enquanto "Little Know It All", baseada em velhas fórmulas feita em colaboração com a banda punk de parque de diversões Sum 41, resultou na primeira aparição de Iggy nas paradas de sucesso dos Estados Unidos em uma década, despontando no número 35.

### 21. THE WEIRDNESS ✯✯✯

**Gravado:** Electrical Audio, Chicago, outubro de 2006; **Mixagem:** Abbey Road, Londres, dezembro de 2006; **Lançado:** Virgin, março de 2007; **Posição de pico nas paradas:** não disponível; **Banda:** Iggy Pop (vocal), Ron Asheton (guitarra), Scott Asheton (bateria), Mike Watt (baixo), Steve Mackay (sax tenor); **Produtor:** Steve Albini.

Por vezes competente, porém sem graça, intermitentemente enlouquecido, o primeiro álbum de estúdio da reunião dos Stooges brilha com energia e comprometimento. Não consegue captar toda a monumentalidade e brutalidade de seus primeiros trabalhos, mas, de qualquer forma, que gravação dos dias atuais consegue? Músicas como "Trollin" e "Free and Freaky" são dançantes, ainda que previsíveis, enquanto "Greedy Awful People" evoca nada mais nada menos do que o rocker dos anos 1950 Eddie Cochran. Incrivelmente, nas melhores faixas, os anos apenas desaparecem, especialmente na desafiadora e bruta "Idea of Fun" – os acordes poderosos de condução implacável e a misantropia cínica, dada a história picaresca da banda, parecem estranhamente pungentes.

## 22. PRÉLIMINAIRES ✯✯✯✯

**Gravação:** Astralwerks, Virgin Records, Miami/Woodstock, 2009; **Mixagem:** Crescent Moon Studios, Miami, 2009; **Lançamento:** Virgin, maio de 2009; **Posição de pico nas paradas:** não disponível; **Banda:** Iggy Pop (vocal), Hal Cragin (baixo, guitarra, percussão, programação eletrônica), Jon Cowherd (piano), Kevin Hupp (conga), Tim Ouimette (trompete), Lucie Aimé (vocal em "Je sais que tu sais"); **Produtor:** Hal Cragin.

A reunião dos Stooges durou só o tempo de um disco. Com a morte de Ron Asheton, em janeiro de 2009, Iggy partiu para uma nova empreitada solo. Inspirado no livro *A possibilidade de uma ilha* (La Possibilité d'une Ilê), do escritor francês Michel Houellebecq, o álbum "chega perigosamente perto do jazz", segundo o próprio Iggy, flertando com Leonard Cohen e Tom Waits, ainda que com um toque moderno, eletrônico. "King of The Dogs" (aos 62 e a mesma crise existencial de "I Wanna Be Your Dog", quatro décadas antes) e "Je Sais Que Tu Sais" (com participação de Lucie Aimé e seu riff sensual, blueseiro, pegada um tanto mais acentuada, até soturna, na releitura "He's Dead, She's Alive", sua releitura) se destacam dentre as canções, compostas basicamente em parceria com Hal Cragin. Tom e Vinícius também dão as caras numa versão europop de "How insensitive".

## 23. APRÉS ✯✯✯

**Gravação:** fevereiro, 2010–junho, 2011; **Mixagem:** não disponível; **Lançamento:** Thousand Mile Inc., maio de 2012; **Posição de pico nas paradas:** não disponível; **Banda:** Iggy Pop (vocal); **Produtor:** Hal Cragin.

Disco recheado de covers de chansons francesas, de Serge Gainsbourg a Edith Piaf. Um tanto batidas e pouco inspiradas, com visual e sonoridade de queijo mofado e sabor de vinho barato, açucarado demais, o disco acabou sendo recusado pela Virgin. Algo "humilhante", nas palavras de Iggy. O 19º álbum de estúdio do vocalista conta ainda com covers quase fidedignos dos Beatles, Yoko Ono, Harry Nilsson e Frank Sinatra. Em sua página no Facebook, Iggy escreveu: "Eu sempre adorei essa outra sensação, mais intimista, às vezes um pouco triste, e que não fica tentando martelar minha cabeça". Trata-se do primeiro álbum de sua carreira sem nenhuma música autoral, lançado à velha maneira DIY, em formato apenas digital.

### 24. READY TO DIE ✯✯✯✯

**Gravação:** 2012–2013; **Mixagem:** The Village Recorder, Los Angeles; **Lançamento:** Fat Possum, abril de 2013; **Posição de pico nas paradas:** não disponível; **Banda:** Iggy Pop (vocal), Scott Asheton (bateria), James Williamson (guitarra), Mike Watt (baixo), Steve Mackay (saxofone); **Produtor:** James Williamson.

A começar pelo título do álbum, Iggy pareceu se resignar de vez com a maldição que pairava sobre os Stooges. Após a morte de Ron Asheton, o improvável, embora inevitável, eterno retorno se cumpriu: James Williamson reassumiu a guitarra outrora de Ron pela segunda vez e, com a mesma virulência de 1973, empenhou-se em produzir um disco com a atmosfera de Raw Power (inclusive, com idêntico tempo de duração: 34 minutos). Não que tenha conseguido. O que não significa dizer o contrário. Apesar de infinitamente mais límpido (e de três "baladas"), é um autêntico disco dos Stooges, embora as letras de "Sex and Money" e "Dd's" entreguem que algo se perdeu pelo caminho. Fecha com o folk soturno "The Departed", homenagem ao finado Stooge, espécie de acerto de contas final com o amigo Ron antes que pudesse entregar os pontos e "migrar".

# LEITURA COMPLEMENTAR

Todas as fontes escritas usadas no livro são citadas nas notas. Os livros relacionados a seguir se mostraram uma valiosa fonte de leitura complementar e referencial.

*Alias David Bowie*, Peter e Leni Gilman (NEL, 1986)
*An Unquiet Mind*, Kay Redfield Jamison (Free Press, 1993)
*Backstage Passes*, Angie Bowie e David Carr (Orion, 1993)
*The Brücke Museem*, Magdalena Moeller (Prestel, 2001)
*The Dark Stuff*, Nick Kent (Penguin, 1994)
*David Bowie: A Chronology*, Kevin Cann (Vermilion, 1983)
*Grit, Noise and Revolution*, David A. Carson (UofM, 2005)
*Guitar Army*, John Sinclair (Douglas, 1972)
*In Broken Wigwag*, Suchi Asano (United ,1997)
*I Need More*, Iggy Pop e Anne Wehrer (Karz-Cohl, 1982)
*Johnny Thunders in Cold Blood*, Nina Antonia (Jungle, 1997)
*The Life and Death of Andy Warhol*, Victor Bockris (Bantam, 1989)
*Low*, Hugo Wilcken (Continuum, 2005)
*Midnight At The Palace*, Pam Tent (Alyson, 2005)
*Moonage Daydream*, David Thompson (Plexus, 1994)
*Neighbourhood Threat*, Alvin Gibbs (Britannia, 1995)
*The New York Dolls: Too Much Too Soon*, Nina Antonia (Omnibus, 1998)
*New York Rocker*, Gary Valentine (Sidgwick & Jackson, 2002)
*Please Kill Me*, Legs McNeil e Gillian McCain (Abacus, 1997)
*Q Encyclopedia of Rock Stars* (DK, 1996)

*Rebel Heart*, Bebe Buell (St Martins, 2001)
*Strange Fascination*, David Buckley (Virgin, 1999)
*Trash*, Kris Needs (Plexus, 2006)
*Wheels of the World*, Douglas Brinkley (Penguin, 2003)
*The Wild One*, Per Nilsen (Music Sales, 1990)
*Wonderland Avenue*, Danny Sugerman (Plume, 1989)

As principais revistas usadas como leitura complementar foram:
Back Door Man, Billboard, Circus, Coast FM & Fine Art, Creem, Denim Delinquent, East Village Other, End Times, Entertainment World, Evo, 5th Estate, Fusion, Gay Power, Goldmine, GQ, The Guitar Magazine, International Musician, Jazz & Pop, Long Island Free Press, Melody Maker, MOJO, Motorbooty, Motor City Rock and Roll News, NME, Pavilion, Phonograph Record Magazine, Q, Record World, Rock Scene, Rolling Stone, Sounds, Stereo Review, Strange Things, Trouser Press, Uncut, Variety, Village Voice, Vintage Guitar Magazine, Wire e Zig Zag.

# AGRADECIMENTOS

Parece ser tradição entre os escritores começar os agradecimentos com elogios exagerados ao agente e ao editor, e é uma tradição à qual tenho prazer em aderir. Faz mais de dez anos que embarquei numa biografia do Iggy, antes mesmo de entrar na equipe da *MOJO*, e foi o Julian Alexander, depois de minha agente, que, sozinho, reavivou meu entusiasmo e, então, ao lado de Celia Hayley, ajudou a organizar minhas ideias num livro muito mais intrigante do que o projeto abandonado uma década antes. Antonia Hodgson, da Little, Brown/Sphere, e Gerry Howard, da Random House, em Nova York, compreenderam do que este livro trata, ao que parece, de imediato; eu me considero privilegiado por ter trabalhado com os dois. Barbara Henry, a esposa do aluno de Ann Arbor, George, disponibilizou uma fonte ímpar, sendo responsável pelo rastreamento de mais ou menos quinhentos contemporâneos do ensino médio de Jim Osterberg. Comparecer à reunião deles e conversar com dezenas de pessoas que conheceram Jim ainda criança acabou me dando uma visão valiosa sobre a educação dele e também me permitiu rastrear outros contatos cruciais, em especial as primeiras namoradas de Jim. Dale Withers Peck foi uma grande companhia na reunião. Don Swickerath, o ex-baixista dos Iguanas, é um cavalheiro encantador com quem passei várias noites agradáveis; foi ele também que me concedeu o usufruto de uma casa em Ann Arbor numa de minhas primeiras viagens, e serei eternamente grato. Scott Morgan foi uma grande fonte, e passamos um dia fantástico passeando pelos pontos turísticos rock'n'roll da cidade, incluindo a ponte de três metros onde Scotty bateu a van dos Stooges. Robert Matheu foi uma mina de informações e uma grande companhia; fizemos um passeio rock'n'roll por Los Angeles (num conversível, naturalmente); Tony e Gretchen Horkins também foram amigos inestimáveis durante minha estada em LA. Agradeço a Glover Carl e Christine Bone pelos álbuns e pela tolerância; também a Keith Cameron e Andrew Perry pelas reflexões sobre o grunge; a toda a equipe da revista *MOJO*, especialmente Jenny Bulley, Danny Eccleston, Andrew Male e Phill Kalli, agradeço pela assistência constante e pela paciência; a Barry Andrews e Marilyn Fitzgerald, que fizeram um churrasco agradável de verão. Foi Clare Hulton quem primeiro sugeriu que eu escrevesse um livro sobre Iggy, muitos anos atrás;

Cliff Jones colaborou comigo nessa jornada inicial e na minha primeira grande reportagem na *MOJO* sobre Iggy; passamos várias horas discutindo sobre ele e sua obra, tudo devidamente aproveitado neste livro. Nick Kent e Ben Edmonds foram os dois jornalistas que sempre tiveram os melhores insights sobre Iggy e os Stooges, sendo continuamente generosos em sua ajuda. A pesquisa histórica sobre o passado do pai, James Osterberg, foi realizada por Al Hahn. Kat Johnson transcreveu literalmente centenas de milhares de palavras de entrevistas. Per Nilsen forneceu suas gravações dos shows dos Stooges e outras informações, o que foi de grande ajuda no estabelecimento do cronograma de vários eventos cruciais. Per também leu um dos primeiros manuscritos, fazendo sugestões das mais válidas e corrigindo vários erros. Loren Dobson me concedeu valiosas sugestões e correções. Esther Friedmann forneceu uma riqueza de informações; Florian Feineis gentilmente me deixou usar seu apartamento durante minha estada em Frankfurt. Devo ainda agradecer ao meu colega de escola Nick Hunter, que levou para casa uma cópia pirata de *The Stooges* quando tínhamos 15 anos.

Muito embora este livro não seja, sob nenhum aspecto, uma biografia oficial ou autorizada, devo sinceramente agradecer o apoio de James Osterberg, o pai, e seu empresário Henry McGroggan. Em vários casos em que os potenciais entrevistados pediram a aprovação dele para que conversassem comigo, Jim Osterberg não só a deu, como também os encorajou ativamente a falar; em particular, ele me forneceu permissão escrita para entrevistar seu psiquiatra do NPI, dr. Murray Zucker, um exemplo de transparência sem precedentes em minha experiência (interminável) trabalhando com astros do rock e seus cortesãos. Em nenhum momento, ele ou seus associados tentaram exercer qualquer tipo de influência sobre este livro. Gostei muito de minhas incursões em sua vida turbulenta e intrigante, e espero ter feito jus. Agradeço a Iggy Pop, aos Stooges e a seus outros músicos pelas belas canções. E minha eterna gratidão a Curtis e Lucy por sua motivação, tolerância e gosto de viver.

# AGRADECIMENTOS

Outras fontes cruciais de ajuda foram Robert Altman, Simon Bentley, Rodney Bingenheimer, Johnny Black, Joolz Bosson, Dave Brolan, Duane Brown, David Buckley, Paul Burgess, Garth Cartwright, Sharon Chevin, Rick Conrad, Richard Deakin, Loren Dobson, Clarence "Rusty" Eldridge, David Fricke, Christophe Geudin, Pat Gilbert, Holly Givens, Robert Gordon, Marcus Gray, Julie Hooker, Barney Hoskyns, Jayne Houghton, Mick Houghton, Russell Hunter, Bill Inglot, Mike Kappus, Stuart Kirkham, Bobbie Lam, Patti Maki, Ann McArtor, Margaret Moser, Dennis Muirhead, Kris Needs, Nite Bob, Mark Paytress, Jeremy Pierce, Ira Robbins, Johnny Rogan, Tricia Ronane, Carlton P. Sandercock, Lynn Seager, Joel Selvin, Sylvia Skelton, Dave Thompson, Don Waller, Holly George Warren, Alex Wende, Lois Wilson, Bob Young e Marc Zermati.

Um obrigado especial a todos os meus entrevistados. Vários se submeteram a repetidas entrevistas e consultas por e-mail, e a maioria se submeteu a este pseudo-stalker com uma paciência de jó. Em alguns casos, os entrevistados não estão diretamente citados no livro, mas todos foram de uma ajuda crucial. São eles: John "Twink" Alder, Janie Allen, Carlos Alomar, Barry Andrews, Mike Andrews, Pete Andrews, Kevin Armstrong, Kathy Asheton, Ron Asheton, Scott Asheton, Robert Ashley, Hugh Attwooll, Evita Ardura, Jim Avery, Jay Babcock, Hiawatha Bailey, John Baird, Bob Baker, Michael Bartus, Roberta Bayley, Seamus Beaghen, Leo Beattie, Johnny Bee, Rodney Bingenheimer, Al Blixt, Richard Bosworth, Dan Bourgoise, Angie Bowie, Joel Brodsky, Freddie Brooks, Duane Brown, Bebe Buell, Clem Burke, Mary Booth Calder, John Cale, Keith Cameron, Joan Campbell, Ed Caraeff, Dan Carlisle, Bob Carow, Jim Carpenter, Patricia Carson Celusta, Bill Cheatham, Leee "Black" Childers, Bill Coleman, Don Collier, Jayne County, Hal Cragin, Doug Currie, François De Menil, Jannie Densmore, Liz Derringer, Rick Derringer, Michael Des Barres, Pam Des Barres, Wolfgang Diebeling, Dennis Diekman, Richard Dishman, Sigrid Dobat, Richard Dorris, Johnny Drake, Dave Dunlap, Rob Duprey, Ben Edmonds, Robin Eggar, Clarence "Rusty" Eldridge, Luke Engel, Dan Erlewine, Joan Erlewine, Michael Erlewine, Tina Fantusi, Mick Farren, Fayette (the Cockettes), Olivier Ferrand, Danny Fields, Pete Fink, Ted Fosdick, Kim Fowley, Charles "Black" Francis, Dennis Frawley, Esther Friedmann, Rick Frystack, Don Gallucci, Ricky Gardiner, Thom Gardner, Pleasant Gehman, Russ Gibb, Skip Gildersleeve, Dana Gillespie, Brian Glascock, Jeff Gold, Lynn Goldsmith,

*OPEN UP AND BLEED*

Tarquin Gotch, Gary Grimshaw, Bob Gruen, Jason Guy, Bob Hallock, Steve Harris, Nigel Harrison, Kathy Heller, Ricky Hodges, Jeep Holland, Jac Holzman, Peter Hook, Julie Hooker, Pat Huetter, Ron Ideson, Frank Infante, Brian James, Nancy Jeffries, Sherry e Bob Johnson, Brad Jones, Lenny Kaye, Andrew Kent, Nick Kent, Dan Kett, Francie King, Bill Kirchen, Whitey Kirst, Erdal Kizilcay, Lynn Klavitter, Annie Klenman, Cub Koda, Bob Koester, Nick Kolokithas, Esther Korinsky, Ivan Kral, Barbara Kramer, Wayne Kramer, Klaus Kruger, Harvey Kubernick, Bill Kurtz, Bobbie Goddard Lam, Sally Larcom, Bill Laswell, Sam Lay, Jenny Lens, Dave Leone, Charles Levison, Lonnie, Dayna Louise, Steve Mackay, Lori Maddox, Gerard Malanga, Andrew Male, John Mann, Ray Manzarek, Dave Marsh, Pete Marshall, Carol Martin, Robert Matheu, Glen Matlock, Nancy McArtor, Maria McCormack, Nancy McCrado, Jim McLaughlin, John McLaughlin, John Mendelssohn, Lewis Merenstein, Eduard Meyer, Arjay Miller, Connie Miller, Rumi Missabu, Philippe Mogane, Scott Morgan, Margaret Moser, Larry Mullins, Laurence Myers, Jon Newey, Kuelan Nguyen, Nite Bob, Ric Ocasek, Richard Ogden, Denny Olmsted, Jim Osterberg, Hugh Padgham, Mike Page, Phil Palmer, Mark Parenteau, Jim Parrett, Phast Phreddie Patterson, Steve Paul, Cynthia Payne, Dale Withers Peck, Randy Poole, Gary Quackenbush, Sharon Ralph Gingras, Joan Raphael, Ron Richardson, Scott Richardson, Lisa Robinson, Mick Rock, Michael Royster, Andrew Sacks, Hunt Sales, Tony Sales, Eric Schermerhorn, Natalie Schlossman, Rachel Schreiber, Roy Seeger, Joel Selvin, Robert Sheff (conhecido como "Blue" Gene Tyranny), Vivian Shevitz, Jimmy Silver, John Sinclair, Leni Sinclair, David Stopps, Robert Stotts, Mim Streiff, Don Swickerath, Sam Swisher, Laura Taylor, Laurent Thibault, Dennis Thompson, Scott Thurston, Michael Tipton, Jaan Uhelszki, Gary Valentine, Cherry Vanilla, Tony Visconti, Jimmie Wade, Jeff Wald, Mike Wall, Don Waller, Sandra Ward, Don Was, Anne Wehrer, Joseph Wehrer, Dana Whipple, Bill Williams, James Williamson, Irvin Wisniewski, Janet Withers, Charlotte Wolter, Ygar of Zolar X, Tony Zanetta, Marc Zermati, Glenn Ziegler e Murray Zucker.

TIPOLOGIA: Adobe Jenson Pro [texto]
Cassanet Outline/Dosis [entretítulos]

PAPEL: Pólen Soft 80 g/m² [miolo]

IMPRESSÃO: Geográfica [setembro de 2015]

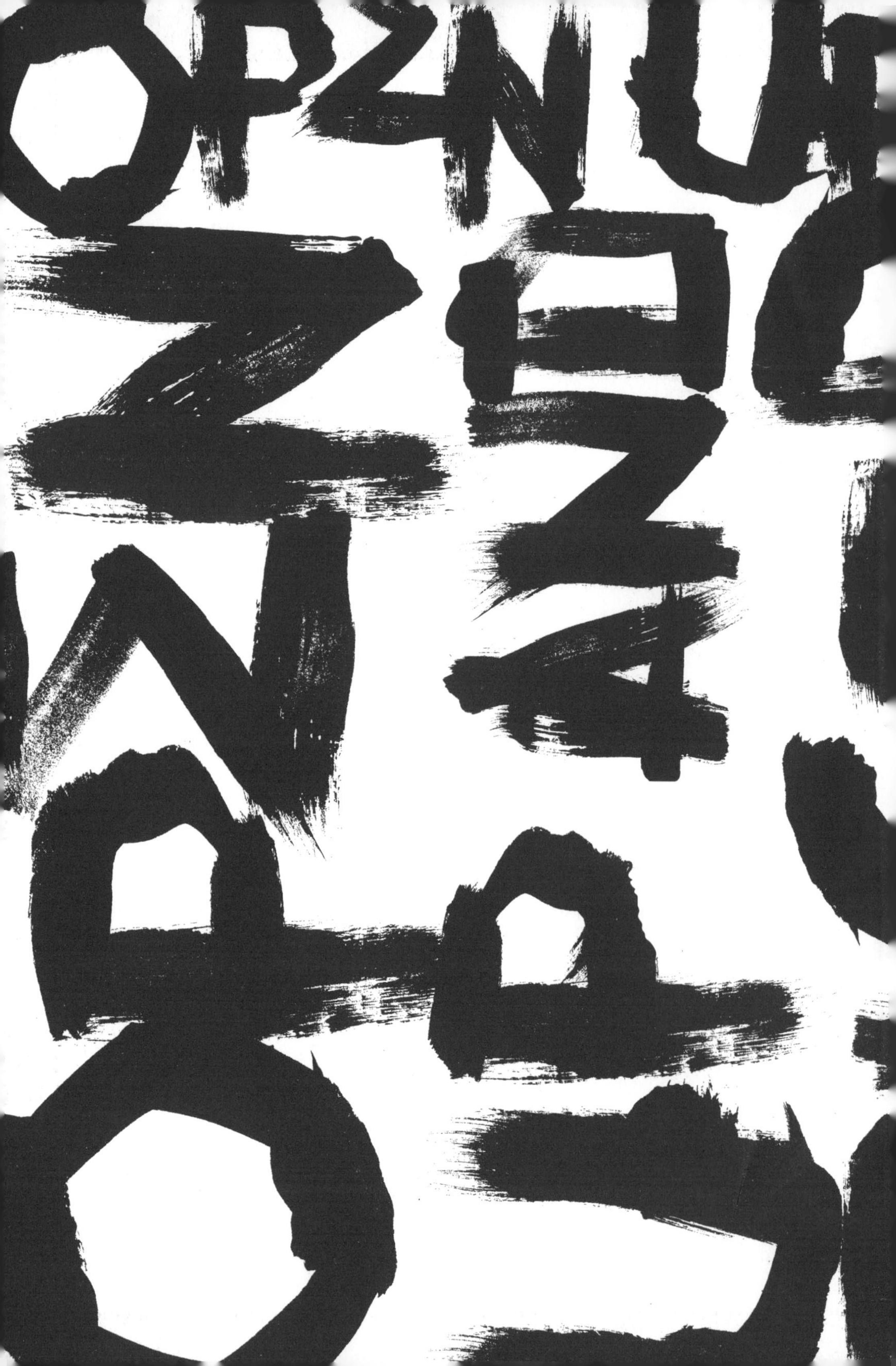